Huldrych Zwingli Schriften

HULDRYCH ZWINGLI

Schriften

I

Im Auftrag des Zwinglivereins
herausgegeben von Thomas Brunnschweiler und Samuel Lutz
unter Mitarbeit von
Hans Ulrich Bächtold, Andreas Beriger,
Christine Christ-von Wedel, Rainer Henrich,
Hans Rudolf Lavater, Peter Opitz, Ernst Saxer und
Peter Winzeler

TVZ

Theologischer Verlag Zürich

Gestaltung:	Susanna Stammbach, Basel
	Matthias Osthof, Zürich
Satz und Register:	pagina GmbH, Tübingen
Druck:	Stämpfli + Cie AG, Bern
Buchbinder:	Buchbinderei Burkhardt AG, Mönchaltorf

Die Deutsche Bibliothek – CIP-Einheitsaufnahme

Zwingli, Ulrich
Schriften / Huldrych Zwingli. Im Auftr. des Zwinglivereins
hrsg. von Thomas Brunnschweiler und Samuel Lutz unter
Mitarb. von Hans Ulrich Bächtold ... – Zürich : Theol. Verl.
NE: Brunnschweiler, Thomas [Hrsg.]; Zwingli, Ulrich: [Sammlung]
1 (1995)
ISBN 3-290-10974-7

ISBN 3-290-10978-X (des Gesamtwerks)

INHALT

Dank

Zwingliverein und Verlag danken folgenden Institutionen, welche die Herausgabe des vorliegenden Werks ermöglicht haben:

Evangelisch-reformierte Landeskirche des Kantons Aargau
Evangelisch-reformierte Kirche des Kantons Basel-Landschaft
Evangelisch-reformierte Kirche Basel-Stadt
Evangelisch-reformierte Kirchen Bern-Jura
Evangelisch-reformierte Landeskirche des Kantons Glarus
Evangelisch-reformierte Landeskirche des Kantons Graubünden
Evangelisch-reformierte Landeskirche des Kantons Luzern
Evangelisch-reformierte Landeskirche des Kantons St. Gallen
Evangelisch-reformierte Landeskirche des Kantons Schaffhausen
Evangelisch-reformierte Landeskirche des Kantons Solothurn
Evangelisch-reformierte Landeskirche des Kantons Thurgau
Evangelisch-reformierter Kirchenverband der Zentralschweiz
Evangelisch-reformierte Landeskirche des Kantons Zürich
Verband der stadtzürcherischen evangelisch-reformierten Kirchgemeinden
Evangelisch-reformierte Kirchgemeinde Fraumünster, Zürich
Evangelisch-reformierte Kirchgemeinde Großmünster, Zürich
Evangelisch-reformierte Kirchgemeinde St. Peter, Zürich
Genossenschaft zum Baugarten, Zürich
Ernst Göhner-Stiftung, Zug
Ulrico Hoepli-Stiftung, Zürich
Jubiläumsstiftung der Schweizerischen Kreditanstalt, Zürich
Migros-Genossenschafts-Bund, Zürich
OPO-Stiftung, Zürich

Regierungsrat des Kantons Zürich
Schweizerische Akademie der Geisteswissenschaften, Bern
Schweizerische Reformationsstiftung, Basel
Stiftung für Abendländische Besinnung, Zürich
Stiftung für ökumenische und historische Theologie an der Universität Bern

Vorwort

So unwahrscheinlich es klingen mag – es existiert, abgesehen von verschiedenen kleineren Textsammlungen, bis heute keine greifbare Ausgabe der wichtigsten Schriften Zwinglis in heutigem Deutsch. Der Vorstand des Zwinglivereins betrachtete es deshalb als seine Pflicht, diesen Mangel zu beheben. Das Ergebnis ist die vorliegende vierbändige Ausgabe, die, so hofft die Herausgeberschaft, die Auseinandersetzung mit der Zürcher Reformation beleben und zur Entdeckung eines neuen, von Vorurteilen gereinigten Zwingli führen wird.

Die Editionstätigkeit des Zwinglivereins beginnt mit der kritischen Gesamtausgabe, zu deren Geschick es gehört, daß ihre Bearbeitung mehr Zeit in Anspruch nimmt, als Zwingli zum Schreiben seiner Werke brauchte. Zwinglis Schaffenszeit betrug zehn Jahre. Die Arbeit an der Gesamtausgabe nähert sich dem 100. Jahr. Sie wird für lange Zeit die zuverlässigste Grundlage künftiger Zwingli-Editionen bleiben. So bedeutsam jedoch ihr wissenschaftlicher Wert ist, so eng ist der Kreis derer, die sie benützen können. Die in den 40er Jahren begründete »Volksausgabe« der Hauptschriften Zwinglis kam dem Bedürfnis eines breiten Leserkreises entgegen: Die lateinischen Schriften wurden ins Deutsche übersetzt. Den Schriften in Zwinglis eigenem Deutsch jedoch wollte man, so in der Einleitung der Volksausgabe, »den erquickenden Erdgeruch« nicht nehmen und veröffentlichte sie in der Originalsprache. In einer Zeit, in der nationale Abgrenzung zur Überlebensfrage gehörte, durfte Zwinglis »urchiges Schweizerdeutsch mit dem witzigen Toggenburger Einschlag« nicht modernisiert werden. Für die damaligen Herausgeber war es geradezu ein seelsorgerliches Anliegen, daß »unser ›Volks-Zwingli‹ ... auch noch in die Nöte und Fragen der Gegenwart hinein sein kraftvoll klärendes Wort zu sagen« hatte.

Jener für die 40er Jahre so bezeichnende »Erdgeruch« ist es, der heutigen Leserinnen und Lesern Zwinglis Texte nicht nur schwer verständlich, sondern auch schwer erträglich macht. Seine Sprache verlangt nach einer Umsetzung, ähnlich wie die Bachsche Musik nicht auf historischen, sondern erst auf modernen Instrumenten zum vollen Erklingen kommt. Der historische Sprachklang mag seinen eigenen Reiz haben; er gibt jedoch, so paradox es scheint, nicht das Original wieder, für das er heute gehalten wird. Wir hören anders, als damals gehört wurde. Nur bei einer Übersetzung in heutige Sprache besteht die Aussicht, daß Zwingli mit ähnlicher Aufmerksamkeit und Leidenschaft gelesen wird, wie ihn seine Zeitgenossen lasen.

Wie aber gelingt das Kunststück, modernes, von Zwinglis Diktion unterschiedenes Deutsch zu schreiben, das gleichzeitig dem Original gerecht wird? Wie bleibt man nahe am Urtext, so daß nicht nur das, was Zwingli meinte, sondern auch die Art und Weise des von ihm Gemeinten Sprache gewinnt?

Und andererseits: Wie entgeht man der Versuchung, das Original zu übertreffen, wenn die Übersetzung auf eine Leserschaft abzielt, die Zwingli entdecken möchte? Darf der Übersetzer seine Arbeit so weit stecken, daß er, in einem Bild Ludwig Wittgensteins gefragt, der Fliege hilft, aus der Flasche herauszukommen? Kann die Sprache Zwinglis befreit werden, ohne daß sie durch das »heutige Deutsch« erneut in Gefangenschaft gerät? Solche Gedanken begleiten den Prozeß des Übersetzens und machen bewußt, daß eine Textübertragung, sie mag noch so sorgfältig ausgearbeitet sein, unausweichlich in dieses Dilemma führt.

Dazu tritt noch ein weiteres Problem. Da wir die deutsche Sprache zu kennen meinen, scheint uns Zwinglis oberdeutsches Idiom vertrauter zu sein als ein fremdsprachiger Text. Bei der Vorbereitung der Ausgabe zeigte sich jedoch bald, daß eine Übertragung vom Deutschen ins Deutsche einen beträchtlichen philologischen Aufwand erforderte, der nicht in

Freizeitarbeit geleistet werden konnte. Eine Arbeitsstelle mußte errichtet und ein Bearbeiter gesucht werden, der fähig wäre, sowohl die Übersetzung der umfangreichsten Schrift Zwinglis, der »Auslegung und Begründung der Thesen oder Artikel«, als auch die Endredaktion aller in der Ausgabe vereinigten Schriften zu übernehmen. In Thomas Brunnschweiler fand sich eine Persönlichkeit, welche diese Bedingungen in idealer Weise erfüllte. Daß nun ein Werk vor uns liegt, das während einiger Jahrzehnte für editorische und sprachliche Zuverlässigkeit bürgt, ist ihm zu verdanken. In gleicher Weise geht der Dank an Samuel Lutz. Ohne ihn wäre die Edition niemals zustande gekommen. Er trug von Anfang an die Hauptverantwortung für die Koordination der Arbeit und für die Auswahl und Disposition der einzelnen Schriften. Neben seinen Aufgaben als Gemeindepfarrer und als Bernischer Synodalrat leitete er die Arbeitsgruppe, verhandelte mit der Bearbeiterin und den Bearbeitern, organisierte Übersetzertagungen und wurde so zum eigentlichen Manager der Ausgabe.

Die Edition ist das Ergebnis eines fruchtbaren Zusammenwirkens. Wenn ich Samuel Lutz und Thomas Brunnschweiler als den beiden Herausgebern an erster Stelle danke, so sind in diesen Dank die Übersetzer der einzelnen Schriften eingeschlossen. Es war von Anfang an klar, daß die Anlage der Edition nach fachlich ausgewiesenen Bearbeitern verlangte. Der Einbezug verschiedener, mit bestimmten theologischen Sachgebieten vertrauter Mitarbeiter bringt nun den Vorteil, daß das Spezifische jeder einzelnen Schrift Zwinglis zum Leuchten kommt. Dankbar sind wir auch allen Fachleuten, die mit Hinweisen aus ihren Forschungsgebieten zum Gelingen der Übersetzung und der Kommentierung beitrugen.

Einen besonderen Wert erhält die Ausgabe durch die umfassenden Register, die den thematischen Zugang zum Werk Zwinglis ermöglichen. Es ist das Verdienst von Thomas Brunnschweiler, diese Aufgabe mit Sorgfalt und Ausdauer gelöst zu haben.

Das ganze Projekt mußte geplant, begleitet, angetrieben und mitunter auch vor übereilten Entscheidungen bewahrt werden. Für diese Aufgabe hatte der Vorstand des Zwinglivereins im Jahre 1985 eine Arbeitsgruppe bestellt, welcher neben den beiden Herausgebern und dem Unterzeichnenden die Herren Hans Ulrich Bächtold, Werner Blum und anfänglich auch Kurt Maeder angehörten, und denen sich, wenn Finanz- und Vertragsfragen an der Reihe waren, Rudolf Diggelmann zugesellte. Ihnen allen sei gedankt für Rat, Ausdauer und für den freundschaftlichen Geist, von dem die Zusammenkünfte getragen waren. Ein besonderer Dank richtet sich an Werner Blum, den Leiter des Theologischen Verlages, dessen Erfahrung der Arbeitsgruppe von großem Nutzen war und unter dessen Händen Zwinglis Werk nun auch ein ansprechendes Äußeres gewonnen hat. Ebenso sei Matthias Osthof gedankt, der im Verlag für die elektronische Datenverarbeitung verantwortlich war. Danken möchte ich auch Fritz Büsser, Roland Diethelm, Hanno Helbling, Anita Hildebrand und Urs Meier für kritisches Mitlesen, Barbara Kobel Pfister, Christina Koller, Helen Moll und Regula Näf für zahllose Schreibdienste in Zeiten, da die Arbeit drängte.

Dem Ziel, das Werk Zwinglis einem breiten Leserkreis zu öffnen, dient nicht nur heutiges Deutsch, sondern auch ein moderater Preis. Daß sämtliche Kosten für Übersetzung, Kommentierung, Redaktion, Register- und Korrekturarbeiten von großzügigen Geldgebern getragen wurden, erfüllt die Herausgeberschaft mit Freude und Dankbarkeit. In die Lasten teilten sich mit den Evangelisch-reformierten Landeskirchen der Deutschen Schweiz zahlreiche Stiftungen und Institutionen, die in einer gesonderten Donatorenliste genannt sind. Zwei Namen sollen aber an dieser Stelle hervorgehoben werden: der Kirchenrat des Kantons Zürich, der mit namhaften Beiträgen seine Verantwortung für die reformierte Tradition bekundete, und die Genossenschaft zum Baugarten, die in spontanem und unkompliziertem Entgegenkommen sich bereit erklärt hatte, den Grundstock der Finanzierung zu legen. Dank ihnen war die Herausgeberschaft aller materiellen Sorgen ledig. Unbelastet von Geldnöten vermochte sie das Werk voranzutreiben und kann es nach verhältnismäßig kurzer Entstehungszeit der Öffentlichkeit übergeben.

Zürich, den 11. Oktober 1995
Hans Stickelberger,
Präsident des Zwinglivereins

Einleitung

Zwingli gehört zusammen mit Luther und Calvin zu den drei großen Reformatoren des 16. Jahrhunderts.

Worin allerdings Zwinglis Bedeutung seinerzeit bestand, und was er späteren Generationen noch zu sagen hat, darüber gehen die Meinungen auseinander. Bewundern die einen den ethischen Ernst und die soziale Verantwortung des Zürcher Reformators, so mißfällt den andern Zwingli als der politisierende Pfarrer, der sich in die Angelegenheiten des Staates einmischt. Schätzen die einen Zwinglis Nüchternheit, so bezweifeln andere seinen religiösen Ernst. Hebt die eine Seite Zwinglis Humanismus hervor, seine Wertschätzung der außerchristlichen Kultur der Antike und damit seine Offenheit und Toleranz, so vermissen andere bei ihm ein radikales Sündenbewußtsein und entsprechend den Ansatz einer reformatorischen Theologie der Rechtfertigung. Bei aller Wertschätzung Zwinglis überwiegt mancherorts doch immer wieder die Skepsis. Zwingli gilt für viele lediglich als derjenige, der mit seinem symbolischen Abendmahlsverständnis angeblich die Gegenwart Christi im Sakrament bestritten, die Täufer verfolgt, die Kirche unter die Vorherrschaft des Staates gestellt und die Reformation mit Gewalt zu erzwingen versucht habe, weshalb es niemanden erstaunen könne, daß er, eines Christen unwürdig, auf dem Schlachtfeld gestorben sei.

Mit der hier vorgelegten Übersetzung einer Auswahl von Zwinglis Schriften möchten wir einer vielfältig interessierten Leserschaft Gelegenheit geben, Zwingli kennenzulernen und sich selber ein Urteil über ihn zu bilden.

Bisher waren die Texte des Zürcher Reformators nur schwer zugänglich. Wohl liegt die wissenschaftliche Ausgabe seiner Werke inklusive der Briefsammlung seit kurzem fast vollständig vor. Übersetzungen jedoch in größerem Umfang fehlten oder waren längst vergriffen. Das ist umso bedauerlicher, als Zwingli selber nicht nur für Gelehrte schrieb, sondern sich zeitlebens auch an die breite Öffentlichkeit in Kirche und Gesellschaft, also an die Bevölkerung wandte. Schon zu seinen Lebzeiten wurden deshalb seine lateinischen Werke auf deutsch übersetzt und umgekehrt, für das internationale Publikum, die deutschen Schriften ins Lateinische. Es blieb jedoch im weiteren Verlauf der Zeit dabei, daß nur einzelne Schriften in enger Auswahl und auch diese meistens nur in gekürzter Form neu übertragen wurden. Mit dem Schwinden der Sprachkenntnisse hatte das zur Folge, daß die Pfarrerschaft Zwingli kaum mehr las, daß bei akademischen Prüfungen in Theologie oder Geschichte aus eigenem Studium gewonnene Kenntnisse des Zürcher Reformators nicht mehr vorausgesetzt werden konnten, und daß im oekumenischen Gespräch der Gegenwart eine der ersten und wichtigsten Stimmen der reformierten Kirche nicht zur Geltung kam.

Wenn wir mit dieser Edition Huldrych Zwingli Gehör verschaffen wollen, so geschieht dies allerdings weniger um seiner Person als vielmehr um der Sache willen. Wir sind der Überzeugung, daß die Schriften Zwinglis, die auf dringende Fragen seiner Zeit Antworten gebracht hatten, aus inhaltlichen Gründen auch heute, in eine moderne Sprache übertragen, verständlich gemacht werden müssen zuhanden einer Generation, die ihrerseits nach Standortbestimmung sucht, Leitlinien braucht und sich selber über den Glauben ebensosehr Rechenschaft geben will, wie sie ihr Handeln und Verhalten zu verantworten hat.

Die hier gebotene Auswahl ist entsprechend sorgfältig getroffen worden. Sie umfaßt die ganze Schaffenszeit Zwinglis, von den ersten bis zu seinen letzten Publikationen. Keine der wichtigen Schriften fehlt. Es sind dies: die »Auslegung und Begründung der Thesen oder Artikel« von 1523, damals die erste Darstellung der evangelischen Lehre überhaupt; sodann der »Kommentar über die wahre und falsche Religion« von

1525, die in moderner Übersetzung bisher nicht vorliegende Abhandlung über Gottes Vorsehung, »De providentia« von 1530, sowie die drei sich an den Aufbau des Apostolischen Glaubensbekenntnisses haltenden und den evangelisch-reformierten Glauben prägnant zusammenfassenden Werke, nämlich die »Erste Berner Predigt« von 1528, die »Rechenschaft über den Glauben« von 1530 und die »Erklärung des christlichen Glaubens« von 1531. Jeder der vier Bände enthält mindestens eines dieser Hauptwerke.

Wegleitend für die Auswahl der weiteren Schriften war die Vielfalt der Themen. Die Abhandlung »Die freie Wahl der Speisen« von 1522 erörtert die zentrale Bedeutung von Christus und den Glauben an ihn, die Unterscheidung von Gottesgebot und Menschengebot, Freiheit und Ärgernis, soziale Verantwortung und Rücksichtnahme, sowie Zwinglis Schriftverständnis und den Bibelgebrauch.

Die »Göttliche Ermahnung der Schwyzer« von 1522 setzt sich mit Krieg und Frieden, Patriotismus und politischer Souveränität auseinander.

Von Glauben, Gewißheit und Gottvertrauen, nebst einer Erklärung, wie Gottes Dreieinigkeit zu verstehen und was vom Menschen zu halten sei, handelt die Schrift »Die Klarheit und Gewißheit des Wortes Gottes«, 1522.

Kirche und Staat, Christsein und verantwortliche Bürger, Erneuerung von Kirche und Gesellschaft, Sozialpolitik, Evangelium und öffentliches Leben, Christus als Herr aller Lebensbereiche – mit all diesen Themen beschäftigt sich Zwingli in engagierter und doch sorgfältiger Weise unter dem Titel »Göttliche und menschliche Gerechtigkeit«, 1523.

In den Bereich der Pädagogik und der alltäglichen Lebensführung greift Zwingli 1523 ein mit seiner kleinen Schrift »Wie Jugendliche aus gutem Haus zu erziehen sind«. Er beschreibt darin das Verhältnis des Jugendlichen zu Gott, zu sich selbst und zu den Mitmenschen und berät die Leser in Einzelfragen wie Essen und Trinken, Gesundheit und Sport.

»Der Hirt« von 1524 ist Zwinglis Theologie des Pfarramts. Er unterscheidet wahre und falsche Prophetie, behandelt Pfarramt und Pfarrerbild, das Verhältnis von Lehre und Leben, erörtert Theorie und Praxis von Seelsorge und Predigt, Gemeinde- und Kirchenverständnis, Kirchenleitung und Sektenwesen.

Die »Freundschaftliche und ernste Ermahnung der Eidgenossen« von 1524 erinnert unter den Gesichtspunkten von Einigkeit und Freiheit an die Schweizergeschichte und wirbt um Gottvertrauen in der Erneuerung von Kirche und Gesellschaft.

In der Auseinandersetzung mit den Täufern, aber auch als Besinnung auf die Frage der Reformation unter Widerstand, legt Zwingli 1524 eine sozialpolitische und ökonomische Studie vor unter dem Titel »Wer Ursache zum Aufruhr gibt«.

Zwinglis »Empfehlungen zur Vorbereitung auf einen möglichen Krieg« von 1524 kann nur diejenigen befremden, die darin nicht die Besorgnis eines Pfarrers über das Problem des Krieges heraushören, insbesondere aber über die Gefahr eines Bürgerkrieges, und den Appell, in den Dienst des höchsten Hauptmannes, Christus, zu treten.

Die »Antwort auf die Predigt Luthers gegen die Schwärmer« von 1527 ist die einzige Schrift, die wir aus den direkten Auseinandersetzungen des Abendmahlsstreites ausgewählt haben. Sie ist kurz gefaßt und in relativ moderatem Ton gehalten. Zwinglis Abendmahlslehre kommt im übrigen in anderen Schriften ausführlich genug zur Sprache.

Über die »Standhaftigkeit« predigte Zwingli zum Abschluß der Berner Disputation 1528 und leitete damit bereits die Konsolidierung der Reformation ein, nicht ohne zur Leidensbereitschaft aufzurufen.

Das »Pestlied«, als einzige der hier wiedergegebenen Schriften neben der Übersetzung auch im Urtext abgedruckt, zeigt uns Zwingli als Dichter und vermittelt einen Eindruck der Originalsprache.

Wir hoffen, mit dieser Auswahl den Leserinnen und Lesern die Möglichkeit zu geben, die Vielfalt von Zwinglis Leben und Werk zu entdecken. Manches wird uns heute befremden, anderes höchst aktuell erscheinen.

Auf die Herausgabe von Zwinglis Briefen mußten wir verzichten und überlassen die wichtige Aufgabe, dereinst alle Briefe Zwinglis übersetzt erscheinen zu lassen, anderen Initianten.

Die einzelnen Schriften wurden von den Mitarbeitenden in eigener wissenschaftlichen Verantwortung übersetzt. Die Herausgeber berieten und begleiteten sie dabei, überließen ihnen aber im Abwägen von möglichen Varianten der Übertragung den letzten Entscheid. Immerhin sorgten die Editionsgrundsätze für soviel Übereinkunft, daß formale Einheitlichkeit und persönliches Gepräge beim Übersetzen einander nicht ausschließen.

Das Ergebnis der verbindlichen Vorgaben sieht folgendermaßen aus.

1. Es ist in heutiges leicht lesbares Deutsch übertragen worden.

2. Alle Schriften sind ungekürzt publiziert.

3. Knappe von den Übersetzern verfaßte Einleitungen geben Auskunft über den Anlaß der Schrift und die Adressaten, den historischen und theologischen Kontext; ferner sind in den Einleitungen eine kurze Inhaltsübersicht und Hinweise auf die Bedeutung und Wirkung der Schrift zu finden.

4. Die Anmerkungen sind auf ein Minimum beschränkt. Sie dienen lediglich dazu, den Text besser zu verstehen, schlüsseln aber in der Regel nicht historisch oder theologisch auf.

Da die Herausgeber im Hinblick auf ihre Editionsgrundsätze die meisten älteren Übersetzungen als nicht mehr genügend erachteten, wurden die Schriften Zwinglis bis auf zwei Ausnahmen neu übertragen. Diese zeitaufwendige Arbeit zog eine fruchtbare Auseinandersetzung mit der Sprache Zwinglis und mit den bisherigen Übersetzungen nach sich.

Entgegen einer weitverbreiteten Meinung bediente sich Zwingli in seinen deutschen Schriften nicht seines Dialekts, sondern der eidgenössisch-alemannischen Schreibsprache. Sie war aus den Kanzleien und Druckereien des eidgenössischen und oberdeutschen Raums hervorgegangen und gehörte zu den drei offiziellen deutschen Schreibsprachen. Diese überregional anerkannte Verkehrs- und Diplomatensprache rechnet man genauso wie Luthers Deutsch zum Frühneuhochdeutschen. Wenn Luther seinen Zürcher Kollegen nicht immer sachgerecht verstand und deshalb mehr als einmal verstimmt war, hat dies nicht zuletzt damit zu tun, daß die eidgenössisch-alemannische Schreibsprache im Satzbau und in der Bedeutung von Wörtern und Wendungen recht stark von der ostmitteldeutschen Kanzleisprache abwich.

Auch heutige Leser tun sich bei der Lektüre von Zwinglis Originaltexten am schwersten mit dem Satzbau und den Wortbedeutungen. Weil die Anforderung an die logische Verknüpfung von Teilsätzen im Frühneuhochdeutschen noch nicht so streng war wie in der höher normierten neuhochdeutschen Schriftsprache, ließen sich für unsere Verhältnisse überlange Sätze bilden. Ebenfalls verbreitet waren Satzkonstruktionen, die aus dem Lateinischen übernommen wurden und im Neuhochdeutschen nicht mehr zulässig sind. Dieser Befund macht es oft unumgänglich, Zwinglis Sätze in der Übertragung zu teilen oder umzustellen.

Das Hauptproblem bei der Neuübertragung liegt jedoch auf dem Gebiet der Semantik, dem Feld der Wortbedeutungen. Schwierigkeiten machen weniger die dialektnahen Wörter, die sich als solche auf den ersten Blick zu erkennen geben (z.B. *zürlimürrler, rübis und stübis, stempnyen, hüppentrager*), als vielmehr Wörter, die auch im heutigen Sprachschatz noch vorkommen: *gloub, trost, trüw, fromm* usw. In den meisten Fällen hat sich bei diesen Wörtern die Bedeutung und auch die Wertschätzung innerhalb des gesellschaftlichen Symbolsystems gewandelt. Anhand des Wortes *fromm*, das bei Zwingli oft vorkommt, läßt sich dies veranschaulichen. *Fromm* ist im 15. und 16. Jahrhundert ein gesellschaftlicher Kernbegriff. Es bezeichnet unter anderem eine Haupttugend des aufstrebenden Bürgertums. *Fromm* ist, wer die gültigen Normen erfüllt und deshalb über einen guten Leumund verfügt. Das Wort bedeutet also: rechtschaffen, redlich, unbescholten, integer, gerecht. In fast allen bisherigen Übersetzungen wurde jedoch das frühneuhochdeutsche *fromm* mit dem gleichlautenden neuhochdeutschen Wort wiedergegeben, und damit der Sinn erheblich verändert. So schlichen sich ausgerechnet da, wo scheinbar die größte Werktreue geübt wurde, die größten Fehler ein. Da es kein neuhochdeutsches Adjektiv gibt, das die Bedeutungsvielfalt und das gesellschaftliche Gewicht des frühneuhochdeutschen *fromm* hat, ist es unvermeidlich, das Wort je nach Kontext mit verschiedenen Äquivalenten zu übersetzen. Da es mit sehr vielen Wörtern der eidgenössisch-alemannischen Schreibsprache ähnlich steht wie mit *fromm*, haben sich die Herausgeber entschlossen, von einer durchgehenden konkordanten Übersetzungsweise abzusehen. Das heißt, daß frühneuhochdeutsche Wörter nicht konsequent mit dem jeweils gleichen Wort unserer Sprache übersetzt werden. Es ging bei der Neuübertragung also um eine weitgehende Berücksichtigung des Kontexts, um Anschaulichkeit und Farbigkeit des Ausdrucks. Nicht zuletzt wollten wir bisher stark wirksame historisierende und moralisierende Tendenzen vermeiden.

Je weiter die Neuübertragung fortschritt, desto mehr erkannten wir die Mängel der bisherigen Übersetzungen von Zwinglis Werken. Bereits zwischen 1843 und 1846 hatte Pfarrer Raget Christoffel in einer beachtenswerten Fleißarbeit 12 Schriften übersetzt, darunter auch die Auslegung der Thesen. Christoffel, der noch wähnte, Zwingli habe im »altschweizerdeutschen Dialekt« geschrieben, hatte zwar in vielen Fällen ein gutes Gespür, blieb aber insgesamt zu sehr dem Wortlaut verhaftet und durchschaute viele sogenannten »falschen Freunde« nicht (Wörter, deren Bedeutungswandel nicht erkannt wird). Man muß gerechterweise Christoffel zugutehalten, daß er noch nicht über die heutigen sprachlichen Hilfsmittel verfügte; deshalb ist seine Leistung bei aller Kritik beachtenswert. Für eine breitere Leserschaft wurde Zwingli aber erst 1918 greifbar, als eine von Georg Finsler, Walther Köhler und Arnold Rüegg besorgte Auswahl erschien, die als »Kirchenratsausgabe« bekannt ist. Wohl erlaubt diese Auswahl einen einigermaßen umfassenden Überblick über Zwinglis Schaffen, aber die Schriften sind größtenteils gekürzt, brechen ärgerlicherweise oft an denjenigen Stellen ab, die im Original schwer verständlich sind, und überspringen wichtige exegetische Abschnitte; zudem weisen die Übersetzungen in einiger Hinsicht Mängel auf. Die zwischen 1940 und 1963 im Zwingli-Verlag erschienene Volksausgabe, auch bekannt unter dem Titel »Hauptschriften«, schlug einen neuen Weg ein. Die Herausgeber waren der Ansicht, das Deutsch Zwinglis einem breiteren Publikum zumuten zu können, und verstauten die Übersetzungshilfen in die Fußnoten. Die vielbändige, in Fraktur gesetzte Ausgabe des frühneuhochdeutschen Originaltexts, an dem man oft noch sinnentstellend herumgeflickt hatte, war jedoch nicht geeignet, Zwinglis Schriften wirklich unter die Leute zu bringen. Erst die Auswahlbände von Edwin Künzli (1962) und Ernst Saxer (1988) erwiesen sich als benutzerfreundlicher, wiewohl ihnen wie der Kirchenratsausgabe der Mangel anhaftet, Zwinglis Werke teilweise gekürzt wiederzugeben.

Die hier vorliegende Ausgabe ermöglicht eine vielfältige Verwendung. Wir denken an die persönliche Lektüre interessierter Leserinnen und Leser, an die evangelische und katholische Pfarrerschaft, an Personen aus Kirche, Politik, Wirtschaft und Kunst, die in öffentlicher Verantwortung stehen, an die Verwendung der Ausgabe oder einzelner Bände im Geschichtsunterricht, an Bibliotheken in Heimstätten und Kurshotels und nicht zuletzt an Lehrveranstaltungen theologischer und philosophischer Fakultäten der Universität.

Für die wissenschaftliche Arbeit erleichtert die Angabe der Seitenzahlen als Marginalien den Zugang zur kritischen Ausgabe von Zwinglis sämtlichen Werken im Corpus Reformatorum. Als Hilfsmittel stehen die Hinweise zur Benützung, die Register am Ende jedes einzelnen Bandes sowie im vierten Band das Gesamtregister, eine Zeittafel und eine kleine Literaturauswahl zur Verfügung.

Möge sich also diese wissenschaftlich ausgewiesene Übersetzung von Zwinglis Schriften auch als leserfreundlich erweisen.

Samuel Lutz und Thomas Brunnschweiler

Hinweise zur Benützung

Bibelstellen werden von Zwingli gemäß den Bibelausgaben seiner Zeit nur mit dem Hinweis auf die Kapitelzahl angegeben. Wo immer es möglich war, sind in der vorliegenden Ausgabe die Versnummern ergänzt worden. Sofern die von Zwingli ausdrücklich erwähnten Bibelstellen nicht im Text integriert sind, erscheinen sie in runden Klammern. Bibelstellen, die von Zwingli nicht ausdrücklich als solche gekennzeichnet werden, erscheinen in eckigen Klammern. Wird eine Bibelstelle nur anzitiert, oder wird inhaltlich klar darauf Bezug genommen, so steht vor der Bibelstelle ein »vgl.«. Alle Bibelstellen sind in einem separaten Register verzeichnet.

Einschübe von Zwingli selbst sind in *runde Klammern* gesetzt. Erklärende Ergänzungen der Übersetzerin bzw. der Übersetzer sind in *eckige Klammern* gesetzt.

Die *Seitenwechsel in der kritischen Ausgabe* (meist angegeben durch die Abkürzung Z) sind im Text mit einem senkrechten
Strich | markiert. Die zugehörige Seitenzahl findet sich als 000
Marginalie am Rand. Die jeweilige Bandnummer der kritischen Ausgabe ist im Informationsblock am Anfang jeder Schrift verzeichnet.

Die *Anmerkungen* enthalten zusätzliche Informationen zur Übersetzung, wenn diese a) für heutige Leser schwer verständlich ist, b) Namen enthält, die historisch eingeordnet werden müssen, c) nicht imstande ist, alle wichtigen Nuancen des Originals wiederzugeben. Die Anmerkungen befinden sich, nach den Schriften geordnet, am Ende jedes Bandes.

Jeder Band enthält *Register*, die den Inhalt unter verschiedenen Gesichtspunkten erschließen (Bibelstellen, Personen, Orte, Sachen). Am Ende des vierten Bandes befindet sich das Gesamtregister aller vier Bände.

Dieses Gesamtregister ist angereichert durch zahlreiche Verweisungen, die den Leserinnen und Lesern den Zugang zu einzelnen Namen, Begriffen und Themen innerhalb der Schriften Zwinglis zusätzlich erleichtern.

Ebenfalls am Ende des vierten Bandes befinden sich eine *Zeittafel*, welche die Biographie Zwinglis und die Chronologie der Zürcher Reformation erschließt, sowie eine *kleine Literaturauswahl*. Diese weist hin auf wichtige Sekundärliteratur zur vorliegenden Ausgabe und zu Zwingli und seiner Zeit; ferner enthält die Literaturauswahl die Titel der wichtigsten bisherigen Werkausgaben und Übersetzungen, schließlich den Hinweis auf die Bibliographien, die den Zugang zur gesamten Literatur über Zwingli ermöglichen.

Das Pestlied

Original: Erster Druck in der vermutlich 2. Ausgabe des die Konstanzer Tradition ungebrochen fortsetzenden Zürcher Gesangbuches, Zürich um 1522 (Redaktioneller Titel: »Ein christenlich gsang gestelt durch H.Z. als er mit pestilenz angriffen ward«, mit Melodie), S. 280ff.

Wissenschaftliche Ausgabe unter dem Kurztitel »Pestlied«, mit Einleitung und Kommentar, bearbeitet von Markus Jenny, in: Huldreich Zwinglis Sämtliche Werke (Abk.: Z), hg. v. Emil Egli u. a., Bd. VI.5, Zürich (Theologischer Verlag) 1991 (Corpus Reformatorum 93.V), S. 379–386.

Übersetzung: Thomas Brunnschweiler.

Einleitung

Im August 1519 brach in Zürich die Pest aus. Zwingli kehrte sogleich von einer Kur in Pfäfers zurück, um seine Pflicht als Leutpriester wahrzunehmen. In der heftigsten Welle der Epidemie anfangs September wurde auch er von der Krankheit erfaßt, die ihn an den Rand des Todes brachte. Seine Genesung zog sich bis weit ins Jahr 1520 hinein. Diese existentielle Erfahrung war der Anlaß zu dem als »Pestlied« bekannten Gedicht, das Zwingli als begabter und vielseitiger Musiker auch selbst vierstimmig vertonte.

Das Pestlied knüpft an Gedanken an, die bei Zwingli erstmals im Brief an Myconius vom 24. Juli 1520 auftauchen. Eine Entstehung vor Mitte 1520 ist daher auszuschließen; es besteht in der Forschung sogar die Vermutung, daß das Lied zusammen mit dem Kappelerlied und der Vertonung des 69. Psalms erst 1525 geschrieben und komponiert wurde.

Das Lied ist eine der hervorragendsten und schönsten dichterischen Schöpfungen der Reformationszeit, wobei es nicht zur Gattung des Kirchenlieds im engen Sinne gehört. Vielmehr ist es ein geistliches Sololied im Stil der sogenannten Hofweise. Diese im Bürgertum beheimatete Form der Gelehrtenlyrik zwischen 1450 und 1550 wandte Zwingli als konsequenter Humanist auf das neu einsetzende geistliche Liedschaffen an und erwies sich damit auch auf musikalischem Gebiet als außerordentlich schöpferisch. Die mit 26 Zeilen auch für eine Hofweise sehr langen Strophen (je zwei 6zeilige Stollen, die beiden Teile des Aufgesangs, und ein 14zeiliger Abgesang) zeigen in ihrer kunstvollen Reimgestaltung und dem gezielten Einsatz der Kurzzeile Zwinglis meisterhafte Beherrschung der Kunst, Form und Inhalt zur Deckung zu bringen. Zwingli trat als Dichter auch durch das frühe Fabelgedicht vom Ochsen (1510) und das Lehrgedicht vom Labyrinth (1516) hervor.

Entgegen dem Eindruck, den die redaktionellen Zusätze im Zürcher Gesangbuch von 1552 erwecken (»Ein christliches Lied, kompo-

niert von H.Z., als ihm die Pest hart zusetzte«), ist das Pestlied nicht unmittelbare Verarbeitung einer biographischen Episode. Die Krankheitserfahrung ist im Gegenteil ganz ins Allegorische überhöht. Im Bild des Durchgangs durch die schwere Prüfung der Krankheit stellt Zwingli den Kampf um seine Berufung zum Reformator und die tödliche Bedrohung des gesamten Reformationswerks durch seine Feinde dar. Die Heilung von der tödlichen Krankheit ist für Zwingli die Bestätigung dafür, daß Gott das begonnene Werk nicht zerbrechen will, und daß alle Anfechtungen und selbst der leibliche Tod bereits überwunden sind. Es ist nicht unerheblich, daß Bullinger in seiner Reformationschronik die Pest mit demselben Wort (praest) *bezeichnet, das Zwingli in der Auslegung der Thesen für das menschliche Grundübel, d. h. die tödliche Sündenkrankheit, gebraucht. Die Überwindung der Pest ist so auch Sinnbild des letztgültigen Heilswillens Gottes in Christus, den Zwingli immer wieder als »Gesundmacher« und Arzt bezeichnet. Daher ist es zulässig, im Pestlied nicht nur ein einmaliges Zeugnis von Zwinglis Frömmigkeit zu erkennen, sondern auch einen Schlüssel für das Verständnis seiner Theologie.*

Bereits in der Mitte des 16. Jahrhunderts wurde das Pestlied als Trostlied für Kranke interpretiert und fand als solches kurze Zeit Eingang in die Gesangbücher. Über die Schweiz hinaus verbreitete es sich nicht; erst die Gesangbucherneuerung des späteren 19. und des 20. Jahrhunderts brachte es zusammen mit dem Kappelerlied wieder in die Gesangbücher, nun auch über den Raum der Schweiz hinaus.

Da das Lied ohne Verlust seiner poetischen Kraft nicht zu übersetzen ist, und auch ein Eindruck von Zwinglis Sprache vermittelt werden soll, geben wir das Pestlied sowohl in der Fassung des ersten Druckes als auch in einer kunstlosen Prosaübersetzung wieder.

Thomas Brunnschweiler

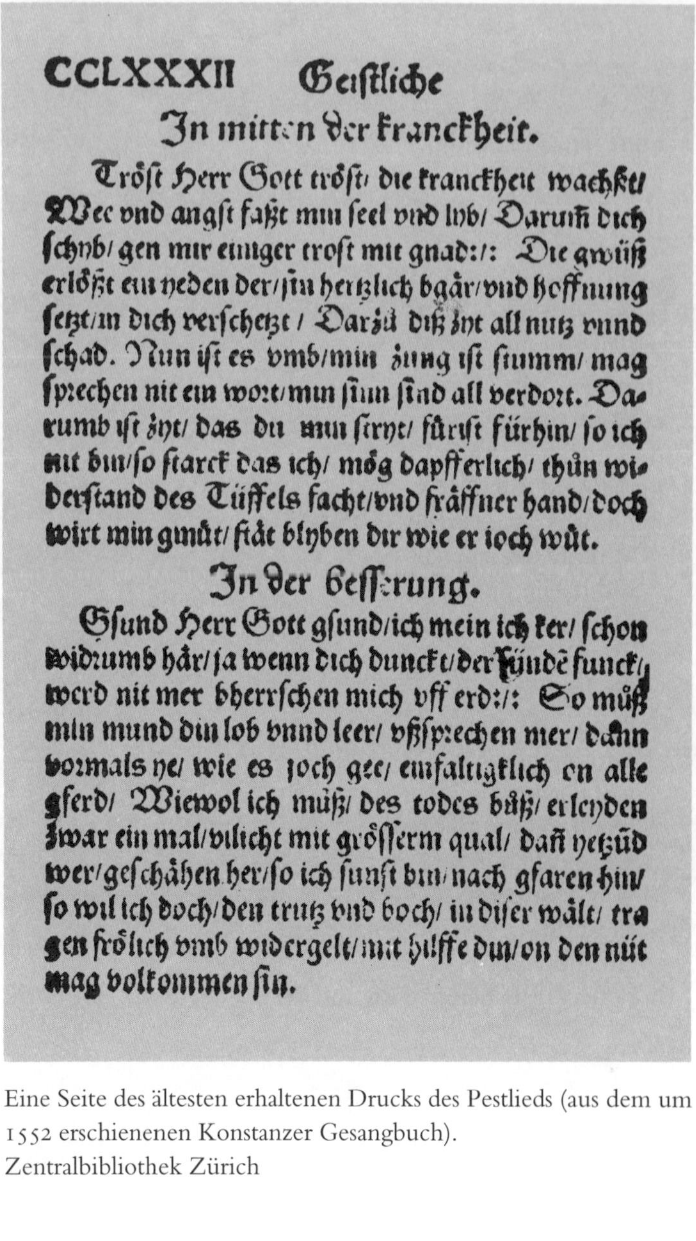

CCLXXXII Geistliche

In mitten der kranckheit.

Tröst Herr Gott tröst/ die kranckheit wachßt/ Wee vnd angst faßt min seel vnd lyb/ Darum̃ dich schyb/ gen mir einiger trost mit gnad:/: Die gwüß erlößt ein yeden der/ sin hertzlich bgär/ vnd hoffnung setzt/ in dich verschetzt/ Darzů diß zyt all nutz vnnd schad. Nun ist es vmb/ min zung ist stumm/ mag sprechen nit ein wort/ min sinn sind all verdort. Darumb ist zyt/ das du min stryt/ fůrist fürhin/ so ich nit bin/ so starck das ich/ mög dapfferlich/ thůn widerstand des Tüffels facht/ vnd fräffner hand/ doch wirt min gmůt/ stät blyben dir wie er ioch wůt.

In der besserung.

Gsund Herr Gott gsund/ ich mein ich ker/ schon widrumb här/ ja wenn dich dunckt/ der sünde funck/ werd nit mer bherrschen mich vff erd:/: So můß min mund din lob vnnd leer/ vßsprechen mer/ dann vormals ye/ wie es ioch gee/ einfaltigklich on alle gferd/ Wiewol ich můß/ des todes bůß/ erlyden zwar ein mal/ vilicht mit grössern qual/ dann yetzůd wer/ geschähen her/ so ich sunst bin/ nach gfaren hin/ so wil ich doch/ den trutz vnd boch/ in diser wält/ tragen frölich vmb widergelt/ mit hilffe din/ on den nüt mag volkommen sin.

Eine Seite des ältesten erhaltenen Drucks des Pestlieds (aus dem um 1552 erschienenen Konstanzer Gesangbuch).
Zentralbibliothek Zürich

Hilff, Herr Gott hilff
in diser not!
Ich mein, der tod
sig an der thür;
stand, Christe, für,
dann du jn überwunden hast!
Zů dir ich gilff.
Ist es din will,
züch uß den pfyl,
der mich verwundt,
nit laßt ein stund
mich haben weder růw noch rast!
  Wilt du dann glych
  tod haben mich
  in mitz der tagen min,
  so soll es willig sin.
  Thůn, wie du wilt;
  mich nüt befilt.
  Din haf bin ich;
  mach gantz ald brich!
  Dann, nimmst du hin
  den geiste min
  von dieser erd,
  thůst du's, das er nit böser werd
  ald andren nit
  befleck jr Läben fromm und sit.

Das Pestlied

Hilf, Herr Gott hilf
in dieser Not!
Mir scheint, der Tod
stehe an der Tür;
Christus, stell dich entgegen ihm,
denn du hast ihn überwunden.
Zu dir schreie ich.
Ist es dein Wille,
so zieh heraus den Pfeil,
der mich verdirbt,
der nicht eine Stunde läßt
mich haben Ruh und Rast.
  Willst du denn doch
  mich haben tot
  inmitten meiner Tage,[1]
  so willige ich gerne ein.
  Tu, wie du willst;
  nichts halte ich für unannehmbar.[2]
  Dein Gefäß bin ich; [vgl. Röm 9,20–21]
  stelle es wieder her oder zerbrich es.
  Denn, wenn du
  meinen Geist wegnimmst
  von dieser Erde,
  tust du es, damit er nicht schlechter werde
  oder anderen Menschen nicht
  ihre rechtschaffene Lebensführung beschmutze.

Tröst, Herr Gott, tröst!
Die kranckheit wachßt;
Wee und angst faßt
min seel und lyb.
Darumb dich schyb
gen mir, einiger trost, mit gnad,
die gwüß erlößt
ein yeden, der
sin hertzlich bgär
und hoffnung setzt
in dich, verschetzt
darzů diß zyts all nutz unnd schad.
Nun ist es umb;
min zung ist stumm,
mag sprechen nit ein wort;
min sinn sind all verdort.
Darumb ist zyt,
das du min stryt
fuͤrist fürhin,
so ich nit bin
so starck, das ich
mög dapfferlich
thůn widerstand
des Tüffels facht und fräffner hand.
Doch wirt min gmuͤt
stät blyben dir, wie er joch wuͤt.

Steh bei, Herr Gott, steh bei!
Die Krankheit wird schlimmer;
Schmerz und Beengung erfassen
meine Seele und meinen Leib.
Darum komm
zu mir, einzige Hilfe, mit der Gnade,
die gewiß von den Fesseln löst
jeden, der
sein herzliches Verlangen
und seine Hoffnung setzt
auf dich, und dem darum gleichgültig sind
Gewinn und Verlust in diesem Leben .

Nun ist es zuende;
meine Zunge ist stumm,
vermag kein Wort mehr zu sagen;
meine Sinne sind alle verdorrt. [vgl. Ps 102,5]
Darum ist es Zeit,
daß du meinen Kampf
fortan führst,
denn ich bin nicht
so stark, daß ich
wirksam
Widerstand leisten könnte
dem Fallstrick und frechen Zugriff des Teufels.
Jedoch wird meine Seele
dir treu bleiben, wie immer er auch wüte.

Gsund, Herr Gott, gsund!
Ich mein, ich ker
schon widrumb här.
Ja, wenn dich dunck,
der sünden funck
werd nit mer bherrschen mich uff erd,
so můß min mund
din lob und leer
ußsprechen mer,
dann vormals ye,
wie es joch gee,
einfaltigklich on alle gferd.

Wiewol ich můß
des todes bůß
erlyden zwar ein mal,
vilicht mit grösserm qual,
dann yetzund wer
geschähen, her,
so ich sust bin
nach gfaren hin,
so will ich doch
den trutz und boch
in diser wält
tragen frölich umb widergelt
mit hilffe din
on den nüt mag volkommen sin.

Gesund, Herr Gott, gesund!
Mir scheint, ich kehre
unversehrt[3] wieder zurück.
Ja, wenn du der Ansicht bist,
daß der Sünde Glut
mich auf Erden nicht mehr beherrschen wird,
so muß mein Mund
dein Lob und deine Lehre
verkünden mehr
als je zuvor,
wie es immer möglich ist,
unbefangen[4] ohne jede Arglist.
Wiewohl ich
die Strafe des Todes
einmal werde erleiden müssen
– vermutlich mit größerer Qual,
als es jetzt
geschehen wäre; besser [werde ich dann sterben],
da ich ohnehin
schon fast gestorben bin –[5]
so will ich doch
Widerstand und Gewalt
in dieser Welt
ohne Furcht ertragen um spätern Lohn [vgl. Röm 8,18]
mit deiner Hilfe,
du, ohne den nichts vollkommen sein kann.
[vgl. Joh 15,5; Phil 2,13]

Die freie Wahl der Speisen

1522

Original: Von erkiesen vnd fryheit der spysen. Von ergernus vnd verboͤserung. Ob man gwalt hab die spysen zů etlichen zyten verbieten / meynung Huldrichen Zuinglis zuͤ Zürich geprediget jm M.D.XXII Jar [...], Zürich, [Christoph Froschauer, 1522]. Umfang: 52 unpaginierte Quartseiten.

Wissenschaftliche Ausgabe unter dem Kurztitel »Von Erkiesen und Freiheit der Speisen«, mit Einleitung und Kommentar, bearbeitet von Emil Egli und Georg Finsler, in: Huldreich Zwinglis Sämtliche Werke (Abk.: Z), hg. v. Emil Egli u. a., Bd. I, Berlin (C. A. Schwetschke und Sohn) 1905 (Corpus Reformatorum 88), S. 74–136.

Übersetzung: Samuel Lutz.

Einleitung

Im Frühjahr 1522 zur Fastenzeit kam es in Zürich zum Froschauer Wurstessen. Der evangelisch gesinnte Buchdrucker und Freund Zwinglis, Christoph Froschauer, bot in seiner Offizin den Arbeitern und Gesellen entgegen den Fastenvorschriften zur Verpflegung an, was zu essen während der Fastenzeit verboten war. Er berief sich dabei einerseits auf die Ausnahmevorschriften der Kirche, wonach auch während der Fastenzeit Fleisch essen darf, wer schwere körperliche Arbeit leistet. Vor allem aber beriefen sich Froschauer und seine Belegschaft auf die evangelische Predigt. Zwingli hatte seit 1519 im Großmünster nicht mehr nach der Perikopenordnung gepredigt, sondern fortlaufend biblische Bücher ausgelegt. Er betonte aufgrund des Evangeliums, der Apostelgeschichte und der apostolischen Briefe die alleinige Verbindlichkeit der Heiligen Schrift für das menschliche Handeln und Verhalten. Die evangelische Freiheit stand dabei im Vordergrund. Das Froschauer Wurstessen war eine spontane Inanspruchnahme der evangelischen Freiheit. Zwingli selber war in der Offizin zugegen. Man bot auch ihm Fleisch zu essen an; allein er verzichtete. Die Angelegenheit erregte in Zürich großes Aufsehen. Freuten sich die einen über die mutige Tat, so war doch zunächst der Widerstand größer. Man nahm Anstoß und verlangte vom Rat der Stadt das Einschreiten gegen die Mißachter der Fastenvorschriften. Eine Bestrafung hätte die Überweisung derselben an die kirchliche Gerichtsbarkeit bedeutet. Tatsächlich sprach bald eine Delegation der bischöflichen Kurie aus Konstanz wegen des Fastenstreits in Zürich vor. Gerichtlich belangt hingegen wurde niemand. Denn mittlerweile trat Zwingli einerseits für seine Gesinnungsfreunde ein; andererseits half er dem Rat, das Problem der Fastenordnung grundsätzlich anzugehen. Er hielt am dritten Fastensonntag, den 23. März 1522, kurz nach dem Vorfall bei Froschauer, eine Predigt über die Fastenfrage. Er bestätigte, worauf Froschauer selber sich berief, daß der Bruch der Fastenvorschriften keine Sünde gegen Gott sei, weil die Fastenauflagen gar nicht von

Gott erlassene Gebote seien. Er griff aber auch die Frage auf, wie man sich verhalten solle, wenn die Übertretung kirchlicher Vorschriften öffentliche Unruhe bewirken sollten. Zwingli sucht Unruhestiftung zu vermeiden, gleichzeitig aber auch den städtischen Rat darin zu bestärken, sich bischöflichen Drohungen nicht zu beugen.

Zwingli überarbeitete seine Predigt und gab sie kurz nach Ostern 1522 im Druck heraus. Sie sollte seine erste reformatorisch wirkende Schrift werden. Mit der Veröffentlichung beabsichtigte er einerseits den Schutz seiner Freunde vor dem Zugriff des Bischofs, andererseits die Beruhigung der Bevölkerung, nicht zuletzt aber auch den bewußten Schritt in eine weitere Öffentlichkeit, um seine reformatorischen Grundanliegen vorzutragen. Diese waren zu jenem Zeitpunkt die folgenden:

1. Alleiniger Maßstab für kirchliche, religiöse, kirchenrechtliche und öffentliche Fragen ist die Heilige Schrift.

2. Die Berufung auf die kirchliche Überlieferung und Tradition ist nur so weit legitim, als sie die Übereinstimmung mit der Heiligen Schrift nachzuweisen vermag.

3. Was an kirchlichen und religiösen Vorschriften der Verankerung in der Heiligen Schrift entbehrt, ist abzuschaffen.

4. Es gibt keine kirchliche Autorität neben oder außerhalb der Heiligen Schrift.

Der Schlüssel des Schriftprinzips erlaubte Zwingli, sowohl die Freiheit von den Fastenvorschriften der Kirche zu begründen als auch vor unnötigem Aufruhr zu warnen.

Als Hauptfrage dieser ersten wichtigen Publikation des Zürcher Leutpriesters könnte man formulieren: Darf man den Christenmenschen an willkürlich auferlegte Fastenvorschriften binden? Zwingli antwortet klar und deutlich: Nein, das darf man nicht. Im einzelnen verhandelt er das Thema der christlichen Freiheit in den folgenden Gedankengängen:

1. Den Christusgläubigen sind alle Speisen erlaubt.

Auf die Einwände der Gegner wird geantwortet:

2. Es gibt keine verbindlichen Zeitvorschriften. Alles ist jederzeit erlaubt.

3. Die Freiheit von den Fastenvorschriften heißt noch lange nicht, daß man nicht freiwillig fasten könne.

4. Die altkirchliche Tradition der Kirchenväter ist kritisch zu hinterfragen. Mit der Schrift nicht zu vereinbarende Gebote von Menschen, auch solche der Kirchenväter, können nicht verbindliche Autorität beanspruchen.

5. Auf Schwache im Glauben ist zwar Rücksicht zu nehmen. Noch besser aber ist es, sie in evangelischer Erkenntnis zu fördern.

6. Auch ohne zu fasten kann man gute Werke tun. Was gut ist, muß indessen bei Gott allein gelernt werden. Im übrigen dienen gute Werke nicht zur Seligkeit, sondern allein das Gottvertrauen.

In einem Zehnpunkteprogramm wird schließlich alles zusammengefaßt.

Als Adressaten seiner Schrift nennt Zwingli alle frommen, d. h. aufrichtigen, redlichen und wohlmeinenden Christen zu Zürich. Aus der Korrespondenz wissen wir jedoch, daß die Schrift weit über Zürich hinaus Wirkung gezeigt hat. Das Eintreten für die evangelische Freiheit sprach vielen aus dem Herzen. Man hat nicht zu Unrecht Zwinglis Freiheitsschrift mit Luthers Schrift »Von der Freiheit eines Christenmenschen« verglichen.

Der Schlußteil: Ob jemand das Recht habe, Speisen zu verbieten, ist Nachtrag. Wiewohl nur als Diskussionsvorschlag vorgetragen, stellt Zwingli doch ganz deutlich und grundsätzlich die Kompetenz des Bischofs in der ganzen Fastenangelegenheit in Frage, nicht zuletzt, nachdem die Verhandlungen mit der bischöflichen Delegation ergebnislos verlaufen sind. Er bestärkt darin den Rat, auch seinerseits die evangelische Freiheit in Anspruch zu nehmen und eine Reformation in eigener Kompetenz durchzuführen. Was vorerst eine spontane Reaktion im Hause Froschauers auf Zwinglis Predigt war, sollte zur Bewegung der ganzen Gemeinde und damit zu der von der Öffentlichkeit durchgeführten Kirchenerneuerung werden.

Samuel Lutz

Die freie Wahl der Speisen. Ärgernis und Anstoß. Ob Speiseverbote für bestimmte Zeiten erlassen werden dürfen. Stellungnahme Huldrych Zwinglis

Allen aufrichtigen, redlichen und wohlmeinenden Christenmenschen in Zürich wünsche ich, Huldrych Zwingli, der ich nicht mehr bin als ein Verkündiger des Evangeliums von Jesus Christus, Gottes Gnade, Barmherzigkeit und Frieden.

Geliebte in Gott.

Bereits hat das vierte Jahr begonnen, seit Ihr mich das Evangelium und die Lehre der Apostel predigen hört. Ihr tut es mit großem Interesse. Ich bin zwar nur gering in Ansehen und an Bedeutung. Aber der allmächtige Gott hat die Gnade dazu gegeben, daß ich euch das Evangelium und die Apostellehre bekanntmache | und erkläre. Dadurch ist in den meisten von 89
euch die Liebe zu Gott und den Mitmenschen in erfreulicher Weise entfacht worden. Gott sei Dank dafür.

Ihr habt einen Anfang gemacht. Ihr habt euch die evangelische Lehre und die evangelische Freiheit dankbar angeeignet. Ihr habt sie euch zu Herzen genommen und habt sie euch eingeprägt. Ihr habt einen Geschmack davon bekommen, wie süß das himmlische Brot schmeckt, von dem der Mensch lebt. Seither will euch keine andere Speise mehr schmecken, Lehre von Menschen nämlich.

Es ist euch ergangen wie den Israeliten, als sie aus Ägypten herausgeführt wurden. Sie waren anfänglich über die beschwerliche Wüstenwanderung verdrossen und ihrer ungewohnt. Sie waren zuweilen unwillig und wünschten sich, lieber wieder in Ägypten zu sein und zu essen, was sie dort zurückgelassen hatten: Knoblauch, Zwiebeln, Lauch, Fleischtöpfe. Als sie dann aber in das verheißene Land kamen und dort die schönen Früchte sahen, vergaßen sie gar bald ihr vorheriges Klagen.

Genau so ist es auch vielen unter uns ergangen. Als die Evangeliumspredigt anhob und zu greifen begann, bäumten sie sich unflätig auf und machten Aufruhr. Einige verhalten sich noch heute wie ein Pferd, das sich, den Sporn des Evangeliums im Fleisch, vergeblich zu erwehren sucht. Mit der Zeit jedoch sind sie zahm geworden und haben sich an das Salz des Evangeliums gewöhnt. Sie fanden darin so viele gute Früchte, daß sie darob nicht mehr nur die frühere Finsternis verwünschten, die Fronarbeit nämlich, die ägyptischen Speisen und die ganze ägyptische Sklaverei, sondern es allen Brüdern (d. h. den Christen) nunmehr verargen, wenn sie ihre christliche Freiheit nicht auch frei sollten leben und gebrauchen dürfen.

Einige haben daraufhin, um sich Gehör zu verschaffen,
deutsche Schmähschriften erscheinen lassen. Andere disku-
90 tierten freundschaftlich zu Hause oder redeten darüber bei |
öffentlichen Zusammenkünften. Schließlich sind wieder andere in der jetzigen Fastenzeit so weit gegangen, in ihren Häusern und während ihrer Zusammenkünfte Fleisch, Eier, Käse und andere Speisen zu essen, die bis anhin während der Fastenzeit zu essen unüblich und verboten waren. Sie taten dies in der Meinung, daß daran niemand mehr Anstoß[1] nehmen würde.

Die Dinge nahmen jedoch einen anderen Verlauf, als sie beabsichtigt hatten. Denn es gab nun solche, die sich daran arg gestoßen haben. Die einen redlich und in gutem Glauben. Andere weder aus Liebe zu Gott noch zu seinen Geboten, wie man leider annehmen muß. Sie taten nur so, als ob sie verletzt und beleidigt wären, und dies nur unter dem Vorwand ihrer eigentlichen Absicht, den Aufruhr nämlich noch zu schüren. Sie seien mit dem Bruch der Fastenordnung nicht einverstanden, erklären sie. Man setze dabei außer Kraft, was dazu da sei, die Bevölkerung zu belehren und in Schranken zu halten. Die dritten sind ebenfalls Heuchler, falsch in ihrem Geist. Gleich wie die andern schürten sie heimlich die Glut und forderten, daß die Behörden der Stadt den Vorfall ja nicht auf sich beruhen lassen. »Das würde das Ende der Fastenordnung und Fastenzeit bedeuten«, sagen sie. Als ob sie nicht auch sonst fasten könnten! – und zwar zur selben Zeit, wie der auf seine Arbeit angewiesene Werktätige die oben genannten Speisen ißt, weil er sie zur Erhaltung seiner Kraft und zur Arbeit braucht. Denn insbesondere im Frühjahr drücken ihn die Last der Arbeit und die tägliche Beanspruchung ganz besonders.

Sie alle haben die ganze Angelegenheit dermaßen als schwerwiegend hochgespielt und in ein schlechtes Licht gebracht, daß der ehrsame Rat unserer Stadt seiner Verantwortung gemäß in dieser Sache zu handeln sich genötig sah.

Als nun die Vorgenannten, belehrt durch das Evangelium, merkten, daß man sie bestrafen wollte, nahmen sie sich vor, sich anhand der Bibel[2] zu verteidigen. Doch einige der Ratsmitglieder wollten sich nicht anheischig machen, die Schrift zu verstehen, und erklärten sich als nicht zuständig, darüber zu entscheiden, ob die Schrift in diesem Fall als Maßstab zu gelten
habe | oder nicht. 91

Was sollte ich als Seelsorger und Verkündiger des Evangeliums anderes tun, als daß ich die Schrift gründlich erforsche und sie als erleuchtendes Licht in diese finstere Verworrenheit hineintrage, damit niemand aus Unwissenheit oder Unkenntnis den andern Unrecht tut oder sie angreift und es dann hinterher schwerlich bereut. Namentlich, weil diejenigen, die zur Fastenzeit gegessen haben, keine zügellosen oder unbändigen Burschen sind, sondern ehrenwerte Leute, und ein gutes Gewissen[3] haben. Es wäre mir sehr schlecht angestanden, ich wäre ein nachlässiger Hirt gewesen, der nur auf seinen Vorteil achtet, ich hätte die mir anvertrauten Schafe umkommen lassen, hätte ich die Schwachen nicht gestärkt und die Starken nicht in Schutz genommen.[4] Also hielt ich eine Predigt über die Auswahl und Unterscheidung der Speisen.[5] Argumentiert habe ich dabei ausschließlich mit dem heiligen Evangelium und der Lehre der Apostel. Das hat die meisten der Zuhörer außerordentlich gefreut und befreit. Jene aber, deren Sinne verstockt sind, wie Paulus sagt [vgl. 2. Kor 3,14], die machte es nur wild und wütend.

Nun habe ich, wie gesagt, nichts anderes als die Schrift sprechen lassen. Nichtsdestoweniger, aber zu Unrecht, antworten sie darauf mit einem Geschrei, so laut, daß man es auch andernorts hört, und die es hören, werden ob ihrer Arglosigkeit und Unwissenheit verunsichert. Es scheint mir deshalb notwendig zu sein, daß ich die Sache anhand der Schrift erkläre. Das hilft dann allen, die sich ebenfalls an die göttliche Schrift halten, sich gegenüber den Feinden der Schrift zu behaupten. Darum lest und versteht, öffnet die Augen und Ohren des Herzens und hört und seht, was uns der Geist Gottes sagt!

Erstens: Christus spricht Matthäus 15,17: »Was in den Mund hineingeht, verunreinigt den Menschen nicht ...« Diese Worte lassen jeden klar verstehen, daß keine Speise, sofern sie maß-
92 voll | und mit Dankbarkeit gegessen wird, den Menschen verunreinigen kann. Daß tatsächlich vom Essen die Rede ist, sieht man an der Verärgerung und dem Zorn der Pharisäer über die nachfolgende Aussage Christi. Sie gaben nämlich, gemäß ihren jüdischen Vorschriften, viel auf die Auswahl bestimmter Speisen und auf Speiseverzicht. Christus hingegen wollte, daß all diese Vorschriften im Neuen Testament als abgetan gelten. Markus 7,15 sagt er es noch deutlicher: »Nichts, was sich außerhalb des Menschen befindet und in ihn eingeht, kann ihn verunreinigen.« Schau, die Meinung Christi ist die, daß alle Speisen, unter dem Gesichtspunkt der Verunreinigung betrachtet, gleichwertig sind; sie können nämlich überhaupt nicht verunreinigen.

Zweitens: In der Apostelgeschichte 10,9–16 wird erzählt, wie Petrus in Joppe, heute Japhet genannt, eines Tages am Mittag zuoberst ins Haus ging. Dort wollte er beten. Da wurde er hungrig und begehrte zu essen. Während nun die Hausangestellten das Essen zubereiteten, geriet Petrus in Verzückung und sah, wie sich der Himmel öffnete und ein großes Gefäß wie ein leinenes, an allen vier Ecken zusammengebundenes Tuch herabschwebte und auf die Erde zu liegen kam. Darin waren allerlei vierfüßige Tiere, dazu Kriechtiere und Vögel. Da sprach eine Stimme zu ihm: »Stehe auf, Petrus, schlachte und iß!« Petrus aber antwortete: »Niemals, Herr, denn noch nie habe ich verbotene und unreine Speise gegessen.« Da entgegnete ihm die Stimme: »Was Gott gereinigt hat, sollst du nicht für verboten oder unrein halten.«

Gott hat also alle Dinge als rein erschaffen und uns nichts zu essen verboten. Das beweisen seine Worte, die wir eben zitiert haben. Warum belasten wir uns denn eigenmächtig mit Speiseverboten? Es könnte hier natürlich entgegnet werden: »Das Wunder, wie es Petrus erlebt hat, bedeutete lediglich, daß Gott die Heiden nicht von sich weist, sondern auch sie zur Gnade des Evangeliums beruft. Das Wunder dürfe deshalb nicht auf leibliche Speise hin gedeutet werden.« Antwort: Freilich will alles, was Gott jemals als Wunder getan hat, vor allem in seiner Bedeutung erfaßt werden, worauf das Wunder hinweisen will.
| Das will aber nicht heißen, daß die Wunder nicht auch in 93
Wirklichkeit geschehen sind. Sie haben sich tatsächlich auch ereignet. Die Geschichte beispielsweise von Mose, der mit dem Stab den Felsen berührte, so daß dieser Wasser hervorbrachte, bedeutete den Hinweis auf Christus, den wahren Felsen, aus dem uns die Abwaschung aller Sünden und alle himmlischen Gaben flossen und ewiglich fließen. Nichtsdestoweniger wurde der Fels von Mose tatsächlich berührt und hat Wasser gespendet. Das gleiche gilt auch hier. Wiewohl die Bedeutung des Wunders im Hinweis auf die Heiden bestand, ist des ungeachtet Gottes Stimme klar, wenn er gesagt hat: »Was Gott gereinigt hat, sollst du nicht für unrein halten!«

Behalte diese Worte gut im Sinn; ich werde sie noch weiterhin gebrauchen.

Drittens: Paulus schreibt im 1. Korintherbrief 6,12–13: »Alles ist mir erlaubt, aber nicht alles ist nützlich. Alles ist mir erlaubt, aber ich darf mich von nichts beherrschen lassen. Die

Speisen sind für den Bauch und der Bauch für die Speisen. Gott aber wird sowohl diese als auch jenen zunichte machen.« Paulus will damit sagen: Alle Dinge stehen mir zur freien Verfügung, wenngleich es besser ist, dies und jenes zu unterlassen, namentlich wenn es beim Nächsten Anstoß erregt. (Vom Anstoßerregen werde ich weiter unten gesondert reden.) Sind mir also alle Dinge freigestellt, kann und darf mich auch niemand meiner Freiheit berauben, um mich unter seine Gewalt zu bringen. Speise wird in den Bauch aufgenommen wie in einen Behälter, und zwar zur Lebenserhaltung. Werden nun Bauch und Speisen vernichtet, indem sie einmal sterben, liegt auch nichts daran, was einer ißt oder womit er sein vergängliches Leben ernährt.

Viertens: Im gleichen Brief wiederholt Paulus und sagt [1. Kor 8,8]: »Speise macht uns Gott nicht wohlgefällig. Essen wir, so sind wir deswegen nicht besser dran. Essen wir nichts, so sind wir auch nicht im Nachteil.« Paulus redet hier von den Speisen, die den Götzen geopfert wurden, nicht nur von den täglichen Speisen. Zum besseren Verständnis beachte: zur Zeit, als Paulus den Brief schrieb, waren viele noch Ungläubige, zahlenmäßig mehr, als es Christen gab, wie ich vermute. Jene opferten nach hergebrachtem Ritus ihren Göttern Tiere: Kälber, Schafe oder andere Speisen. Den größten Teil dieser Opferspeisen gab man zum Essen denen wieder zurück, die das Opfer darbrachten. Nun lebten Ungläubige und Christen
94 mit- und nebeneinander, so daß | Christen oft zu Mahlzeiten eingeladen wurden, bei denen Fleisch und Speisen gegessen wurden, die vorher zu Ehren der Götzen geopfert worden waren. Da vertraten die einen Christen nun die Meinung, man dürfe solche Speisen nicht essen. Andere hatten die Auffassung, daß ihnen das Essen von Götzenopferfleisch nicht schadete, weil sie ja nicht an die Götzen glaubten. Indem sie dies frei zu tun den Mut hatten, hielten sie auch dafür, sie seien im Glauben gefestigter als jene andern, die kleinmütig und zaghaft sich nicht davon zu essen getrauten.

In dieser Streitsache wollte Paulus einen Entscheid fällen und schrieb deshalb, wie oben zitiert: Keinerlei Speise macht, daß wir Gott wohlgefällig sind. Ob einer schon Götzenopferfleisch ißt, gilt er vor Gott nicht mehr und steht nicht besser da, und wer keines ißt, ist deswegen nicht schlechter geachtet. Das wird dich wohl sehr erstaunen! Nicht nur ist Fleisch zu essen nicht verboten. Vielmehr durfte ein Christ sogar solches Fleisch essen, das vorher den Götzen geopfert worden war.

Fünftens: Paulus sagt 1. Korinther 10,25: »Alles was auf dem Fleischmarkt verkauft wird, esset, ohne daraus eine Gewissensfrage zu machen.« Diese Worte sprechen für sich. Sie brauchen nicht ausgelegt zu werden, höchstens insofern, als auch sie zu den Aussagen gehören, die vom Götzenopferfleisch handeln und vom Erregen von Anstoß. Das braucht dich aber vorläufig nicht zu verwirren. Vom ›Skandalon‹, d. h. vom Anstoßerregen und vom Ärgernis werde ich noch ausführlich genug reden, und zwar so offen und klar, wie du es vielleicht noch nie gehört hast.

Sechstens: Der gleiche Paulus schreibt im Kolosserbrief 2,16: »Niemand soll über euch ein Urteil fällen in Sachen Speise und Trank oder weil ihr ein Fest begeht oder nicht.« Da hörst du wiederum, daß du niemanden gut oder böse nennen sollst, je nachdem, was er ißt oder trinkt. Er esse, was er will. Wenn einer mag, so esse er Dreck.

Ich rede hier übrigens immer nur und ausschließlich von der Art der Speise, nicht vom Maß. Nach Art und Gestalt der Speisen dürfen wir alles essen zum Lebensunterhalt. Unmäßigkeit und Völlerei jedoch lehnen wir ab.

Siebentens: Nochmals Paulus, 1. Timotheus 4,1–5: »Der Geist Gottes sagt ausdrücklich, daß in späteren Zeiten etliche vom Glauben abfallen und auf irreführende Geister und auf Lehren von Dämonen hören werden, infolge der Heuchelei | 95
von Lügenrednern, die in ihrem eigenen Gewissen gebrandmarkt und befleckt sind, die verbieten zu heiraten und gebieten, sich von Speisen zu enthalten, die doch Gott für die,

welche gläubig sind und die Wahrheit erkannt haben, geschaffen hat, damit sie mit Danksagung genossen werden. Denn alles von Gott Geschaffene ist gut, und nichts ist verwerflich, wenn es mit Danksagung genommen und gegessen wird. Denn es wird durch Gottes Wort geheiligt und durch Gebet.« So weit, was Paulus sagt. Siehe an! Könnte klarer gesprochen werden? Der Geist Gottes, sagt der Apostel, hat dies alles geredet, damit man sich zum voraus vor solchen Irrlehren hüte. Er fährt dann weiter, daß auf solchen Irrtum jene eingehen werden, die den rechten und festen Glauben nicht haben. Die nicht all ihre Hoffnung, ihre Zuversicht und ihr Vertrauen auf Gott allein setzen, sondern auf ihre Werke, die sie nach eigenem Gutdünken als gute Werke bezeichnen. Das wird ihnen, heißt es dann weiter, von irregeleiteten Geistern, ja von Teufeln und Dämonen eingeredet, die es darauf abgesehen haben, den Menschen zu täuschen und seine Aufmerksamkeit auf äußere Dinge zu lenken. Dadurch verleiten sie ihn vom Vertrauen auf Gott zum Vertrauen auf sich selbst. Dabei wissen diese Menschen von sich selber doch genau, daß sie Gott gegenüber ehrenrührig handeln. Sie spüren die Gewissensbisse. Sie wissen, daß sie untreu sind, daß sie sich schämen sollten, weil sie ja doch nur ihren Eigennutz suchen und Begierde und Habsucht ihre Herzen leitet. Trotzdem geben sie sich nach außen hin den Anschein, als ob ihr Tun nicht in ihrem Interesse, sondern zu Gottes Ehre geschieht. Das bedeutet der Ausdruck: sie haben ein gebrandmarktes Gewissen.

In der Fortsetzung zählt Paulus dann auf, was sie den Menschen verbieten, angeblich weil es schädlich sei. Man dürfe nicht heiraten. Da siehst du. Der Teufel ist Urheber und Erfinder des Zölibates, der ja nur äußerlich gehalten, insgeheim aber gebrochen wird. Er brachte weit schlimmere Zuchtlosigkeit in die Welt als alle Speiseverbote. Nur ist hier nicht der Ort, darüber zu reden. Im weiteren verbieten sie das Essen dieser oder jener Speise, die doch Gott dem Menschen zugute und zu dessen Ernährung geschaffen hat. Beachte auch hier, was Paulus sagt. Vom Teufel betört sind sie, die mit ihren Verboten die Christenmenschen ihrer Freiheit der Speisen berauben. »Wenn ich das täte«, sagte der Wolf, als er den Raben auf dem Schwein sitzen sah.[6]

Nun hat Gott am Anfang der Schöpfung dem Menschen
alle Dinge unterworfen, | daß sie ihm dienen sollen, damit er, 96
der Mensch, Gott allein diene. Obschon im Alten Testament einige Speisen verboten waren, sind sie doch im Neuen Testament wieder alle freigegeben und zu essen erlaubt. Die Worte in Markus 5,15, oben unter Punkt eins zitiert, zeigen das deutlich. So auch Lukas 16,15–16: »Was bei den Menschen als etwas Hohes gilt, verabscheut Gott. Das Gesetz und die Propheten[7] hatten hinweisende Bedeutung und waren in Geltung nur bis zum Auftreten von Johannes dem Täufer.« Hörst du: Was die Menschen groß zu sein dünkt, gerade das verachtet Gott besonders (›abominatio‹ heißt das Wort). Abgetan ist das Gesetz, so weit es Zeremonialvorschriften und Gerichtsangelegenheiten enthält. Du hörst ebenfalls, daß nichts dem Menschen schaden kann, er esse, was er wolle, wenn es nur mit Dankbarkeit genossen wird. Und das ist rechte Dankbarkeit: daß der Mensch fest daran glaubt, daß alle unsere Nahrung und unser Leben uns allein von Gott geschenkt und erhalten wird, und wir ihm dafür Dank sagen. Wir sind ja viel mehr wertgeachtet vor Gott als die Vögel in der Luft. Ihnen gibt er Nahrung, uns aber noch viel mehr dazu [vgl. Mt 6,26]. Die größte Dankbarkeit aber besteht im Wissen darum, daß uns Gott alles gibt, was wir zum Leben nötig haben.

So viel hierzu.

Achtens: In Titus 1,10 kündigt Paulus an, daß viele Ungehorsame und viele nichtige Schwätzer und Verführer kommen werden, denen man den Mund stopfen müsse. Er fügt dann hinzu [Tit 1,15]: »Den Reinen sind alle Dinge rein, den Befleckten und Ungläubigen aber ist nichts rein, sondern befleckt ist sowohl ihr Herz als auch ihr Gewissen.« Hier siehst du, daß diejenigen von jüdischer Herkunft nicht von ihrer

Bosheit lassen wollten, wie die vorausgehenden Worte deutlich zeigen. Paulus fordert Titus auf: »Belehre sie eines Bessern oder strafe sie streng – allerdings nur mit Worten –, damit sie gesund und gerecht werden im Glauben und nicht auf jüdische Fabeln und auf Gebote von solchen Menschen hören, welche die Wahrheit verdrehen.« Sie wollten nämlich die, welche neu Christen geworden waren, ihren Speisevorschriften unterwerfen. Sie erklärten ihnen, es gebe eine ganze Anzahl unreiner Speisen, die man nicht essen dürfe. Paulus über-
97 führt sie des Irrtums und betont, daß | alle Dinge rein sind denen, die reinen Glaubens sind, den Ungläubigen aber nichts rein sei, weil ihr Herz und ihr Gewissen befleckt sind. Ungläubig sind, die nicht glauben, daß die Erlösung, die Gnade und die Freiheit Christi so groß und weitreichend sind, wie sie es tatsächlich sind. Christus selber mußte seine Jünger wegen ihres Kleinglaubens rügen, Matthäus 16,8 und 6,30. An beiden Stellen lehrt uns Christus darauf vertrauen, daß wir von ihm täglich gespeist, ja nicht nur das, sondern von ihm auch treu und väterlich regiert und geführt werden, wenn wir nur unser ganzes Vertrauen auf sein Wort und seine Verheißungen setzen und uns auf sie verlassen. Darum soll sich ein jeder Christ mit seinem ganzen Herzen und seinem ganzen Glauben allein auf Christus verlassen und seinen Worten vorbehaltlos vertrauen. Schau, wenn du das tust, dann glaubst du auch, daß keine Speise den Menschen verunreinigen kann. Glaubst du das ganz gewiß, dann hast du auch die Freiheit, alles zu essen. Denn die Worte Christi trügen nie.

Nachdem ich dir das alles gesagt habe, lieber Leser, sind auch dir alle Dinge rein. Warum?, magst du fragen. Weil du daran glaubst, daß dir alle Speisen rein sind. Der Ungläubige aber ist unrein. Warum? Weil sein Herz zweifelt. Denn entweder glaubt sein Herz an die Erhabenheit und Freiheit von Gottes Gnade, oder aber sein Herz glaubt nicht daran, wie groß sie sind, und deshalb zweifelt es. Wer aber zweifelt, der sündigt, so Römer 14,23.

Neuntens: Im Hebräerbrief sagt Paulus in Kapitel 13,9: »Laßt euch nicht von allerlei anderen und fremdartigen Lehren fortreißen. Denn das beste ist, daß das Herz durch Gnade gefestigt wird, nicht durch Speisen, von denen die, welche danach wandelten, keinen Nutzen empfingen.« Aus diesen Worten höre als erstes, daß wir uns nicht sollen irreleiten und vom Weg abbringen lassen durch eine Vielzahl von Lehrmeinungen. Verläßlich ist die eine Lehre, auf die wir vertrauen und der wir, ohne zu zweifeln, vorbehaltlos anhangen dürfen und sollen, nämlich das heilige Evangelium. Höre zweitens, daß es das beste sei, wenn das Herz durch die Gnade vergewissert wird. Nun ist das Evangelium ja nichts anderes als die gute Botschaft von der Gnade Gottes. Ihm sollen wir unser Herz schenken. Wir sollen wissen und darauf vertrauen, daß die Gnade des Evangeliums für uns so verläßlich ist, daß wir keine andere Vergewisserung unseres Herzens brauchen. Unser Glaube gründet nicht auf Fastenvorschriften und Speiseverboten. (So versteht übrigens auch Chrysostomus[8] die hier besprochene Hebräerbriefstelle.) | Denn die Beachtung von 98
Speisevorschriften und das Unterscheiden von Speisen nütze ja denen nichts, die sich mühsam um sie gekümmert hatten. Das Ganze dürfte klar sein.

Die bis hierher angeführten biblischen Belegstellen, so will mir scheinen, dürften genügen als Schriftbeweis dafür, daß ein christgläubiger Mensch alle Speisen essen darf.

Für solche, die den Aristoteles[9] besser kennen als das Evangelium oder den Paulus, lege ich zusätzlich noch ein Argument aus der Antike vor. Sagt, welches von beiden hat der Mensch nötiger, Geld oder Speise? Ich weiß, ihr werdet antworten, die Speise sei nötiger als das Geld. Andernfalls würde ich euch mit dem Geld vor Hunger sterben lassen. So ist es Krösus[10] ergangen, wie die Dichter erzählen. Krösus wünschte sich, daß alles zu Gold würde, was er berührte. Das wurde ihm zum Verderben. Folglich liegt es eher an der Speise, das Leben zu erhalten, als am Geld. Gegessen hat man, bevor das Geld erfun-

den wurde. Nun erklärt Aristoteles, das Geld sei ethisch wertfrei, für sich allein genommen also weder böse noch gut. Es werde jedoch gut oder böse je nach Gebrauch, ob einer es recht oder unrecht gebraucht. Um wieviel mehr ist die Speise an und für sich weder gut noch böse (diese Aussage lasse ich so nur in diesem Zusammenhang hier stehen).[11] Sie ist notwendig und deshalb eher gut zu nennen. Sie kann nie böse werden, außer man ißt zuviel. Auch der Zeitpunkt, wann gegessen wird, kann die Speise nicht böse machen. Nur der Mißbrauch durch den Menschen macht's, wenn nämlich im Übermaß
99 oder ohne Glauben gegessen wird. |

Kein Christ kann den bisher aufgeführten Schriftzeugnissen widersprechen. Es sei denn, er wolle sich hinter dem Argument verschanzen, daß die Schrift keine Gültigkeit habe. (In diesem Fall aber ist er kein Christ mehr. Denn er glaubt der christlichen Lehre nicht.) Trotzdem gibt es immer wieder solche, die in ihrem Irrtum Ausflüchte suchen, indem sie hinweisen auf die Beachtung von besonderen Zeiten, Fastenvorschriften, altkirchlichen Traditionen[12] oder eben die Gefahr, es könnte Anstoß erregt werden. Ihnen allen will ich in der Fortsetzung aus der Schrift Antwort geben, gütlich und mit Gottes Hilfe.

Als erstes bringen sie das Gegenargument von der Zeit und sagen: »Auch wenn alle Dinge als solche rein sind und frei, so gilt dies doch nicht für alle Zeiten. Während der Fastenzeit[13], dem Fronfasten[14], der Kreuzwoche[15] und an den als Fasttage vorgeschriebenen Vigilien[16], Freitagen und Samstagen darf kein Fleisch gegessen werden, zur Fastenzeit außerdem keine Eier, keine Milch und keine Milchprodukte.« Antwort: Ich bestreite nicht, daß dies bestehende kirchliche Vorschriften sind – man hört darüber lautstark jeden Tag diskutieren. Aber es sind von Menschen erlassene Vorschriften. Ich aber will wissen, und kämpfe darum mit aller Kraft, ob wir durch ein göttliches Gebot an diese oder jene Zeit gebunden und ihr unterworfen seien. Faste jeder so viel, wie ihn dazu der Geist des rechten Glaubens anhält – was aber das Gesetz Christi anbelangt, sind wir frei und an keine Zeiten gebunden.

Merke hierzu erstens, Markus 2,23–28: »Als Christus einst zur Zeit des Sabbats durch die Kornäcker ging, begannen seine Jünger, Ähren abzubrechen und zu essen. Da sagten die Pharisäer zu ihm: ›Siehst du nicht, was deine Jünger tun? Das ist am Sabbat verboten.‹ Christus aber | erwiderte ihnen: ›Habt ihr 100
nicht gelesen, was David tat, als ihn die Not zwang, da ihn und seine Begleiter hungerte? Wie er zur Zeit des Hohenpriesters Abjathar in das Haus Gottes ging und das Brot aß, das Gott geopfert worden war und das niemand essen durfte als allein die Priester, und wie er auch denen gab, die bei ihm waren?‹ und fügte hinzu: ›Der Sabbat ist um des Menschen willen gemacht und nicht der Mensch um des Sabbats willen. Deshalb ist der Sohn des Menschen auch Herr über den Sabbat.‹ « Da seht ihr deutlich, daß die Not nicht nur menschlichem, sondern auch göttlichem Gesetz vorgeht und es bricht. Den Sabbat zu halten ist nämlich ein göttliches Gebot. Trotzdem traf die Jünger keine Schuld. Sie haben vor Hunger den Sabbat nicht gehalten.

Beachtet ferner, daß in der Not der Zutritt zu keinem Ort verboten ist. David durfte in seiner Notlage in den Tempel hineingehen.

Schließlich haltet fest, daß auch im Blick auf die Person in ihrer Notlage David nichts Unrechtes tat. Er und die Seinen waren nicht Priester, aßen aber dennoch die Speise, die allein die Priester essen durften.

Dies alles führe ich nur deswegen aus, um euch zu zeigen, daß in der Schrift üblicherweise für alle Umstände Gültigkeit hat, was nur an einem einzelnen Umstand beschrieben wird. Umstände sind: wo?, wie?, warum?, wer?, also: an welchem Ort, auf welche Weise, zu welcher Zeit, welche Person, wem gegenüber?

Erstes Beispiel. Christus spricht Matthäus 24,23: »Wenn zu jener Zeit jemand zu euch sagt: ›Siehe, hier ist Christus oder

dort‹, so glaubt ihnen nicht.« Umstand ist hier das »Wo?«, also der Ort, und will sagen, daß sich Gott am einen Ort nicht mehr offenbart als an einem andern.[17] Ja, wenn falsche Propheten davon reden, solle man ihnen nicht glauben. In gleicher Weise ist der Umstand der Zeit zu verstehen oder andere Umstände. Es kann nicht gesagt werden, Gott sei zur einen Zeit barmherziger oder zorniger als zur anderen. Er ist es zu allen Zeiten gleich. Er wäre sonst der Zeit unterworfen, die wir von uns aus bestimmt haben, oder sein Wesen wäre veränderlich. Gott aber verändert sich nicht [vgl. Jak 1,17]. Gleiches gilt von der Person. Gott ist in seiner Gnade und Barmherzigkeit einer vornehmen Person gegenüber nicht zugeneigter oder zugänglicher als einer niedrigen Person. Der heilige Petrus sagt es Apostelgeschichte 10,34 so: »In Wahrheit werde ich inne, daß
101 Gott | nicht die Person ansieht.«

Wir brauchen diese Belege hier allerdings nicht, da es an dieser Stelle nur um den Umstand der Zeit geht und um den Beweis, daß uns Menschen alle Zeiten frei sind. Die Worte Christi hierzu sind in sich selber klar, wenn er sagt: »Der Sabbat ist um des Menschen willen geschaffen, nicht der Mensch um des Sabbats willen.« Der Sabbat steht in der Verfügungsgewalt des Menschen, und nicht der Mensch unter der Verfügungsgewalt des Sabbats. Zusammengefaßt: Der Sabbat und somit alle Zeiten sind an den Menschen gebunden und nicht der Mensch an den Sabbat.

Wenn es also wahr ist, daß der Sabbat, den Gott selber uns verordnet hat, uns unterworfen sein soll, wie viel mehr gilt das für all diejenigen Zeiten, die uns von Menschen auferlegt worden sind! Ja, nicht nur die Zeiten, sondern auch und gerade die Personen, die bestimmte Zeiten für verbindlich erklären und Vorschriften für diese Zeiten aufstellen, sie haben nichts anderes zu sein als ihrerseits »Diener Christi und Haushalter der Geheimnisse Gottes« [vgl. 1. Kor 4,1], Geheimnisse, die den Menschen nicht geoffenbart sind. Sie sollen sich über die andern Christen nicht überheben und nicht wie Tyrannen über Leibeigene herrschen. Zum Dienst und Wohl aller Christenmenschen sollen sie bereit sein. So versteht Paulus selber seinen Dienst nach 1. Korinther 7,6: »Ich rede euch zum Guten, ohne euch binden zu wollen.« Er meint damit: Ich will euch nicht mit einer Vorschrift einengen oder zu etwas zwingen.

An anderer Stelle drückt er den gleichen Gedanken folgendermaßen aus, 1. Korinther 3,21–22: »Alles ist euer, es sei Paulus oder Apollos oder Petrus, die Welt, das Leben oder der Tod, Gegenwärtiges oder Zukünftiges.« Alle Dinge, wie du siehst, sind dem Menschen unterworfen und dienen ihm. Sie sind nicht dazu da, den Menschen zu belasten. Selbst die Apostel gehören den Menschen, und nicht die Menschen den Aposteln. O überfließender Brunnen der Gnade Gottes! Wie recht hat Paulus, daß dies alles allein durch den Geist Gottes erfaßt werden kann. Darum haben wir nicht den Geist dieser Welt empfangen, sondern den Geist, der aus Gott ist, damit wir erkennen, wie große Dinge uns von Gott gegeben sind. Leider erkennen ihre Freiheit aber nur die wenigsten. Weshalb? Weil ihnen die falschen Propheten nichts davon sagen. Lieber führen sie die Menschen am Gängelband, wie man eine Sau am Strick führt. Aber wir armen Sünder finden den Weg zur Liebe Gottes doch nur dann, | wenn uns jemand sagt, daß 102
wir Gottes Geist in uns anrufen sollen. Der Geist lehrt uns die großen Dinge erkennen, die Gott uns schenkt. Wer könnte ihm nicht dankbar sein, dem so gütigen Gott! Wer möchte nicht von seiner wunderbaren Liebe umfangen werden!

Allerdings ist Christus nicht der Meinung, daß man den Sabbat (für uns Christen ist es der Sonntag) nicht halten solle. Wenn jedoch öffentliche Verpflichtungen oder persönliche Not es gebieten, steht uns selbst der Sabbat zur freien Verfügung. Unter äußerster Not ist auch nicht erst die Stunde des nahenden Todes zu verstehen, wie die Theologen[18] irrtümlicherweise meinen, sondern was wir jeden Tag zum Leben brauchen. Als die Jünger Christi am Sabbat Ähren ausbrachen, litten sie auch nicht äußerste Not. Sonst hätte Christus ja nicht recht gehabt, wenn er sie fragt, Lukas 22,35: »Hat euch jemals etwas ermangelt, als ich euch ohne Sack und Tasche ausgesandt habe?« und sie ihm zur Antwort gaben: »Nichts«. Christus ließ, wie man daraus folgern kann, seine Jünger gar nie in äußerste Not fallen. Was sie am Sabbat litten, war nichts anderes als der Hunger, den man jeden Tag verspürt. Das Wort Notdürftigkeit, wie es bei uns gebräuchlich ist, meint ja auch nicht die Todesgefahr, sondern was jeden Tag zum Leben erforderlich ist. Wenn einer sagt, er habe, was er brauche zu seinem notwendigen Bedarf, so meint er damit auch nicht, daß er für den äußersten Fall der Todesstunde[19] gesorgt habe. Er will nur sagen, er habe genug von dem, was seine tägliche Versorgung erfordert.

Unter dem Gesichtspunkt der Zeit sind demnach auch der Bedarf und der Verbrauch der Speisen frei. Alles, was uns an Nahrungsmitteln zuträglich ist und wir jeden Tag brauchen, dürfen wir auch an allen Tagen und zu allen Zeiten essen. Die Zeit steht in unserer Verfügung, nicht umgekehrt.

Zweites Beispiel. Christus spricht Lukas 17,20–21: »Das Reich Gottes kommt nicht so, daß man es beobachten kann. Man wird auch nicht sagen können: Siehe, hier ist es.« Das Wort Beobachtung, lateinisch ›observatio‹, hat die Bedeutung,
103 daß jemand genau darauf achtet, zu welcher Zeit | und in welchem Augenblick etwas geschieht. Bemerkt er es nicht im richtigen Zeitpunkt, ist es schon wieder vorbei. Fischer beispielsweise und Vogeljäger sind sich in solcher Beobachtung geübt, denn Fische und Vögel sind in ihrem Verhalten an bestimmte Zeiten gebunden und sind nicht zu jeder Zeit fangbar. Anders das Reich Gottes. Es kommt nicht so, daß man Zeit, Platz oder Ort seines Kommens beobachten könnte.

Nun erklären die irrenden Theologen,[20] wir verdienten von uns aus das Reich Gottes mit unseren Werken, zu denen wir uns aus freiem Willen entschließen und die wir aus eigenen Kräften tun. Dazu im Gegensatz stehen die Worte Christi, der nicht lügt. Kommt nämlich das Reich Gottes nicht so, daß man es sehen und beobachten kann (nämlich, wie im vorhergehenden Abschnitt erläutert: was Zeitpunkt oder Ort oder überhaupt die Umstände seines Kommens betrifft), dann kann man sich auch nicht auf das Kommen des Reiches Gottes vorbereiten, auch nicht durch zeitweiliges Fasten. Denn zu bestimmten Zeiten den Verzicht auf bestimmte Speisen zu verordnen, die Gott zu essen freigestellt hat, ist nichts anderes als auf zeitliche Umstände gerichtete Observanz.

Nochmals, von der Zeit her betrachtet, erbringt der Speiseverzicht nichts.

Wiederum will ich auch an dieser Stelle betont haben, daß ich hier nicht vom Maßhalten beim Essen rede, sondern von der Art des Essens, vom Wie, nicht vom Wieviel.

Ebensowenig rede ich von den Zeiten, deren Einhaltung Gott geboten hat, ich rede nur von denjenigen, die Menschen angeordnet haben.

Drittes Beispiel. Paulus schreibt Galater 4,9–10: »Jetzt aber, da ihr Gott erkannt habt, vielmehr von Gott erkannt worden seid, wie könnt ihr wieder zurückfallen zu den schwachen und armseligen Elementen,[21] denen ihr wieder von neuem dienen wollt? Tage beobachtet ihr und Neumonde, Festzeiten und Neujahrstage.«

Du hörst hier den Zorn des Paulus über die Galater. Sie hatten von Gott gehört und hatten ihn erkannt. (Dieses Gott-Kennenlernen und Ihn-Erkennen war aber nichts anderes, als von Gott erkannt und erleuchtet[22] zu werden.) Trotzdem wendeten sie sich wiederum ab zu den Elementen, die der Apostel im Kolosserbrief 2,20 näher beschreibt. Darauf kommen wir später noch zurück. Wir werden die Stelle aus dem Kolosserbrief noch beiziehen und erläutern müssen, lassen es vorderhand aber sein und begnügen uns damit, zunächst zu begreifen, was mit den schwachen Elementen gemeint ist.

Lateinisch und griechisch nennt man die Buchstaben ›elementa‹. Wie alle Dinge aus einzelnen Elementen zusammengesetzt und gemacht sind, so besteht auch jedes Wort aus ein-

zelnen Buchstaben. Juden und Heiden nun hingen stets und übertrieben fest am Buchstaben des Gesetzes. Der Buchstabe aber drückt herunter, ja er tötet, wie Paulus sagt [vgl. 2. Kor 3,16], und zwar nicht nur im Alten Testament. Auch im Neuen Testament ist der Buchstabe des Gesetzes eine Last und ist es bis auf den heutigen Tag. Ist Matthäus 5,22 etwa nicht ein
104 beschwerlich belastendes Wort, | wenn es dem Buchstaben nach wörtlich genommen wird? Ja, unmöglich ist es zu befolgen von uns schwachen Menschen: »Ich aber sage euch: Wer über seinen Bruder zornig wird, ist des Gerichts würdig.« Christus sprach das Wort aus, damit wir daran unser Unvermögen[23] zur Erfüllung des Gesetzes erkennen und um so mehr zu Christus allein unsere Zuflucht nehmen. Er hat sich unserer Sünden in Gnaden erbarmt und ruft uns Matthäus 11,28 zu: »Kommt zu mir alle, die ihr euch abmüht und beladen und bedrückt seid; ich will euch Ruhe geben.« Wer diesen leichten Weg zur Gnade Gottes durch Christus nicht kennt oder nicht kennen will, versucht aus eigener Kraft, das Gesetz zu erfüllen. Er versteift sich auf den Buchstaben des Gesetzes und will dessen buchstabengetreue Erfüllung erzwingen. Er schreibt sich selber die eine oder andere Kasteiung vor. Er unterwirft sich besonderen Zeiten, Orten und anderen Umständen. Nach dem allem aber erfüllt er das Gesetz dennoch nicht. Im Gegenteil. Je mehr er meint, das Gesetz erfüllt zu haben, desto weniger hat er es erfüllt. Denn er wird ob all seinen Anstrengungen nur überheblich wie der Pharisäer, der sich auch auf die einzelnen Vorschriften des Gesetzes beruft, die er buchstäblich versteht und dem Buchstaben nach erfüllt, und folglich sich seiner eigenen Werke rühmt, wenn er sagt: »Ich danke dir, Gott, daß ich nicht bin wie die andern Menschen. Ich faste ...« [Lk 18,11–12]. Schau, welch erklügelte Selbstrechtfertigung! Sofort erhebt sie sich über die anderen Menschen, nur weil der Pharisäer von sich selber der Meinung ist und veranschlagt und sich das auch zutraut, das Gesetz aus eigener Kraft zu erfüllen. Der Zöllner hingegen setzt seine

Hoffnung allein auf die reiche Barmherzigkeit Gottes. Er zählt nicht seine guten Werke auf, sondern sagt lediglich: »O Gott, sei mir sündigem Menschen barmherzig« [Lk 18,13]. Dieser Zöllner wird von Gott als gerecht anerkannt, im Unterschied zum Pharisäer.

Du siehst, was die schwachen Elemente sind. Nichts anderes nämlich als der von den Menschen erfundene Versuch, die Seligkeit zu verdienen. Entweder meint der Mensch, er wolle das Gesetz dem Buchstaben nach halten und könne das auch. Oder aber der Mensch schreibt sich selber einzelne Werke vor, die Gott gar nicht geboten, sondern frei gelassen hat. Jedenfalls will sich der Mensch vergewissern, daß das von ihm selber erfundene Werk ein Angeld sei zur Seligkeit. Was er jedoch auf diesem Weg anstrebt, | gereicht ihm zum Schaden. 105

Paulus beklagt, daß dies leider auch auf die Galater zutrifft. Diese hatte Gott gnädig erleuchtet und zur Erkenntnis seiner Gnade und des wahren Glaubens geführt. Nun aber kehrten sie wieder zurück zu ihren eigenen Vorhaben und zum Vertrauen auf sich selbst. Sie wandten sich wieder den Elementen zu, diesen wertlosen Einzelheiten, an die sich Juden und Heiden hielten. Ihr Glaube an Gott war nicht mehr so stark, daß sie auf ihn allein vertrauten und ihre Hoffnung auf ihn allein setzten, allein auf sein Gebot und seinen Willen hörten. Töricht begannen sie wiederum, dem Diktat der Menschen zu folgen. Gleich als ob Gott etwas versäumt habe, das nun zu ergänzen und zu verbessern sei, reden sie sich ein: an diesem Tag, in diesem Monat, zu dieser und jener Zeit darfst du dies und das nicht tun. (Wobei ich nichts dagegen habe, wenn jemand zur Gesunderhaltung und Disziplinierung seines Körpers sich freiwillig Verzicht auferlegt und dabei sein Fasten nicht überbewertet und nicht hoffärtig dabei wird; sein Fasten also aus Demut kommt).

Macht man sich selber daraus aber ein Gebot und redet sich ein, man sündige, wenn man es nicht einhält, dann heißt dies, das Gewissen brandmarken und beschmutzen [vgl. 1. Tim

2,1], und Verführung zu wahrer Abgötterei. Es ist, was David in Psalm 81,13 das »Wandeln in seinen Erfindungen« nennt. Gerade das aber wollte Gott verhüten und ließ deshalb durch David im gleichen Psalm sein Wort aussprechen und sagen: »Höre, mein Volk, ich will dich ernsthaft ermahnen. O Israel, wenn du mich hörst (Israel meint alle, die auf Gott schauen und ihm vertrauen, weil sie sich unter seiner Herrschaft wissen), wird kein neuer Gott unter dir sein und du wirst keinen fremden Gott anbeten. Denn ich bin der Herr, dein Gott, der dich aus Ägypten herausgeführt hat. Tue deinen Mund weit auf, so will ich ihn sättigen und füllen. Aber mein Volk hörte nicht auf meine Stimme, Israel (hier zu verstehen als: der Israel hätte sein sollen) schenkte mir keine Beachtung. Darum überließ ich sie den Begierden ihres Herzens. Fortan werden sie wandeln in ihren Erfindungen.« [Ps 81,9–13]

O rechtgläubiger Christenmensch, bedenke diese Worte genau, betrachte sie immer wieder von neuem, und du wirst erkennen, daß es Gottes Wille ist, auf ihn allein zu hören.

Wollen wir wirklich unter seiner Herrschaft stehen, dann darf in uns innerlich nichts anderes zum Gott werden. Kein Mensch darf als Gott gelten. Niemals dürfen eigene Erfindungen als wie von Gott geboten betrachtet werden. Hören wir hingegen nicht auf die väterlichen Ermahnungen Gottes, dann wird er uns unser Leben führen lassen nach den Begierden unseres Herzens und unserer eigenen Erfindungen. Sehen wir denn nicht, wie jetzt zu dieser unserer Zeit in die Erfindungen der Menschen größeres Vertrauen gesetzt wird, statt daß wir
106 auf Gott hoffen. Zur Zeit wird strenger bestraft, | wer eine von Menschen erlassene Vorschrift übertritt, als alle, die Gottes Gebote nicht nur übertreten, sondern verachten und von sich weisen. Siehe, das sind die neuen Götzen, die wir in unsere Herzen aufgenommen und darinnen ihr Bild errichtet haben.

Damit schließe ich die Besprechung der zitierten Paulusworte ab. Es sind genug Bibelstellen erwähnt zum Beweis, daß uns Gottes Gesetz weder in bezug auf die Zeit des Speisegenusses noch auf die Art der Speisen irgendwelche Einschränkungen auferlegt.

Nun entgegnen sie allerdings erneut unter Hinweis auf die Fastenzeit und alle übrigen Fasttage, es würde überhaupt niemand mehr fasten, wenn man Fleisch essen dürfte. Ich stelle die Gegenfrage: Hast du denn vorher nur deswegen gefastet, weil du kein Fleisch essen durftest? Das wäre wie mit unartigen Kindern. Wenn man ihnen zur Strafe kein Fleisch gibt, wollen sie auch den Brei nicht essen.[24] Es steht dem, der fasten will, nicht zu, diejenigen, die körperliche Arbeit verrichten und deshalb Fleisch essen, zu zwingen, mit denen, die nichts tun, auf Fleisch zu verzichten und dadurch ihre Arbeit weniger gut zu tun und ihre Leistung nicht erbringen zu können.

Kurz und einfach gesagt: Willst du gerne fasten, dann tue es! Willst du dabei auf Fleisch verzichten, dann iß auch kein Fleisch! Laß mir dabei aber dem Christen die freie Wahl! Im Falle, daß du keiner Arbeit nachgehst,[25] solltest du sogar viel fasten und häufig auf Speisen verzichten, die dich zum Schlendrian verführen. Dem Arbeiter aber vergeht der Spaß von selbst an der Hacke, am Pflug, auf dem Feld. Du wirst einwenden: Bei Lockerung der Fastenvorschriften werden auch solche Fleisch zu essen anfangen, die es nicht unbedingt brauchen. Sie verrichten ja keine schwere Arbeit.

Ich antworte: Eben gerade solche Leute werden sich den Bauch mit noch ganz anderen Köstlichkeiten füllen, die viel schärfer anregen als was nur recht gesalzen und gepfeffert ist. Wer jetzt über die Abschaffung des Fastenbrauchs klagt, beklagt sich nur aus Mißgunst. Sie sehen es nicht gern, wenn die gewöhnlichen Leute nun tun dürfen, was sie sich selber gerne gönnen würden. Sie würden auch lieber, befreit von den bisherigen Einschränkungen und leiblichen Entbehrungen, das Essen genießen, beispielsweise Fisch. Denn Fisch essen gilt fast in aller Welt als ganz besonderer Genuß.

Auf den Einwand, es gebe viele, die die Befreiung von den Fastenvorschriften nicht aus Mißgunst, sondern aus Gottes-

furcht ablehnen, antworte ich: O ihr überklugen Heuchler! Glaubt ihr im Ernst, daß schädlich oder gefährlich sein kann,
107 was Gott zu tun oder zu lassen | freigestellt hat? Bestünde Gefahr für die Seele, dann hätte Gott es nicht unterlassen, ein entsprechendes Gebot zu erlassen. Überhaupt: Wenn du dir schon nur darüber so große Sorge machst, was ein anderer nicht essen dürfe, wann endlich willst du dich denn um seine Armut kümmern und ihm zu Hilfe kommen? Willst du aus christlichem Herzen heraus handeln, dann müßtest du dies tun. Fasten kannst du, wenn der Geist deines Glaubens dich dies zu tun heißt. Gönne aber dabei gleichzeitig deinem Nächsten, daß er von seiner christlichen Freiheit Gebrauch macht. Vor Gott aber fürchte dich, wenn du seine Gebote übertrittst. Was die Menschen erdacht haben, das mache nicht zu einer höheren Vorschrift, als was Gott selbst geboten hat. Wenn du dich aber immer nur um dich selber drehst und auf deine Erfindungen baust, stolz wie Holz, ja dann drehe und drechsle ich dich so lange, bis man sieht, daß du ein Heuchler bist.

Das Gebot der Menschen

Schwierig wird es, wenn man mit denen spricht, die sich beklagen und fragen: »Soll man die Lehre der heiligen Kirchenväter denn außer Geltung setzen?« Fragt man zurück: »Wo haben die Kirchenväter und Konzilien überhaupt jemals erklärt, man dürfe in der Fastenzeit kein Fleisch essen?«, dann können sie keinen diesbezüglichen Konzilsbeschluß nennen. Sie nehmen Zuflucht zu den Fastenvorschriften des Corpus Iuris Canonici, Dist. V, de consecratione, canon 16: quadragesima[26] und schwatzen daher: »Soll man die Fastenzeit etwa nicht einhalten?« Ich frage zurück: Wer ist es, der hier redet

und lehrt? Genügen dir die Fasttage nicht, so faste auch die Nacht! Ich bestreite ja nicht, daß Fasten einem Menschen gut tut | und eine gute Sache ist, wenn es nur so geschieht, wie 108
Christus darüber lehrt, Matthäus 6,16–18 und Jesaja in Kapitel 58,6–7. Beweise mir aus der Heiligen Schrift, ob einer, der Fleisch ißt, nicht zugleich fasten kann![27] Und wenn dem schon so wäre, finden kann man dazu in der Schrift nichts, und du weißt ganz genau, daß gemäß dem Corpus Iuris Canonici, auf das du dich berufst, das Fasten körperlich Arbeitenden erlassen wird. Ich fordere dich heraus: Zeige mir die Belegstelle, wonach jemandem, der nicht verpflichtet ist, zu fasten, Fleisch zu essen verboten wäre! Da versteifen sie sich auf ihr »de observatione ieiuniorum«[28] und landen alle schlußendlich doch wieder beim Kapitel: »Denique etc.« ihres kanonischen Rechts. Wer einen Wagen will, bekommt also ein Messer: Sie reden an der Sache vorbei. Das Kapitel »Denique« schreibt nämlich nirgends vor, man müsse den Laien Fleisch zu essen verbieten. Vielmehr kann man darin lesen, wie die Laien seinerzeit an den Fastensonntagen übermäßig viel mehr Fleisch aßen als an anderen Tagen. Du hörst richtig: mehr als an anderen Tagen. Also aßen sie, wenn ich recht höre, an den anderen Tagen doch wohl auch Fleisch. Daß sie es aber gerade am Sonntag bis Mitternacht so trieben, das verdroß Gregor[29] sehr. Trotzdem sagt auch er, man solle die Leute nicht zwangsweise von ihren Gewohnheiten abbringen, sonst fingen sie noch Schlimmeres an. Die Priester hingegen und die Diakone ermahnt er, auf Fleisch, | Eier und Käse zu verzichten. Lies die 109
Stellen selber nach, und zwar aufmerksam, und du findest mehr, was gegen dich als für dich spricht.

Dann kommen sie mit Thomas von Aquin[30], als ob ein einzelner Bettelmönch[31] die Kompetenz habe, dem ganzen Volk der Christenheit Vorschriften zu machen.

Schließlich bleibt ihnen nichts anderes mehr übrig, als das Gewohnheitsrecht zu Hilfe zu nehmen und zu erklären, der Verzicht auf bestimmte Speisen sei gewohnter Brauch. Wie alt jedoch der Brauch sei, insbesondere das Fleischverbot, kann man nicht mehr herausfinden. Hingegen kann es nicht althergebrachter Brauch sein, in der Fastenzeit keine Eier zu essen. Denn einige Völker essen bis auf den heutigen Tag Eier zur Fastenzeit, und zwar ohne Spezialerlaubnis des Papstes, so in Österreich und anderswo. In der Eidgenossenschaft sind Milchprodukte auch erst vor ungefähr hundert Jahren als Sünde verboten und dann wieder zugelassen worden.

Da ich nun schon darauf zu reden gekommen bin, muß ich dir ein hübsches Müsterchen erzählen. Es hilft dir zur Verteidigung gegen die Habgier der geistlichen Obrigkeit. Unsere eidgenössischen Vorfahren haben erst vor hundert Jahren vom Papst die Erlaubnis gekauft, zur Fastenzeit Milchprodukte essen zu dürfen. Ich kann es beweisen. Die entsprechenden Urkunden liegen in Luzern aufbewahrt.[32] Schlüpfe nun einfach
110 unter diesen Papieren hindurch in die vor ihnen liegende Zeit |
und überlege, was denn wohl unsere Vorfahren vor der päpstlichen Sondererlaubnis gegessen haben. Du kannst nicht behaupten, sie hätten Öl zum Kochen verwendet. Denn im päpstlichen Erlaß ist von der Klage die Rede, man sei hierzulande nicht gewohnt, ölige Speisen zu essen. Folglich haben sie die hier landesüblichen Nahrungsmittel gegessen wie Milch, Ziger, Käse und Butter. Wenn das eine Sünde gewesen sein soll, weshalb haben denn die Päpste ihre Kontrolle so nachlässig ausgeübt, daß sie es vierzehnhundert Jahre lang haben essen lassen? Ist es aber keine Sünde (und es ist keine), warum forderten sie denn Geld für die Sondererlaubnis? Sage dir also, mit Verlaub: »Ich sehe, das ist alles Luft. Jetzt geht mir auf: die römischen Bischöfe[33] haben das Essen von Milchspeisen in der Fastenzeit nur deshalb für Sünde erklärt, um damit zu Geld zu kommen. Denn, und das ist der Beweis, sobald sie es für Sünde erklärt hatten, gaben sie es gegen Barzahlung wieder frei.« Damit haben sie unsere Arglosigkeit mißbraucht. An uns al-
111 lerdings wäre es gewesen | zu erkennen, daß kein Mensch hätte
Ausnahmen gestatten dürfen, wenn es sich wirklich um eine

von Gottes Gesetz verbotene Sünde gehandelt hätte. Wenn Gottes Gebot verbietet, jemanden zu töten, kann nicht der Mensch es gestatten, wiewohl gerade auch in dieser Hinsicht respektlos Unfug getrieben wird.

Zusammenfassend kann gesagt werden, daß der Fleischverzicht ein althergebrachter Brauch ist. Erst hinterher ist er durch Arglist einiger Geistlicher zur Vorschrift erhoben worden. Weil der Brauch als solcher nicht ungut und auch nicht ehrenrührig ist, soll man sich billigerweise daran halten, jedenfalls so lange und insofern, als die Mehrheit der Leute noch daran Anstoß nimmt, wenn er nicht eingehalten wird. »Das freilich wird noch eine Weile dauern«, sagt man mir. Ich will's nicht bestreiten. Um so nötiger, daß ich jetzt vom Ärgernisgeben bzw. vom Erregen von Anstoß rede.

Das Ärgernisgeben bzw. das Erregen von Anstoß

Ärgernis bzw. Erregen von Anstoß, griechisch: ›skandalon‹, wird auf zweierlei Weise verstanden.

Einerseits daß jemand sich so verhält, daß andere Menschen daran Anstoß nehmen und infolgedessen über ihn zu Gericht sitzen und sein Verhalten verurteilen, allerdings zu unrecht verurteilen und sich so versündigen und dadurch selber sich auch anstößig verhalten. Von diesen wird zuerst die Rede sein.

Andererseits verstehen wir hier, über den biblischen Sprachgebrauch hinaus, unter dem Erregen von Anstoß, daß ein Mensch selber immer tiefer der Sünde und dem Bösen verfällt, oder daß eine ganze Gemeinde vorsätzlich verführt wird, so daß ihr Zustand immer schlimmer wird.

1. Christliche Liebe verlangt allem voran, daß sich ein jeder hüte vor dem, was seinen Mitmenschen und Nächsten zum

Bösen verführen oder bei ihm Anstoß erregen könnte, außer es betreffe direkt den Glauben. Der darf nicht Schaden nehmen. Ich meine das so: In diesen Jahren ist das Evangelium fleißig gepredigt worden. Dadurch haben sich viele gebessert. Sie sind gottesfürchtiger geworden. Andere dagegen nicht. Sie sind böswilliger geworden. Ihre Ansichten sind falsch, ihre Absichten niederträchtig. Weil ihnen nun Widerstand erwachsen ist, schelten sie das Evangelium. Das wiederum konnten diejenigen, die sich gebessert haben, nicht akzeptieren und sagten jenen den Kampf an, die dann ihrerseits wieder zurückschreien und erklären: »Mir wäre lieber, das Evangelium wäre nur gar nie erst gepredigt worden. Es bringt uns ja nur gegeneinander auf.«

Da darf man nicht nachgeben, sondern muß sich fest vor Augen halten, was Christus in Matthäus 10,32–36 lehrt: »Wer mich bekennt vor den Menschen, zu dem werde auch ich mich bekennen vor meinem Vater in den Himmeln. Wer mich aber verleugnet vor den Menschen, den werde auch ich ver-
112 leugnen vor meinem Vater in den Himmeln. Meint nicht, | daß ich gekommen bin, Frieden auf die Erde zu bringen (gemeint ist Frieden mit den Gottlosen und Sündern). Ich bin nicht gekommen, Frieden zu bringen, sondern das Schwert. Denn ich bin gekommen, einen Menschen mit seinem Vater zu entzweien und eine Tochter mit ihrer Mutter und eine Schwiegertochter mit ihrer Schwiegermutter, und des Menschen Feinde werden die eigenen Hausgenossen sein.«

Mit diesen Worten stärkt uns Christus, daß wir nicht Rücksicht nehmen sollen auf die, welche die Wahrheit nicht zu sich reden lassen wollen. Auch wenn sie unsere Nächsten und Liebsten sind, soll es uns nicht bekümmern, wenn sie sich von uns trennen. Das zeigen die Fortsetzung seiner Worte und Lukas 14,26–27: »Wer Vater oder Mutter mehr liebt als mich, ist meiner nicht wert, und wer Sohn oder Tochter mehr liebt als mich, ist meiner nicht wert, und wer nicht sein Kreuz nimmt und mir nachfolgt, ist meiner nicht wert.« Schau, wo es um die Ehre Gottes geht, um den Glauben an und das Hoffen auf ihn, ist Standhaftigkeit gefordert. Da sollen wir lieber alles erleiden, als daß wir uns gewaltsam den Glauben und die Hoffnung nehmen lassen.

Fügt hingegen irgendeine Sache dem Glauben keinen Schaden zu, erregt aber beim Mitmenschen Anstoß, so soll man seinen Nächsten schonen, auch dann, wenn es sich dabei um etwas handelt, was an und für sich keine Sünde wäre.

Das Essen von Fleisch ist eine solche Sache. Kein göttliches Gebot verbietet es, zu keiner Zeit. Erregt nun aber das Essen von Fleisch beim Mitmenschen Anstoß, fühlt er sich verletzt, dann soll man es ohne Grund nicht tun. Sein Glaube ist noch zu klein. Man muß ihm zuvor den Glauben stärken.

Was aber ist zu tun, wenn sich jemand von der Wahrheit Gottes und der Heiligen Schrift nicht belehren lassen will? Der eine sagt: »Ich habe den festen Glauben, daß Christus mir keine Speise zu essen verboten hat, zu keiner Zeit.« Der andere aber, der Kleingläubige, kann ihm nicht beipflichten. Er kann es nicht glauben, wiewohl man ihm dafür den Schriftbeweis erbringt. Da soll nun nicht etwa derjenige, der den freimachenden Glauben hat, dem anderen recht geben. (Allerdings soll er durchaus darauf verzichten, in Anwesenheit des andern Fleisch zu essen, wenn es nicht sein muß.) Er soll sich fest an die Schrift halten. Er darf nicht zulassen, daß das sanfte Joch Christi und seine leichte Last [vgl. Mt 11,30] wieder mit der ganzen Bürde der kirchlichen Tradition belastet und dadurch die leichte Last wiederum schwer und das süße Joch wieder bitter gemacht werden und den Menschen verleidet und weniger und weniger gefällt. Er muß deutlich zeigen und betonen, daß das Fleischverbot von Menschen aufgestellt worden ist, nicht von Gott. Da muß er hart bleiben.

Diese nicht leichte Aufgabe ist gleich wie die eines Bürgermeisters, der im Namen des Rates eine öffentliche Erklärung abgibt. Er gibt die Erklärung zwar ab. Fügt er dann aber noch einige kritische und herbe Bemerkungen hinzu, die ihm der

Rat nicht in Auftrag gegeben hat, aber dennoch seiner Meinung entsprechen, so erklärt er: »Das sage ich von mir aus. Der
113 Rat hat mir's zu sagen | nicht befohlen.«

Zum Ganzen argumentiere ich mit Matthäus 24,48–51 und Lukas 12,45. Christus will nicht, daß jemand seinem Mitknecht, nämlich seinem Mitchristen, beschwerliche Lasten auferlegt. Er spricht: »Wenn der Knecht boshaft in seinem Herzen sagt: ›Mein Herr kommt noch lange nicht zurück‹, und anfängt, seine Mitknechte zu schlagen, gleichzeitig aber mit den Trunkenen frißt und säuft, so wird der Herr jenes Knechtes an einem Tage kommen, wo er es nicht erwartet, und zu einer Stunde, die er nicht kennt, und wird ihn in zwei Stücke zerschneiden lassen und ihm sein Teil unter den heuchlerischen Pharisäern geben.«

Hier öffne die Augen und schau, ob nicht jener Knecht, dem die Schafe Christi zu weiden anbefohlen ist, während langer Zeit seine Mitknechte, seine Mitchristen geschlagen hat, selbst aber mit den Betrunkenen gesoffen und gepraßt hat und, als ob es keinen Gott gäbe, absichtlich und mit Willkür den Christenmenschen große und beschwerliche Bürden auferlegt (Ich rede von den bösen Bischöfen und Priestern. Dich, redlicher und unbescholtener Mann, geht es nicht an!). Dadurch ist allen Christenmenschen das süße Joch Christi zum bitteren Kraut geworden.

Demgegenüber siehe aber auch, wie der Herr mit seinem Licht gekommen ist und die Welt mit dem Evangelium erleuchtet hat. Jetzt erkennen die Leute ihre Freiheit. Sie wollen sich nicht mehr hinter das Licht, wie hinter den Ofen, in die Finsternis führen lassen. Das hat zur Scheidung geführt. Die Pharisäer und Heuchler hat Gott entlarvt und als solche erkennbar gemacht. Er stellt sie gesondert, er stellt sie abseits.

Ja, weil dem so ist, darf wohl auch ich zum Kampf aufrufen gegen alle, die lieber das schwere Joch der Heuchler behalten wollen, anstatt daß sie das sanfte Joch Christi auf sich nehmen und sich dabei gleichzeitig darum bemühen, niemandem Anstoß zu geben, sondern, wie Paulus sagt, so viel an ihnen liegt, mit | allen Menschen Frieden zu halten [vgl. Röm 12,18]. 114

Das aber kann nicht jeder. Er ist eben auch unschlüssig, wie lange er nachgeben oder wieweit er von seiner Freiheit Gebrauch machen soll. Deshalb wollen wir jetzt hören, was Paulus über das Ärgernis lehrt.

2. Paulus lehrt im 14. und 15. Kapitel des Römerbriefes, warum und wie man sich darum bemühen soll, kein Ärgernis zu erregen. Ich gebe seine Worte im folgenden mehr dem Sinne nach wieder, als daß ich wörtlich auf deutsch übersetze. Er sagt: »Helft dem, der im Glauben noch unsicher ist und noch wenig über den Glauben weiß. Führt ihn nicht noch tiefer in Besorgnis und Zweifel hinein. Der eine glaubt, alles essen zu dürfen. Der andere dagegen, weil im Glauben noch schwach, ißt nur Gemüse. Wer nun aus Glaubensüberzeugung alles ißt, soll den nicht verachten, der dies zu tun sich nicht getraut (gemeint ist: infolge seines Kleinglaubens getraut er sich nicht). Wer umgekehrt nicht alles zu essen wagt, soll den nicht verurteilen, der alles ißt. Diesen nämlich hat Gott angenommen. Er ist es, der ihm die Gewißheit gegeben hat. Wer bist du, selber im Glauben noch schwach, daß du den Knecht eines andern zur Rechenschaft ziehst? Er wird sich seinem Herrn als zuverlässig oder unzuverlässig erweisen. Doch wird er fest und rechtschaffen bleiben, weil Gott ihn sicher aufrechterhalten wird und standhaft zu machen vermag.

Der eine schätzt einen bestimmten Tag höher ein als einen andern, der andere aber beurteilt alle Tage als gleichwertig, ohne einen Unterschied zu machen. Da muß jeder selber wissen, was er für richtig hält, muß es aber auch begründen können.

Wer den einen Tag einem anderen vorzieht, tue dies zur Ehre Gottes. Wer keinen Tag unter den anderen Tagen hervorhebt, der tue es auch zu Gottes Ehre. (Hier ist gemeint: Sein Glaube ist stark. Er weiß und hält sich daran, daß ihn Gott mit keinem Gebot an irgendwelche Zeiten bindet. Gottes größte Ehre besteht darin, daß wir ihn und was er uns gibt, recht erkennen, Johannes 17,3 und 1. Korinther 2,12). So gilt auch für den, der alle Speisen aller Art ißt, daß er es für den Herrn tut und Gott dafür dankbar ist. Wer nicht alles ißt, tut es auch zur Ehre Gottes und ist Gott auch dankbar. Denn keiner von uns lebt für sich selbst und keiner stirbt für sich selbst. Sei es, daß wir leben, so laßt uns für den Herrn leben. Sei es, daß wir sterben, so laßt uns für den Herrn sterben. Ob wir leben oder sterben, gehören wir dem Herrn. Denn dazu ist Christus gestorben und auferstanden und wieder lebendig geworden, daß er der Herr sei der Lebenden und der Toten.

Du aber, noch schwach im Glauben, warum sitzest du über deinen Bruder zu Gericht? Oder du, der du stark im Glauben bist und alles ißest, warum verachtest du deinen Bruder? – da wir doch alle einmal vor Christus als dem Richter stehen werden. Denn es steht geschrieben Jesaja 45,23: ›Ich lebe, spricht
115 der Herr. | Vor mir werden sich alle Knie beugen, und alle Zungen werden bekennen, daß ich Gott bin.‹ Darum wird jeder von uns Gott Rechenschaft geben müssen.

Laßt uns also einander nicht mehr richten, sondern das haltet für recht, daß keiner tue, was seinem Bruder schadet oder bei ihm Anstoß erregt.

Ich weiß und bin in dem Herrn Jesus völlig davon überzeugt, daß nichts an und für sich unrein ist. Wer jedoch davon überzeugt ist, es sei etwas unrein, für den ist es auch unrein. Wenn nun wegen einer Speise dein Bruder betrübt wird und Anstoß nimmt, dann hast du dich ihm gegenüber nicht mehr der Liebe gemäß verhalten. (Du hast nämlich auf eine Speise, an der dein Bruder Anstoß nimmt, nicht verzichtet. Du hättest warten sollen, bis er zur besseren Einsicht gekommen ist).

Also denn, ärgere nicht mit der Speise deinen Bruder. Bringe ihn deswegen nicht ins Verderben. Christus ist auch für ihn gestorben.

Gebt das Gute (das Gute meint hier, daß ihr alles im Glauben tut, ob ihr eßt, feiert oder nicht) allerdings auch nicht der

Lästerung preis. Denn das Reich Gottes besteht nicht in Essen oder Trinken, sondern in gerechter Lebensführung, im Frieden und in der Freude im Heiligen Geist. Wer darin Christus dient, ist Gott wohlgefällig und bei den Menschen bewährt.

Laßt uns deshalb nach dem trachten, was zum Frieden, und nach dem, was zur Erbauung untereinander dient (mit Erbauung ist hier gemeint, daß wir einander in der Erkenntnis fördern sollen). Zerstöre nicht Gottes Werk (nämlich die gerechte Lebensführung, den Frieden und die Freude, wie oben steht) um des Essens willen.

Alle Dinge sind zwar rein. Verderblich aber ist es für den Menschen, wenn er mit schlechtem Gewissen und gegen seine Überzeugung etwas ißt. Zuvorkommend gehandelt ist es und gut, wenn einer kein Fleisch ißt, auch keinen Wein trinkt, ja überhaupt nichts von dem ißt, woran dein Bruder Anstoß nimmt oder was ihn verführt oder des Haltes beraubt.

Hast du Glauben und bist stark, dann habe ihn für dich selbst vor Gott. Wohl dem, der bei sich selbst nicht zweifelt an dem, wovon er überzeugt ist. Wer dagegen zweifelt und trotzdem ausgerechnet von solchen Speisen ißt, die ihn in Zweifel bringen, der ist schon verurteilt. Er ißt ja nicht aus Glaubensüberzeugung. Was nämlich nicht aus Glauben geschieht, ist Sünde.

Wir aber, die im Glauben Starken, sind verpflichtet, die Schwächen der Schwachen zu tragen und sollen nicht uns selber zu Gefallen leben. Jeder von uns lebe seinem Nächsten zu Gefallen, zum Guten, zur Erbauung und zur Besserung.
Denn | auch Christus hat nicht sich selbst zu Gefallen gelebt, 116
sondern wie geschrieben steht: ›Die Schmähungen derer, die dich schmähen, sind auf mich gefallen‹ [vgl. Ps 69,10].«

Dies alles sind Worte des Apostels Paulus [Röm 14,1–15,3]. Dreierlei sollst du daraus lernen und dabei festhalten:

Erstens. Wer fest daran glaubt, daß er alles zu allen Zeiten essen darf, wird als ein im Glauben Starker bezeichnet.

Zweitens. Als schwach im Glauben und noch wankend wird bezeichnet, wer diesen Glauben nicht hat.

Drittens. Der im Glauben Starke soll den im Glauben Schwachen nicht für immer in Ungewißheit lassen. Er soll sich seiner annehmen und ihn unterweisen, damit auch er stark im Glauben wird. Zugleich soll er dem Schwachen gegenüber sehr rücksichtsvoll sein und ihm nicht etwa noch absichtlich und böswillig Ärgernis geben. Wie lange man dem Schwachen gegenüber nachsichtig sein soll, wirst du noch hören.

3. Auch im ersten Korintherbrief 8,1–13 redet Paulus vom Anstoßerregen. Er wendet sich dort an solche, die sich rühmten, sie dürften ohne Bedenken Fleisch essen, das vorher den Götzen geopfert worden sei. Sie seien sich bewußt, daß die Götzen gar keine Götter seien. Deshalb dürften sie sorglos davon essen, ohne sich dabei ein Gewissen machen zu müssen, und dies ungeachtet derer, die an ihrem Verhalten großen Anstoß nähmen. Paulus erwidert ihnen: »Was die den Götzen dargebrachten Speisopfer anbelangt, so fehlt es uns nicht an rechtem Wissen und an der nötigen Erkenntnis. Die Erkenntnis jedoch macht stolz und eingebildet, die Liebe hingegen baut auf.« Paulus will sagen: Wenn du als einer, der im Glauben stark ist, ja doch weißt, daß du mit dem Essen von Götzenopferfleisch keine Sünde begehst, sollst du dennoch auf deinen Nächsten gebührlich Rücksicht nehmen, um so mehr als du ihn liebst. Sonst bereitest du ihm Anstoß. Kommt mit der Zeit dann auch er zur besseren Erkenntnis, wird er hinterher feststellen können, wie weit du vorher seiner Unwissenheit in christlicher Liebe entgegengekommen bist. Deine Liebe wird es gewesen sein, die ihn stark gemacht hat.

Paulus geht also davon aus: Wer im Glauben recht unterwiesen ist, weiß ganz genau, daß Götzen keine Götter sind, sondern daß es nur *einen* wahren Gott und den *einen* Herrn Jesus Christus gibt. Er führt dann aber den Gedanken weiter und sagt, es seien aber eben noch nicht alle in ihrer Erkenntnis so weit gekommen wie diejenigen, von denen er eben redete. Einige nämlich würden Götzenopferfleisch immer noch in der Annahme essen, daß es andere Götter gibt. Speise aber mache uns vor Gott nicht angenehm (was damit gemeint ist, habe ich zu Beginn im ersten Teil des 4. Punktes[34] dargelegt). Paulus fährt dann weiter und erklärt: »Gebt darauf acht, daß eure Stärke im Glauben und eure Freiheit den im Glauben noch Schwachen nicht zum Anstoß gereicht. Wenn nämlich jemand dich, der du Erkenntnis hast, dort zu Tische sitzen sieht, dort wo man Götzenopferfleisch ißt, wird da nicht auch sein Gewissen dazu neigen oder dazu verleitet, Götzenopferfleisch zu essen? Und so kommt dein schwacher Bruder durch deine Erkenntnis ins Verderben. Dabei ist er doch dein Bruder, für den Christus gestorben ist.«

Beachte, wie sehr Paulus dem vorzubeugen sich bemüht, | 117
daß ja nicht mit den Schwachen rücksichtslos umgesprungen wird.

Er fährt dann weiter: »Wenn ihr euch aber so an den Brüdern versündigt und ihr schwaches Gewissen aufschreckt und verletzt, dann versündigt ihr euch an Christus. Wenn daher Speise meinem Bruder Anstoß erregt, so will ich in Ewigkeit kein Fleisch essen, damit ich meinem Bruder nicht Anstoß bereite.« Merke hier: Auch wenn alle hier zitierten Worte von götzengeweihten Speisen handeln, geben sie uns doch eine klare Verhaltensnorm in Sachen Speisen, daß wir uns nämlich immer und überall davor hüten, Anstoß zu geben, und daß nicht ohne Sünde ist, wer seinem Bruder schadet. Er handelt damit nämlich auch gegen Christus, dessen Bruder jeder Christ ist.

4. Paulus schreibt im gleichen, oben genannten 1. Korintherbrief 10 [1. Kor 10,23–11,1]: »Alles ist mir erlaubt, aber nicht alles dient zum Guten. Alles ist mir erlaubt, aber nicht alles baut auf. Niemand suche das Seine, sondern jeder befleißige sich dessen, was dem andern zum Guten dient. Alles, was auf dem Fleischmarkt verkauft wird, esset, ohne um des Gewissens willen Nachforschungen anzustellen. Denn ›des Herrn ist die Erde (wie Psalm 24,1 steht) und alles, was sie erfüllt, ja alles, was auf Erden ist‹. Wenn euch ein Ungläubiger als Gast

einlädt, und ihr wollt hingehen, so eßt alles, was euch vorgesetzt wird, ohne um des Gewissens willen nach der Herkunft der Speisen zu fragen. (Gemeint ist: der Geladene esse von allen Speisen, und nicht etwa: er esse restlos alles auf. Er wäre sonst ein unhöflicher Fresser). Wenn euch aber jemand sagt: ›Das ist Götzenopferfleisch‹, so esset nicht, und zwar um dessetwillen, der dich darauf aufmerksam gemacht hat, und um des Gewissens willen. Ich sage nicht: um deines Gewissens willen. Ich rede vom Gewissen des andern. Warum sollte denn meine Freiheit von dem Gewissen eines andern abhängig sein? Wenn ich etwas mit Dankbarkeit genieße, warum sollte ich mich dann verlästern lassen einer Sache wegen, für die ich dankbar bin? Ob ihr nun eßt oder trinkt oder sonst etwas tut, tut alles zur Ehre Gottes. Gebt niemandem Anstoß, weder den
118 Juden noch den Heiden noch der | Kirche Gottes, wie auch ich mich befleißige, allen Menschen zu Gefallen zu leben und nicht darauf aus bin, was mir, sondern was allen zum Guten dient, damit sie gerettet werden. Folgt meinem Beispiel, wie auch ich dem Beispiel von Christus folge.«

Erstens siehst du hier, daß wir aus Rücksicht auf unsere Nächsten auf Dinge verzichten sollen, die wir eigentlich tun dürften.

Zweitens, daß wir ohne Gewissensbisse alles essen dürfen, was in der Metzgerei verkauft wird.

Drittens, wie man es mit verbotenen Speisen halten soll, dargestellt am Beispiel des Götzenopferfleisches. Denn wiewohl unsere Zielsetzung eine andere ist als die hier im Paulusbrief beschriebene, läßt sich doch daraus eine gute Wegleitung auch für uns gewinnen.

Viertens: Auch wenn deine Freiheit nicht vom Gewissen eines anderen abhängig ist, ja selbst wenn du verlästert wirst, sollst du trotz allem immer die Ehre Gottes im Blick haben. Diese Ehre Gottes wird um so größer bei den Menschen, wenn sie sehen, daß du ihretwegen und um der Ehre Gottes willen auf den Gebrauch deiner Freiheit verzichtest.

Fünftens, daß alle Dinge zu Gottes Ehre geschehen sollen. Auch das Alltägliche wie essen und trinken, arbeiten, Handel treiben, Eheleben – wenn dabei einer nur in all seinem Tun auf Gott schaut und ihm vertraut und weiß, daß Gott ihn zu diesem oder jenem Werk bestimmt hat.

Laß dich dabei von der Ausrede nicht beeindrucken, die man dir vorhalten könnte: »Also will ich Gott lästern, will spielen[35], ehebrechen und andere schlimme Taten tun und zu mir sagen, Gott habe mich dies alles zu tun bestimmt.« Wer aufrichtig an Gott glaubt, kann an solchen Dingen gar nicht erst Gefallen finden. Ist der Baum gut, trägt er auch gute Früchte [vgl. Mt 7,17]. Lebt der Mensch nicht aus sich selbst, sondern lebt Christus in ihm [vgl. Gal 2,20] und bestimmt über ihn, dann bereut er auch schon nur den kleinsten Fehltritt und schämt sich seiner Leichtfertigkeit. Wer aber redet wie oben gesagt, ist gottlos und lästert Gott mit solchen Reden und spottet über alle, denen Gott seinen Geist gegeben hat.

Ich gebe ein allgemein verständliches Beispiel, höre! Keine anständige und ehrenhafte Frau läßt es zu, daß man über ihren unbescholtenen und tüchtigen Ehemann öffentlich Dinge redet, die an dessen Ehre rühren, oder daß ihrem Gemahl gerüchteweise eine Untat angelastet wird, von der sie genau weiß, daß er sie verabscheut. Ebenso der Mensch, in dessen Herzen Gott durch seinen Geist regiert (und Gottes Geist regiert auch in den einfachen Gemütern); er duldet es nicht, wenn Gottes Ehre verletzt oder wenn Gott für etwas die Schuld zugeschoben wird, was gar nicht Gottes Wille war. Eine Hure hingegen hört gern ihres Mannes Schande und wenn schlecht über ihn geredet wird. Genau so ist es mit denen, die | reden, wie oben gesagt. Gottlos sind sie. Denn würde 119
Gott in ihren Herzen wohnen, wollten sie solche Lästerreden gar nicht erst mit anhören.

5. Paulus hat Timotheus beschneiden lassen, obwohl die Beschneidung zu nichts nütze war. Er ließ es trotzdem geschehen, wie Apostelgeschichte 16,3 geschrieben steht. Er tat

es aus Rücksicht auf die Juden, die damals noch der Meinung waren, man müsse neben dem Neuen Testament auch noch die Zeremonialvorschriften des Alten Testamentes einhalten.

6. Christus selber wollte niemandem Anstoß geben. »Als man in Kapernaum Petrus fragte: ›Euer Meister zahlt doch die Tempelsteuer?‹, antwortete er: ›Ja!‹ Als sie aber ins Haus eintraten, kam Christus Petrus zuvor (der ihn zweifellos etwas wegen der Steuer fragen wollte) und sagte: ›Was meinst du, Simon, von wem erheben die Könige dieser Welt Zölle und Steuern: von ihren Kindern oder von den Fremden?‹ Als Simon antwortete: ›Von den Fremden!‹ sagte Jesus: ›Also sind die Kinder frei. Damit wir ihnen jedoch keinen Anstoß geben, gehe zum Meer, wirf die Angel aus und nimm den ersten Fisch, der heraufkommt, und wenn du sein Maul öffnest, wirst du eine Silbermünze finden (Das entsprach einem Pfennig. Damit konnte er für beide den Steuerbetrag entrichten. Er galt allerdings damals mehr als bei uns der Betrag des persönlichen Zollpfennigs. Ich vermute deshalb, es habe sich nicht um eine Zollgebühr, sondern tatsächlich um Steuern gehandelt, die man von Christus eingezogen hat). Nimm die Münze und gib sie für mich und für dich.‹ « [Mt 17,24–27].

Christus wollte also die Behörden nicht erzürnen. Lieber tat er, was er sich eigentlich hätte ersparen können.

Nun hätte ich diesen Bibelabschnitt von mir aus hier nicht noch eigens erwähnt, wenn sich nicht meine Gegner damit brüsteten. »Christus«, sagen sie, »wollte selbst alles Ärgernis vermeiden.«[36] Aber die Bibelstelle spricht eher gegen als für sie, nämlich so: Wenn ihr fleischlichen Geistlichen[37] doch so darauf aus seid, alles Ärgernis zu vermeiden, warum helft ihr nicht auch mit, die öffentlichen Lasten zu tragen? Ihr seht doch, wie die Bevölkerung sich über eure Abgabefreiheit verärgert zeigt und schreit: »Ihr lebt von unserer Arbeit und genießt euer Nichtstun. Warum helft ihr uns nicht, unsere Lasten zu tragen?« Ihr hört doch, daß Christus seine Steuern entrichtet hat, um bei niemandem Anstoß zu erregen.

Löse den Knoten auf, wenn du kannst, und die Schlinge, in die du dich selber verstrickt hast!

Es gäbe nun noch viele andere Stellen im | Evangelium, in 120
denen das Wort ›skandalon‹ vorkommt. Es hat dort entweder eine spezielle Bedeutung und meint Verachtung bzw. Verruf. Oder aber es meint wie auch sonst Ärgernis. Wenn dies der Fall ist, wird es in dieser Bedeutung gewöhnlich auch verwendet.

Die Bedeutung von Verruf und Verachtung hat es Matthäus 18,7: »Wehe der Welt, wo immer Menschen zu Fall kommen!«, will sagen: Wehe der Welt, wo immer Menschen verachtet und in Verruf gebracht werden, wo jemand die einfachen Leute (die bei Gott ebenso viel gelten wie die Höchststehenden) verachtet oder geringschätzt oder ablehnt. Diese Bedeutung von ›skandalon‹ geht klar aus den nachfolgenden Worten hervor, wo Christus sagt: »Hütet euch, daß ihr niemanden von diesen Kleinen geringschätzig behandelt« [Mt 18,10].

In der gleichen Bedeutung steht ›skandalon‹ auch Lukas 17,1. Dort erschließt sich der Sinn bereits aus der vorausgehenden Geschichte vom reichen Mann, der dem armen Lazarus nicht einmal die Brosamen zu essen überließ [vgl. Lk 16,19–21].

Schließlich nenne ich Markus 9,42.

Im übrigen erbringt diese Bedeutung von ›skandalon‹ für diese unsere Abhandlung nichts; ich hatte schon von Anfang an vorgesehen, sie nicht in drei Abschnitte aufzuteilen.[38]

Das Abschaffen der Ärgernisse

Aus den bisher angeführten biblischen Belegstellen kann man genau ersehen, daß man sich sehr davor hüten soll, Ärgernis zu erregen. Dennoch will mir scheinen: So sehr man auf den im

Glauben Schwachen Rücksicht nehmen soll, genau so soll man nun auch ihn Rücksichtnahme lehren, soll ihn unterweisen und ihn stark machen, statt ihn unaufhörlich nur mit Milch zu ernähren. Man muß ihn auch an feste Speise gewöhnen [vgl. 1. Kor 3,2]. Christus sagt Matthäus 13,41–42: »Der Sohn des Menschen wird seine Engel (d.h: seine Sendboten) ausschicken; die werden aus seinem Reich alles zusammenlesen, was Anstoß erregt, und alle, die keine Gottesfurcht kennen und Böses tun, und werden sie in den Feuerofen werfen.« Werden das die Engel auch wirklich tun? Ja, sie werden es tun! Da ist es doch nun besser, wir tun es vorher selbst. Dann wird es von Gott nicht getan. Er straft dann nicht so streng. Paulus lehrt 1. Korinther 11,31–32: »Wenn wir mit uns selbst ins Gericht gingen, würden wir von Gott nicht gerichtet werden.« Schaffen wir also selber alles weg, was Anstoß erregt! Dann muß nicht Gott durch sein Gericht es tun. Zudem treibt uns der heilige Paulus zu solchem Tun an.

1. Matthäus 5,29–30: »Wenn dich dein rechtes Auge ver-
121 führt, so reiß es aus und wirf es von dir; denn es | ist besser, daß eines deiner Glieder umkommt, als daß der ganze Leib ins ewige Feuer geworfen wird. Und wenn dich deine rechte Hand verführt, so haue sie ab und wirf sie von dir; es ist besser für dich ...« vgl. oben. Dasselbe sagt er Matthäus Kapitel 18,8, nur daß er dort zusätzlich auch noch den Fuß nennt. Wer ist nun ein solches Auge, eine solche Hand, ein solcher Fuß?

Ein solches Auge ist jeder Bischof oder Pfarrer, überhaupt jeder Kirchenvorsteher, der nichts anderes ist als ein Aufpasser.

Nun heißt das griechische Wort ›episcopus‹ in unserer Sprache freilich so viel wie Aufseher. Aber es muß von dem Wort des heiligen Paulus in der Apostelgeschichte 20,28 her verstanden werden, wo er zu den Bischöfen in Ephesus sagt: »Habt acht auf euch selbst und auf die ganze Herde, in der euch der Heilige Geist als Bischöfe (das heißt: als Aufseher und Hirten) dazu eingesetzt hat, die Gemeinde Gottes zu weiden und zu speisen, die er sich erworben hat mit seinem eigenen

Blut.« Hier hörst du in kurzen Worten, welches ihr Amt ist: für die Schafe sorgen, ihnen Nahrung geben, und nicht: sie plagen und ausbeuten und mit unerträglichen Lasten bedrücken, was ja alles nichts anderes bewirkt als Verführung zum Bösen und Verärgerung. Sünden aufzeigen, wo gar keine Sünde ist! Dadurch werden die verunsicherten Gewissen bedrückt und zur Verzweiflung gebracht. Das bedeutet, »die Kleinen Gottes verachten und geringschätzen«, Matthäus 18,6.

Aus Jesaja 56,10–12 aber siehst du: »Die Wächter meines Volkes sind alle blind«, unwissende, »stumme Hunde, die nicht bellen können«. Gelehrt in liederlichen Dingen. »Faul sind sie und lieben zu schlafen, sie träumen.« Ja, Träume sind ihnen lieber als die Wahrheit! »Gefräßige Hunde sind sie, können nicht satt werden. Sie sind Hirten, die ihrer Sorgfaltspflicht nicht nachkommen. Jeder geht rücksichtslos seinen eigenen Weg. Habgierig einer wie der andere«, vom höchsten Kirchenfürsten bis zum Novizen. »Kommt, laßt uns guten Wein trinken!«, sagen sie, »wir wollen uns berauschen, und morgen soll es hoch hergehen wie heute, ja noch viel herrlicher.« Dies alles sind Worte von Jesaja, nur geringfügig ergänzt.

Siehst du hier nicht, daß solche Augen die Menschen verführen? Wiewohl Christus uns gebietet, solche Augen auszureißen, dulden und behandeln wir sie mit Nachsicht.

Unter Hand und Fuß verstehe alle, die dir verwandt sind
oder dir so nahe stehen wie ein eigenes Körperglied. Auch
wenn sie dir Nahrung und Wohnung finanzieren, und du auf
sie angewiesen bist wie man auf Hände | und Füße angewiesen 122
ist, muß man sie aus ihrem Amt absetzen, wenn sie ihre hohe
Stellung und Würde mißbrauchen.

Diesen ganzen Abschnitt schreibe ich als Beweis dafür, daß man Ärgernis abschaffen muß und nicht endlos dulden darf. Alles aber muß zu seiner Zeit entschieden und wohlüberlegt in die Tat umgesetzt werden. Da darf nicht jeder für sich in eigenem Interesse handeln. Unterlassen es allerdings diejenigen, in deren Kompetenz die Absetzung der Bischöfe steht, dann müssen wir das als unsere eigene Schuld bekennen. Wir haben es dann von Gott nicht anders verdient, als daß uns solche blinde Augen verführen und über uns herrschen. Nehemia 9,30: »Du hast sie mit deinem Geist ermahnt durch die Propheten. Aber sie leisteten dir nicht Folge. Darum gabst du sie in die Hände der Völker dieser Erde, in die Gewalt der Ungläubigen.« Jesaja 3,4: »Ich will ihnen Kinder zu Fürsten geben, und Weichlinge werden über sie herrschen.«

2. Hierher zum Thema gehören auch die Worte von Paulus Römer 14,1, die oben schon im zweiten Abschnitt über das Ärgernisgeben zitiert sind, nämlich: »Den im Glauben Schwachen belehrt, aber nicht so, daß daraus noch mehr Streit entsteht oder er selber in noch tiefere Zweifel fällt.« Schau: Den Schwachen soll man nicht schwach bleiben lassen. Man muß ihn unterrichten in der Wahrheit. Aber nicht mit Spitzfindigkeiten, sonst wird er noch viel mehr verunsichert und zweifelt noch mehr. Nein, die reine, einfache, lautere und unverfälschte Wahrheit soll er kennenlernen. Dann wird ihm aller Zweifel genommen.

Es wäre mein Wunsch, daß diejenigen, die einen festen Glauben haben und im Glauben als stark gelten, es doch wagen wollten, auch die anderen Christenmenschen stark zu machen. Sie müßten ihnen klar und deutlich zu verstehen geben, was Gott ihnen geschenkt hat und was alles er ihnen zu tun erlaubt. Aber das Gegenteil geschieht: wenn der Klerus sieht, daß einige Leute stark im Glauben geworden sind, verunsichern sie sie wieder und machen ihnen Angst. »Wehe ihnen«, wie Christus zu den Pharisäern sprach Matthäus 23,12, »daß sie das Reich Gottes den Menschen verschließen und selber nicht hineingehen und anderen Leuten den Zugang versperren.«

In Berufung auf diese Worte von Christus und Paulus verwahre ich mich gegen den Vorwurf, der mir von seiten einiger Heuchler gemacht worden ist. Sie waren der Meinung, ich hätte die Predigt vom dritten Sonntag dieser Fastenzeit über
123 die Freiheit der Speisen | nicht halten dürfen. Warum soll ich

etwa denen, die sich an die Schrift halten – ich selber hatte ja auch nur aus der Schrift gepredigt –, ihre Waffe zur Verteidigung aus den Händen reißen und die erklärte Zuständigkeit der Schrift widerrufen? Soll ich sie lügen heißen? Dürfte ich, wenn ich doch schon den Schlüssel der Weisheit Gottes, wie Christus Lukas 11,52 spricht, in den Händen habe, denn anders, als den Unwissenden die Türe zur Weisheit Gottes zu öffnen? Soll ich etwa das Gegenteil tun, den Wissenden etwas vormachen und falschen Schein erwecken? Niemals! Gib dich nicht der Täuschung hin, du frecher Heuchler, daß du mich dazu überreden könntest! Da will ich lieber meiner Seele Sorge tragen. Ich belade sie ohnehin schon genug mit schweren Sünden. Ich will sie nicht noch ganz ermorden, indem ich etwa gar die Wahrheit noch verschweige!

3. Es stimmt, daß Paulus den Timotheus hat beschneiden lassen [vgl. Apg 16,3]. Titus dagegen hat er nicht beschneiden lassen, wie er Galater 2,3 ausführt: »Titus, mein Begleiter, wurde nicht gezwungen, sich beschneiden zu lassen. Es sind bei uns unerwartet falsche Brüder eingeschmuggelt worden, um unsere Freiheit zu bespitzeln, die wir in Christus Jesus haben. Sie wollten aus uns Freien wieder Knechte machen und uns unterjochen. Aber wir gaben ihnen nicht eine Stunde lang nach, damit die Wahrheit des Evangeliums bei euch bestehen bleibe.« Das halten heute nun auch diejenigen, die sich für die Freiheit des Evangeliums einsetzen, den anderen, die auf die Verbindlichkeit der Zeremonien pochen, wie einen Schutzschild oder ein Bollwerk entgegen. Sie sagen: Obwohl Paulus den Timotheus beschneiden ließ, so ließ er doch den Titus nicht beschneiden, wiewohl er sich dadurch viele Anfeindungen einhandelte. Wie soll man das verstehen? Widerspricht sich Paulus selbst? Nein. Er konnte Timotheus die Beschneidung nicht ersparen, weil sonst große Unruhe entstanden wäre unter den Judenchristen. Später dann waren die zum Christentum übergetretenen Juden eines Besseren belehrt und in ihrer Erkenntnis weiter fortgeschritten. Das erlaubte es Paulus,

dem Titus die Beschneidung zu ersparen, ohne einen Aufruhr befürchten zu müssen. Natürlich gab es auch dann noch solche, die die Beschneidung forderten und großen Anstoß daran nahmen, daß Titus nicht beschnitten wurde. Paulus aber schätzte die Wahrheit und die christliche Freiheit höher ein als die Gehässigkeit einiger weniger, die sich aus bösem Willen widersetzten. Beachte in den Worten des Paulus übrigens auch, wie falsche Brüder immer wieder den Versuch unter-
124 nehmen, den Christen ihre Freiheit zu entreißen. |

4. Paulus schreibt im schon erwähnten zweiten Kapitel des Galaterbriefes, daß Petrus mit Christen, die vom Heidentum zum Glauben gekommen waren, gegessen hat, ja sogar mit Heiden selbst. Als dann aber andere Christen, solche nämlich, die sich vom Judentum her zum Christentum bekehrt hatten, von Jerusalem nach Antiochia gekommen waren, trennte sich Petrus von den Heiden, damit die Juden keinen Anstoß an seinem Verhalten nähmen. Paulus ließ das nicht gelten und schalt den Petrus mit den Worten: »Du verlangst von den Heiden, nach jüdischer Sitte zu leben, weil du von Geburt her ein Jude bist« [Gal 2,14]. Paulus wollte sagen: Wenn du dich wegen der Juden von den Heiden distanzierst, lässest du die Heiden argwöhnen, sie seien keine rechten Christen. Sie müßten eigentlich, um rechte Christen zu sein, sich von den anderen Leuten absondern und wie die Juden auf gewisse Speisen verzichten; anders würden sie sich versündigen. Darum sagte Paulus: »Als ich sah, daß Petrus sich falsch verhalten hatte, trat ich ihm persönlich Aug' in Auge entgegen« [Gal 2,11]. Hier lernen wir Paulus als einen kennen, der unnachgiebig lehrt, daß wir zwar keinen Anstoß erregen, aber auch nicht darauf Rücksicht nehmen sollen, wenn einige wenige andere Anstoß nehmen. Lieber nimmt er die Mehrheit in Schutz vor Verleumdung und Verdacht. Da mochten die Juden, derentwegen sich Petrus von den Heiden absetzte, lange Unwillen zeigen, Paulus schenkte ihnen keine Beachtung. Er wollte, daß die Heidenchristen (so nenne ich diejenigen, die vom Heidentum

her gläubig geworden sind) frei bleiben konnten und nicht von den Juden den beschwerlichen Vorschriften des Gesetzes unterstellt und unterworfen wurden.

5. Als Christus Matthäus 15,11–14 zu den Pharisäern sagte: »Was in den Mund hineingeht, verunreinigt den Menschen nicht«, sagten seine Jünger zu ihm: »Weißt du, daß die Pharisäer, als sie dieses Wort von dir hörten, Anstoß genommen haben? Sie verübeln es dir sehr.« Da antwortete ihnen Christus: »Laßt sie. Sie sind blinde Führer von Blinden.«

Schau, Christus wollte meines Erachtens damit seinen Jüngern sagen: Laßt die Pharisäer Pharisäer sein. Lebt ihr nur eurer Freiheit gemäß. Macht von ihr Gebrauch. Achtet nicht auf die Pharisäer. Die sind blind. Sie erkennen die Wahrheit nicht, auch nicht die Freiheit. Sie sind die Führer derer, die wie sie selber im Irrtum sind.

Ich habe nun in den Darlegungen der beiden obigen Abschnitte über das Ärgernis und über die Abschaffung des Ärgernisses genug gesagt. Nun will es mir scheinen, es wäre gut,
alles, was mit dem Thema des Ärgernisses zu tun hat, | in Form 125
kurzer Thesen noch zusammenzufassen. Dann weiß jeder, wie und wann von ihm Rücksicht gefordert wird und wo nicht.

I. Was eindeutig die göttliche Wahrheit anbelangt, nämlich den Glauben und Gottes Gebote, dürfen keine Kompromisse gemacht und darf nicht nachgegeben werden, gleichgültig, ob man daran Anstoß nehme oder nicht. Psalm 145,18; 1. Korinther 2,2; Matthäus 5,10: »Selig sind, die um der Gerechtigkeit willen verfolgt werden.« 2. Korinther 13,8: »Wir vermögen nichts gegen die Wahrheit, sondern nur für die Wahrheit.«

II. Die uns Menschen von Gott gegebenen Freiheiten, in bezug auf Speisevorschriften und andere ähnliche Dinge, sollen alle im Blick auf Gott und im Blick auf die Mitmenschen sorgfältig abgewogen werden.

III. Ist davon die Rede, daß Gott uns von allen belastenden Vorschriften befreit und erlöst hat, und wir frei sind, dann darf man um der Wahrheit und des Glaubens willen nicht nachgeben. Paulus sagt: »Alles ist mir erlaubt« [1. Kor 6,12]. Man soll die Freiheit aber auch nicht als Freipaß für Böses mißbrauchen.

IV. Wenn aber dein Nächster daran Anstoß nimmt, wenn du von deiner Freiheit Gebrauch machst, dann sollst du ihn nicht grundlos in Schwierigkeiten oder Versuchung bringen. Nur wenn er den Grund deiner Freiheit erkennt, wird er nicht mehr Anstoß nehmen, es sei denn, er wolle dir vorsätzlich übel. Dann macht er das gleiche wie die Juden, die in böser Absicht daran Anstoß nahmen, daß die Jünger mit ungewaschenen Händen und erst noch am Sabbat Ähren aßen, Markus 2,23–28.

V. Vielmehr sollst du deinem Nächsten in freundlicher Weise den Glauben erklären und ihm sagen, daß auch er alles essen dürfe und er darin frei sei. Römer 15,1: »Wir, die im Glauben Stärkeren, sollen uns der im Glauben Schwachen annehmen,« will sagen: wir sollen ihnen helfen und sie unterweisen.

VI. Hilft allerdings alle Rücksichtnahme nichts, dann tue, was Christus Matthäus 15,14 sagt: »Laß sie sein, wie sie sind!«

VII. Du aber, mache von deiner Freiheit Gebrauch, vor allem wenn es ohne öffentlichen Aufruhr abgeht, wie Paulus den Titus nicht hat beschneiden lassen, Galater 2,3.

VIII. Führt es aber zu öffentlichem Aufruhr, dann verzichte darauf, von deiner Freiheit Gebrauch zu machen, wie Paulus den Timotheus hat beschneiden lassen, Apostelgeschichte 16,3.

IX. Nie aber laß davon ab, so viel und gut du kannst, den
Schwachen den Glauben zu erklären, bis sie zur rechten Er-
kenntnis gekommen sind. Die Zahl der im Glauben Starken
126 muß so groß werden, daß | niemand mehr, oder jedenfalls nur
mehr eine sehr kleine Zahl, an der christlichen Freiheit Anstoß
nimmt. Ohne Zweifel werden die meisten mit der Zeit zur
Erkenntnis kommen. Das Wort Gottes vermag es. Es ist stark
genug. Es bleibt nicht ohne Wirkung, Jesaja 55,10–11.

X. In gleicher Weise ist mit den sogenannten Mitteldingen umzugehen, die an und für sich weder gut noch böse sind, wie das Essen von Fleisch oder das Arbeiten an Feiertagen (nachdem man vorher am Gottesdienst und am Abendmahl teilgenommen hat) und ähnliche Dinge.

Die Verwahrlosung des Lebens und guter Sitten

Wer zur Pflege und Förderung guter Sitten bei Aristoteles und nicht bei Christus in die Schule gegangen ist, beklagt sich sorgenvoll, die von mir hier dargelegte Ansicht führe dazu, daß weniger und weniger gute Werke getan würden. Genannt werden der Verzicht auf Fleischgenuß, das Einhalten der Feiertage und anderes mehr, was ich nun nicht im einzelnen aufzahle.

Auf diese Klagen antworte ich folgendermaßen: Es herrscht viel Irrtum vor, wenn definiert und unterschieden wird, was überhaupt gute Werke seien. Wir sollten uns daran erinnern und ernst nehmen, was der heilige Jakobus im ersten Kapitel seines Briefes schreibt 1,17: »Alle guten Gaben und Geschenke kommen von oben herab vom Vater der Lichter.« Das zeigt uns doch, daß alles Gute, soll es Gott gefallen, von ihm selber kommen muß. Käme es anderswoher, dann gäbe es ja zwei oder mehr Ursprungsquellen des Guten. Es gibt aber nur eine Quelle, Jeremia 2,13: »Sie haben mich verlassen, die Quelle des lebendigen Wassers, und haben sich selber löchrige Zisternen gegraben, die das Wasser nicht halten.« Hier die eine Quelle, dort die rissigen Brunnen! Christus sagt zum Jüngling, der ihn »gut« nannte, um ihm zu schmeicheln: »Gott allein ist gut« [Mt 19,17]. Ist nun Gott allein gut, dann kann gute Frucht unmöglich anderswoher kommen als von dem Baum, der allein gut ist.

Bedenke, wie es den Engeln erging. Sie wurden gestürzt und fielen, sobald sie an sich selber Gefallen fanden statt an Gott allein. Desgleichen der Mensch. Vom Moment an, wo er in seiner Selbsteinschätzung überheblich wurde, fiel er ins Elend. Das wirkt bis zu uns heute nach.

Schau, das sind die schlechten, trügerischen, löchrigen Zisternen. Die Menschen haben sie selbst gegraben und künstlich hergestellt. Es sind nicht echte, natürliche Quellen.

127 So kam es, | daß die Menschen meinten, was sie sich ausgedacht haben, würde auch Gott gefallen. Aber das hat sich für sie gegenteilig und zu ihrem Nachteil und Schaden ausgewirkt. Meiner Meinung nach kam dies daher, daß sie sich einbildeten, Gut und Böse zu kennen [vgl. 1. Mose 3,5]. Sie hingen nicht mehr Gott allein an. Sie gründeten nicht mehr ihr ganzes Vertrauen auf ihn.

Ich will damit nicht sagen, die Enthaltung von Speisen sei eine schlechte Sache, im Gegenteil. Wenn Gottes Geist dazu anleitet und er einen Menschen innerlich dazu auffordert, dann ist es zweifellos eine gute Sache. Wird aber nur aus Angst vor Geboten gefastet, die Menschen aufgestellt haben und die als Gebote Gottes ausgegeben werden, und wenn demzufolge geglaubt wird, es seien wirklich Gebote Gottes, und wenn der Mensch sich auf sein Fasten erst noch etwas einbildet, dann ist Fasten nicht nur nicht gut, sondern schädlich. Es sei denn, du belehrst mich auf Grund der Schrift, daß Gott gefällt, was wir Menschen erfinden.

Ich gebe mich auch nicht geschlagen, wenn du gegen mich einwendest: »Es kann aber die als Konzil versammelte Kirche Satzungen aufstellen, die auch im Himmel als gültig anerkannt werden.« Stimmt [vgl. Mt 16,19; 18,18]. Die Fastenvorschriften sind aber nie von der ganzen Gemeinde der Christenheit erlassen worden. Es waren einzelne Bischöfe, die sich vor einiger Zeit das Recht genommen haben, von sich aus solche Vorschriften zu erlassen, ohne dabei die Bevölkerung zu befragen.

Auch wenn du sagst: »Schweigen bedeutet Zustimmung«, antworte ich: Die arglosen und manchmal auch naiv-gläubigen Christen haben zu vielem geschwiegen, aber aus Furcht oder weil ihnen nie jemand aus dem Evangelium verkündigt hatte, daß sie frei sind.

Beispiel: Wem hat jemals gefallen, daß der Papst alle Pfründen[39] immer nur seinen ergebenen Dienern verleiht? Immer sagte dazu der brave Mann: »Ich halte es für ein Unrecht.« Trotzdem wurde dazu geschwiegen, wenn auch mit großer Verbitterung. Erst als die evangelische Wahrheit zu leuchten begann, wurde dem Papst die Maske vom Gesicht gerissen. Genau gleich mit dem Fasten. Die Bischöfe sahen, daß die Christen willig gehorchten. Daraufhin fingen sie an, überhaupt für alles Vorschriften zu erlassen. Weshalb? Sie sagten: So fürchten uns die Leute. Oder: Wer die Vorschriften übertritt, muß uns Geld bezahlen. Trotzdem wären die Bischöfe beim Volk nicht zum Erfolg gekommen, wenn sie nicht das, was sie der Bevolkerung aufbürdeten, für göttliche Gebote aus-
gegeben | hätten. Als göttliche Gebote aber haben wir die Auf- 128
lagen den Leuten aufgeschwatzt, und wenn es auch Zustimmung gab, so siehst du jetzt, nachdem die Wahrheit an den Tag gekommen ist, welcher Art diese Zustimmung war! Nun wollen wir aber hören, was Paulus von solchen Werken sagt, die wir nach eigenem Gutdünken angeordnet haben. Er schreibt an die Kolosser, in Kapitel 2,16–23, ich zitiere wie versprochen:

1. »Niemand soll euch verurteilen wegen Essen und Trinken oder wegen Festen, Neumond- oder Sabbattagen.

2. Diese Dinge sind nur ein Schatten der zukünftigen Dinge. Der Leib aber gehört Christus.

3. Laßt euch nicht von jemandem um den Siegeskranz bringen, der sich in heuchlerischer Demut und Engelverehrung gefällt und von Dingen redet,

4. die er nie gesehen hat,

5. einherstolzierend, grundlos eingebildet,

6. hoffärtig, wie sein Fleisch ihm rät oder eingibt, und sich nicht an das Haupt hält, von dem aus

7. der ganze Leib durch Gelenke und Bänder ernährt und versorgt und erhalten wird und, so zusammengehalten, immer mehr zu Gott hin wächst.

8. Wenn ihr mit Christus gestorben und so dem Einfluß der Mächte dieser Welt entronnen seid,

9. warum stellt ihr Satzungen auf, als lebtet ihr noch im Machtbereich der Welt?

10. ›Berühre dies nicht, iß das nicht, daran darfst du nicht rühren!‹ All diese Dinge schaden nur, und zwar durch den Mißbrauch, der aus Menschengeboten und Menschenlehren kommt.

11. Das sieht wohl alles nach Weisheit aus in selbsterwähltem Gottesdienst und Demut und Härte gegen den Leib,

12. ist aber wertlos, wenn du es nur beurteilst in Hinsicht auf leibliche und fleischliche Bedürfnisse.«

Dies alles sind Worte des Paulus, in Latein völlig unverständ-
129 lich, griechisch etwas klarer. Damit alle sie | verstehen, will ich
sie kurz paraphrasieren und auslegen.

Vergleiche dabei die Zahlen, die einander entsprechen.

I. Niemand soll euch verurteilen oder rühmen wegen irgend einer Speise oder wegen Feiertagen, ob ihr diese einhaltet oder nicht,

II. (der Sonntag immer ausgenommen. Da darf, allerdings erst nach Abschluß des Gottesdienstes, Predigt und Abendmahl, gearbeitet werden).

III. Hört auch damit auf, die Neumondfeste und den Sabbat zu feiern. Diese Dinge waren nur ein Gleichnis für das spätere christliche Feiern. Dieses besteht im Freispruch von den Sünden und im Meiden der Sünde. Ohne uns um Feiertage und Sabbat mühen zu müssen, bedeutet christliches Feiern, daß wir alle durch die Gnade Gottes selig werden. Dank Christus, der gekommen ist, sind die über sich hinausweisenden Schatten und Gleichnisse bedeutungslos geworden und abgetan.

Noch eines merke dir, was einzelne Zeiten anbelangt! Mich dünkt, das ängstliche Einhalten bestimmter Zeiten schadet der eigentlichen, stets und ununterbrochen geübten Gerechtigkeit; es ist ihr hinderlich. Das einfache Volk meint nämlich, es sei damit getan, in der Fastenzeit zu beichten, zu fasten, zur Kommunion zu gehen, während der ganzen übrigen Zeit des Jahres aber läßt es sich gehen und schweift wieder aus, wo man doch jederzeit Gott ehren und rechtschaffen leben soll und andere gute Dinge tun und nicht meinen soll, wenn sie in der Fastenzeit getan würden, sei damit genug getan. Vielmehr sagt Christus Matthäus 25,13: »Wachet, denn ihr kennt weder Tag noch Stunde!« | 130

IV. Ferner ermahnt er sie, sie sollten sich nicht überholen und um den Siegeskranz bringen lassen[40] von solchen, die Demut nur vorheucheln. Was bedeutet dieses Überholen anderes als zu mißachten, was Gott uns klar und eindeutig sagt, und einen anderen kürzeren Weg zur Seligkeit finden und den einfachen Leuten weismachen zu wollen, um dadurch zu Reichtum zu kommen und sich den Namen und Ruhm eines geistlichen Menschen zu verschaffen? Dem beugt Paulus vor und warnt uns. Wenn er sagt, wir sollten uns nicht überholen lassen, meint er damit, wir sollen uns nicht betrügen lassen.

V. Denn die Leute sind Betrüger. Sie heucheln vor, Engel hätten mit ihnen gesprochen und ihnen etwas geoffenbart. Damit brüsten sie sich. Höre, wie treffend sie Paulus charakterisiert! Trotzdem wollen wir nicht erkennen, was sie in Wirklichkeit sind. Was versprichst du dir eigentlich von jenen Lehrmeinungen und Orden: Ordensregeln[41], die täglich von den Kanzeln ihrer Klöster herabgeplappert werden? Und was von den Krähen, von denen ihrer etliche in die Ohren beißen?[42]

VI. Hörst du denn nicht, daß solches alles ihnen vom Fleisch eingeblasen wird, nicht vom Geist?[43]

VII. Sie hängen nicht am Haupt, Christus, von dem aus alle anderen Glieder geformt, gelenkt und zusammengehalten werden und ihre Nahrung und Versorgung für das himmlische Leben empfangen und wachsen und zunehmen, wie Gott es gefällt. Beachte, daß es im geistlichen Zunehmen und Wachsen anders zugeht als beim leiblichen Wachstum. Beim Wachsen des Leibes empfangen alle Glieder die Nahrung vom Bauch, im geistlichen Wachstum aber vom Haupt, von Christus. Daraufhin überprüfe die menschlichen Lehren. Entsprechen sie dem, was das Haupt lehrt, dann kommen sie vom Haupt her; entsprechen sie ihm nicht, dann kommen sie aus dem Bauch. O ihr Bäuche, o ihr Schlemmer!

VIII. »Sind wir mit Christus den Weltmächten gestorben«
131 will sagen: Wie uns Christus durch seinen Tod von | allen Sünden und allen Lasten frei gemacht hat, so sind wir durch die Taufe, das heißt durch den Glauben, von allen jüdischen oder von Menschen erdachten Zeremonien und Sonderleistungen, die Paulus die Weltmächte[44] nennt, erlöst. Sind wir nun diesen Mächten der Welt gestorben,

IX. warum bürden wir uns von Menschen erdichtete Satzungen auf? Als ob nicht ausreichte, was Gott erwogen und bedacht hat!

X. Als ob er uns den Weg zur Seligkeit nicht klar genug gelehrt und gezeigt hätte! Aber nein, wir stellen unsere eigenen Gebote auf, unterwerfen uns ihrer Last und sagen: »Berühre dies nicht! Iß dies nicht! Tue dies nicht!« Dabei fügt weder das Berühren noch das Essen einer Speise der Seele unheilbaren Schaden zu.

XI. Die falsch Lehrenden haben allein darum gelehrt, es sei schädlich, damit sie von den einfachen Leuten für weise und göttlich angesehen werden, auch wenn sie es nur dem Scheine nach sind, hauptsächlich aber von denen, die sich selber erfundene geistliche Übungen vorschreiben und sagen: »Sind nicht solche Enthaltsamkeit von gewissen Speisen und die Kasteiung des Leibes ein gutes Werk? Ist es nicht eine gute Sache, wenn man mit guten Vorschriften das Sündigen verhütet?« Höre, wieviel Paulus auf solchen Blödsinn gibt! Er sagt: »All diese Dinge machen nur den Anschein, als wären sie gut.« Weil sie aber nur den Anschein erwecken, gelten sie vor Gott nicht als gut. Sie entstammen der ›ethelothreiskeia‹. Das ist ein griechisches Wort und bedeutet Ehrerbietung gegenüber Gott oder Gottesfurcht, die einer selber erfunden hat und welcher er dann eigensinnig frönt.

Beispiel: Mancher will am Feiertag den Bart nicht rasieren und meint, er erweise dadurch Gott eine große Ehre. Würde er aber die sich selber auferlegte Vorschrift übertreten, meint er, begehe er eine schwere Sünde. Er hält sich dermaßen stur an sein von ihm selber erdachtes Werk, daß er eher dreimal die Ehe brechen als daß er gegen seinen stupiden Vorsatz handeln würde. Täusche dich nicht selbst! Meine nicht, es gelte bei Gott, was du dir selbst eingeredet hast! Wahrer Aberglaube ist das, von sich selbst eingenommener, selbsterwählter Ungeist. Überprüfe anhand der Worte des Paulus auch die Mehrzahl der Orden: Ordensregeln und -satzungen, und du wirst hübsche Dinge finden! So verhält es sich also auch mit der Mehrzahl der menschlichen Vorschriften. | Christus aber sagt von 132
ihnen, Matthäus 15,9: »Sie ehren mich vergeblich, wenn sie Überlieferungen und Menschensatzungen lehren.« Er braucht das griechische Wort ›eicke‹, das bedeutet: wirkungslos, umsonst, vergeblich. Das sagt, der selber die Wahrheit ist.

XII. Es folgt: »Sie sind wertlos, wenn du sie nur beurteilst in Hinsicht auf die Bedürfnisse des Leibes.« Alle Speisen sind zur Ernährung des Menschen geschaffen. Lediglich in Hinsicht auf die leibliche Ernährung kommt es nicht darauf an, ob du diese oder jene Speise issest.

Also denn, lies nun nochmals durch, was Paulus geschrieben hat, und die Worte werden dir viel besser verständlich sein. Du kannst sie dann auch von Herzen gutheißen.

Liebe Brüder in Christus und Diener Gottes! Das ist es, was ich euch auf Grund der Schrift gepredigt und hier wieder zusammengestellt habe. Ich wollte damit alle, welche die Schrift nicht kennen, gleichsam mit der Nase auf die Schrift stoßen, sie zwingen, Christus die Ehre zu geben, wie er selber sagt. Ich wollte auch, daß sie euch und euer Volk nicht mehr zu Unrecht anklagen und verleumden können. Mir persönlich war es zwar sehr zuwider, von diesen Dingen zu schreiben. Wollte ich nämlich mit der Schrift argumentieren und ihr zum Sieg verhelfen, was mir mit Gottes Hilfe zweifellos gelingen wird, so konnte ich zu keinem anderen Ergebnis kommen, als daß uns Menschen Gottes Gesetz zu keiner Zeit irgendwelche Speisen zu essen verbietet.

133 Nichtsdestoweniger wird mir das Verhüten von Ärgernis | weit größere Mühe und Sorge bereiten, als wenn ich die Welt in ihrem Wahn belassen hätte, Fastenvorschriften seien göttliches Gesetz. Das aber konnte und durfte ich nicht tun. Ihr wißt, daß das Matthäusevangelium, die Apostelgeschichte, die beiden Timotheusbriefe, der Galaterbrief und die beiden Petrusbriefe, die ich euch in meinen Predigten hintereinander ausgelegt habe, all dieser Dinge voll sind. Man muß jetzt nur das edle Angesicht Christi, das von belastender menschlicher Überlieferung übertüncht, entstellt und verschmiert worden ist, wieder reinigen und säubern. Dann wird uns Christus wieder lieb. Wir spüren dann, daß sein Joch sanft ist und seine Lasten leicht [vgl. Mt 11,30].

Gott schütze und erhalte seine Lehre. Amen.

Ich erkläre mich dazu bereit, über alles, was ich hier geschrieben habe, vor Gott und den Menschen Rechenschaft abzulegen und dafür die Verantwortung zu übernehmen. Auch bitte ich alle, die die Schrift kennen und verstehen, mich eines Besseren zu belehren, sollte ich die Schrift mißbräuchlich angewendet haben. Sie sollen es mir sagen. Auf Grund der Schrift Neuen und Alten Testaments will ich mich jederzeit zurechtweisen lassen.

134 Was jetzt noch | folgt, lege ich kommentarlos zur Meinungsbildung vor, allerdings unter Angabe der Schriftbelege. Dann kann sich jeder bei sich selbst in der Stille sein Urteil bilden.

Ob jemand das Recht habe, Speisen zu verbieten

I. Eine alle Christen vertretende Versammlung der Kirche kann für sich selbst einzelne Fasttage und zeitlich befristete Speiseverbote erlassen. Sie darf sie aber nicht als allgemeinverbindliches, zeitlos gültiges Gesetz aufstellen.

II. Denn Gott spricht, 5. Mose 4,2: »Ihr sollt nichts hinzutun zu dem, was ich euch gebiete, und sollt auch nichts davontun.« Daselbst, 5. Mose 12,32: »Tue nur, was ich dir gebiete. Tue nichts dazu und nichts davon.«

III. Durfte man zum Alten Testament nichts hinzufügen, wie viel weniger erst zum Neuen.

IV. Das Alte Testament und seine Zeit sind erfüllt. Es wurde nie anders gegeben, als daß es zu seiner Zeit in Erfüllung gehen werde. Das Neue Testament aber ist ewig. Es wird nie außer Kraft gesetzt werden.

V. Das zeigt sich auch an der Inkraftsetzung beider Testamente. Das Alte Testament ist mit dem Blut von Opfertieren besprengt und geheiligt worden, das Neue Testament aber mit dem Blut des ewigen Gottes, wie Christus spricht: »Das ist der Kelch meines Blutes, des neuen und ewigen Bundes« [vgl. Mk 14,24].

VI. Wenn es nun ein Testament ist, gilt das, was Paulus zu den Galatern sagt, Galater 3,15: »Niemand stößt eines Menschen Testament oder Vermächtnis um, nachdem es beglaubigt und in Kraft gesetzt worden ist, und fügt auch nichts hinzu.«

VII. Wie dürfte ein Mensch zum Testament Gottes etwas hinzufügen, als ob er es noch verbessern wollte? | 135

VIII. Paulus belegt im Galaterbrief 1,9 mit einem Fluch, was über das Evangelium hinaus oder dem Evangelium zuwider gelehrt wird: »Wenn jemand euch etwas über das Evangelium hinaus oder ein anderes Evangelium predigt, als das ihr gehört habt, so sei er verflucht.«

IX. Paulus spricht Römer 13,18: »Seid niemandem etwas schuldig, außer daß ihr einander liebt.«

X. Und nochmals zu den Galatern, Galater 5,1: »Stehet fest in der Freiheit, zu der euch Christus erlöst hat, und laßt euch nicht wieder unter das Joch der Knechtschaft oder der Leibeigenschaft bringen.«

XI. Wenn der verflucht sein soll, der etwas über das hinaus lehrt, was Paulus gelehrt hat, der doch nirgends in der Wahl der Speisen eine Einschränkung gelehrt hat, so ist des Fluches würdig, wer eine Einschränkung der freien Wahl der Speisen zu lehren sich anmaßt.

XII. Weil wir an kein Gesetz außer an das Gesetz der Liebe gebunden sind, und weil die Freiheit der Speisen der Liebe zum Nächsten keinen Abbruch tut, vorausgesetzt daß die Freiheit richtig gelehrt und erkannt wird, sind wir den Geboten und Gesetzen der kirchlichen Überlieferung nichts schuldig.

XIII. Wenn Paulus uns in der Freiheit, zu der Christus uns erlöst hat, fest zu bleiben heißt, was gebietest du mir, meine Freiheit aufzugeben? Ja, mit Gewalt willst du mir sie wieder nehmen.

XIV. Christus sagte zu seinen Jüngern: »Ich habe euch noch vieles zu sagen« [Joh 16,12]. Er sagte nicht: »Ich will euch noch vieles lehren, wie ihr den Menschen Gebote aufbürden sollt.« Vielmehr redete er von Dingen, die er ihnen zum damaligen Zeitpunkt noch vorenthielt, weil sie diese nur erst schwerlich hätten verstehen können. »Wenn aber der Geist der Wahrheit kommt, wird er euch alle Wahrheit lehren« [Joh 16,13], so daß sie alles dank der Erleuchtung durch den Heiligen Geist verstehen würden, was sie vorher entweder aus Unwissenheit oder aus Kummer oder aus Angst noch nicht verstanden.

XV. Hätte Christus die Vorschriften der späteren kirchlichen Tradition gemeint, dann hätten sich die Jünger versündigt. Sie stellten nämlich keinerlei Gebote auf über Festtage, keine Verbote des Fleischgenusses, nichts über Heiligenverehrung oder das klösterliche Leben.

XVI. Alles zusammengefaßt: Gott spricht zu Petrus Apostelgeschichte 10,15: »Was Gott gereinigt hat, sollst du nicht für unrein erklären.« Und: »Der Sabbat ist uns unterworfen, nicht wir dem Sabbat« [Mk 2,27], wie oben zitiert. | 136

Diese schwer zu widerlegenden Beweise zwingen mich zur Schlußfolgerung, daß der geistlichen Obrigkeit nicht nur nicht zusteht, solche wie die hier verhandelten Dinge zu gebieten, sondern daß sich die geistliche Obrigkeit schwerstens versündigt, wenn sie es trotzdem tut. Wer ein Amt innehat und seine Kompetenzen überschreitet, handelt strafbar. Wieviel mehr erst, wenn er tut, was ihm zu tun verboten ist? Christus aber hat den Bischöfen verboten, ihre Mitknechte zu schlagen [vgl. Mt 24,49].

Doch wie gesagt, ich lasse jeden über diese meine Vorschläge frei urteilen. Denen aber, die nach christlicher Freiheit dürsten, wollte ich die Vorschläge doch mindestens vorgetragen haben, ungeachtet des zu befürchtenden Widerstandes, der mir daraus erwachsen wird. Der Bratspieß wird ihnen in Flammen aufgehen.[45]

Gott sei mit uns allen. Amen.

Ich habe das alles in Eile geschrieben. Jeder nehme es mit Nachsicht und Wohlwollen auf.

Herausgegeben in Zürich am 16. April des Jahres 1522.

Eine göttliche Ermahnung der Schwyzer

1522

Original: Ein göttlich vermanung an die Ersamen / wysen / eerenuesten / eltisten Eydgnossen zů Schwytz / das sy sich vor froͤmden herren huͤtind vnd entladind / Huldrichi Zwinglij / Einualtigen verkünders des Euangelij Christi Jhesu, Zürich [Christoph Froschauer, 1522]. Umfang: 24 unpaginierte Quartseiten.

Wissenschaftliche Ausgabe unter dem Kurztitel »Eine göttliche Vermahnung an die Eidgenossen zu Schwyz«, mit Einleitung und Kommentar, bearbeitet von Emil Egli und Georg Finsler, in: Huldreich Zwinglis Sämtliche Werke (Abk.: Z), hg. v. Emil Egli u. a., Bd. I, Berlin (C. A. Schwetschke und Sohn) 1905 (Corpus Reformatorum 88), S. 155–188.

Übersetzung: Hans Ulrich Bächtold.

Das Soldbündnis der Eidgenossen mit Frankreich von 1521, dem Zürich unter dem Einfluß Zwinglis ferngeblieben war, wurde zum Dreh- und Angelpunkt der eidgenössischen Innenpolitik in den frühen zwanziger Jahren. An diesem Ereignis schieden sich die Geister, und die Diskussion über die Notwendigkeit bzw. Verwerflichkeit des Solddienstes, die damit in Gang gesetzt worden war, verband sich zunehmend – eigentlich ganz im Sinne Zwinglis – mit der Glaubensfrage. Schwyz war derjenige Vertragsort, in dem sich deutlicher als in den anderen Widerspruch gegen die Verbindung mit Frankreich erhoben hatte und in dem auch die religiöse Erneuerungsbewegung Fuß gefaßt zu haben schien. Nicht nur diese Besonderheit, sondern vor allem die Vertrautheit Zwinglis mit den schwyzerischen Gegebenheiten waren die entscheidenden Voraussetzungen für die Entstehung der vorliegenden Schrift; denn Zwingli fühlte sich als Toggenburger – wie er selber betont (vgl. in diesem Band S. 81) – seiner Abkunft wegen dem Orte Schwyz besonders verpflichtet; zudem unterhielt er seit seiner Wirkungszeit in Einsiedeln noch immer gute Beziehungen zu schwyzerischen Persönlichkeiten.

Die Katastrophe von Bicocca, jene auch für die beteiligten Schweizer Soldtruppen äußerst verlustreiche Schlacht vom 27. April 1522 in Oberitalien, führte erneut zu heftigen Disputen um Solddienst und Pensionenwesen. Als Zwingli hörte, daß in Schwyz die Zusage zum Frankreich-Bündnis an der Landsgemeinde vom 18. Mai nochmals behandelt werden sollte, beeilte er sich, der Opposition mit einer Druckschrift den Rücken zu stärken. Der Offene Brief an die Schwyzer ist noch nicht eine eigentlich reformatorische Schrift. Aus ihm spricht viel weniger der Reformator als der Moralist und der Patriot. Die Abwendung von der Lebensweise der Vorfahren, d. h. die Abkehr von Gott, habe zum deutlich sichtbaren Sittenzerfall unter seinen Zeitgenossen geführt, aus dem die politisch-gesellschaftlichen Übel seiner Zeit erwachsen seien. Diese Gedankenfolge durchzieht die Schrift wie ein roter Faden. Der Verlust der wahren Frömmigkeit habe den Menschen – der eigentlich aus dem Schöpfungsakt heraus und mit der geistlichen Wiedergeburt durch Christus zu einem friedensfähigen Wesen bestimmt sei – streitsüchtig und lasterhaft gemacht. Zwingli zeichnet das Idealbild der tüchtigen und gottesfürchtigen alten Eidgenossen, denen Gott zur Seite gestanden sei, und stellt es der gottlosen Gesellschaft seiner Zeit gegenüber. Die schlimmste Frucht dieser verwerflichen Lebensführung waren Solddienst und Pensionenwesen. Bestechlichkeit und Arroganz bestimmten ihr Verhalten.

Bereits in dieser frühen Schrift klingt das Eigennutzmotiv an, das in Zwinglis Gesellschaftskritik zwei Jahre später, in der »Ermahnung der Eidgenossen« (vgl. in diesem Band S. 313–329), zu zentraler Bedeutung gelangen sollte. Die Gefahren, die solche Verbindungen mit fremden Potentaten für die Eidgenossenschaft erbrachten, seien groß, nicht nur, weil das Kriegen an sich Gottes Zorn über das Volk herabrufe, sondern auch weil Bestechungsgelder die eidgenössische Rechtsordnung gefährdeten, weil verderbliche Sitten eingeschleppt würden, weil Neid, Treulosigkeit und Unzufriedenheit entstünden und weil es keine Gewähr dafür gebe, daß man zuletzt nicht doch einem Machthaber in die Hände falle. Diesen Risikokatalog untermauert und kommentiert Zwingli vor allem in Abstützung auf das Alte Testament. In der Geschichte des Volkes Israel findet er denn auch die Parallelen zum Geschick der Alten Eidgenossen; das verklärte Bild eines tugendhaften, in seinem edlen Tun von Gott begünstigten Volkes entsteht.

Zwinglis Denkart war seiner Zeit verhaftet – sein Frauenbild z. B. (»eine Frau ist von Natur aus schwach«) entsprach der gängigen patriarchalischen Überheblichkeit –, doch manche Überlegungen werfen ein Schlaglicht auf sein Wesen und sind noch immer bedenkenswert, so etwa seine Kritik an der Raffgier jener Leute, die sich Haus an Haus reihen – im Ansatz also Kapitalismuskritik –, oder seine Friedensgedanken, die, nicht als Pazifismus-Idee, sondern als Beitrag zur Lehre vom »Gerechten Krieg« über die Zeit hinaus eine gewisse Aktualität bewahrten, oder auch seine behutsam vorgetragene Skepsis gegenüber der Monarchie als Staatsform.

Die Landsgemeinde in Schwyz beschloß drei Tage nach dem Erscheinen der Schrift Zwinglis in der Tat, auf Solddienstverträge mit fremden Machthabern zu verzichten. Der Erfolg der Opposition war allerdings von kurzer Dauer. Denn schon im August desselben Jahres kehrte Schwyz in den Kreis der mit Frankreich verbundenen Orte zurück und blieb von da an fest im Verband der solddienstwilligen wie auch im Block der antireformatorischen Orte verankert.

Hans Ulrich Bächtold

Eine göttliche[1] Ermahnung der ehrenwerten, weitsichtigen, hochgeachteten Schwyzer, damit sie, die ältesten der Eidgenossen, vor den fremden Potentaten gewarnt seien und sich aus deren Abhängigkeit befreiten. Von Huldrych Zwingli, dem einfachen Verkünder des Evangeliums Jesu Christi.

Den redlichen, ehrenwerten etc. Schwyzern, den ältesten der Eidgenossen, entbiete ich, Huldrych Zwingli, einfacher Verkünder des Evangeliums Jesu Christi, meinen Gehorsam, meine Dienstwilligkeit und meine Liebe in Christus, unserem Herrn.

Gnädige, liebe Herren, Ammann, Räte und Landsgemeinde in Schwyz. Eure ehrenwerte Weisheit mag sich wundern, woher ich die Kühnheit nehme, ein ganzes Land belehren zu wollen. So ist es aber wirklich nicht gemeint. Es schien mir vielmehr, gemäß dem Wort des klugen Salomo »Gib dem Weisen eine Information, so wird er noch weiser werden«
[Spr 9,9], wichtig zu sein, Euch meine Ansicht darzulegen. | Ihr 166
könnt Euch so, aufgrund einer Vorlage, d. h. einer exemplarischen Stellungnahme, noch eingehender beraten; denn sobald sich etwas Betrübliches ereignet, wenn ein Unglück eintrifft (wie es Euch jetzt leider geschehen ist[2] – Gott lindere Euer Leid und bewahre Euch künftig davor. Amen), ist keiner mehr geistesgegenwärtig genug, das Richtige zu tun. Zudem könntet Ihr, aus dem Schmerz heraus, in Streit und Uneinigkeit geraten, womit der Schaden – leider Gottes – nicht zu beheben wäre. Befolgt Ihr die göttliche Schrift und den göttlichen Willen, dann könnt Ihr Euch von allen fremden Herren freimachen und damit vor Schaden schützen. Die große Liebe, die ich seit meiner Kindheit zu Euch hege (denn ich bin aus der Grafschaft Toggenburg gebürtig und deshalb fast verpflichtet, mich Eurer anzunehmen),[3] treibt mich dazu, Euch meine Befürchtungen zu eröffnen, damit uns der Schaden und der Mißerfolg dieser fremden Potentaten nicht noch größeres Unheil

bringt, und damit wir – so lange es noch leicht zu machen ist – unseren Irrtum berichtigen, bevor das Übel überhand nimmt. Sonst ist nämlich zu befürchten, daß uns diese Herren, die uns mit Eisen und Hellebarden nie besiegen konnten, mit weichem Gold überwinden werden. Möge Gott dies abwenden, und möge er Euch seinen Beistand und seine Weisheit nie entziehen! Darum fordere ich Eure Weisheit auf, Ihr mögt
167 meine Kühnheit, Euch einfach zu schreiben, entschuldigen; |
ich tat es ohne Begünstigung und ohne Auftrag irgendeines Potentaten, sondern allein aus Gottesfurcht und aus Liebe zur geschätzten Eidgenossenschaft. Seid hiemit der Weisheit Gottes anbefohlen! Ich mußte alles eiligst, innerhalb von drei Tagen, abfassen, schreiben und drucken lassen, weil ich erst am Mittwoch von Eurer auf nächsten Sonntag angesetzten Landsgemeinde hörte.

Gegeben in Zürich, am 16. Mai des Jahres 1522.
Ich stelle es Gottes Wirken anheim.

Eine göttliche[4] Ermahnung der ehrenwerten, weitsichtigen, hochgeachteten Schwyzer, damit sie, die ältesten der Eidgenossen, vor den fremden Potentaten gewarnt seien und sich aus deren Abhängigkeit befreiten. Von Huldrych Zwingli, dem einfachen Verkünder des Evangeliums Jesu Christi

Gott schuf den Menschen nach 1. Mose 2,7 aus Erde, damit ihn – wie mir scheint – die Herkunft der Materie, aus der er gebildet ist, demütig mache, und damit die gemeinsame Mutter aller Menschen, die Erde, nicht zulasse, daß ihre Kinder sich übereinander erhöben und sich zerstritten; sind sie doch alle von einer einzigen Mutter gleich geboren und werden auf dieselbe Weise ernährt. Ja, daß der himmlische Vater alle Men-

schen von einem Vater, von Adam, abstammen ließ, geschah auch um der Einigkeit willen. Er hätte ja ebensogut die ganze Welt auf einmal mit Menschen füllen können oder diese aus Steinen entstehen lassen, die er hinter sich geworfen hat, wie das die Dichter Deukalion und Pyrrha angedichtet haben.[5] | 168
Gott schuf die Menschen, gemäß 1. Mose 1,27, nach seinem Bilde, damit deren Zusammenleben – so wie die drei Personen Vater, Sohn und Geist einen einzigen Gott bilden, der in sich nicht uneinig sein kann – einig, friedlich und harmonisch sei; deshalb hat Christus den Vater im Himmel, laut Johannesevangelium 17,11, auch so eindringlich gebeten: »Heiliger Vater, erhalte die, welche du mir gegeben hast, bei deinem Namen, damit sie einig seien wie wir.«

Wir entnehmen aus all dem, daß Gott, die ewige Weisheit, nicht nur am Anfang, in der Schöpfung, Einigkeit vorgesehen und vorbestimmt hat, sondern auch in der Wiedergeburt, die uns Christus schenkt. Sollte uns also die gemeinsame leibliche Abkunft nicht einig machen können, würden wir doch in der geistlichen Wiedergeburt, durch die Erneuerung in einem Geist, in einem Glauben, in einer Taufe, durch den einen Erlöser Jesus Christus einig werden, wie der heilige Paulus den Ephesern, in Kapitel 4,1–6, schreibt: »Ich, der um Gottes willen gefangen liegt, ermahne euch, euer Leben so zu führen, wie es euch die Aufgabe gebietet, zu der ihr berufen seid, nämlich mit aller Demut und Sanftmut, mit unentwegter Nachsicht, so daß ihr einander in Liebe begegnet und euch bemüht, die Einheit des Geistes durch das Band des Friedens zu erhalten. Denn ihr seid *ein* Leib und *ein* Geist, so wie ihr durch eine Hoffnung zu eurem Auftrag berufen seid. *Ein* Herr, *ein* Glaube, *eine* Taufe, *ein* Gott und Vater aller Dinge, der in allem und durch alle Dinge wirkt und in euch allen ist.« Hier hörst du Gott durch den gefangenen Paulus eindringlich zu Einigkeit und Frieden aufrufen, indem er darlegt, daß wir *ein* Leib seien, dessen Haupt Christus ist, und *ein* Geist bzw. *eine* Seele, in welchen alle Menschen von einer einzigen

Hoffnung leben, nämlich der Hoffnung auf den, der uns be-
169 rufen hat, auf Christus Jesus, den wahren Gott | und Menschen. Wir haben *einen* Herrn, *einen* Glauben, *eine* Taufe, *einen* Gott, der unser Vater sein und in uns wohnen soll durch seinen Geist. Es gäbe darüber noch viel zu sagen. Doch wir wollen uns unserem Vorhaben zuwenden.

Woher kommt es, daß wir Christen, die durch so starke Bande zusammengehalten werden, zerstrittener sind als die Ungläubigen? Warum entstehen in der Eidgenossenschaft, in der man bisher in brüderlicher Liebe zusammenlebte, derartige Streitereien wegen der fremden Herren? Antwort: Die wahre ›pietas‹, d. h. die Frömmigkeit, die rechte Verehrung und Anerkennung Gottes gibt es nicht mehr; auch der heilige Paulus schreibt den Römern (Röm 1,28–31): »Und so, wie sie es abgelehnt haben, Gott anzuerkennen, so hat Gott sie hingegeben in eine verworfene, unwürdige Gesinnung und Haltung, so daß sie Ungehöriges tun, voll von Ungerechtigkeit, Unkeuschheit, Bosheit, Habgier, Schlechtigkeit, voll von Haß, gewalttätigem Eifer, Mordgier, Streitlust, Verschlagenheit; sie sind sittlich haltlos, Ohrenbläser, Verleumder, Gottesfeinde, Lästerer, eitle Protze und Prahler, sie hecken Böses aus, sind ungehorsam gegen Vater und Mutter, sind unvernünftig, undiszipliniert, feindselig, unfriedlich und unbarmherzig.« So weit die Worte des Paulus, aus denen ihr deutlich heraushört, daß die Gefahr dieser hier aufgezählten Laster dann entsteht, wenn Gott verlassen wird, wenn wir ihn nicht anerkennen wollen, nicht auf ihn schauen, nicht auf ihn allein hoffen, ja, wenn wir ihn gleich einem alten, schlafenden Hund verachten [vgl. Jes 56,10]. Wessen Schuld es aber ist, daß wir ihn solcherart vergessen haben, möchte ich im Augenblick nicht erörtern. Ich werde dies zu gegebener Zeit tun.

Es wird euch jetzt klar geworden sein, daß Gott dort verlassen wurde, wo man auf die erwähnten Laster trifft. Das
170 heißt wiederum, daß diese Laster als | Plage und Strafe nachfolgen, wo man Gott aufgibt und nur noch an sich selbst glaubt.

Wer sich dagegen an Gott allein hält, ihm alle Ehre erweist, Gotteserkenntnis und Gottesliebe am höchsten schätzt, den läßt Gott nicht den oben genannten Lastern verfallen. Tut er es dennoch, dann schützt er ihn so weit, daß ihm der Fall nicht schadet. Das zeigt uns Christus im Johannesevangelium, Kapitel 15,9, wo er sagt: »Bleibt in meiner Liebe.« Am selben Ort heißt es: »Wenn ihr in mir bleibt und meine Worte in euch bleiben, so begehrt, was ihr haben wollt, und es wird euch zukommen« [Joh 15,7]. Petrus sagt im 2. Brief, Kapitel 1,10: »Wenn ihr dies tut, dann werdet ihr nie mehr sündigen.« Was ihr aber tun solltet, wird vor dieser Stelle gesagt; es führte zu weit, alles zu zitieren. Im 1. Brief des Johannes, Kapitel 3,6, steht: »Ein jeder, der in ihm bleibt, sündigt nicht, und ein jeder, der sündigt, hat ihn nicht gesehen und nicht erkannt.« Daß uns Gott aber durch den Fall nicht zu Schaden kommen läßt, erweist sich an Petrus und an David im 2. Samuelbuch, Kapitel 11 und 12. Beide haben sich nach dem Fall in Demut ergeben und waren für den Rest ihrer Tage um so bessere Menschen. Das meint auch der heilige Paulus, der den Römern, in Kapitel 8,28, schreibt: »Wir wissen, daß sich alles zugunsten derer auswirkt, die Gott lieben.« So führte das Leugnen den Petrus wie auch der schändliche Ehebruch mit Bathseba und der Mord an Uria den David zu Reue und Besserung.

Völlig von Sinnen sind die Menschen, die jetzt nicht erkennen wollen, daß sich Gott um der Schlechtigkeit und üblen Taten willen von uns abgewendet hat. Sie erkennen es weder an der Vielzahl der Laster – die heutzutage so verderblich wirken, weil keines der von Paulus aufgezählten fehlt – noch an den sichtbaren schädlichen Folgen und der damit verbundenen Schande. Damit will ich folgendes sagen: Unsere Vorfahren haben nicht aus eigener, sondern aus göttlicher Kraft ihre Feinde überwunden und die Freiheit erlangt. Und die ihnen von Gott zugekommene Gnade erwiderten sie mit Dankbarkeit und gläubiger Zuwendung, so etwa wie die Israeliten, die

nach der Befreiung vom Pharao und der Durchquerung des
171 Roten Meeres, nach 2. Mose 15,1–2, sangen: | »Laßt uns dem Herrn singen, denn er hat hocherhaben seine große Macht gezeigt, er hat Roß und Mann ins Meer geworfen; meine Stärke, meine Manneskraft und mein Loblied ist der Herr, er ist auch mein Heil geworden.« Unsere Vorfahren haben keine Christen gegen Bezahlung totgeschlagen, sondern nur für die Freiheit gekämpft, um nicht mit Leib und Leben, mit Frauen und Kindern der Willkür des frechen Adels ausgeliefert zu sein. Gott ist diesem Freiheitsdrang gewogen. Dies zeigte er schon, als er die Israeliten aus Ägypten führte, da sie von den ägyptischen Königen und vom ägyptischen Volk hart und verächtlich behandelt worden waren; lies es im 2. Buch Mose nach. Das bewies er auch, als er sie, die einen König forderten, über den Mißbrauch der Herrschaftsgewalt durch Könige aufklärte – 1. Samuelbuch, Kapitel 8,10–22 – und sie damit eindeutig vor einer Monarchie warnte. Dem stimmt auch der heilige Paulus im 1. Brief an die Korinther, Kapitel 7,21, zu: »Wenn du frei werden kannst, freue dich darüber um so mehr.«

Gott hat daher den Eidgenossen immer zu Siegen und euch dadurch zu hohem Ansehen und zu großem Besitz verholfen; dies geschah so wirksam und so häufig, daß keiner der Potentaten je die Kraft hatte, unsere Vorfahren zu überwinden. Das war nicht menschliches Vermögen, sondern göttliche Kraft und Gnade. Sie wirkte überall, wo die Eidgenossen ihr Vaterland schützten, so etwa bei Morgarten und Sempach. In Näfels im Glarner Land schlugen 350 Mann an einem Tag, nach elf Angriffen, schließlich 15000 Gegner in die Flucht; auch von euch tüchtigen Schwyzern waren 30 Mann dabei. Ja, noch an vielen Orten schlugen sie sich und kehrten jeweils froh und ehrenvoll heim. Jetzt haben sie schon an die 200 Jahre Ruhe gehabt und sind unangefochten geblieben.

Nun haben wir aber begonnen, uns aufgrund dessen, was eigentlich allein Gott gehört, selbstgefällig zu benehmen und

uns ganz großartig vorzukommen. Dies geschieht leider unter
den Menschen | häufig: Wenn sie einmal fett geworden sind 172
und reich an irdischen Gütern und Ehren, dann sperren sie sich gegen Gott und wenden sich von ihm ab; man vergleiche 5. Mose 32,15. Und in Psalm 52,9 heißt es: »Sieh an, das ist der Mensch, der nicht Gott zum Helfer gehabt, sondern seinen großen Reichtümern vertraut hat.« Seine Eitelkeit, d. h. sein Hochmut und sein Prahlen, hat unglaublich zugenommen, und dennoch ist er nichts als Luft, denn hinter uns steckt nichts Rechtes, Starkes oder Gutes. Wir bedauernswerten Menschenkinder möchten trotzdem mit erhobenem Haupt daherstolzieren; doch das ist Gott gänzlich zuwider und unerträglich, wie wir aus dem 24. Kapitel des 2. Samuelbuches ersehen: David ließ die Israeliten zählen, um zu wissen, wie groß sein Volk und seine Macht sei; dabei maß er sich die Macht als persönliche Macht zu und vertraute auf die Größe seines Volkes. Gott war darüber derart erzürnt, daß er David drei schreckliche Plagen vorschlug, von denen dieser eine als Strafe für die Volkszählung wählen mußte. Er wählte die Pest, weil diese auch ihn treffen konnte. Dieser von Gott geliebte Mann wollte also, wie ihr seht, sein Reich vor sich ausbreiten und einschätzen und zeigte damit seinen Wunsch, sich seiner eigenen Macht zu vergewissern. Doch die Macht war nicht seine, sondern Gottes Macht. Deshalb wurde er schwer gestraft. Er hätte sich doch eigentlich der Worte in 5. Mose 32,30 bewußt sein sollen: »Wie kam es, daß einer tausend jagte und zwei zehntausend? Ist es nicht deshalb geschehen, weil der Gott Israels jene preisgegeben hat, indem er sie eingeschlossen hat?«

Warum sollte Gott nicht auch uns Schande und Verluste
zufügen, so lange wir uns mit | so hochmütigem Geschwätz 173
wie »Wir haben dies gemacht, wir werden jenes tun, wir können das, und niemand kann uns hindern« brüsten? Wir tun, als hätten wir uns mit Tod und Hölle verbündet, wie es Jesaja, im Kapitel 28,15, sagt: »Obschon eine schlimme Geißel und Stra-

fe über das Land kommen wird, werden wir nicht getroffen, denn wir setzen unsere Hoffnung auf die Lüge und die List und sind dadurch geschützt.« Wir tun, als wären wir Eisen und andere Menschen kurzlebige Kürbisse, als ob uns niemand schaden könnte, wie die Helden, die sich mit dem riesigen Bauwerk des Turms in Babel vor Überschwemmung schützten; vergleiche 1. Mose 11,1–9. Natürlich läßt Gott unsern Hochmut nicht ungestraft. Wartet er so lange zu, dann tut er das nur, damit wir uns bessern können. Tun wir es nicht, dann geschieht uns dasselbe wie den Menschen in Sodom und Gomorrha und jenen, die sich nicht besserten, bis die Sintflut kam; das lehrt der heilige Petrus in seinem 2. Brief [2,4–8].

Da sich leider seit einiger Zeit viele von uns, in kindlicher Selbstvergessenheit und völlig von Gott abgewandt, von ihren Begierden leiten ließen, hat uns nun der Teufel, dieser Feind aller Guten – wie in der Schöpfungsgeschichte die Schlange –, die fremden Herren vor die Nase gesetzt. Diese redeten dann folgendermaßen mit uns: »Ihr starken Helden braucht nicht in eurem Land, in eurem Gebirge zu bleiben. Was wollt ihr von diesem steinigen Land? Dient doch uns für reichlich Sold! Ihr werdet Ruhm und viel Besitz erlangen, und ihr werdet für eure Stärke bekannt und gefürchtet werden.« Genau so hatte der Teufel durch die Schlange zu Eva gesprochen: »Ihr werdet wie Götter sein« [1. Mose 3,5]. Vor solchen Versprechungen
174 aber warnt uns Salomo im Buch der Sprüche, Kapitel 11,9: |
»Der Falsche, der Heuchler betrügt mit seinem Mund sogar den Freund.« Und auch Christus sagt [Mt 7,16]: »An ihren Früchten werdet ihr sie erkennen. Pflücken sie etwa Trauben vom Dornengebüsch oder Feigen von den Disteln?«, so als ob er ausdrücken wollte: »Sie halten sich nur an jene, von denen sie noch viel mehr profitieren können.« In dieser Art sind sie mit den arglosen Eidgenossen verfahren, ständig ihren Profit vor Augen, bis sie uns in diese gefährliche Lage gebracht haben, allen feindseligen Kräften ausgesetzt; wir denken nicht mehr ans Vaterland, und anstatt unsere Häuser, unsere Frauen

und Kinder zu schützen, machen wir uns Sorgen um die Bewahrung des Besitzes, der Herrschaft und der Macht der Potentaten. Doch als rechtschaffener Mann brauchst du dich nicht betroffen zu fühlen. Dies alles wäre unwichtig, wenn uns daraus nicht Schande und Verluste entstünden. Wir haben vor noch nicht langer Zeit bei Neapel, bei Novara und Mailand im Dienste der Potentaten größere Verluste erlitten als je seit dem Bestehen der Eidgenossenschaft. Dazu muß gesagt werden, daß wir in den eigenen Kriegen immer siegreich waren, in den fremden aber oft sieglos.

Es ist zu befürchten, daß all dies von Leuten angezettelt wurde, die Eigennutz über Gemeinnutz stellen, und den entstehenden | Schaden der Allgemeinheit überlassen. Ja Hab- 175
sucht, Genußsucht, Rücksichtslosigkeit und Ungehorsam nehmen von Tag zu Tag zu, wenn wir uns nicht ändern und die Augen öffnen, um die Gefahr zu erkennen und abzuwenden.

Die größte Gefahr besteht darin, daß wir den Zorn Gottes auf uns laden, wie dies im 2. Kapitel des Buches Micha dargestellt wird: »Sie haben nach Äckern gegiert und die Häuser gewaltsam an sich gerissen und den Mann, dessen Familie und dessen Eigentum mit Gewalt traktiert« [Mi 2,2]. Und weiter: »Ihr habt sodann Rock und Mantel weggetragen und die, welche arglos vorüberzogen, zum Krieg verführt. Ihr habt die Frauen aus ihren Häusern weggeführt« [Mi 2,8–9]. Deshalb sagt der Herr folgendes: »Merkt es euch, ich sinne auf Unheil gegen das Volk, ihr werdet euren Hals nicht mehr herausziehen können, ihr werdet nicht mehr eitel dahergehen, denn die Zeit wird sehr schlecht werden ...« [Mi 2,3]. Die Worte, mit denen der Prophet die Not und das Unrecht der Kriege anprangert und den darauffolgenden Zorn Gottes aufzeigt, sind klar genug. Ein jeder sollte sich einmal in die Kriegssituation versetzen und sich vorstellen, daß mit ihm umgegangen würde, wie er mit andern Christenmenschen umgeht. Stell dir vor, wie es wäre, wenn ein fremder Söldner in dein Land eindränge, deine Wiese, deinen Acker, deinen Rebberg zerstörte, dei-

ne Rinder und dein Kleinvieh wegtriebe, allen Hausrat zusammenbände und wegführte, wenn er zuvor im Kampf deine Söhne erschlagen hätte, weil sie sich und dich schützen wollten, wenn er deine Töchter vergewaltigte und entehrte, deine liebe Gattin, die sich ihm vor die Füße wirft und für dich und sich um Gnade bittet, mit den Füßen wegstieße und schließlich dich guten alten Mann aus der Kammer in deinem Haus,
176 in dem du dich vor Angst versteckt hast, hervorzöge und | unter den Augen deiner Frau elendiglich erstäche, dies ohne Rücksicht auf dein gebrechliches, ehrenwertes Alter oder auf das Jammern und Klagen deiner braven Frau, und wenn er zuallerletzt noch Haus und Hof verbrennen würde. Du würdest glauben, Gott existiere nicht, wenn sich der Himmel nicht öffnete und Feuer spiee und wenn sich das Erdreich nicht auftäte, um solche Schurken zu verschlucken. Wenn du nun aber dasselbe einem andern antust, betrachtest du es unter dem Kriegsrecht. Denk einmal darüber nach, was eigentlich ein tüchtiger Kriegsmann ist, wenn das die Kriegstaten sind. Das hat übrigens schon der griechische Dichter Euripides erfaßt; in seiner »Hekabe« schreibt er nämlich: »Im Krieg gilt derjenige als böse, der nichts Böses tut«[6], der den Menschen nicht wie einen Frosch behandelt. Aber leider erwerben sich auf diese Weise noch viele Leute große Reichtümer, ohne Gottes Zorn zu fürchten; dieser aber stößt durch Jesaja, in Kapitel 5,8–9, die erschreckende Drohung aus: »Weh euch, die ihr ein Haus ans andere fügt (d. h. durch Zusammenkaufen eurem Besitz ständig weitere Häuser einverleibt) und einen Acker an den andern bis an die Grenzen des Landes. Werdet ihr dann die Erde allein bewohnen? Ich merke mir, was ich vernehme, und ich werde in meinem Zorn nicht nachlassen, bis viele Häuser leer und unbewohnbar sein werden.« Wir dürfen uns auch nicht beirren lassen durch eine Entgegnung wie: »Krieg ist eine Strafe Gottes; es muß immer einen geben, der den andern bekriegt. Schon zu Zeiten des Alten Testaments wurden Kriege geführt.« Als Antwort auf das erste Argument vernimm hin-

gegen, was Christus im Matthäusevangelium 18,7 sagt: »Es ist
sicher, daß Verführung und Schande kommen wird. Aber
wehe dem Menschen, durch den es geschieht.« Das besagt
auch, daß zwar einige, welche die Ungnade Gottes verdienen,
vom Krieg heimgesucht werden, doch wehe demjenigen, der
diesen Krieg führt. Gott straft die Bösen mit Hilfe der Bösen,
wie du es bei Ezechiel, in Kapitel 29,17–21, erfahren kannst.
Dort nämlich ist beschrieben, wie Gott die Stadt Tyrus durch
[den Babylonier] Nebukadnezar strafte. Später strafte er
ebendiese Babylonier, | obschon er durch sie zuvor die Israe- 177
liten mit Gefangennahme und Gefangenschaft gestraft hat-
te, einem Geschehen, das noch heute als »Babylonische Ge-
fangenschaft« bezeichnet wird. Diese erfolgte gänzlich nach
dem Willen Gottes, wie es Jeremia, in Kapitel 51,1–5, sagt:
»Merkt euch, daß ich mich rüsten werde gegen Babylon und
gegen dessen Bewohner, die ihr Herz gleich einem verderb-
lichen Wind gegen mich gewendet haben. Ich werde ihnen
Worfler[7] schicken, um zu säubern; ihr Land wird zerstört wer-
den, da diese am Tage der Strafe von allen Seiten über sie
herfallen werden. Es wird unter ihnen keinen mehr geben, der
mit dem Bogen schießt, und kein Geharnischter wird mehr
hervortreten. Schont die jungen Männer nicht, tötet alle
Kampftauglichen! Die Erschlagenen und Verwundeten wer-
den hinfallen im Lande und in den Gebieten der Chaldäer;
denn Gott hat Israel und Judäa nicht vergessen ...« Merkt
euch: Wie Gott den Sieg gibt, so nimmt er ihn auch wieder,
sobald man sich diesen zu eigen machen will oder mißbraucht.
Jedes Volk und jedes Königreich, das durch Kriege aufgeblüht
ist, ist auch wieder durch Kriege untergegangen. Das erweist
sich am Volk Israels, der Spartaner, der Athener, der Perser, der
Makedonier, der Assyrer, der Meder und der Römer. Sie alle
waren einst an Reichtum und Macht unübertroffen. Aber was
sind sie jetzt anderes als Geschlagene und Überwundene? Sie
könnten jetzt mit Leichtigkeit von den Völkern, die sie früher
besiegten, unterworfen werden. Als Antwort auf das zweite

Argument, Kriege habe es schon zur Zeit des Alten Testaments gegeben, vernimm folgendes: Die Israeliten führten nur Krieg gegen jene sündigen Völker, die sie entweder nicht ins verheißene Land einziehen lassen wollten oder die sie nicht in Frieden ließen, als sie bereits darin waren. Das alles steht als Gleichnis für den geistlichen Kampf, den wir, in Christus
178 Wiedergeborene, | als neue Menschen gegen Laster und Unglauben führen müssen, wie das vom heiligen Paulus im 1. Brief an die Korinther, Kapitel 10,11, ausgesprochen wurde: »Alles geschah für sie als Sinnbild und wurde für uns zur Belehrung aufgeschrieben.« Wenn du nun wieder einwendest, daß Gott durch die Sieger die Bösen gestraft habe, so sind jene deshalb noch lange nicht gut. Gott kann aber das Böse in unsern Vorteil verkehren. Ich hoffe also auch, daß er uns durch das jetzige Unglück zum Besseren führen wird. Manchmal muß man die Zuchtrute gebrauchen, wenn Worte nicht helfen; und wo die Rute nicht hilft, kommt schließlich meistens der Scharfrichter zum Zug. Wenn Gott straft, besteht auch die Hoffnung auf Gnade, wie das Salomon zeigt [Spr 3,11–12]. Sorgen wir also dafür, daß er respektiert wird, und merken wir uns, daß ihm Prahlerei, Hochmut und Kriegereien nicht gefallen; denn es steht in Psalm 147,10–11: »Er findet keinen Gefallen an der Kraft des Pferdes, auch des Mannes Rüstung gefällt ihm nicht. Gott gefallen vielmehr jene, die ihn fürchten und die auf seine Barmherzigkeit hoffen.« Und er wendet sich wiederum gegen all jene, die meinen, alles von ihren eigenen Entschlüssen und von ihrem Gutdünken abhängig machen zu können. Jesaja sagt in Kapitel 8,9–10: »Tut euch nur zusammen, ihr Völker, ihr werdet dennoch überwunden werden! Hört her, alle Völker der Erde, rüstet euch nur, ihr werdet dennoch besiegt werden, macht nur Pläne, sie werden doch vereitelt werden; was ihr euch auch fest vornehmt, es wird nichts daraus werden.« Summa summarum: Keine menschliche Einsicht, keine Planung und keine Überlegung können etwas gegen Gott ausrichten (Spr 21,30).

So viel über die erste Gefahr, die droht, wenn man sich mit Kriegen und eigenmächtigen Entscheiden so schwer gegen Gott versündigt. Es bestehen ohnehin keine Erfolgsaussichten, im Gegenteil, man fordert nur Gottes Strafe – schmerzliche Erniedrigung, Verluste, Schande – heraus.

| Die andere Gefahr, die uns von den Potentaten und deren 179
Kriegereien droht, ist die Unterdrückung von Gesetz und Recht. Ein alter Sinnspruch lautet: »Leges silent inter arma«,[8] d. h.: »Wo die Waffen die Oberhand haben, sind die Gesetze kraftlos und schweigen.« Auch bedeutet das Wort »Kriegsrecht« nichts anderes als Gewalt. Du kannst es anwenden, wie du willst, du kannst es betrachten, wie du willst, es ist nichts anderes als Gewalt. Dennoch werden sie entgegnen: »Man muß die Ungehorsamen mit Waffen und Gewalt gefügig machen, wenn sie sich nicht dem Recht unterstellen.« Darauf ist zu antworten: Dein Einwurf ist von dieser Welt; in derselben menschlichen Weise sage ich dir: Ja, wenn man mit Kriegsgewalt nur die Richtigen träfe, oder wenn ein jeder seine Ungehorsamen zwänge, gemäß seiner gerechten Ordnung gehorsam zu sein, dann wäre alles auf gutem Wege. Wie aber verhält es sich deiner Meinung nach, wenn du für Geld einem fremden Potentaten hilfst, ein anderes, unschuldiges Land zu plündern, zu besetzen, zu verwüsten? Vielleicht hilfst du sogar Herren, denen es gar nicht zusteht, Krieg zu führen, Bischöfen, Päpsten, Äbten und anderen Geistlichen, und das allein um des Geldes willen? Als Christ aber müßte man dazu sagen: Es steht uns überhaupt nicht zu, Krieg zu führen. Nach dem Gebote Christi müssen wir Gott für diejenigen bitten, die schlecht über uns reden und uns verfolgen, und wir müssen nach dem Streich auf die Wange die andere auch hinhalten; dann werden wir Söhne des himmlischen Vaters sein [vgl. Mt 5,39 und 44–45]. Davon aber jetzt nicht mehr.

Diese Potentaten schaden – dies ist eine weitere Folge – unserer Rechtsordnung, weil ihre Bestechungsgeschenke einen jeden noch so vernünftigen und rechtschaffenen Mann

verblenden, wie 5. Mose 16,19 lehrt: »Die Bestechungsgeschenke verblenden die Augen der Verständigen und verdrehen die Worte der Gerechten.« O weh, was fällt uns dazu wohl ein? Natürlich die Tatsache, daß manch tüchtiger und braver
180 Mann derart verblendet wurde, | daß er alle seine Worte, seinen Verstand und seine Aufmerksamkeit darauf richtete, die guten Seiten und die Vorteile eines fremden Herrn darzulegen, um die gutgläubigen Leute mit süßen und doch so verderblichen Worten für seine Sache einzunehmen. Und viele dieser Geschenkempfänger werden sich wohl gegenseitig unterstützen und einander helfen, sei es am Gericht, in der Rats- oder in der Gemeindeversammlung, wodurch dann manche lautere und gerechte Sache getrübt und verfälscht wird; diesen droht Jesaja in Kapitel 5,20: »Wehe euch, die ihr das Böse als gut bezeichnet und das Gute als böse, die Finsternis zum Licht macht und das Licht zur Finsternis.« Wenn sie aber sagen: »Wir müssen die Herren haben, denn wir sind ein armes Volk und haben ein karges Land«, dann stimmt das nur, wenn man sich nicht mit angemessener Nahrung und Bekleidung begnügt, so daß man das Fehlende irgendwoher beschaffen muß. Wenn sich aber keiner weiter strecken würde, als er Decke hat, dann brauchte er diese Worte nicht. Schon Julius Cäsar hat den Helvetiern (deren größten Teil wir in der Eidgenossenschaft ausmachen) nach ihrer Niederwerfung befohlen, ihr Land wieder zu bebauen, weil es fruchtbar sei.[9] Sollte es jetzt nicht mehr fruchtbar sein, nachdem es dies 1550 Jahre lang war? Doch, es ist voll von erfolgreichen, tüchtigen und mannhaften Leuten wie kein anderes Land auf der Erde; und es ist fruchtbar genug, um diese Menschen zu ernähren, wenn sie nur genügsam sind. Doch das Geld der Potentaten verblendet uns dermaßen, daß wir den Verlust unseres eigenen Fleisches und Blutes in Kauf nehmen, nur um diesen Herren dienstbar zu sein; auch die
181 Leitung des Staatswesens, der allenthalben | entstehende Ungehorsam, die sinkende Autorität der Obrigkeit kümmert uns kaum noch. Das bedeutet aber, daß allmählich das Gute nicht

mehr geschützt und das Böse nicht mehr geahndet werden wird. Und mit der Zeit werden sich die Söldner die Obrigkeit mit Gewalt gefügig machen, sie werden mit dieser umspringen, wie es ihnen gefällt. Sie werden uns auch Verpflichtungen einzulösen zwingen, die wir gar nicht einlösen müssen; sie reden uns so lange ein, wir seien etwas schuldig, daß wir verblendet darob das Gemeinwohl vergessen, ja nicht einmal mehr den Mut aufbringen, für unseren Nutzen und für unser Recht einzutreten. Nehmen wir einmal an, ein Potentat bringe sein Anliegen in einer Rats- oder Gemeindeversammlung ein, wo Korruption durch Geld oder Geschenke natürlich verboten ist, und er setze sein Vorhaben mit Hilfe von geheimen Schmiergeldern durch, dann ist man ihm – wenn die Machenschaft aufgedeckt, der Betrug und das Ränkespiel bekannt werden – überhaupt zu nichts verpflichtet. Ja, man kann ihn für diese arglistige Täuschung sogar nach dem Gesetz strafen. Es darf dich nicht wundern, daß darüber auch päpstliche Gesetze bestehen; doch selbst wenn der Papst dagegen handelt, ist man ihm nichts schuldig. Lies einmal die Ausführungen über den Betrug, das Fälschen und über den Verrat, und du wirst die Bestätigung in seinen eigenen Gesetzen und Schriften finden. Ihr, die Rechtschaffenen, werdet wissen, daß ich damals recht hatte – man behauptete zwar, ich spreche im Haß –, als ich empfahl, den Vertrag mit dem Papst zu annullieren und das Dokument mit dem Boten zurückzuschicken. Denn jedermann empfand | die Sache als etwas Ungehöriges. Ich wandte 182
mich damals aus oben erwähntem Grund dagegen, denn ich wußte, daß der Papst heimlich mit Schmiergeldern in Form von jährlich ausbezahlten Renten gearbeitet hatte; man war ihm also nichts schuldig. Und dies gilt für jeden. Wird ein Betrug aufgedeckt, d. h. hat sich ein Potentat etwas auf unredliche Art erschlichen, dann ist man ihm etwa gerade so verpflichtet wie die Römer dem Jugurtha. Dieser hatte in Rom mit Bestechungsgeschenken zu erreichen versucht, daß die Morde an seinen eigenen Brüdern vertuscht würden. Er

rühmte sich dessen sogar, als er, aus der Stadt reitend, ausrief: »O käufliche Stadt!« Ein Kaufmann, meinte er, könnte da mit Geld alles erreichen. Und Jugurtha hätte das auch ausgenutzt, wenn ihn nicht der tüchtige Metellus Numidicus mit Geschick überwunden und ihm Verluste beigebracht sowie, als Strafe für die Bestechungen in Rom, Herrschaften weggenommen hätte. Schließlich fiel Jugurtha selbst den Römern
183 in die Hände.[10] So schlägt, wie | das Sprichwort sagt, die Treulosigkeit ihren eigenen Herrn.[11] Und es geschieht einem auch recht, wenn er sich nach außenhin anders gibt, als er hintenherum handelt und es wagt, Recht und Gerechtigkeit zu ignorieren.

Eine dritte Gefahr droht dadurch, daß mit dem fremden Geld aus dem fremden Krieg verderbliche Sitten nach Hause gebracht und verbreitet werden. Das erleben wir ja selbst, denn die Unsern kehren nie aus fremden Kriegen heim, ohne Neues mitzubringen, seien es Kleider für sich oder für ihre Frauen, sei es die Unmäßigkeit im Essen und Trinken, seien es neue Flüche; sie nehmen alles Sündhafte so willig an, daß man künftighin auf noch gefährlichere Laster gefaßt sein muß, wenn man den Dienst bei fremden Machthabern nicht bleiben läßt. Auch der Anstand und die Tugendhaftigkeit der Frauen schwinden immer mehr dahin. Eine Frau ist von Natur aus schwach, es gelüstet sie stets nach neuen schönen Dingen, nach Schmuck, Kleidern und kleinen Kostbarkeiten. Dies zeigt sich an Dina, die aus Neugier zu Sichem ging und denn auch vergewaltigt wurde (1. Mose 34,1–2). Wenn der Frau derart verlockende Dinge angeboten werden, wird sie – das kannst du nicht bestreiten – zumindest in große Versuchung kommen, wenn nicht gleich zu Fall gebracht werden. Es ist außerdem zu befürchten, daß Härte und Mannhaftigkeit allmählich verlorengehen, wenngleich wir dies noch nicht gemerkt haben. Die Menschen verweichlichen zunehmend in ihrem süßen Leben; denn ihr behagliches Dasein geben sie nicht ohne weiteres auf. Wer eine große Rente hat – heißt es –,

der stirbt nicht gern. Hannibal[12], der gefährlichste Feind der
Römer (außer der Habgier, die ihnen noch gefährlicher wur-
de und sie letztlich auch untergehen ließ), wurde erst besiegt,
als er seine Truppen verweichlichen ließ. | Als er nämlich einen 184
Winter lang in Capua lag, ließ er die Soldaten ihr ausgelassenes
und lustvolles Leben führen, und im Frühling begann mit den
ersten Niederlagen denn auch sein Untergang. Im Volksmund
hieß es darauf: »Hannibal führte eine Armee von Männern
nach Capua, aber eine Armee von Frauen von dort weg.« Was
wird denn zuletzt aus goldenen Leibröcken, aus Fingerringen
oder Seidenkleidern? Als Hektor seinen Bruder Alexander für
die Flucht vor ihrem Feind Menelaos maßregelte, sah er dies
als Folge von Alexanders üppigem Lebenswandel.[13]

Die vierte Gefahr besteht darin, daß die Bestechungsge-
schenke der Potentaten unter uns zu Neid und Verrat führen.
Der Neid ist seinem Wesen nach der Begleiter des Glücks; hat
man nämlich einmal Glück, so folgt die Mißgunst gleich hin-
terher. Großer Neid entsteht unter den Menschen vor allem
auch dann, wenn einer höher geachtet wird als der andere.
Kommt jedoch die Not, dann ist jeder Ehrenmann gleichviel
wert, und die einfachen Menschen schützen das Vaterland oft
viel tapferer als die piekfeinen Herren. Die Mißgunst zieht
auch Streit nach sich, und die Unzufriedenen werden | sagen: 185
»Geh hin, tu dies, tu das; denn wenn du mehr Geld ein-
streichst, ertrage auch mehr Schmerz und Leiden!« Fazit: Krieg
und Geld fremder Potentaten ist eine Schule aller Laster, eine
Mutter, die uns auf das Alter hin (wenn wir überhaupt davon-
kommen) nichts als schlechte Gewissen gebärt.

Eine letzte Gefahr besteht darin, daß man schließlich in die Hände der Potentaten fallen könnte, seien es nun freundschaftlich oder feindlich gesinnte. Denn was muß man nicht alles fürchten, wenn Hochmut, Weichlichkeit, Neid und Streitsucht so stark sind? Und würden wir mit demselben Maß gemessen werden, mit dem wir gemessen haben, unser Schmerz wäre grenzenlos; wir könnten mit dem Propheten

Jeremia, in Kapitel 9,1, sagen: »Wer wird meinem Haupt Wasser geben und meine Augen zur Tränenquelle machen, damit ich Tag und Nacht die Getöteten meines Volkes beweinen kann?« Es würde uns wie dem Volk Israels ergehen, das sich um keine Warnungen kümmerte, bis es in Gefangenschaft war und insgeheim an den Strömen saß und über sein Elend weinte [vgl. Ps 137,1]. Davor bewahre uns Gott.

Deshalb, ihr redlichen, weitsichtigen, getreuen und lieben Ehrenleute in Schwyz, ermahne ich Euch, beim Leiden und bei der Erlösungstat Jesu Christi, unseres Herrn, bei aller Ehre, die der allmächtige Gott unsern tüchtigen Vorfahren stets erwiesen hat, bei den Anstrengungen und bei den schweren Zeiten, die sie um unserer Freiheit willen durchlebt haben: Hütet euch vor dem Geld der fremden Herren! Es würde uns umbringen. Löst euch von ihnen, so lange es noch möglich ist, folgt jenen nicht, die sagen: »Es kann nichts passieren, es steht ganz gut um die Eidgenossenschaft. Die Unzufriedenheit unter uns ist nur ein Krach, wie er oft zwischen Eheleuten oder
186 unter Brüdern vorkommt, und keine tiefe | Feindschaft.« Wir haben eine große Anzahl wehrtüchtiger Männer, so groß wie nie zuvor. Gott schütze sie! Es kann leicht Abhilfe geschaffen werden, wenn man nur die Sache ernsthaft und tatkräftig an die Hand nimmt. Ihr genießt dazu das Wohlwollen der redlichen Leute in der Stadt und auf der Landschaft Zürichs, die – wie ich sicher annehme – von keinem Potentaten zu einem solchen verderblichen Vertrag überredet werden können. Gott bestärke sie in ihrem guten Willen. Ihr habt außerdem tüchtige Zugewandte, deren Regierungen sich ebenso eindeutig gegen die fremden Potentaten stellen. Und wenn Ihr in die Fußstapfen unserer beherzten Vorfahren treten würdet, folgten Euch sicherlich auch die übrigen Eidgenossen. Helfen wir nämlich diesem Unwesen nicht ab, werden wir – so befürchte ich – dafür schwer büßen. Ja, ich wage mit den Worten Christi, nach dem Lukasevangelium, Kapitel 13,1–3, zu sagen: »Wir werden alle umkommen, wie die andern um-

gekommen sind.« Als nämlich Christus hörte, daß Pilatus einige getötet hatte, die geopfert hatten, sagte er: »Meint ihr, die erschlagenen Galiläer seien größere Sünder gewesen als die anderen? Das behaupte ich von ihnen nicht. Doch bessert ihr euch nicht, dann werdet ihr alle auf dieselbe Weise umkommen.« Was sollen erst wir denken, da wir doch nicht hoffen dürfen, daß Christus uns so weitermachen läßt? Glauben wir, daß er nichts gegen uns einzuwenden hat, wenn nicht ein Großteil von uns am Elend Schuld trägt? Wir müssen uns daher um Besserung bemühen. Wenn Christus als Beispiel ein fremdes Volk anführt, das er zur Besserung aufgefordert hat, so müßten wir die Aufforderung noch viel ernster nehmen, sind wir doch durch Verluste in unseren eigenen Reihen gemahnt worden; ansonsten wird euch das Wort treffen: »Bessert ihr euch nicht, dann werdet ihr alle auf dieselbe Weise umkommen« [Lk 13,3]. Auch der Verlust von Geld und Reichtum soll Euch nicht kümmern; denn ein Vermögen, für das Leute sterben müssen, ist ein trauriger | Reichtum. Er ist nichts anderes 187
als der Leim, auf dem man wie ein Vogel klebt und gefangen bleibt. Auch das Ausbleiben fremder Hilfe mag Euch nicht beunruhigen; sagt lieber mit dem heiligen Paulus [Röm 8,31]: »Wenn Gott an unserer Seite steht, wer kann gegen uns sein?« Beachtet die Leistungen unserer Vorfahren, deren Zahl im Vergleich zu unserer noch viel kleiner war! Man braucht die Grenzbefestigungen bei Arth und Näfels nicht mehr, der Rhein ist jetzt die Grenzsicherung. Diese Grenzbefestigungen nützen aber alle nichts, wenn nicht Gott selbst sein Volk behütet. Er verspricht aber, sich seines Volkes zu erbarmen [Hos 1,7]: »Ich werde mich derer erbarmen, die Gott erkennen und sich zu ihm bekennen, und ich werde sie erlösen durch ihren Herrn und Gott, nicht mit Schwertern, Geschützen, Krieg, Pferden und Reitern.« Denkt an die frühe Eidgenossenschaft, denkt daran, daß er unseren redlichen Vorfahren in der Weise geholfen hat, wie er es den Israeliten [3. Mose 26,3.6–8.14–15.17] angekündigt hatte: »Wenn ihr

nach meinen Gesetzen lebt und meine Weisungen befolgt …,
dann werde ich euch Frieden geben. Ihr werdet eure Feinde
verfolgen, und diese werden vor euch niederfallen. Fünf von
euch werden hundert der anderen jagen, und hundert von
euch zehntausend der anderen … Wenn ihr aber nicht auf
mich hört und meine Gesetze und Beschlüsse nicht erfüllt,
188 werde ich mich | gegen euch stellen. Dann werdet ihr vor
euren Feinden zu Boden fallen und denen untertan sein, die
euch hassen, und ihr werdet fliehen, auch wenn euch niemand
verfolgt.« Merkt Ihr, was er verspricht und womit er droht? Er
wird es bestimmt halten, denn er kann nicht lügen. Gehorchen
wir ihm nicht, auch wenn er uns leise und zu Geringem auf-
fordert, dann werden wir uns für unseren Hochmut bis in den
Grund unserer Seele schämen müssen [vgl. Jer 13,17]. Alle
Rechtschaffenen sollten Gott inständig anrufen, damit er uns
erhöre und zum Besseren führe. Es macht nichts, daß es noch
viele Widerstrebende gibt, denn Gott ist stärker als sie alle.
Man höre nur nicht auf, ihn eindringlichst im Gebet anzuru-
fen; er wird uns sicherlich rechtes Bewußtsein und Verstand
geben und vom Bösen zum Guten kehren. Gott bewirkt das.
Amen.

Schwyz bleib treu bei deiner Ehr,
gegen fremde Herr'n setz dich zur Wehr!

Die Klarheit und Gewissheit des Wortes Gottes

1522

Original: Von Clarheit vnnd gewüsse oder vnbetrogliche des worts gottes / von Huldrychen Zuingli gethon vnd beschriben zů Zürich jm M.D.XXII jar, Zürich, [Christoph Froschauer, 1522]. Umfang: 56 unpaginierte Quartseiten.

Wissenschaftliche Ausgabe unter dem Kurztitel »Von Klarheit und Gewißheit des Wortes Gottes«, mit Einleitung und Kommentar, bearbeitet von Emil Egli und Georg Finsler, in: Huldreich Zwinglis Sämtliche Werke (Abk. Z), hg. v. Emil Egli u. a., Bd. I, Berlin (C. A. Schwetschke und Sohn) 1905 (Corpus Reformatorum 88), S. 328–384.

Übersetzung: Christine Christ-von Wedel.

Einleitung

Die Predigt führt uns in die Aufbruchstimmung der ersten Wirkungsjahre Zwinglis in Zürich. Der junge Leutpriester hatte den Fastenbruch gutgeheißen, hatte sich gegen die Heiligenanrufung sowie gegen Zölibat und Mönchsgelübde ausgesprochen mit der Begründung, diese kirchlichen Gebräuche seien mit der Bibel nicht zu belegen. Das forderte den Widerstand seiner Gegner heraus, die am Althergebrachten festhalten wollten. Sie formierten sich um die Mönchsorden, die Zwingli leidenschaftlich und erbittert bekämpften. Es kam zu Unruhen und Predigtstörungen. Der Rat griff ein und ordnete die Disputation vom 21. Juli 1522 an, wo Zwingli sich mit seiner Forderung nach schriftgemäßer Predigt durchsetzen konnte.

In allen diesen Auseinandersetzungen ging es letztlich um die Autoritätsfrage. Zwinglis Gegner wollten neben der Heiligen Schrift, die auch ihnen höchste Instanz war, Tradition und kirchliche Lehrentscheidungen als Autorität in Fragen der Theologie und des öffentlichen kirchlichen Lebens sowie der kirchlichen Rechtspraxis gelten lassen, da für sie die Schrift verbindlicher Auslegung bedurfte. Für Zwingli und seine Anhänger sollte die Heilige Schrift allein die Entscheidungsgrundlage in allen Fragen des christlichen Lebens bieten. Das konnte sie nur, wenn sie ohne Vorkenntnisse für jedermann verständlich und ins tägliche Leben umsetzbar war. Genau das nachzuweisen, unternimmt Zwingli in seiner Predigt über die Klarheit der Schrift.

Das Gotteswort, so betont er, ist das Fundament des Glaubens. Denn es kann niemand ein anderes Fundament legen als Christus, wie Paulus bezeugt. Christus aber ist das Wort. Und nur von ihm kann der Mensch Gottes Willen kennenlernen. Es gilt also, Christus im Bibelwort zu finden, was nach Zwingli möglich ist. Denn das Bibelwort ist klar und eindeutig für den, der es nicht durch eigene Vorurteile verdunkelt und sich nicht auf sich selbst, sondern ganz auf Gottes Geist verläßt. Das hat Zwingli an sich selbst erfahren. Aber nicht nur ein begnadeter Reformator, jeder Mensch kann und soll diese

Erfahrung machen. Denn der Mensch, so lehrt Zwingli im Anschluß an Augustin, trägt Gottes Ebenbildlichkeit in sich, die die Sehnsucht und das Vermögen einschließt, auf Gottes Wort zu hören und es zu verstehen. Wohl ist dieses Vermögen im Sündenfall zerbrochen. Gott aber hat es in seiner Güte in Jesus Christus wiederhergestellt. Und er sendet seinen Geist, der dem Gläubigen die Schrift öffnet. Für den so Erleuchteten kann nach Zwingli die Schrift nur klar und eindeutig sein. Darum bedarf es keines Lehramtes und keiner Lehrtradition. Wem die Schrift aber dunkel und zweideutig bleibe, der ist – so gesehen – eben nicht von Gottes Geist erleuchtet. Die Frage, ob nicht in guten Treuen verschiedene Schriftdeutungen möglich und geistgewollt sein könnten, stellt sich dem Reformator nicht. Gerade darum aber kann er so überzeugt und zuversichtlich auf die Schrift weisen.

Die Predigt, die den Dominikanerinnen am Oetenbach galt, hat denn auch ihre Wirkung nicht verfehlt. Die Seelsorge im Kloster wurde dem reformatorisch gesinnten Leo Jud übertragen, und die meisten Schwestern schlossen sich der reformatorischen Lehre an und verließen das Kloster.

Christine Christ-von Wedel

Die Klarheit und Gewißheit[1] und Untrüglichkeit[2] des Wortes Gottes. Von Huldrych Zwingli gepredigt und geschrieben in Zürich im Jahre 1522

Den ehrenwerten und achtbaren geistlichen Frauen, der Priorin und dem ganzen Konvent des Klosters Oetenbach[3] in der löblichen Stadt Zürich wünscht Huldrych Zwingli Gnade, Barmherzigkeit und Frieden Gottes durch unseren Herrn Jesus Christus.

Achtbare und fromme Schwestern und Glieder Jesu Christi! Meine Vorgesetzten, die Herren des ehrenwerten und verständigen Rates unserer Stadt Zürich, haben eingesehen, daß kein Hunger schädlicher sei, als der Hunger nach Gottes Wort, weil daran nicht der Körper, sondern die Seele stirbt. Der Rat sieht nun, wie die himmlische Lehre des Evangeliums allenthalben so kräftig aufwächst, während ihr allein in unserer Stadt das wahre und unverfälschte Wort Gottes nicht habt hören können, weil ihr nach der Regel der Dominikanerinnen eingeschlossen seid. Darum wollen sie eurem Hunger abhelfen und haben angeordnet, daß ich, sofern ich dazu bereit sei, in eurer Kirche predigen soll, obwohl es bei euch bis jetzt nicht Brauch gewesen ist, daß ein Weltpriester predigt. Das habe ich auf die Bitte achtbarer Christen, Frauen und Männer, hin getan und die folgende Predigt gehalten über das Wort Gottes als das Fundament, auf dem alles aufgebaut werden soll. Denn Paulus spricht: »Niemand kann ein anderes Fundament legen als das, welches schon gelegt ist: Christus Jesus« [1. Kor 3,11].

Es haben verschiedene ›ungelehrte Gelehrte‹, deren Namen| 339
ich hier verschweige, einen Teil von euch davor gewarnt, zu meiner Predigt zu kommen, obwohl sie nicht wissen konnten, was für eine Predigt Gott mir eingeben würde. Um allen Menschen bekannt zu machen, was ich gepredigt habe, habe ich die Predigt in etwas erweiterter Form herausgegeben und sie, um

euch zu ehren, euch gewidmet, damit ihr mein Wohlwollen euch gegenüber erkennt. Denn euer aller Einigkeit in Christus Jesus wäre für mich der größte Erfolg, mit dem ihr mich erfreuen könntet. Die Einigkeit aber finden wir am ehesten in dem, der in diese Welt gekommen ist, um uns alle mit Gott zu versöhnen und in ihm zu einigen. Was er haben will, lernen wir nirgends besser als aus den Worten, die er einst selber gesprochen hat. Sie sind wahr und täuschen nicht. Darum wollen wir vertrauensvoll auf sie bauen.

Dem Titel der Schrift liegt zugrunde, daß kein Wort und keine Lehre so klar und gewiß sind wie die Worte und die Lehre Gottes. So nehmt es an und lest es mit Wohlwollen! Und der Geist Gottes gebe, daß wir alle eins werden in Christus Jesus! Amen.

Aufgesetzt im Großmünster zu Zürich
342 am 6. September 1522. |

Die Klarheit und Gewißheit[4] *oder die Kraft des Wortes Gottes*

Als der allmächtige Gott zu Beginn der Schöpfung beschloß, die wunderbare Kreatur, die der Mensch ist, zu erschaffen, drückte er seinen Entschluß in den folgenden Worten nach 1. Mose 1,26–27 aus: »Lasset uns den Menschen machen nach unserem Bilde, uns ähnlich. Der soll gesetzt sein über die Fische im Meer und die Vögel in der Luft, das Vieh und alles Erdreich und alles, was auf der Erde kriecht! Und Gott schuf den Menschen nach seinem Bilde, nach dem Bilde Gottes schuf er ihn.« Hier weist uns die Verbform ›lasset‹ darauf hin, daß Gott von mehreren Personen spricht, obwohl er nur von sich selber redet. Hätte er nur von einer Person gesprochen, hätte er formuliert: ›Ich will machen...‹. Da er aber sagt: ›Lasset uns machen‹, redet er zweifellos von den heiligen drei Personen [der Trinität]. Die drei aber sind ein Wesen, was die nachfolgenden Worte deutlich zeigen, wo er spricht: ›nach unserem Bilde‹ und wenig später: ›nach dem Bilde Gottes‹ und nicht ›nach unseren Bildnissen‹, was auf viele Wesen oder Götter bezogen werden könnte.

Doch wollen wir hier nicht weiter von der Einheit des einen Gottes und der Dreiheit der Personen reden. Wir wollen auf etwas anderes hinaus, auf das, was nachher folgt in den Worten, die Gott selber sprach, nämlich, daß der Mensch geschaffen sei nach dem Bildnis Gottes, ihm ähnlich. Hier ist zu fragen, nach welcher Natur wir ein Bildnis Gottes sind, ob dem Leibe oder der Seele nach. Wären wir dem Leibe nach Gottes Bildnis, so müßte Gott auch einen aus Gliedern zusammengesetzten Körper besitzen, dem wir nachgebildet wären. Pflichteten wir dem bei, so würde Gott ein zusammengesetztes Ding sein, das wieder in seine Bestandteile zerlegt werden könnte, was ganz und gar der Unveränderlichkeit des | göttli- 343
chen Wesens widerspräche, und unchristlich, falsch und gotteslästerlich wäre.

Im Evangelium nach Johannes 1,18 steht nämlich: »Niemand hat Gott je gesehen.« Wenn aber niemand Gott je gesehen hat, wie kann dann jemand sagen, was für eine Gestalt er habe, wie die Anthropomorphiten und der irregeleitete Melitus[5] dreist daherredeten. Sie behaupteten, Gott habe eine menschliche Gestalt, zweifelsohne verführt durch Schriftstellen, in denen Gott Augen, Ohren, Mund, Angesicht, Hände und Füße zugeschrieben werden. Damit will aber die Schrift nur Gottes Wirken verdeutlichen, das wir ja am besten begreifen, wenn es menschlichem Handeln entsprechend beschrieben wird. Weil wir mit den Augen sehen, legt die Schrift Gott Augen zu, um anzudeuten, wie unfehlbar er alles weiß und sieht, und Ohren, weil er alles in seiner Allgegenwart hört und vernimmt, ob wir nun bitten oder lästern oder heimlich hinter seinem Rücken verhandeln. Von seinem Mund spricht sie, weil er uns seinen Willen in seinem Worte offenbart. Mit dem Angesicht wird verdeutlicht, wie er uns seine Gnade zu- oder sie von uns abwendet. Die Hände weisen auf seine Allmacht und die Füße auf die Schnelligkeit, mit der er die Bösen einholt. – Wenn wir nicht anderes vorhätten, könnten wir dies alles ausführlich aus der Schrift beweisen. – Jedenfalls hat diese von ihm nicht recht verstandene Redeweise der Bibel den Melitus zu dem Irrtum verleitet, sich Gott in menschlicher Gestalt vorzustellen. Das aber ist falsch. Denn Mose erklärt den Kindern Israels im 5. Buch Mose 4,15–19, Gott habe ihnen darum seine Gestalt nicht gezeigt, weil sie ihn nicht in irgendeinem Bilde, weder als Mann noch als Frau oder irgendein Tier sichtbar machen oder abbilden dürften, damit nicht sein Gleichnis oder Abbild dargestellt und verehrt werde. Denn das wäre Abgötterei. Und Jesus selbst sagt in Johannes 5,37: »Ihr habt seine Gestalt nicht gesehen.«

Das darf allerdings nicht auf das Menschsein Jesu Christi
344 bezogen werden. Der war, | abgesehen vom Grundübel[6] der
Sünde, der menschlichen Natur und Schwäche so unterworfen wie jeder andere Mensch. Seine menschliche Natur war aber keine Gestalt der Gottheit, sondern der Menschheit, und er trug sie nicht von Ewigkeit her an sich, sondern nahm sie erst nach langer Zeit an, als er von der reinen Jungfrau Maria empfangen und geboren wurde.

Daraus folgt, daß wir in Hinsicht auf Vernunft und Seele nach Gottes Art gebildet sind. Es steht uns aber nicht zu, zu erkennen, welcher Art dieses Bild sei. Nur so viel ist sicher, daß die Seele die Substanz[7] ist, in die das Bild Gottes hauptsächlich eingeprägt ist. Wenn Augustin und die alten Lehrer behaupten, daß die drei: Verstand, Wille und Gedächtnis, die voneinander zu unterscheiden sind und doch eine Seele bilden, ein Abbild sind des seinem Wesen nach einigen Gottes, der zugleich drei Personen umfaßt, so will ich das gerne zugestehen, so lange sie sich durch die Dreiheit nicht verleiten lassen, anzunehmen, in Gott gebe es einen Willenskampf wie in uns. Vielmehr sollen sie bedenken, daß bei Gott nichts

Zwieträchtiges oder Widersprüchliches ist, anders als bei uns Menschen, wo die Anfechtung des Fleisches – die wir auch Willen nennen – dem Willen der Vernunft und der Seele widerstrebt, wie Paulus im Römerbrief 7,14–23 lehrt. Weil wir aber Gott selber in seiner Gestalt nie gesehen haben, können wir nicht wissen, auf welche Weise unsere Seele ihm der Substanz und dem Wesen nach ähnlich ist, denn die Seele kann sich ihrer Substanz und ihrem Wesen nach gar nicht kennen.

Darum bestimmen wir schließlich: Die Wirkungen oder Kräfte der Seele, nämlich Wille, Verstand und Gedächtnis, sind nichts anderes als Zeichen des wahren Bildes, das wir erst sehen werden, wenn wir Gott selber und uns in ihm recht erkennen werden, wie es im 1. Korintherbrief 13,12 heißt: »Wir sehen jetzt durch einen Spiegel und wie in einem Rätsel, dann aber von Angesicht zu Angesicht. Jetzt erkenne ich bruchstückhaft, dann aber werde ich erkennen, wie auch ich erkannt bin.« Oder im 1. Johannesbrief 3,2: »Wir wissen, daß wir, sobald er uns offenbar sein wird, ihm gleich sein werden, denn wir werden ihn sehen, wie er ist.« Jeder möge diese Worte des Johannes sorgfältig bedenken! Auch ich weiß | natürlich, 345
daß Athanasius im Glaubensbekenntnis »Quicunque«[8] bestimmt, ebenso wie die vernünftige Seele und das Fleisch zusammen ein Mensch sei, so Gott und Mensch ein Christus. Das ist aber nur ein Gleichnis, nicht ein Ebenbild. Wir sprechen ja von Gott, bevor er die menschliche Natur annahm, und dennoch den Menschen nach seiner Gestalt schuf. Da ist eindeutig, daß der Mensch der Seele und nicht dem Leibe nach ein Abbild Gottes ist. Denn Gott hatte damals noch gar keinen Leib angenommen.

Nun erfahren wir an uns, daß wir Abbild Gottes sind, viel deutlicher an anderen Dingen als an den dreien: Verstand, Willen und Gedächtnis. Ich will zwar Augustins Meinung nicht verwerfen, ich meine aber doch, daß wir der Ebenbildlichkeit Gottes eher in noch anderen Teilen von uns inne werden als gerade in denen, die ihm am wichtigsten sind, nämlich darin, daß wir zu Gott aufsehen und auf seine Worte achten. Das beweist uns, daß wir ihm ein Stück weit verwandt, ähnlich und nachgebildet sind. Dadurch werden wir der Verwandtschaft, der Ähnlichkeit und Ebenbildlichkeit mit Gott in uns versichert. Das wollen wir zuerst mit einem Vergleich, nachher mit einem Schriftbeweis erklären.

Betrachten wir das Verhältnis zwischen Menschen, Pflanzen und Bäumen, so sehen wir, daß die Pflanzen überhaupt nicht auf den Menschen und seine Worte achten, weil sie so weit von der Natur des Menschen entfernt sind, daß sie keine Verwandtschaft, Anteilnahme oder Gemeinschaft mit ihm haben. Dagegen achten die unvernünftigen Tiere, wenn auch wenig, doch ein bißchen auf den Menschen. Denn sie stehen in Hinsicht auf Leib und Leben der menschlichen Natur ein wenig näher. Entsprechend zeigt der Mensch, der einerseits wie Gott vernünftig ist und sich andererseits auf Gott und sein Wort ausrichtet, deutlich, daß er seiner Natur nach Gott näher verwandt ist, ihm eher nachschlägt und in Beziehung zu ihm steht, was zweifelsohne daher rührt, daß er nach dem Bilde Gottes geschaffen ist.

Diese Meinung bezeugt der heilige Paulus in der Apostelgeschichte 17,28: »Wir sind seines Geschlechts.« Und gleich darauf: »Da wir nun seines Geschlechtes sind …« [vgl. Apg 17,29]. Und der Geist Gottes weist darauf im 6. Vers des 82. Psalms, wo er spricht: »Ich habe es gesagt: Götter seid ihr,
346 allesamt Söhne des Allerhöchsten.« | So spricht er auch durch Jesaja 19,25: »Mein Erbteil ist Israel.« Nun sind wir Christen aber die rechten Israeliten, die seine Erben sind. Viele entsprechende Worte finden wir in den Psalmen und Propheten. Daß wir aber seine Erben sind, muß auf der Verwandtschaft beruhen. Andere Belegstellen von Christus, Paulus und Petrus, die uns eindeutig als Söhne Gottes ausweisen, wollen wir für später aufsparen. Diese drei zusammen mit dem Wort Gottes, das wir am Anfang zitierten, überzeugen uns hier genug, daß die Sehnsucht nach Gott, die jeder Mensch in sich

empfindet, uns angeboren ist, weil wir nach dem Bilde Gottes geschaffen und seiner Art und seines Geschlechtes sind. Darum heißt es in Psalm 4,7: »Herr, das Licht deines Angesichtes leuchtet über uns.« Aus diesem Grunde sehnen wir uns zu Gott zurück und schenken seinem Wort in jeder Hinsicht Glauben. Wir sehen ja, daß alle Menschen hoffen, nach diesem Elend die ewige Freude zu besitzen. Wäre diese Sehnsucht uns aber nicht angeboren, so würden wir uns ebensowenig darum sorgen wie irgendein Tier oder eine Pflanze.

Es bedeutet aber nichts, daß von einigen Fettwänsten wie Sardanapal[9], Nero[10] und Heliogabal[11] und anderen Schweinen behauptet wird, sie hätten keinerlei Sorge oder Sehnsucht nach der Seligkeit gekannt, denn sie hätten gar nicht geglaubt, daß es nach dieser Zeit eine Seligkeit gäbe. Wahrlich: Wenn sie schon kein Verlangen nach der Seligkeit trugen, so hatten sie doch Furcht vor der ewigen Pein. Denn das Herz jedes Menschen hofft auf die ewige Freude und fürchtet das ewige Leid. Und es sehnt sich danach, zu seinem Ursprung zurückzukommen wie alle anderen Dinge auch. Das zeigt Salomo im Prediger 1,6–7: »Der Geist oder Wind weht immer kreisend herum, durchforscht alles und kehrt wieder in seinen Kreislauf zurück. Alle Flüsse gehen ins Meer, und das Meer fließt dennoch nicht über, und die Flüsse kehren wiederum dahin zurück, woher sie gekommen sind.« Darum ist das gewiß: Wenn einige sich um die Seligkeit nicht kümmern, so geschieht es aus Verzweiflung, und weil sie in ihre Fleischeslust und leiblichen Begierden so versunken sind, daß sie ganz berauscht werden, wie Jesaja Kapitel 51,21 es nennt, und sich selber nicht mehr kennen. »Denn ein natürlicher Mensch kann die Dinge des Geistes nicht annehmen«, so im 1. Korintherbrief 2,14. Und Judas, nicht der Gottesverräter, sondern der treue, der Lebbäus[12] genannt wird, sagte voraus: In der Endzeit würden solche Spötter kommen |, die sich in ihren Anfechtungen und 347
ihrem gottlosen Wandel von den anderen absondern, lüstern sind und den Heiligen Geist nicht haben [vgl. Jud 18–19]. Wir

sehen also an ihren Taten, daß sie die Verdammnis wohl fürchten, wenn sie auch keine Hoffnung auf die Seligkeit haben. Denn daß sie grausam wüten, schändlich leben, unverschämt sich in Wollust wälzen, andere vermessen unterdrücken, alles an sich reißen und einsacken, was sie nur rauben, stehlen, ziehen oder tragen können, das sind gerade lauter Zeichen ihrer Gottlosigkeit und Verzweiflung. Tragen sie doch die Verdammnis schon gegenwärtig in ihren Herzen und mißgönnen – dem Teufel, ihrem Vater, ähnlich – allen anderen Menschen Ruhe, Frieden und Vertrauen auf die Seligkeit. Dabei schlagen sie jede Warnung in den Wind und alles, was sie von ihrem Irrweg abziehen und zum Heil bringen könnte, wie Salomo in den Sprüchen 18,3 zeigt: »Nachdem der Gottlose in die Tiefe der Sünden versunken ist, verachtet und verwirft er« – hier ist zu ergänzen: Gott und alle Geschöpfe – »aber Schande und Laster folgen ihm nach«. Ohne Zweifel hat Gott, der gerechte Richter, ihr Herz mit Jammer, Furcht und Schrecken der ewigen Pein erfüllt, weil sie sich nicht darum kümmern, daß sie die Erkenntnis Gottes in sich tragen – vgl. Römer 1,18–32 – und ihre hungrige Seele nicht mit der süßen Hoffnung auf Gott speisen. Weil sie nicht schon jetzt das ewige Leben in ruhiger Hoffnung anfangen wollen, bekommen sie die ewigen Qualen schon hier zu spüren und werden ihnen dort ewig unterworfen sein. Wenn sie auch keinen Kummer um die ewige Seligkeit haben, so doch um das ewige Elend. Das sei hier genug darüber, daß sie sich Sorgen um die Ewigkeit machen, sei es nun um ewige Verdammnis oder ewige Seligkeit.

Es ist nun geklärt, daß die Sehnsucht nach der Seligkeit uns mit unserer Natur mitgegeben ist, nicht aber mit der Natur des Fleisches oder der Leidenschaften, sondern durch die Ebenbildlichkeit, die uns der Werkmeister Gott eingeprägt hat. Denn wahrlich: Der Geist des Lebens, den Gott in das Angesicht Adams blies oder hauchte, war kein so kraftloser oder schwacher Hauch wie der Atem eines Menschen. In 1. Mose 2,7 steht folgendes: »Da bildete Gott den Menschen aus

Lehm und Staub der Erde und blies den Hauch oder Atem des Lebens in sein Gesicht.« Dieser Lebensatem, den der ewige Gott in Adam hineinhauchte, hat ohne Zweifel nicht nur den Willen zum leiblichen, | vielmehr auch zum ewigen Leben 348
eingegeben. Und er bewirkt, daß der Mensch allezeit nach dem seufzt, der ihm am Anfang Leben und Atem einhauchte. Wenn schon alle Kräfte des Himmels nach Psalm 33,6 durch den Atem, der aus dem Munde Gottes geht, zusammengehalten werden, um wieviel mehr wurde dann Adam mit dem Lebensatem eine unvergängliche Sehnsucht nach Leben eingehaucht. Unter Atem, Luft oder Hauch Gottes ist jeweils der Geist Gottes zu verstehen, der darum in der Schrift ein Atem oder dergleichen genannt wird, weil – wie wir durch das Atmen leben – entsprechend der Geist Gottes das wahre Leben ist. In ihm lebt alles und hat von ihm das Leben. Denn das lateinische Wort ›spiraculum‹, zu deutsch die Atmung, heißt bei den Griechen ›pnoe‹, was so viel wie Hauch, Luft oder Wind bedeutet. Auch folgt in 1. Mose 2,7 nach den oben angeführten Worten: »Und der Mensch wurde zu einem lebendigen Wesen«.[13] Was klar beweist, daß der Mensch zum ewigen Leben erschaffen wurde, denn sollte er wie die Tiere mit Leib und Seele sterben, so wäre es unnötig gewesen, den Begriff ›lebendiges Wesen‹ beizufügen. Zuvor nämlich bei der Schöpfung der Tiere wurde nicht hinzugefügt, sie seien zu einem lebendigen Wesen geworden. Und es wurde auch nicht gesagt, Gott habe ihnen Leben gegeben, indem er ihnen seinen Atem einhauchte, noch Gott habe Erde genommen und die Tiere daraus gebildet, wie bei der Erschaffung der Menschen, wo die Septuaginta schreibt: »Choun labon tes ges …«[14] Ganz anders heißt es von den Tieren: »Gott sprach: Das Erdreich bringe Wesen[15] hervor, die nach ihrer Art leben sollen, das arbeitswillige Vieh, kriechende und wilde Tiere mit ihren besonderen Gestalten, und so geschah es …« [1. Mose 1,24]. Hier erfahren wir zunächst, daß Gott der Erde befahl, die Tiere hervorzubringen, während er bei der Erschaffung des

Menschen selber Erde nahm und sie zu einem Menschen gestaltete. Und wenn Gott weiter von den Tieren spricht als von Wesen, die nach ihrer Art leben, so weist er darauf hin, daß das Wesen oder die Seele der Tiere ihr Leben ist, aber eben nach ihrer Art oder Natur, die doch vergänglich und sterblich ist. Schließlich sagt er von den Tieren nicht, daß sie ›zu einem
349 lebendigen Wesen geschaffen wurden‹, wie es | klar und ohne Einschränkung vom Menschen heißt, wo nicht angefügt ist: ›nach seiner Art‹. Stände das dort, so würde das bedeuten: Der Mensch ist auch zu einem lebendigen Wesen erschaffen, aber nur nach seiner Art, ebenso wie die Tiere nach ihrer Art leben. Dem Menschen wird aber vielmehr ein lebendiges Wesen zugesprochen ohne irgendeine Bedingung, damit man erkenne: Der Mensch wurde geschaffen und gezählt zu der Art und Natur der Geschöpfe, die ihrem Wesen und in ihrem Sein nach leben und nicht mehr sterben können.

Doch wäre unsere sorgfältige Auslegung der Schrift wertlos, wenn wir nicht darüber hinaus die Bedeutung der Ebenbildlichkeit Gottes in uns mit guten Schriftstellen belegten. Ich meine, wir müssen belegen, daß wir, weil wir ein Abbild Gottes sind, auch eine besondere Sehnsucht nach Gott haben.

Paulus schreibt den Kolossern 3,9–10: »Belügt einander nicht! Zieht den alten Menschen mit seinen Werken aus und legt den neuen an, der erneuert wird in der Erkenntnis nach dem Bilde seines Schöpfers!« Der alte Mensch, wie Adam von Natur sündhaft, läßt sich von seinen Leidenschaften durch die Macht des Fleisches verführen und beherrschen. Wer aber der neue Mensch ist, lehren die Worte des Paulus, nämlich ein Mensch, der, von den Anfechtungen des Fleisches befreit, mehr und mehr in der Erkenntnis Gottes zunimmt, wodurch die Ebenbildlichkeit mit Gott immer besser freigelegt, gereinigt und geklärt wird, wie der griechische Urtext verdeutlicht. Weil dieser neue Mensch ein Bildnis Gottes ist, bemüht er sich, immer mehr in der Erkenntnis zu reifen – in der Erkenntnis gerade dessen, der ihn geschaffen und ihm sein Abbild einge-

prägt hat –, damit er erneuert werde. Denn der alte Mensch oder Adam überdeckt und verfinstert den neuen Menschen, welcher nicht etwa deshalb als neu bezeichnet wird, weil er eine weniger alte Herkunft hätte, sondern weil er ganz und gar schön, ohne alle schändlichen Schwächen des Leibes, dazu berufen ist, die Ewigkeit zu besitzen, in der niemand alt noch kraftlos wird. Darauf weist Paulus im Epheserbrief 4,22–25: »Legt euren früheren Wandel ab«, das heißt den alten Menschen, »der zerschlissen ist durch trügerische Begierden. Erneuert euch aber im Geist eures inneren Wesens[16] und zieht den neuen Menschen an, der nach Gott geschaffen ist in | 350
Gerechtigkeit und Heiligung der Wahrheit. Darum werft ab Betrug und Falschheit und redet untereinander die Wahrheit! Denn wir sind einer des anderen Glieder.« Wir sehen also: Der Mensch, der nach Gott geschaffen ist, wird ein neuer Mensch genannt, weil er sich der Rechtschaffenheit und Wahrheit befleißigt. Diese aber veralten niemals, weil Gott selber Gerechtigkeit und Wahrheit ist.

Hiermit sollten wir dies genug verdeutlicht haben: Wir sind ein Abbild Gottes, und die Ebenbildlichkeit ist dazu in uns angelegt, daß sie zu ihrem Schöpfer und Bildner zurückgeführt werde. Wäre der alte Mensch, das heißt der Mensch, der nicht nur altert, sondern gar vergeht und verwest, nicht so beherrscht von seinen Leidenschaften, so würde der innere oder neue Mensch viel zielstrebiger nach Gott trachten und viel gottähnlicher leben. So aber vermag unser inneres Wesen uns kaum für kurze Zeitspannen dazu zu bewegen, dem nachzueifern und nachzufragen, nach dessen Bild wir geschaffen sind. Wir streben aber am ehesten zu ihm, wenn unser Leib am schwächsten ist, wie Paulus im 2. Korintherbrief 12,10 sagt: »Wenn ich schwach bin, so bin ich stark.« Ist der Körper schwach, so ist die Seele stark, die sich rüstet, Gott nachzufolgen um ihrer Ebenbildlichkeit willen, wenn sie auch wegen des schwer lastenden Körpers nicht weit kommen mag. Darum freut sich Paulus, wenn der alte und äußere Mensch erniedrigt und zerbrochen wird, damit der innere seine Gestalt zurückgewinne: »Wenn schon unser äußerer Mensch zerstört wird, so wird doch der innere von Tag zu Tag erneuert« (2. Kor 4,16). Schaut, wir stoßen da wieder darauf, daß wir zuerst nach Gottes Ebenbild geschaffen sind. Denn, was erneuert werden soll, muß schon vorher geschaffen, gemacht oder erbaut worden sein, um nachher, wenn es zerfällt oder schadhaft geworden ist, in seinen ursprünglichen Stand gebracht zu werden.

Ähnlich spricht Paulus zu den Römern 7,18–23: »Ich weiß, daß in mir – das heißt in meinem Fleisch – nichts Gutes wohnt. Denn der Wille ist wohl da, aber ich kann das Gute nicht vollbringen. Denn ich tue nicht das Gute, das ich will, sondern das Böse, das ich nicht will. Wenn ich aber das tue, was ich nicht will, tue nicht ich es, sondern die Sünde, die in mir
351 wohnt. So stoße ich auf das | Gesetz: Obwohl ich das Gute tun will, herrscht das Böse in mir. Denn ich habe Lust an dem Gesetz Gottes nach meinem inneren Menschen. Ich sehe aber ein anderes Gesetz in meinen Gliedern, das dem Gesetz meines Inneren widerstreitet und mich zum Gefangenen vom Gesetz der Sünde macht, das in meinen Gliedern herrscht.« Das sind lauter Paulusworte, die unser Anliegen gut verdeutlichen. Denn er sagt klar, daß unser innerer Mensch – der nach dem Bildnis Gottes geschaffen ist – gern nach dem Gesetz und Willen Gottes leben wollte, während der äußere Mensch sich dagegen sträubt, weil in seinen Gliedern – das heißt in ihm – die Sünde oder die sündige Schwäche wohnt. Denn hier gebraucht Paulus den Begriff Sünde im Sinne von: wir sündigen aus Schwachheit. Daß hier aber niemand fälschlich aus Paulus herleite, was die Sophisten behaupten, nämlich: »Sieht man hier nicht, daß wir doch etwas aus eigener Naturanlage vermögen?«[17] Nein! Denn sage doch, was kannst du aus eigener Naturanlage? Wäre die Ebenbildlichkeit dein, so wärest du ein Abbild deiner selbst. Ist sie aber Gottes, wie kannst du sie dein eigen nennen? Erkennt vielmehr, wie wir so gar nichts sind

und wie wir im Fleische nichts vermögen! Darum schreit der heilige Paulus nach den obenstehenden Worten, wo er sich anklagt, ein Gefangener der Sünde zu sein: »O, ich unseliger Mensch, wer wird mich von dem Leibe des Todes erlösen?« [Röm 7,24]. Er meint also, die Gefangenschaft des inneren Menschen sei sein Tod. Doch sogleich findet er wieder Rettung, indem er fortfährt: »Ich sage Gott Dank durch Jesus Christus« [Röm 7,25]. Denn er wird durch den Herrn Jesus Christus von dem Schaden der Sünde erlöst, und so bringt ihn die Sünde nicht in Verdammnis. Darum fügt er an: »Deshalb diene ich«, der gleiche Paulus, »mit meinem Inneren dem Gesetz Gottes, mit dem Fleisch aber dem Gesetz der Sünde« [Röm 7,25b]. Hier bemerkt jeder, daß Paulus sich als Knecht Gottes und als Knecht der Sünde bekennt. Wie kann er das zugleich sein? Wir können nicht ohne Sünde sein (vgl. 1. Joh 1,8), vielmehr wohnt die Sünde, wie gesagt, immer in uns [vgl. Röm 7,17–18], obwohl sie überwunden und gefangen ist durch Jesus Christus (vgl. Hebr 9,14 und Röm 6,14). Darum heißt es: »Die Sünde wird euch nicht beherrschen« [Röm 6,12]. Wir sind also verpflichtet, nach dem Willen Gottes zu leben, den wir nie erfüllen können. So müssen wir verzweifelt mit dem heiligen Paulus ausrufen: »Ich unseliger Mensch, wer wird mich erlösen von dem Körper des Todes?« [Röm 7,24]. Und wir werden uns selbst antworten: Die Gnade Gottes durch unseren Herrn | Jesus Christus. Obwohl der 352
äußere Mensch dem Gesetz – das heißt dem Grundübel – der Sünde immer unterworfen bleibt, sollen wir doch trachten, daß der innere Mensch von dem äußeren nicht beherrscht werde, und wir dem Fleisch nicht dienen nach seinen Begierden usw. Dies nur beiläufig, es würde zu weit führen, hierbei länger zu verweilen.

Da wir nun, wie gesagt, erwiesen haben, daß der innere Mensch, der seine Lust am Gesetz Gottes hat [vgl. Ps 1,2; Röm 7,22], zum Abbild Gottes geschaffen ist, damit er ihm nahekomme, muß daraus folgen, daß den inneren Menschen kein Gesetz oder Wort mehr erfreuen kann als das Wort Gottes. Denn nach Jesaja 28,20 ist das Bett zu eng, so daß der Ehebrecher daneben fallen muß, und der Mantel zu schmal, um zweie zuzudecken. Das bedeutet: Gott ist der Gemahl und Ehemann der menschlichen Seele. Er will nicht, daß sie die Ehe bricht, und duldet nicht, daß ihr neben ihm jemand anderer lieb – oder besser: so wert und teuer – ist wie er. Er will auch nicht, daß der Mensch woanders Hilfe suche als bei ihm, oder sich die Seele durch ein anderes Wort trösten ließe als allein durch seines, wie ein Ehemann will, daß seine Ehefrau sich nur an ihn halte, mit allen Anliegen zu ihm komme und nirgends Schutz suche als bei ihm allein. Denn Gott ist, wie Jesaja sagt, ein ›zelotes‹[18] [Jes 26,11; 59,17]. Er wacht eifersüchtig über die Seelen. Aber wozu noch mehr alttestamentliche Belegstellen? Christus selber sagt nach Matthäus 22,37: »Du wirst Gott deinen Herrn lieben von ganzem Herzen, von ganzer Seele und mit deinem ganzen Gemüte.« Und Markus fügt hinzu 12,30: ». . . und mit aller deiner Kraft«. Lieben wir ihn aber in solcher Weise, so wird uns kein anderes Wort so sehr und gewiß erfreuen und stärken wie das Wort dessen, der unser Schöpfer und Vater ist. Erfreut, schreckt und stärkt doch kein Wort den Menschen mehr als das seines Vaters, den er lieb hat. Darum gab auch Christus nach Matthäus 4,4 dem Teufel zur Antwort: »Der Mensch lebt nicht vom Brot allein, sondern von jedem Wort, das aus dem Munde Gottes kommt.« So belebend und stärkend ist sein Wort, daß es die Seele kräftigt und nährt, wie das natürliche Brot den Leib, ja viel mehr noch und anders. »Denn wer sich an das Wort und die Rede Gottes hält, der wird den Tod in Ewigkeit nicht sehen« [Joh 8,52].

353 Alle | angeführten Belege haben wir dazu genutzt, uns klarzumachen, daß, weil wir ein Abbild Gottes sind, die Seele nichts so erfreuen, vergewissern und stärken kann wie das Wort ihres Schöpfers und Bildners. Darum wollen wir nun weitergehen und die Klarheit und Unfehlbarkeit des Gotteswortes zu verstehen suchen. Zum ersten:

Das Wort Gottes ist so zuverlässig und mächtig, daß, was immer Gott will, von dem Moment an geschieht, wo er sein Wort ausspricht. So lebendig und wirksam ist es, daß sogar die unvernünftigen Dinge ihm sogleich folgen oder, besser gesagt, daß alle Dinge, ob sie nun vernunftbegabt oder ohne Vernunft sind, nach seinem Plan von ihm gestaltet, bestimmt und beherrscht werden, was 1. Mose 1,3 belegt: »Und Gott sprach: Es werde Licht! Und es ward Licht.« Siehe, wie lebendig und stark das Wort ist, das nicht nur Gewalt hat über alle Dinge, sondern sogar aus nichts erschafft, was es will. Im Schöpfungsbericht findest du noch viel mehr Belege, die wir hier, um Zeit zu sparen, weglassen. Der Erde wurde befohlen, zu ergrünen, dem Wasser, Fische hervorzubringen und zu nähren, und das geschieht bis heute. So stark ist das Wort, das ewig wirkt. Nach 1. Mose 3,16 sprach Gott zu Eva: »Ich werde deine Mühen und [sic!] Schwangerschaften vermehren; du wirst mit Schmerzen deine Kinder gebären und unter dem Schutz des Mannes stehen, und er wird dich beherrschen.« Dies alles, was ihr damals angesagt wurde, beschwert sie noch heute, und sie wird nicht davon loskommen, so lange sie auf Erden weilt. Und zu Adam sprach Gott: »Verflucht sei der Erdboden, wenn du ihn bebaust. Mit Mühsal mußt du dich davon ernähren dein Leben lang. Dornen und Disteln wird er hervorbringen. Im Schweiße deines Angesichtes wirst du dein Brot essen, bis du in die Erde zurückkehrst, von der du genommen bist« [1. Mose 3,17b–19]. Sieh hier, wie Mühsal und Tod nach dem wirksamen Wort Gottes den Menschen unausweichlich anhaften. Und weiter: Als die Menschen immer schlechter wurden, hat Gott ihnen das Leben auf 120 Jahre verkürzt (vgl. 1. Mose 6,3). Und so bleibt es bis zum Ende | der Welt. Zu 354
Adam und Eva aber sprach er, sobald sie die verbotenen Früchte äßen, würden sie des Todes sterben [vgl. 1. Mose 2,17]. Und

genau das, was Gott ihnen androhte, ist mit ihnen geschehen (vgl. 1. Mose 3,16–19). Dem Noah hinwiederum befahl Gott, sich mit einer Arche zu versehen, denn er werde 40 Tage und 40 Nächte lang regnen lassen und alle Lebewesen vertilgen (vgl. 1. Mose 6,13 und 7,4). Und genau so ist es geschehen, was sogar die Heiden mit ihrer Beschreibung der Sintflut bezeugen, nur daß sie Noah Deukalion nennen.[19] Später hat Gott durch seine Engel angekündigt, er werde Sodom und Gomorrha und die anderen Städte vertilgen,und es blieb nicht aus (vgl. 1. Mose 19,13; 24–25). Und Lot und seiner Familie wurde befohlen, nicht zurückzuschauen. Lots Frau aber war ungehorsam und erstarrte zu einer Salzsäule (vgl. 1. Mose 19,17 und 26). Zu Abraham wiederum sagte Gott: »Ich werde später wieder zu dir kommen, und dann wird deine Frau Sara einen Sohn haben ...« Sara konnte das nicht glauben, denn sie war fast 80 Jahre alt. Und doch kam es so (vgl. 1. Mose 18,10–14; 21,1–2). Das Alte Testament ist voll von Belegen für die zuverlässige Wirkung von Gottes Wort. Die zitierten Stellen haben wir alle nur aus einem kleinen Teil eines einzigen Buches, nämlich der Genesis, genommen. Ich würde nicht fertig werden, wollte ich erzählen von den großen Wundern, die Gott dem Mose versprach, an den Kindern Israels in Ägypten zu wirken, und die er alle zuverlässig ausführte, oder was er an Josua, Gideon, Jephta und anderen tat oder an Samuel, Saul, David und Salomo. Es möge dies jeder selbst nachlesen oder erwägen, wenn er darüber predigen hört.

Wir wollen jetzt zum Neuen Testament übergehen und die Stärke, Zuverlässigkeit und Kraft des Wortes Gottes darin ergründen.

Dem Zacharias schien unglaublich, was Gott ihm durch den Engel Gabriel ansagte. Denn seine Frau Elisabeth war bis dahin unfruchtbar gewesen, und nun waren beide alt. Weil er aber dem Wort Gottes nicht glaubte, verlor er seine Sprache. Doch nachher trat ein, was ihm unmöglich schien: So stark, gewiß und lebendig ist Gottes Wort. Der treue Wegbereiter und Täu-

fer Johannes wurde geboren [vgl. Lk 1,5–25; 57]. Die reine
Jungfrau Maria erschrak, als | ihr der Engel die Geburt Jesu 355
Christi ankündigte und auferlegte [vgl. Lk 1,26–38]; denn sie hatte keinem Manne beigewohnt. Doch Gottes Wort war so lebendig und wirksam, daß es in ihr Mensch wurde und heranwuchs und, ohne daß ihre Jungfräulichkeit Schaden nahm, zum Heil der Welt geboren wurde. Wir sehen daraus, daß die Natur eher ihren Lauf verläßt, als daß das Wort Gottes nicht erfüllt würde und nicht bestehen bliebe.

Nach Lukas 1,32 sprach der Engel an Stelle Gottes zu ihr: »Er« – damit ist Christus gemeint – »wird groß sein«. Schau doch, wer ist am Ende bedeutender in der Welt geworden als Christus? Alexander und Julius Cäsar waren groß, und doch haben sie sich beide den Erdkreis nur halb, der eine kaum halb, unterworfen. Zu Christus aber kamen die Gläubigen »vom Aufgang und Niedergang der Sonne« [Jes 45,6]. Ja, auf der ganzen weiten Welt hat man an ihn geglaubt und ihn als »Sohn des Höchsten« [Lk 1,32] gepriesen und erkannt, daß »sein Reich ohne Ende ist« [Dan 6,26]. Denn wessen Regiment oder wessen Macht hat so lange gewährt wie der Glaube an Christus, der nicht aufhören wird, auch wenn nur wenige daran festhalten? Wir sehen ja, wie die Voraussagen Gottes tagtäglich erfüllt werden.

Sobald Christus herangewachsen war und anfing zu lehren und Wunder zu tun, waren ihm alle Dinge gehorsam und richteten sich nach seinem Wort. Zu dem Aussätzigen, der ihm zurief: »Wenn du willst, kannst du mich rein machen«, sagte er: »›Ich will es, sei rein!‹, und sogleich wurde er von seinem Aussatz rein«, weil Gott es wollte, und das Wort ›Sei rein!‹ das bewirkt hatte (Mt 8,2–3). Zu dem Hauptmann sprach er: »Gehe hin, wie du geglaubt hast, so geschehe dir! Und sein Diener wurde in jener Stunde gesund« (Mt 8,13). Hier ist zu beachten, wie das unfehlbare Gesundwerden vom Glauben des Hauptmannes abhängt, damit wir lernen, fest auf Gott und sein Wort zu vertrauen. Er sprach zum königlichen Beamten: »Dein Sohn

lebt«, und so war es (vgl. Joh 4,49–53), obwohl Jesus nicht bei ihm war. Daran sollen wir erkennen, daß für das Wort Gottes nichts unmöglich und nichts zu entfernt ist. Er sprach zu dem Blinden, Gehörlosen und Stummen: »Ephata, das heißt: Tu dich auf!« (Mk 7,34). Und seine Sinne taten sich auf. Er sprach
356 zum Blinden: »Du sollst sehen, dein Glaube hat dich | gesund gemacht. Und sogleich sah er wieder« (Lk 18,42–43). Matthäus befahl er: »Folge mir nach! und sogleich folgte er ihm« (Mt 9,9). Zu dem Bettlägerigen sagte er: »Deine Sünden werden dir vergeben« [Mt 9,2]. Auf daß man sich aber durch äußere Zeichen der inneren Heilung vergewisserte, fügte er hinzu: »Steh auf, nimm dein Bett und geh in dein Haus! Und er stand auf und ging davon« (Mt 9,2–7). Zu der verkrümmten Frau sagte er: »Du bist von deiner Krankheit erlöst.« – Dabei legte er ihr die Hand auf als sicheres Zeichen oder um ihr seine Zuneigung zu zeigen. »Und sie richtete sich sogleich gerade auf« (Lk 13,11–13). Er sprach ein Dankgebet über Brot und Fisch, und sie vermehrten sich, so daß viele Tausende von Menschen davon satt wurden, und viel mehr übrig blieb, als vorher vorhanden gewesen war; so erzählen es alle Evangelisten [vgl. Mt 14,17–20; Mk 6,38–43; Lk 9,16–17; Joh 6,9–13]. Er bedrohte den Teufel, worauf der sogleich den Menschen verließ, von dem er Besitz ergriffen hatte (vgl. Mt 17,18). Er riet den Jüngern, auf der rechten Seite auszuwerfen, um die Netze zu füllen, und sie fingen sogleich 153 große Fische (vgl. Joh 21,6 und 11). Er gebot Petrus, zu ihm aufs Wasser zu kommen, und das Wasser hat Petrus sogleich getragen (vgl. Mt 14,29). Er kündete vom Himmel herab Ananias an, Paulus werde ein auserwähltes Werkzeug sein, das seinen Namen vor Könige und Fürsten und die Kinder Israels tragen werde (vgl. Apg 9,15). Und er ist es geworden. Als Paulus nach Rom gebracht wurde und Schiffbruch drohte, versprach er ihm, es werde niemand umkommen, nur das Schiff werde verlorengehen. Und genau das ist geschehen (vgl. Apg 27,22–24 und 44).

Diese Evangeliumsstellen bestätigen uns zur Genüge: Gottes Wort ist so lebendig, kräftig und machtvoll, daß ihm alle Dinge gehorsam sein müssen, wie und wann immer er will. Niemand soll zu lästern wagen, wie die Gottlosen zu Zeiten des Ezechiel (vgl. Ez 12,22), Gottes Versprechen an seine Propheten würden lange nicht eingelöst. Denn|Gott hält nicht aus 357
Nachlässigkeit stille, sondern er wartet den richtigen Zeitpunkt ab, nicht etwa um seinetwillen, nein: zu unserem Besten.

Ihn selber betrifft der Zeitablauf nicht, er ist der Zeit überhaupt nicht unterworfen. Was uns langewährend vorkommt, ist ihm ewig gegenwärtig, ja, es gibt bei ihm nicht Vergangenes oder Zukünftiges, alle Dinge liegen unverhüllt und offen vor seinen Augen. Er erkennt nicht mit der Zeit und vergißt nicht mit der Zeit, sondern er sieht alle Dinge in sicherer Gewißheit und Anschauung in ewiger Gegenwärtigkeit. Aber für uns, die wir zeitlich sind, haben lang und kurz ihren Sinn und ihr Maß in der Zeit. Wenn uns also etwas lang erscheint, ist es bei Gott nicht lang, sondern gegenwärtig. Scheint es dir, Gott wolle immer wieder einen Menschen oder ein böses Volk nicht strafen und ertrage seinen Übermut viel zu lange, bist du auf dem Holzweg. Wisse, sie können ihm nicht entrinnen. Er übersieht die ganze Weite der Welt, wo sollten sie sich verstecken? Er findet sie wohl (vgl. Ps 139,7). Und wenn du meinst, er strafe oder helfe nicht, wie er in seinem Wort versprochen hat, so irrst du in jeder Hinsicht. Sein Wort kann nicht ohne Wirkung bleiben, es kann nicht zunichte oder gehemmt werden. Angenommen, es wäre so, und Gott löste seine Worte nicht ein, so wäre sein Wort nicht allmächtig. Ein anderer wäre stärker und könnte sein Wort hintertreiben. Nein, es muß alles vollbracht werden. Und geschieht das nicht auf der Stelle, wie du es gern sähest, so beweist das nicht eine Einschränkung seiner Macht, sondern die Freiheit seines Willens. Müßte Gott nämlich alles nach deinen Wünschen gestalten, so wärest du ja mächtiger als er, und er müßte sich nach dir richten. Was könnte man Verrückteres vorbringen! Er wird sein Wort nie wirkungslos lassen, wie Ezechiel im Kapitel 12,25 bezeugt: »Du widerspenstiges Geschlecht, ich werde ein Wort sprechen und es auch vollbringen.« Und wenig später: »Das Wort, das ich sprechen werde, wird erfüllt werden« [Ez 12,28].

358 Die ganze evangelische Lehre ist ja nichts anderes | als ein sicherer Beweis, daß erfüllt wird, was Gott verheißen hat. Denn das Evangelium ist die Erfüllung selbst. Der den Vätern, ja dem ganzen menschlichen Geschlecht verheißen wurde, ist erschienen und mit ihm, was wir erhofften, eingetreten, wie Simeon nach Lukas 2,29–32 bekannte. »Denn was wollte er uns abschlagen, wo er doch seinen eigenen Sohn für uns dahingab, oder hat er uns mit ihm nicht alles gegeben?« (Röm 8,32).

So viel zur Kraft und Gewißheit des Wortes Gottes. Jetzt folgt:

Die Klarheit des Wortes Gottes

Bevor wir anfangen von der Klarheit des Wortes Gottes zu reden, wollen wir den Gegnern seiner Klarheit zuvorkommen, daß sie nicht nachher spotten: »Wie klar ist denn das schon? Warum redet er in Gleichnissen und Rätseln, wenn er will, daß man sein Wort verstehe?« Antwort: Vor allem laß dir dies sagen: Ich antworte dir nicht etwa, weil ich der Meinung wäre, daß man solche vorlauten Fragen beantworten müsse, noch, daß es nötig sei, die Ratschlüsse Gottes zu rechtfertigen, oder, daß ein Mensch die Ursachen aller Taten Gottes erkennen könne. Nein, ich will dir, so weit ich das mit eindeutigen Schriftbeweisen vermag, an dieser Stelle deinen Mund stopfen, damit du lernst, Gott nicht zu lästern (vgl. 1. Tim 1,19–20).

Gott hat von jeher und zuletzt durch den Herrn Jesus Christus vermehrt in Gleichnissen gelehrt, weil er den Menschen den Sinn seiner Offenbarung in angenehmer und gefälliger Form vorlegen wollte. Denn was in Gleichnissen, bildhaften Sprüchen und Rätseln mitgeteilt wird, regt den Verstand des Menschen an, reizt ihn zum Nachdenken und läßt ihn nicht los, wie Jesus Sirach im Kapitel 39,2–3 sagt: »Ein weiser Mensch wird den geheimnisvollen Sinn der Weisheitssprüche ergründen und die verborgenen Schätze der Gleichnisse heben.« Hat uns nämlich ein Weisheitsspruch oder ein Gleichnis gereizt, seinen verborgenen Sinn zu erforschen, und haben wir
ihn ergründet, so schätzen wir ihn viel höher und | teurer, als 359
wenn er uns einfach vorgelegt worden wäre. Darum wollte auch die himmlische Weisheit den Menschen ihren Willen in lieblichen Gleichnissen näher bringen. Sie spricht in Psalm 49,4–5: »Mein Mund wird Weisheit reden, und mein Herz trachtet nach Einsicht. Ich werde mein Ohr zu den Gleichnissen wenden und meine Rätsel bei süßem Harfenklang darlegen.« Denn durch Gleichnisse werden die, die sonst träge und gelangweilt wären, zum Hören gereizt, und die gefundene Wahrheit wird sicherer angenommen und geschätzt. Je länger nämlich der göttliche Sinn im Verstand des Menschen herausgearbeitet und bewegt wird, desto tiefer schlägt er seine Wurzeln in das Herz.

Beispiel: Wer hätte die ungleiche Frucht des Wortes Gottes besser ausmalen können als Christus in Matthäus 13,3–23 mit dem Gleichnis vom Sämann und seinem Samen? Dieses Gleichnis reizte die Jünger Christi, ihn nach der Bedeutung zu fragen und sie auch zu ergründen. Aber die Gottlosen schreckte es ab. Nicht, daß das Gleichnis sie verscheuchte, sondern ihr verstocktes Herz wollte sich nicht belehren und nicht anregen lassen, auf irgendwelche Vorhaltungen zu hören, wie es der Prophet Jesaja im 6. Kapitel, 9–12 voraussagte: »Ihr Zuhörer hört, und werdet nicht verstehen, ihr seht bedeutsame Gesichte und Erscheinungen und werdet ihren Sinn nicht erkennen.

Verblende das Herz des Volkes, verstopfe seine Ohren und schließe seine Augen, daß sie mit den Augen nicht sehen, mit den Ohren nicht hören und mit den Herzen nicht verstehen, auf daß sie nicht umkehren und ich sie heilen müßte! Da sprach ich:« – ›ich‹ beziehe ich auf Jesaja – »Herr, wie lange? Und der Herr antwortete: bis die Städte verödet und ohne Einwohner sein werden, die Häuser menschenleer und das Erdreich wie eine Wüste. Denn Gott wird die Menschen weit weg treiben.« Diese Worte Jesajas benutzt auch Jesus an der zitierten Stelle [vgl. Mt 13,14–15] und lehrt, daß die Größe ihrer Sünden und der Frevel, sich Gott zu widersetzen, sie verblendete und Gott erzürnte. Darum schadete ihnen um ihrer Sünden willen, was allen Menschen zum Heil offenbart ist, und sie gerade zur Erkenntnis ziehen sollte, die Gläubigen aber zur Seligkeit bereitet, wie Jesus selbst wenig später im Matthäusevangelium Kapitel 13,12 sagt: »Jedem, der hat, dem wird gegeben, wer aber nicht hat, dem wird auch das genommen, was er hat.«

360 Das bedeutet: Jeder, der | nach himmlischer Lehre und dem Wort Gottes verlangt, der wird es erhalten, oder besser: Jeder, der zu Gottes Wort kommt und nicht sein eigenes Verständnis mitbringt – wie Hilarius sagt[20] –, sondern bereit ist, sich von Gottes Willen belehren zu lassen. Denn der ›hat‹ etwas, er verläßt sich nicht auf sich selbst, sondern hält sich allein an Gott und die Erleuchtung durch Gottes Geist. Glaubst du nicht, der habe etwas? Doch, wer dazu bereit ist, dem wird gegeben. Der, ›der nichts hat‹, das ist dagegen einer, der vermessen trachtet, die Schrift nach seinem Sinne zu vergewaltigen. Und du glaubst, der habe etwas? Nein, dem werden Einsicht und Verständnis genommen, die er zu haben meint. »Ihn wird«, wie im Buch der Weisheit Kapitel 2,21 steht, »seine Bosheit verblenden«, so daß er nicht annimmt, was Gottes Geist lehrt.

O gute Christen, was meint ihr, wie weit ein großer Teil von uns noch von Gottes Zorn entfernt sein mag? Wir sehen,

wie unverschämt gesündigt wird, wie überall nur Habgier und Willkür herrschen, und alle Gerechtigkeit nichts anderes als Heuchelei ist und der Wunsch, den Menschen zu gefallen. Wenn wir aber ob dieser Missetaten mit der evangelischen Lehre, die das Wort Gottes ist, getadelt, zurechtgewiesen und zur Buße gerufen werden, so wollen wir nicht hören und verschließen die Ohren vor dem, was Gott zu unserem Nutzen gibt. Wir verwerfen es so lang und oft, bis wir die Strafe heraufbeschwören. Im 2. Buch der Chronik Kapitel 36,15–20 wird uns berichtet, wie Gott damals die Kinder Israels wiederholt ermahnt habe und schließlich, weil sie sich nicht besserten, gefangen aus dem Land vertreiben ließ. Wohl schickte der Gott ihrer Väter ihnen bevollmächtigte Boten, um sie täglich schon von früh an zu warnen, denn er wollte sie und ihr Heiligtum schonen. Aber sie verlachten und verhöhnten die Boten Gottes, verachteten ihre Rede und verspotteten die Propheten so lange, bis Gottes Zorn über das Volk so sehr entbrannte, daß kein Mittel mehr half. Denn er führte den chaldäischen König über sie und ließ ihre jungen Männer im
Tempel mit dem | Schwert erschlagen. Er hatte kein Erbarmen, 361
weder mit den Knaben, noch mit den Mädchen oder den Erwachsenen, nicht einmal mit den Alten, die sich auf den Stock stützten. Er hat sie alle in die Hand des chaldäischen Königs ausgeliefert. Der überführte alle Tempelgeräte und sämtliche Schätze nach Babylon. Und die Feinde zündeten das Haus Gottes an, rissen die Mauern Jerusalems nieder, verbrannten alle Tore und zerstörten, was wertvoll war. Hier siehst du, was für ein Jammer nachfolgt, wenn das Wort Gottes verachtet und verdrängt wird. Und bedenke, wenn dem Wort Gottes nicht geglaubt wird, ist das ein sicheres Anzeichen für die drohende Rache Gottes.

Das Wort Gottes und seine Verkündigung ist ein »Wohlgeruch« (vgl. 2. Kor 2,15–16), der vielen Leben, vielen aber auch Tod bringt. Ein Beispiel: Nimm einen guten starken Wein! Dem Gesunden schmeckt er gut, und der Wein macht ihn fröhlich, stärkt ihn und erwärmt ihm das Blut. Wer dagegen an einer Krankheit oder an Fieber leidet, der mag ihn nicht einmal riechen, geschweige denn trinken und wundert sich, daß die Gesunden ihn vertragen können. Das nicht etwa, weil der Wein schlecht wäre, sondern weil dem Kranken schlecht ist. So ist das Wort Gottes ohne Fehl und zum Besten des Menschen offenbart, wer es aber nicht ertragen mag, nicht versteht und nicht annehmen will, der ist krank. Das sei denen geantwortet, die frech behaupten, Gott wolle in seinen Worten nicht verstanden werden, gleich als ob er uns in Gefahr bringen wollte. So lange wir ihn nicht verstehen, verharren wir in seiner Ungnade. Ein Sohn weiß, daß ihn sein Vater liebt, so lange der noch mit ihm redet, auch dann wenn der Vater ihn herb ermahnt und schilt. Dagegen muß der Sohn sich eingestehen, er sei aller Gnade verlustig, wenn der Vater gar nicht mehr mit ihm spricht, ihn nichts lehrt und ihm nichts erklärt. Ebenso widerfährt uns die härteste Strafe und bedrohen uns die größten Übel, wenn wir ohne den Zuspruch von Gottes Wort bleiben müssen.

Nun aber wenden wir uns den Begriffen Klarheit und Licht zu. Gott sei Lob; er wolle unserem Mund die rechten Worte eingeben, so daß wir sie überzeugend verdeutlichen mögen! Amen.

Trifft der Schein des Gotteswortes auf den Verstand des Menschen, so wird der durch das Wort erleuchtet. Dann versteht er es, bekennt es und wird seiner gewiß. Das hat David
362 erfahren, der im Psalm 119,130 ausruft: | »Das Offenbarwerden deiner Worte, o Herr, erleuchtet und schenkt Verständnis den Geringen.« Die Geringen sind die, die von sich aus nichts vermögen, sondern dem Kinde gleichen, das Jesus, um Demut zu lehren, mitten zwischen die Jünger stellte und dazu sprach nach Matthäus 18,3: »Es sei denn, daß ihr umkehrt und wie dieses Kindlein werdet, sonst werdet ihr nicht in das Reich der Himmel eingehen.« Solche Klarheit, die unser Verständnis leitet und ihm zuvorkommt, wird uns bei der Geburt Christi

deutlich, wo die Hirten zuerst von der Klarheit umleuchtet wurden, und der Engel erst danach anfing, zu ihnen zu reden (vgl. Lk 2,10–12). Die Hirten aber glaubten seinen Worten und fanden alles, wie es ihnen der Engel angesagt hatte.

I. Nun wollen wir zunächst mit einigen Geschichten aus dem Alten Testament und nachher aus dem Neuen die Klarheit begründen.

1. Als Gott ihm befahl, die Arche zu bauen, glaubte Noah, daß Gott die ganze Erde mit der Sintflut vertilgen wolle. Das konnte Noah nicht aus menschlicher Einsicht glauben. Sonst hätten die vielen, die sich nicht daran kehrten, sondern weiterhin bauten, heirateten und ihren Lüsten nachjagten, ihn, der ganz allein dastand, verunsichern müssen. Er hätte sich wohl gesagt: Ach, was du gehört hast, ist nur ein Betrug, das hat dir zweifellos ein Dämon vorgegaukelt. Hieraus siehst du: Von Gottes Wort ging das Licht aus, welches Noah erkennen ließ, daß Gott und niemand anderer zu ihm sprach (vgl. 1. Mose 6,13–22).

2. Daß Abraham glaubte, die Stimme, die ihm auftrug, seinen Sohn zu opfern, sei Gottes Stimme, konnte nicht auf menschlicher Einsicht oder menschlichem Verstand beruhen, denn Abraham war ja gerade das Heil durch Isaaks Nachkommen verheißen (vgl. 1. Mose 21,12). Nun befahl ihm Gott, eben diesen seinen Sohn Isaak, den er lieb hatte, aufzuopfern (vgl. 1. Mose 22,2). Abraham hätte sich doch nach menschlichem Ermessen folgende Gedanken machen müssen: Mit dieser Stimme ist es nicht ganz richtig, sie ist nicht von Gott. Denn er hat dir ja als besonderen Erweis seiner Zuneigung diesen Sohn Isaak von deiner Ehefrau Sara geschenkt und dazu verheißen: Aus seinem Geschlecht soll der Heiland aller Menschen geboren werden. Wenn du ihn aber töten müßtest, so wäre die ganze Verheißung nichtig. Und seine Gabe wäre widersinnig. Denn wozu hätte er dir den Sohn gegeben, wenn er
ihn dir, sobald | du recht anfängst, dich am meisten an ihm zu 363
freuen, wieder nehmen wollte? Zu nichts! Nein, die Stimme

kann nicht von Gott stammen, sie wird eher des Teufels sein, der dich dazu verführen will, dich um deinen allerliebsten Sohn zu bringen. Daß Abraham sich aber von solch erdrükkenden Ängsten und Zweifeln nicht beirren ließ und seiner eigenen Einsicht nicht traute, hat Gott allein bewirkt. Er hat Abraham durch sein Wort erleuchtet, und so erkannte der, daß Gott selber ihm den Auftrag gab, obwohl der seinen früheren Verheißungen ganz widersprach. Hier regten sich Saft und Mark, ja, alle Kräfte des Glaubens. Abrahams Verstand konnte den Befehl Gottes nicht ertragen, aber der Glaube widersprach nach Römer 4,17–18: Ei, wer dir den Sohn verheißen und geschenkt hat, der kann ihn dir auch wieder auferwecken oder den Heiland, den er verheißen, auf verschiedenen anderen Wegen gewähren. Denn Gott ist stark und mächtig genug, zu erfüllen, was er versprochen hat. Und so war der Glaube stärker. Es war, wie du erkennst, das Licht, das Gottes Wort mit sich bringt, das dies bewirkte.

3. Mose verzweifelte nicht, als er die Kinder Israels in eine ausweglose Lage, zwischen Roß und Wand, wie man so sagt, gebracht hatte. Und sie, wie Josephus[21] berichtet, zwischen Berg, Meer und Feinden eingeschlossen waren. Da begannen die Israeliten laut über Mose zu schelten (vgl. 2. Mose 14,11–16): »Gab es nicht auch in Ägypten Gräber, in denen wir erschlagen hätten begraben werden können? Haben wir es nicht vorausgesagt?« Er aber tröstete und stärkte sie: »Fürchtet euch nicht! Der Herr wird für euch streiten, ihr könnt ruhigbleiben.« Und als er leise in seinem Herzen zu Gott schrie, antwortete Gott: »Nimm den Stab und recke deine Hand über das Meer und zerteile es, daß die Kinder Israels trocken mitten hindurch gehen können!« Da hätte er doch verzweifeln können und grübeln: Wenn es nicht Gottes Stimme wäre, sondern ein Betrug, so wärest du verloren. Er aber erkannte die Stimme
364 sicher als Gottes Stimme. Und das bewirkte | das Licht des Gotteswortes, das mit solchem Schein und solcher Bestimmtheit leuchtet, daß man es bekennt und ihm glaubt. Moses Ver-

stand aber hat nichts dazu beigetragen, obwohl er in aller Gelehrsamkeit und in der Weisheit Ägyptens wohl unterrichtet war.

4. Jakob erkannte, daß die Stimme dessen, der oben auf der Leiter stand und sprach: »Ich bin der Herr, der Gott Abrahams, deines Vaters und Isaaks ...« [1. Mose 28,13], die Stimme Gottes war. Er hielt sie nicht für einen unbeständigen Traum. Das tat er nicht auf Grund seines Verstandes. Denn wo hätte er Gott je zuvor gesehen und dessen Stimme gehört, um sie kennen zu lernen? Nein, Gottes Wort gab ihm Klarheit und Einsicht, so daß er nicht daran zweifelte, daß es Gottes Stimme war. Darum sprach er, als er erwachte: »Wahrlich, der Herr ist an diesem Ort, und ich habe es nicht gewußt« [1. Mose 28,16].

Nun sage mir, du Neunmalkluger, welches Konzil und welche Richter haben entschieden, Jakob solle das Wort Gottes für wahr halten und glauben, daß es tatsächlich von Gott kam.[22] Seht, ihr Streithammel: Das Wort Gottes brachte seine eigene Klarheit und Erleuchtung mit, wodurch er erkannte, daß es von Gott selber stammte. Und er vertraute ihm fest und glaubte alles, was ihm in 1. Mose 28,13–15 verheißen worden war.

5. Daß Micha die ihm von Gott kundgewordene Erscheinung mit den dazugehörigen Worten als gottgesandt erkannte und nicht für ein Phantasiegebilde hielt, beruht auf göttlicher, nicht menschlicher Einsicht (vgl. 1. Kön 22,17–23). Namentlich weil 400 Propheten Micha gegenüberstanden und ihm widersprachen, besonders Zedekia, der ihn auf die Backe schlug und ausrief: »Sollte der Geist Gottes mich verlassen und mit dir gesprochen haben?« [1. Kön 22,6–15]. Hätte da nicht die Überzahl der hochgeachteten Propheten und das Ansehen der beiden Könige Ahab und Josaphat Micha überzeugen müssen, er sei im Irrtum, er habe wohl nicht recht verstanden und nicht recht gesehen? Ja, wenn er keine andere Quelle der Erleuchtung als sein eigenes Verständnis gehabt hätte, hätten ihm leicht Zweifel kommen müssen. Das Wort Gottes aber hat

sich ihm selbst erhellt und Klarheit gebracht. So wurde sein Verständnis überwältigt und gefestigt, daß er steif und fest bei dem Angesagten und Geschauten blieb. Nun überleg dir einmal, du gescheiter Mann, wie wäre es der göttlichen Wahrheit ergangen, hätte man der Mehrzahl der Propheten die Auslegung dieser Worte und Gesichte überlassen? Oder frage dich, welcher Mensch darüber urteilte, daß Micha nicht im Irrtum befangen war, als er tatsächlich nicht irrte. Denn die vielen anderen Propheten verhießen den beiden Königen Sieg. Mi-
365 cha aber bezichtigte sie der Lüge, und sie | siegten durchaus nicht. So geschah das, was ein einziger behauptet hatte, von Gott unterwiesen ohne menschliches Zutun, während die große Mehrheit Falsches angesagt hatte.

6. Jeremia verkündigte die ihm von Gott aufgetragenen Worte unerschrocken, obwohl man ihn um derentwillen gefangennahm und umzubringen drohte. Das konnte er nur, weil er den Worten Gottes festen Glauben schenkte und erkannte, daß sie von Gott stammten, so Jeremia 26,1–15.

7. Daß Elia auf das Gotteswort in 1. Könige 18,1 hin: »Geh und zeige dich Ahab, dann will ich dem Erdreich Regen spenden« wußte, was zu tun war und den ganzen Wettstreit mit den Götzenpriestern durchführte, das beruhte nicht auf seiner Einsicht, sondern auf göttlicher Erleuchtung. Die allein leitete ihn an, so daß er ohne alle Beurteilung durch Menschen – denn er glaubte ja nach 1. Könige 19,10 und Römer 11,2 ganz allein zu stehen – alles vollendete.

Diese sieben Stellen aus dem Alten Testament belegen zur Genüge, daß Gottes Wort von Menschen gut verstanden werden kann ohne alle Unterweisung durch Menschen. Nicht etwa, weil der menschliche Verstand das ermöglichte, sondern das Licht oder der Geist Gottes, der in seinen Worten so leuchtet und atmet, daß man die Strahlen seiner Lehre in seinem Lichte sieht. So steht es in Psalm 36,10: »Bei dir, Herr, ist die Quelle des Lebens, und in deinem Lichte werden wir das Licht sehen« – ähnlich Johannes 1,4.

II. Und damit wollen wir zu den Belegen aus dem Neuen Testament übergehen.

In Johannes 1,9 steht: Das Wort Gottes, das sein Sohn ist, war »das wahre Licht, das jeden Menschen, der in diese Welt kommt [sic!], erleuchtet«. Weil nun das Licht jeden Menschen erleuchtet, ist es zweifelsohne die Klarheit selbst. Denn nichts könnte allen Menschen Erleuchtung bringen, so licht und klar es auch sein möge, außer die Klarheit selbst. Sie muß auch ewig sein, damit sie immerwährend alle Menschen erleuchten kann. Muß doch alles, was klar ist, von der Klarheit erleuchtet sein. Hört, ihr Streithähne, die ihr der Schrift keinen Glauben schenkt: Das Wort Gottes, das Gott selbst ist, erleuchtet alle Menschen. Darum hört endlich auf mit euren Klarstellungen, die ihr mit euren Richtern dem Wort Gottes angedeihen lassen wollt. Johannes der Täufer sagt nach Johannes 3,27: »Der Mensch kann nichts empfangen oder begreifen, es werde ihm denn von oben herab gegeben.« Muß nun von oben herab
kommen, was wir empfangen | oder begreifen, so kann mir das 366
ja kein Mensch geben. Also kommt das Begreifen und Verstehen der göttlichen Lehre von oben herab und nicht von euren Richtern, die alle aus fleischlicher Schwäche irren können wie Bileam. Lies das im 2. Petrusbrief im 2. Kapitel nach!

Schon die Frau in Samaria war gescheit genug, nach Johannes 4,25 so zu Christus zu sprechen: »Ich weiß, daß der Messias kommt, der Christus genannt wird. Wenn er erst einmal gekommen sein wird, wird er uns alle Dinge offenbaren und verkünden.« Unsere Theologen aber wissen das noch nicht. Fragst du sie, ob sie diesen Satz verstehen: »Christus est caput ecclesiae«, was heißt: »Christus ist das Haupt seiner Gemeinde« [Eph 5,23] oder Kirche, die sein Leib ist, so antworten sie, ja, das verständen sie gut. Sie dürften es aber ohne die Bestätigung durch Menschen nicht so verstehen. Hört doch, was für arme Kerle! Statt sich der Wahrheit zu ergeben, wollen sie lieber ihr Menschsein verleugnen, als ob sie keine Vernunft mehr hätten und nicht wüßten, was ›caput‹ heißt. Und das alles, weil sie die göttliche Wahrheit so gerechten Richtern wie Kajaphas und Hannas unterwerfen wollen, während das, was Christus geredet hat, bei ihnen nichts gilt.

Christus aber spricht nach Johannes 6,45: »Sie werden alle von Gott gelehrt werden«, wie Jesaja im Kapitel 54,13 prophezeit hat. Werden nun alle Christen von Gott belehrt, warum willst du ihnen ihre Lehre nicht sicher und frei belassen nach dem Verständnis, das Gott sie gelehrt hat? Daß aber Gott der Lehrer der gläubigen Herzen ist, lernen wir von Christus in den folgenden Worten nach Johannes 6,45: »Jeder, der es vom Vater gehört und gelernt hat, kommt zu mir.« Niemand kommt zum Herrn Jesus Christus, der ihn nicht durch den Vater erkennen gelernt hat. Hört ihr, wie der Schulmeister heißt, weder Doktoren noch Väter noch Päpste, nicht Fakultäten oder Konzilien. Er heißt: Der Vater Jesu Christi. Ihr sollt auch nicht sagen: »Könnte man es nicht auch von einem Menschen lernen?« Nein, denn er sagt gerade vorher: »Niemand kommt zu mir, es sei denn, der himmlische Vater habe ihn gezogen« [Joh 6,44]. Und wenn du auch von einem Apostel das Evangelium Jesu Christi hörtest, könntest du ihm doch nicht folgen, außer der himmlische Vater lehrte dich durch seinen Geist und zöge dich zu sich. Die Worte sind klar. Die
367 Lehre Gottes | erhellt sie klar, lehrt und schenkt Gewißheit ohne alles Zutun menschlicher Weisheit. Werden Gläubige von Gott belehrt, so werden sie deutlich, sicher und genau belehrt. Müßten aber Menschen sie erst bestätigen und vergewissern, so sollten sie besser Menschen- statt Gottesgelehrte genannt werden.

Weiter spricht Christus (Joh 6,65): »Deshalb habe ich euch gesagt, daß niemand zu mir kommen kann, es sei ihm denn von meinem Vater gegeben.« Hörst du, der Vater ist es, der gibt, wie bereits oben steht. Wozu bedarfst du dann eines anderen Lehrers, Führers oder Richters? Als Christus wenig später fragte: »Wollt auch ihr mich verlassen?« [Joh 6,67], antwortete Petrus im Namen aller anderen Jünger: »Herr, zu wem sollten wir gehen? Du hast Worte des Lebens, und wir glauben und erkennen, daß du Christus bist, der Sohn Gottes« [Joh 6,68–69]. Höre, ihnen war kein anderer Lehrer bekannt, dem sie zutrauten, Worte des Lebens zu lehren.

Und du willst mich überreden, ich verstände seine Worte nicht und müsse sie mir erst von einem Menschen erklären lassen. Hör doch, wie die Apostel von keinem Zweifel gequält werden, vielmehr von Gott und nicht von Menschen belehrt sprechen: »Das glauben wir und haben wir erkannt.« Hier willst du einwenden: »Ja, wenn mich Gott belehrt hätte!« Antwort: Ich höre daraus, daß dich Gott nicht belehrt hat, sonst wüßtest du wie die Jünger ganz sicher, daß du unterwiesen bist. Die Worte selbst würden dich vergewissern. Denn »wer von der Erde stammt, der redet von der Erde, wer aber von oben her ist, der ist über allem« (Joh 3,31). Fragst du weiter: »Wie kann ich erreichen, daß er auch mich lehrt und ich sicher erkenne, daß diese oder jene Meinung seinem Willen entspricht?«, so antworte ich: Erflehe es von ihm! So wird er es dir geben, falls es dir nützt. Denn er weiß besser als du, was dir gut tut. Er spricht nämlich: »Jeder der bittet, empfängt ...« (Mt 7,8). Hier rege den Lebensnerv des Glaubens, der wie das Senfkorn eine Berge versetzende Kraft besitzt (vgl. Mt 17,20)! Ich fürchte allerdings, dir könnten auch die Worte Jesu gelten, die nach Johannes 6,64 folgen: »Es sind aber etliche unter euch, die nicht glauben.«

Christus dankt Gott, seinem himmlischen Vater, nach Matthäus 11,25: »Ich danke dir, o Vater, Herr des Himmels | und 368
der Erde, daß du diese Dinge vor den Weisen und Klugen verborgen und sie den Kleinen offenbart hast. Denn so hat es dir gefallen.« Hört ihr da, daß Christus Gott deshalb dankt, weil er die himmlische Weisheit den Weisen dieser Welt verborgen hat. Und doch wollt ihr die Herzen der von Gott Gelehrten wieder an diese Weltweisen verweisen. Er offenbarte sich den Kleinen und Demütigen. Er mag nicht zu denen hinaufschreien, die auf dem hohen Roß daherkommen, denn

er schreit eben nicht, wie Jesaja im Kapitel 42,2 sagt: »Seine Stimme ist demütig.« Sie können ihn gar nicht hören zwischen dem Getrampel ihrer Pferde, zwischen Dienern, Musik und Triumphgeschrei. Ihr behauptet, sie seien von Gott unterwiesen, und belegt das mit dem schönen Beispiel des Kajaphas.[23] Denn obgleich sie selber schlecht seien, verkünde doch Gott durch sie seinen Willen. Aber, sage doch, was verkünden sie denn überhaupt von Gott? Ich höre sie nie von Gott reden, nur Zeugen und heilige Väter vorbringen und vom Stuhl Petri faseln, von dem weder in den Evangelien noch in den Petrusbriefen etwas steht. Ach, was gäben sie darum, wenn die päpstliche Gewalt aus den Evangelien abzuleiten wäre. Sie machen viel Aufhebens davon, aber sie können den Stuhl Petri nirgends in der evangelischen Lehre begründen und fest verankern. Kurz: Für mich deutet nichts darauf, daß Gott sie autorisiert hätte. Ihre Lehre beweist vielmehr nur, wie nahe sie den Tyrannen verwandt sind. Ihr werdet sie wohl selbst an ihren Früchten erkennen. Den Kleinen hat Gott es selbst offenbart.

Er spricht nach Johannes 6,35: »Ich bin das Brot des Lebens. Wer zu mir kommt, den wird nicht hungern, und wer an mich glaubt, den wird nimmermehr dürsten.« Hier spricht Christus eindeutig von der Sättigung durch die Lehre. Die findet man bei ihm. Er sagt nicht, man solle zu den Bischöfen mit ihren würdevollen Hauben und Purpurstoffen gehen. Die können den Menschen keine Sicherheit geben. Wem aber Gott Gewißheit schenkt, der wird gespeist und getränkt, daß er nie mehr Hunger und Durst leiden muß. Und du willst den schon von Gott Gesättigten um Speise zu den Vätern schicken?

Paulus zitiert ausdrücklich die bei Johannes 6,45 von Christus herangezogene Prophetenstelle: »Sie werden alle von Gott
369 gelehrt« [1. Thess 4,9; vgl. Jes 54,13]. Hierher gehört auch | die Prophetie des Jeremia nach Kapitel 31,33, die in den Hebräerbrief aufgenommen ist im Kapitel 8,10 und 10,16. Da spricht Gott: »Ich werde meine Gesetze in ihre Herzen geben und in ihren Sinn schreiben und ihrer Sünden und Übertretungen

nicht mehr gedenken.« Hört ihr: Er will seine Gesetze selbst in unsere Herzen schreiben, denn er spricht weiter: »Und es wird niemand seinen Nachbarn oder Bruder lehren müssen, den Herrn zu erkennen, denn sie werden mich alle erkennen vom Kleinsten bis zum Größten« [Hebr 8,11; vgl. Jer 31,34]. Hört doch: Gott lehrt so überzeugend, daß niemand mehr nach menschlicher Hilfe fragt. Denn Gott selbst unterweist das menschliche Herz, daß es niemandes mehr bedarf.

Paulus schreibt weiter im 1. Korintherbrief 2,12: »Wir haben aber nicht den Geist dieser Welt empfangen, sondern den Geist, der aus Gott ist, damit wir wissen, was uns von Gott geschenkt wurde. Das verkünden wir nicht mit Worten, die in menschlicher Weisheit, sondern mit Worten, die im Heiligen Geist gelehrt wurden.« Da seht und hört ihr, daß die Gaben Gottes mit seinem Geist erkannt werden und nicht mit verführerischer Pracht menschlicher Worte und Weisheit. Denn darin spricht nur der Geist dieser Welt. Hier wendest du ein: »Ich meine, auch die Versammlung der Bischöfe verfüge über den Geist Gottes.« Aber hörst du denn nicht, sie sind ihm zu angesehen, zu hoch hinaus. Er läßt sich nicht erkennen vom Geist dieser Welt. Er offenbart sich den Kleinen. Wie dürfte auch der einfache Zimmermann bei solchen Fürsten – die Spötter nennen sie Bettelfürsten – eintreten? Die ›fürstliche Gnade‹[24] muß ablegen, wer sich unter seine Gnade beugen will. Denn die Titel sind von dieser Welt, nicht von Gott. Gott offenbart sich allein durch seinen Geist, und ohne seinen Geist kann man nichts von ihm lernen. Der aber tut sich seinem Wesen nach jedem auf, der sich vor ihm erniedrigt. Ja, er lädt uns ein, zu ihm zu kommen: »Wenn jemand dürstet, so komme er zu mir und trinke! ...« (Joh 7,37). Auch ich weiß, daß Gott Bischöfe erleuchten kann wie andere Menschen auch. Ja, wenn sie mit Demut Erleuchtung begehren.

Paulus wurde von Jesus Christus, so bezeugt die Apostelgeschichte 9,3–6, zu Boden geworfen und vorwurfsvoll gefragt: »Saul, Saul, warum verfolgst | du mich?« Da entgegnete 370 er: »Wer bist du, Herr?« und hörte die Antwort: »Ich bin Jesus, den du verfolgst.« Daß er diese Stimme als die Stimme Jesu Christi erkannte, ermöglichten ihm weder sein Verstand noch seine Urteilskraft, sondern allein das Licht Gottes, das ihn sogar mit einem sichtbaren Schein umgab. Denn des Paulus wütender Eifer, Namen und Ansehen Jesu Christi zu vertilgen, hätte ihn gehindert, die Stimme zu erkennen und ihr zu folgen.

Johannes sagt im 1. Johannesbrief 2,27: »Ihr habt nicht nötig, daß euch jemand belehrt, sondern wie euch die Salbung über alle Dinge belehrt, so sind sie wahr, so sind sie an sich ohne Lüge und Falsch. Und wie die Salbung euch belehrt hat, so haltet an der Lehre fest.« Vernimm zunächst: Die Salbung ist nichts anderes als die Erleuchtung und Begabung durch Gott mit dem Heiligen Geist. Daraus kannst du weiter folgern: Nachdem Gott uns mit seiner Salbe, das heißt mit seinem Geist, gelehrt hat, haben wir niemanden mehr nötig, der uns belehrt. Denn da gibt es keinen Irrtum mehr, nur noch die reine Wahrheit, in der man ausharren soll. Hier fragt aber die schon genannte Rotte unserer Gegner: »Woher sollte ich wissen, ob meine Meinung, die ich hege, vom Geist Gottes herrührt, wenn sie nicht von denen, denen es zusteht, beurteilt und als Gottes Meinung oder von ihm stammend erkannt wird?«

Antwort: Ich will dir antworten, wie Christus den Juden, als sie ihn fragten, in wessen Vollmacht er Wunder wirke. Er erwiderte nämlich mit folgender Gegenfrage, die seine Meinung ausdrückte: »Stammte die Taufe des Johannes von Gott oder von den Menschen?« [Mt 21,25]. Entsprechend will ich fragen: Du verrückte Bande, sage doch, wenn der Haufe der fleischlich gesinnten Geistlichen, die du Väter und Bischöfe nennst, eine Streitfrage so oder so beantwortet, werdet ihr dann erleuchtet und findet Gewißheit, daß es sicher so ist? Ihr antwortet zweifelsohne: »Ja.« O, ihr gleicht »den unverständigen Galatern! Wer hat euch verzaubert« [Gal 3,1], daß ihr betrügerischen Menschen glaubt und die Worte Gottes, die

die Wahrheit selber sind, verwerft? Warum wollt ihr mehr und mehr verstockt werden und dem Geist Gottes, der euch die Wahrheit vor die Türe trägt, nicht glauben? Stattdessen vertraut ihr der Schwachheit des Menschen, der doch ohne Gottes Gnade und Geist nichts vermag, und unterstützt und fördert so den Mißbrauch. Ihr glaubt, ihr könntet bei Menschen Sicherheit finden, was doch nicht sein kann, und | meint, Gott 371
könne euch keine Gewißheit schenken.

Wißt ihr nicht, daß all unser Denken und Erkennen im Gehorsam und in der Dienstbarkeit gegenüber Gott gefangen bleiben soll [vgl. 2. Kor 10,5] und nicht ein Gefangener des Menschen sein darf? Aber ich sehe, was euch fehlt, und ich will es euch im Namen Gottes zeigen: Ihr wißt nicht, wie Gott den Menschen lehrt, und wie der von Gott Belehrte dessen inne und gewiß wird, weil ihr nicht wißt, was das Evangelium bedeutet. »Wer Ohren hat zu hören, der höre!« [Mt 11,15]. Das Wort Evangelium heißt so viel wie: Eine gute Botschaft oder Nachricht, die dem Menschen in seiner Unwissenheit und in seinen Zweifeln von Gott geschickt wird. Ein Beispiel: Wenn der Mensch, der nach dem Heil seiner Seele dürstet, einen Kartäuser[25] fragt: »Lieber Bruder, wie kann ich selig werden?« so antwortet der zweifellos: »Tritt in unseren Orden ein, dann wirst du bestimmt selig. Denn unser Orden ist der strengste.« Fragst du aber einen Benediktiner[26], so wird er erklären: »In unserem Orden wirst du am leichtesten selig werden, denn er ist der älteste.« Fragst du einen Dominikaner[27], so wird er sagen: »In unserem Orden bist du sicher, denn er ist von unserer Jungfrau Maria vom Himmel herab gestiftet worden.« Gerätst du an einen Barfüßer[28], so spricht er: »Unser Orden ist der größte und ärmste in der Welt. Urteile selber, ob du die Seligkeit irgendwo leichter finden kannst.« Fragst du den Papst, so antwortet der: »Mit dem Ablaß erreichst du es am einfachsten.« Erkundigst du dich schließlich in Santiago de Compostela[29], so hörst du: »Wer den heiligen Jakob bei uns aufsucht, der wird nimmermehr verlorengehen oder elend

372 werden.« So antwortet | jeder auf seine besondere Art und behauptet fest, seine Meinung sei die richtige.

Die durstige Seele aber jammert: »Ach, wem soll ich folgen? Jeder stellt seinen Weg so überzeugend dar, daß ich nicht weiß, was ich tun soll.« Und schließlich kann sie nur noch zu Gott laufen und ängstlich rufen: »Ach Gott! Zeige mir, welcher der Orden oder der Wege der sicherste ist!« Du Tor! Du nimmst Zuflucht zu Gott, damit er dir die Wege der Menschen beurteile, und rufst ihn nicht an, daß er dir den Weg zur Seligkeit zeige, der ihm gefällt und ihm sicher scheint. Sieh, warum eilst du zu Gott, auf daß er dir bestätige, was die Menschen behaupten? Warum bittest du nicht viel lieber: »Ach Gott, die Menschen sind uneinig, du bist das einzige, unverborgene Gut, zeige mir den Weg zur Seligkeit!« Höre doch das Evangelium! Es ist eine gewisse Botschaft, Antwort und Versicherung. Christus steht vor dir, er lädt dich mit offenen Armen ein und spricht nach Matthäus 11,28: »Kommt her zu mir alle, die ihr mühselig und beladen seid, ich will euch Ruhe geben.« Was für eine frohe Botschaft, die uns erleuchtet, daß wir erkennen und glauben, was wir oben vielfach belegt haben. Denn der es gesprochen hat, ist »das Licht der Welt« [Joh 1,9]. Er ist »der Weg, die Wahrheit und das Leben« [Joh 14,6]. Darum können wir von seinem Wort nicht abirren oder schwanken. Wir werden darin nicht getäuscht oder gar getötet und erstickt. Meinst du nicht auch, die Seele finde dort Sicherheit? Hör doch auf die Zusicherung des Wortes Gottes! Deine Seele wird belehrt und erleuchtet – achte auf die Klarheit! –, so daß sie begreift, wie ihre völlige Rettung, alle ihre Gerechtigkeit und Heiligung in Jesus wohl geborgen ist. Und sie wird versichert, daß Jesus ihr nichts abschlagen wird, da er sie ja selber so freundlich einlädt und ruft. Und wenn man sie verführen will und spricht: »Hier ist Christus oder dort« [Mt 24,23], so wird sie mit der liebenden Seele im Hohenlied 3,4 antworten: »Ich habe ihn gefunden und will ihn nicht mehr verlassen.« Denn die Seele hat mit Maria von Magdala

»den besten Teil erwählt« [Lk 10,42], den Herrn selbst, dessen Wort allein sie erfreut und aufrichtet. Mögen alle Orden mit ihrer törichten und hochmütigen Ehrsucht zugrunde gehen, wir sind Söhne Maria Magdalenas, wir führen das wahre beschauliche Leben. Wer will, mag von ihren Kindereien reden, Christi Absicht ist eine andere.

Christi Brauch war, von allen äußeren, leiblichen Dingen wegzuweisen auf eine nützliche geistliche Betrachtung. | Zum 373
Beispiel: Als man zu ihm sprach: »Deine Mutter und deine Brüder stehen draußen und wollen mit dir reden« (Mt 12,46–50), da wies er von der leiblichen Bindung der Verwandten auf die Verbindung mit Gott. »Er streckt seine Hände gegen seine Jünger aus und spricht: Siehe, meine Mutter und meine Brüder! Jeder, der den Willen meines Vaters im Himmel tut, der ist mein Bruder oder meine Schwester oder Mutter.« Ebenso, als die geheilte Frau ausrief: »Selig der Leib, der dich ausgetragen hat, und die Brüste, an denen du sogst!«, da wies er auf eine geistliche, gottgeschenkte Schwangerschaft, indem er sprach: »Selig sind die, die Gottes Wort hören und halten« [Lk 11,27–28]. Nicht, weil er seine Mutter verachtet hätte, sondern um die Bedeutung ihrer Mutterschaft zu erschließen. Seine Mutter hat ihn durch das Wort Gottes empfangen; so empfängt den Geist, wer sein Wort hört. Sie hat ihn als unversehrte Jungfrau geboren; so bringt wunderbare Frucht, wer das Gotteswort behält, in sich trägt und nährt.

Entsprechend hat er, als er die zwei Schwestern besuchte, die beide rechtschaffen waren, bei Maria Magdalena die Gelegenheit ergriffen, zu versichern, daß diejenigen den unfehlbar richtigen Teil erwählen, die ihn empfangen und suchen. Denn von ihm soll man sich nicht wegreißen lassen. Darum sprach er zu Martha: »Du mühst dich mit vielen Geschäften ab«, – dann geht er über zu seinem Verständnis des einzig Guten, das er selbst ist – und fährt fort: »und dabei ist nur eines notwendig zum Heil, das hat Maria Magdalena gefunden, halt es fest!« [Lk 10,38–42].

Vernehmt aber, was das einzige zum Heil Notwendige ist! Ja, wer ist das Einzige? Richtig! Christus selber! Behaltet ihn und verlaßt ihn nicht! Meint ihr in euren Klöstern und Kutten, niemand könne Christus finden und sein Wort hören außer euch? Ja, niemand hört sein Wort schlechter als ihr! Ihr habt immer neue Regeln aufgestellt, die ihr streng beachtet und in denen ihr Halt findet. Es heißt aber von Maria Magdalena: Sie hörte sein Wort, das war der bessere Teil, den sie erwählt hatte. Und so geht es jeder Seele. Ist sie von Gott erleuchtet, so kann ihr kein Menschenwort mehr Halt, Zuversicht und Freude schenken als Gottes Wort. Sie spricht wie die Jünger zum Herrn in Johannes 6,68: »Herr, zu wem sollte ich gehen, du hast Worte des Lebens.« Das heißt: Dein Wort erquickt, erneuert und belebt, daß die Seele Sicherheit findet und zu dir gezogen wird und keinem anderen Worte mehr vertrauen kann als deinem.

Wenn nun Gottes Ruf dich trifft, so fragst du: »Wie soll ich mich vorbereiten, daß ich seine Gnade gewiß erlange?« Ich
374 antworte: Setze all dein|Vertrauen in den Herrn Jesus Christus, das heißt: Sei gewiß, er hat für uns gelitten und ist, so der 1. Johannesbrief 2,2, vor Gott unser Sühnopfer, das uns in die Ewigkeit befreit. Sobald du das glaubst, erkenne dich als vom Vater gezogen. Denn was du für dein Werk hieltest, ist das Werk des Heiligen Geistes, der verborgen in dir wirkt. »Denn niemand kommt zu mir«, sagt Christus nach Johannes 6,44, »es ziehe ihn denn der Vater, der im Himmel ist.« Hörst du, wenn du ihn suchst, findest und dich an ihn hältst, bist du vom Vater gezogen, du hättest sonst nicht zu ihm kommen können.

Ich habe mich bei dieser Beweisführung so lange versäumt, weil die Vertreter menschlicher Lehren erklären: »Es ist wahr, man soll die evangelische Lehre, die ja von Gott eingegeben und gelehrt wurde, über allen anderen Lehren achten.« – So weit sind sie gekommen; Gott sei Lob! – »Aber«, fahren sie fort, »wir verstehen das Evangelium nicht gleich. Wenn sich nun ein Widerspruch zwischen deinem und meinem Verständnis auftut, so bedürfen wir eines Richters, der die Macht hat, den von uns beiden, der sich irrt, zum Schweigen zu bringen.« Das bringen sie so vor, um das Verständnis des Gotteswortes Menschen zu unterstellen. Da kann dann jeder, der das Evangelium predigt, von einem Kajaphas oder Hannas gemaßregelt und am Gängelband geführt werden. Während Paulus [vgl. 2. Kor 10,5] fordert, all unser Verständnis, Denken und Forschen soll gefangen sein im Dienst und Willen Gottes, wollen sie die Meinung Gottes in das Gefängnis einer Beurteilung durch Menschen einsperren. Achte nun auf unsere Antwort! Zunächst verstehe unter dem Evangelium nicht nur, was Matthäus, Markus, Lukas und Johannes geschrieben haben, sondern, wie wir vorher gesagt haben, alles, was Gott je den Menschen kundtat, alles, was ihnen seinen Willen bekannt und deutlich machte. Er aber ist *einer* und ist ein Geist der Einigkeit, nicht der Zwietracht, woraus folgt, daß ein wahrer und einfacher Sinn in seinen Worten steckt, auch wenn wir sie noch so sehr verdrehen.

Hier bitte ich dich, um Gottes Willen nicht zu zürnen, wenn ich dich auf einen Fehler aufmerksam mache, den viele lehrten. Die meisten, die heutzutage das Evangelium bekämpfen, tun heimlich – öffentlich dürfen sie das nicht wagen – alles, um diesen Fehler zu begehen. Ihre Worte lauten: »Es steht nicht alles im Evangelium; es gibt viel Gutes, woran im Evangelium nie gedacht ist.« O, ihr|Schwätzer! – Solche Leute 375
kennen und lesen das Evangelium nicht und greifen die Worte heraus ohne Rücksicht, in welchem Kontext sie stehen, und beugen die Worte nach ihrem Gutdünken. Nicht anders als einer, der eine Blume ohne Wurzeln ausreißt und damit einen Blumengarten anpflanzen will. Dabei kommt nichts heraus. Er muß den Ballen mit den Wurzeln pflanzen. Ebenso muß man dem Worte Gottes seine Natur belassen, dann gebiert es in dir und mir den gleichen Sinn. Die so irren, lassen sich leicht überwinden, man muß sie nur zum Ursprung zurückführen. Allerdings gelangen sie nicht gern dahin. Einige stecken so tief

in der Eselshaut der Torheit, daß sie, wenn ihnen der natürliche Sinn aufgezeigt wurde, und sie nichts erwidern können, dennoch sprechen, sie dürften den Sinn nicht so verstehen, so lange die Väter nicht entschieden hätten, man solle ihn so verstehen. Denn jedenfalls verständen viele eine Sache besser als einer oder wenige.

Da antworte ich: Wäre das so, müßte Christus ein Lügner sein, denn die ganze große Priesterschaft war anderer Meinung, und er stand allein. Ihn aber einen Lügner zu schelten sei ferne von uns! Ebenso wären die Apostel im Irrtum gewesen, denn ganze Städte und Länder standen gegen sie. Auch heute gibt es zehnmal mehr Ungläubige als Gläubige, sollte deswegen ihre Meinung richtig und unsere falsch sein, nur weil sie in der Überzahl sind? Nein! Löse dich davon! Die Mehrheit macht nicht die Wahrheit.

Was sollen wir nun tun? Unser Streit ist noch nicht entschieden. Ja, ich halte für gewiß, daß Päpste und Konzilien oft geirrt haben, voran Anastasius und Liberius im arianischen Glaubensstreit.[30] Gestehst du das zu? Ja, so ist der Sache das Genick gebrochen, und unser Streit entschieden. Denn du mußt ja zugeben: wenn sie sich früher geirrt haben, so ist zu befürchten, daß sie auch weiter irren. Man kann sich nicht sicher und vertrauensvoll auf sie verlassen. Geben wir das zu – weil ja »omnis homo mendax«, »alle Menschen Lügner sind« [Ps 116,11], betrügen und betrogen werden –, so finden wir am Ende niemanden außer Gott, der uns die Wahrheit so sicher und eindeutig lehren könnte, daß alle Zweifel beseitigt werden.

Du fragst: »Wo finde ich ihn?« Ich antworte: Such ihn in deiner Kammer, wie Matthäus 6,6 schreibt, und bitte ihn da
376 im stillen! | Er sieht dich und wird dir das Verständnis seiner Wahrheit schenken. Denn stets, wie wir in den vorigen Belegen klar bezeugt haben, können wir den Sinn von Gottes Worten nirgends besser lernen als von ihm selber, von dem sie stammen, der allein wahrhaftig, ja die Wahrheit selber ist. Das

bezeugen die Worte aus dem 1. Johannesbrief 2,27, die wir oben anführten: »Ihr habt nicht nötig, daß euch jemand belehre.« Hörst du es? Wir haben Richtigstellungen durch Menschen nicht nötig, sondern, wie seine Salbung, das heißt sein Geist, alle Dinge – beachte *alle* Dinge! – lehrt, so ist es wahr und richtig. Da entgegnen sie dann: »Ich habe ihn ja gebeten, doch ich verstehe die Worte immer noch gleich wie vorher.« Ihr sollt nicht zürnen, aber ich will doch sagen: Ihr lügt, das heißt, ich glaube dir, du habest ihn gebeten, aber nicht recht. »Wie soll ich mich denn verhalten, wie soll ich denn bitten?« fragst du. Also: Zunächst laß deinen eigenen Verstand aus dem Spiel, mit dem du dir die Schrift zurechtbiegen willst. Denn der nützt hier gar nichts. Das will ich dir klar beweisen. Ich weiß, du wirst zugestehen müssen, du habest dich nur über die Heilige Schrift gemacht, um Worte zu finden, die deine Meinung bekräftigen. O weh, da habe ich das Krebsübel aller Menschenlehren berührt. Denn sieh, das ist der Hauptfehler, wenn man seine Meinung mit der Schrift bekräftigen will und sein eigenes Vorurteil zur Schrift bringt. Sobald dann irgendwo ein Wort in der Bibel steht, das wir auf unsere Meinung beziehen können, auch wenn es gar nicht dahin paßt, so benutzen wir es und wollen so die Schrift zwingen, daß sie aussagt, was wir in sie hineinlesen.

Zum Beispiel: Wir haben gewöhnlich unsere Meinung und unser Vorurteil schon zur Hand, so wie einer, der mit der Axt in der Hand seinen Nachbarn um etwas bittet. Was so viel heißt wie: Tust du es nicht, so wird die Axt dich zwingen. So gehen wir an die Schrift heran. Die Päpste und törichten Kaiser und Könige – erlaubt mir, liebe Herren, bei der Wahrheit zu bleiben – haben den größten Teil der Bischöfe in deutschen Landen zu Fürsten gemacht. – Der Mann auf der Straße nennt sie Bettelfürsten. – So sind sie mächtig geworden und tragen das Schwert in den Händen. Und nun treten sie mit dem Schwert zur Schrift und erklären, indem sie den ersten Petrusbrief 2,9 zitieren: »Regale sacerdotium« – »das königliche

Priestertum«. Da muß nun Petrus mit dem Schwert gezwungen werden und bezeugen, daß die Bischöfe oder die Pfarrer Fürsten zu sein haben und nach weltlicher Weise herrschen sollen. Das vermag die Axt in der Hand! Dagegen vertritt
377 Petrus die Meinung, | daß alle Christen durch ihren Herrn Jesus Christus zu königlicher Würde und Priesterschaft erwählt seien. Denn sie brauchen keinen vermittelnden Priester mehr, der für sie opfert. Ist doch jeder für sich selbst ein Priester, der geistliche Opfer bringen, also sich selbst ganz und gar Gott darbringen soll.

Ja, seht, so wie diese darf man nicht an die Schrift herantreten. Wie aber dann? Auf folgende Weise: Wenn du eine Sache erkennen und über sie reden willst, sprich bei dir: Bevor ich über etwas urteilen oder mir etwas von anderen Menschen erklären lassen will, will ich zuerst mit Psalm 85,9 hören, was der Heilige Geist dazu zu sagen hat: »Ich will hören, was der Herrgott zu mir reden will.« Erflehe mit Andacht Gottes Gnade, daß er dir seinen Geist und Sinn gebe, damit du nicht deine, sondern seine Meinung erfassest. Habe aber festes Vertrauen, er werde dir das rechte Verständnis mitteilen, denn alle Weisheit kommt ja von Gott dem Herrn. Mit solchem Vertrauen mache dich über die evangelischen Schriften.

Hier rümpfen sie nun verächtlich die Nase und glauben nicht, daß Gott, wenn man ihn schon anfleht, ein anderes oder gar sein Verständnis gibt. Vielmehr wird das eigene, d. h. das menschliche Verständnis so hochgehalten, daß man glaubt, versichern zu können, es bedürfe keines anderen. Merkt ihr jetzt, wie falsch ihr liegt. Ihr müßt ›theodidacti‹, das heißt von Gott, nicht von Menschen Belehrte sein. Das hat die Wahrheit selber gesprochen nach Johannes 6,45, und die kann nicht lügen. Habt ihr das Vertrauen nicht und glaubt nicht fest, daß, sofern ihr nur allen menschlichen Tand zurücklaßt, ihr euch allein auf Gottes Unterweisung verlassen könnt, so habt ihr den rechten Glauben nicht. Und das ist nun nicht nur meine nichtswürdige Meinung, sondern auch die des Hilarius.[31] Aber wir brauchen ihn nicht zum Zeugen. Christus, Petrus, Paulus und Johannes sind der gleichen Meinung.

Alle Erkenntnis, die aus den Philosophen gezogen wurde, und die sich scholastische Theologie[32] nennt, muß hier zusammenfallen. Denn sie ist nichts anderes als eine Wissenschaft, die sich auf menschliches Ermessen stützt. Und wenn der Mensch damit vollgestopft ist, dann meint er, die himmlische Lehre müsse nach der vermeintlich sicheren Lehre, die er von Menschen hat, ausgerichtet und zurechtgebogen werden. Das kann man schon aus der Redensart entnehmen: Wo ein Philosoph aufhört, fängt ein Theologe an. Denn damit wollen sie offensichtlich besagen, | wer in menschlicher Lehre gut unter- 378
richtet sei, könne die göttliche besser beurteilen. Als ob unser Verstandeslicht die göttliche Klarheit überbieten und erhellen könnte, während doch Christus sagt: »Ich gebe nichts auf menschlichen Schein. Aber ich erkenne, daß ihr keine Liebe zu Gott in euch habt« (Joh 5,41–42). Liebten sie nämlich Gott, so würden sie nur seinem Worte glauben. Ist er doch »das Licht, das alle Menschen erleuchtet, die in die Welt kommen [sic!]« [Joh 1,9]. Die Philosophie aber ist kein solches Licht. Zum Beweis: Wurden die Jünger von einem Philosophen belehrt? Nein, Gott hat sie als Einfältige und Törichte erwählt, seine Lehre zu verkünden. So sagt auch Paulus im 1. Korintherbrief 1,19, daß Gott »die Weisen dieser Welt zunichte und zuschanden macht«. Entsprechend werden auch heute noch die Welt- und Menschenweisen von denen, die mit inniger Begierde und im Glauben die Lehre Gottes erlangt haben, beschämt und überwunden. Wir sehen, daß die Jünger in ihrer Einfalt von Gott belehrt wurden, zweifellos zum Vorbild für uns, damit wir Gotteserkenntnis allein bei ihm suchen.

Was Gott sagen will, kann nirgends eindeutiger als von ihm, nämlich aus seinen eigenen Worten geschöpft werden. Ja, ich bin dreist genug zu behaupten, daß die, die sich selbst, also Menschen, beiziehen, um die Schrift zu beurteilen, damit das Vertrauen in Gottes Geist verspotten. Zugleich machen sie

sich selbst verdächtig, die Schrift nach ihrem Kopf verdrehen
und umdeuten zu wollen. Es macht sich ja jeder verdächtig,
der sich selbst zum Richter und Zeugen anbietet. Wieviel
mehr in dieser Sache, wo wir einen haben, der uns ruft, zu ihm
zu kommen, und der eben gerade der ist, von dem das Wort
kommt, um das wir streiten. Die Uneinigkeit rührt nicht etwa
daher, daß sein Wort nicht eindeutig genug wäre, sondern
daher, daß wir in unseren Leidenschaften gefangen sind, die
uns verführen, das Wort Gottes mutwillig zu vergewaltigen.

Du sagst nun freilich, man müsse einen Richter haben, der
urteilen und sein Urteil auch durchsetzen könne. Ich antworte
dir: Das kann nicht sein. Denn jeder Mensch, so gelehrt er
auch sein mag, kann irren, wenn ihn Gott nicht leitet. Ist der
Gelehrte aber seiner Sache nicht gewiß, es sei denn, Gott un-
379 terweise ihn, so kann ich doch | auch zu dem gleichen Schul-
meister und Lehrer gehen, der wird auch mich Sicheres lehren.
Du wendest ein: »Wie kannst du wissen, ob er dich lehren wird
oder nicht?« Ich antworte, daß ich das vor allem aus seinem
Wort weiß nach Matthäus 21,22 und Markus 11,24: »Alles,
was ihr in eurem Gebet«, ganz gleich, was – das heißt, wenn es
dem gerechten Gott geziemt, so etwas zu gewähren –, was ihr
also »mit Vertrauen von ihm erbittet, das werdet ihr empfan-
gen«. Weiter lehrt mich der heilige Jakobus (Jak 1,5–6), die
Weisheit bei Gott zu suchen, indem er spricht: »Mangelt es
einem an Weisheit, so begehre er sie von Gott, der allen Men-
schen im Überfluß gibt, ohne zu schelten, und er wird Weis-
heit erhalten. Er bitte aber mit zuversichtlichem Glauben, der
nicht zweifelt.« Hört ihr, wie uns Jakobus auf Gott und nicht
zu Menschen weist. Du sagst nun: »Es predigen uns doch auch
nur Menschen, soll ich denn nicht meinen Prediger und Leh-
rer befragen?« Antwort: Der Mensch, der dich nach seinem
Sinn lehrt und nicht nach Sinn und Willen Gottes, der lehrt
dich falsch, wer er auch sei. Unterweist er dich aber allein nach
dem Wort Gottes, so unterweist nicht er dich, sondern Gott
ihn. Denn was sind wir anderes, spricht Paulus, »als Knechte

Christi, sein Bedienungspersonal oder seine Haushalter, die die Geheimnisse Gottes austeilen« (1. Kor 4,1)?

Weiter weiß ich gewiß, daß Gott mich lehrt, weil ich die Geheimnisse erkannt habe. Zerpflücke mir niemand diesen Ausdruck! Versucht zu verstehen, woher ich weiß, daß Gott mich lehrt! Ich bin wie andere in meiner Jugend in menschlichen Wissenschaften vorangekommen. Als ich nun aber vor sieben oder acht Jahren anfing, mich ganz an die Heilige Schrift zu halten, kam mir die Philosophie und Theologie der Kritikaster immer dazwischen. Da kam mir schließlich, angeleitet durch Schrift und Wort Gottes, der Gedanke: Ich muß das alles liegen lassen und Gottes Willen unmittelbar aus seinem eigenen, eindeutigen Wort lernen! Ich bat Gott um Erleuchtung, und die Schrift begann mir viel klarer zu werden als nach dem Studium von zahlreichen Kommentaren und Auslegern, obwohl ich bloß die Bibel selber las. Seht, das ist doch ein sicheres Zeichen, daß Gott mich leitet, denn mit meinem kleinen Verstand hätte ich nie so weit kommen können. Ihr begreift jetzt, daß ich nicht so weit kam, weil ich mich selbst überschätzte, vielmehr, weil ich mich selbst erniedrigte. | 380

Da ihr schon eure Mäuler aufreißt, um mich zu unterbrechen, will ich euch zuvorkommen. Ihr meint, das sei die schlimmste Fehlhaltung, wenn einer glaube, etwas unfehlbar zu verstehen und sich nicht mehr zurechtweisen lassen zu müssen. Antwort: Ja, wenn er sich auf seinen Verstand verläßt. Solche Leute seid ihr, die vom menschlichen Verständnis nicht abweichen und lieber das göttliche danach verdrehen wollen. Aber ich bitte euch! Hört, was Paulus im 1. Korintherbrief 2,14–16 sagt: »Der natürliche Mensch nimmt nicht an, was aus Gottes Geist ist. Denn das erscheint ihm töricht und er will es nicht verstehen, weil es geistlich beurteilt werden muß. Der Geistbegabte aber ermißt und beurteilt alles, während er selbst von niemandem beurteilt wird. Denn wer kennte Gottes innerstes Wesen, oder wer wollte ihn unterweisen und belehren?« Diese Pauluswort sind wertvoller als alles Gold [vgl.

Ps 19,11], das auf Erden und in der Erde ist. Der natürliche Mensch ist der, der sein eigenes Verständnis mitbringt, der geistliche aber der, der keinem Verständnis traut als dem, das Gott eingibt. Der ist lauter und ohne Falsch und stinkt nicht nach Ehrsucht, Habgier und sinnlichen Leidenschaften. Wer also alle Dinge geistlich beurteilt, der erkennt gleich, ob die Lehre rein ist und von Gott stammt. Er selber aber wird von niemandem beurteilt, das heißt: Wenn er auch beurteilt wird – denn das kann er nicht verhindern –, so läßt er sich doch nicht von Gottes Lehre abbringen oder abwerben. Und hält man ihm auch die höchste menschliche Weisheit vor, so antwortet er: »Wer hat dir das innerste Wesen Gottes gezeigt? Denn du behauptest, was Gott nicht offenbart hat. Das heißt doch, wenn du sagst, du habest es von Gott, so verleumdest du ihn, oder Gott wäre mit sich selbst im Widerspruch, weil er da und dort etwas ganz anderes sagt.«

Du aber willst Gott Vorschriften machen und ihn regieren. Zum Beispiel: Gott hat in Matthäus 18,6–9 ein Banngebot gegeben, daß man die Sünder, die schamlos sündigen und ihre Mitmenschen verführen, aus der Gemeinschaft ausschließen soll. Gerade so, wie man einen verdorbenen Ast oder ein Glied von einem Baum oder Menschen abnimmt. Wenn heute die Bischöfe anfangen, jedem Wucherer die Schulden einzutreiben und deshalb arme Christen verdammen, so glaube ich nicht, daß die auch bei Gott verstoßen oder gebannt sind. Warum? Weil Gott gesagt hat: Wenn dein Bruder *sündigt*, nicht: wenn dein Bruder Schulden hat, so sollst du ihn verstoßen. Und ich bin gewiß, daß dies Gottes Meinung ist. Und
381 wenn du mir | alle Lügen und alles Erdichten, dessen die Juristen fähig sind, vorhältst, dazu alle Heuchelei der Kuttenträger, allen Zorn der aufgeblasenen Prälaten und alles Gift aus Rom, ja alles Feuer des Ätna oder der Hölle, so wirst du mich doch nicht von meiner Meinung abbringen. Und wenn mir Gott seine Gnade entzöge und ich in Todesfurcht mit dem Munde abschwörte, so wüßte ich dennoch genau, daß Gott

solcher Mißbrauch nicht gefällt, und daß er nach dem Gesetz Gottes keine Rechtskraft haben kann. Aber höre, wie prächtig sie ihre Tat beschönigen. Sie sagen, man banne oder exkommuniziere niemanden wegen seiner Schulden, sondern nur wegen seines Ungehorsams. Als ob einer seine Schulden bezahlen könnte, wenn es ihm der Bannende befiehlt. Das mag keine rechte Antwort sein, höre aber dies: Warum ist dir der Christ in diesem Fall Gehorsam schuldig? Hat Gott den Bischöfen aufgetragen, die Schulden der Welt einzuziehen? Ihr werft ein: ›Oboedite prepositis vestris‹, gehorcht euren Vorgesetzten [vgl. Hebr 13,17]! Aber bedeutet das etwa, ihr sollet die Menschen wegen ihrer Geldschulden bannen?

Wo also die Menschen allein auf das Geistverständnis schauen, werden sie nicht irren. Unterlassen sie das aber und setzen stattdessen alles daran, mit der Schrift die eigenen Vorurteile zu bestätigen, so irren sie allesamt, wenn ihrer auch mehr sind als Laub und Gras. Denn Gott will selber und allein unser Lehrer sein. Von ihm will auch ich gerichtet werden, nicht von Menschen. Wohlverstanden, was die Lehre betrifft, was Straftaten und Ungehorsam anbelangt, will ich mich allen Menschen unterwerfen. Aber die Schrift und göttliche Wahrheit sollen sie nicht beurteilen, die sollen sie Gott überlassen. Denn die kann man nur von Gott lernen.

Selbstverständlich will ich jedem gern Rechenschaft über mein Schriftverständnis geben, aber niemand soll mir die Schrift nach seinem Gutdünken zurechtrücken, sondern sich von der Schrift leiten lassen, wie auch ich mich von ihr leiten lassen will. Paulus schreibt im 1. Korintherbrief 4,3–4: »Ich achte am wenigsten darauf, daß ich von euch beurteilt werde oder von einem menschlichen Gerichtstag. Denn ich beurteile mich selbst nicht, weil ich nichts von mir aus weiß. Freilich bin ich dadurch nicht gerechtfertigt. Aber es ist der Herr, der mich beurteilt.« | Der Herr, der Paulus, ja alle Apostel und alle, die 382
seine Wahrheit predigen, inspiriert und belehrt hat, soll auch ihrer aller Richter sein. Die Schrift, über die wir reden,

stammt von Gott und nicht von Menschen (vgl. 2. Petr 1,21). Wie kann dann der Mensch darüber urteilen? Paulus nennt die Schrift ›theopneuston‹ (vgl. 2. Tim 3,16), das heißt von Gott eingehaucht oder gesprochen. Und er erlaubt auch, daß die Geringsten über die Schrift reden, wenn Gott es ihnen eingibt, falls die vorsitzenden Propheten, will sagen die Lehrer, die Wahrheit nicht getroffen haben (vgl. 1. Kor 14).

Du willst hier einwerfen: »Ja, wer wird mir sagen, ob einer von Gott erleuchtet ist oder nicht?« Eben der Gott, der ihn erleuchtet, der wird auch dir versichern, daß die Rede von ihm kommt. Du erklärst: »Ich spüre das aber nicht.« Dann mußt du damit rechnen, daß du zu denen gehörst, »die Ohren haben und nicht hören«, wie Christus sie nach Jesaja in Matthäus 13,14 nennt. Läßt Gott dich aber in deinem Eigensinn und Zweifel unerleuchtet, so will er dich dennoch zu Gutem gebrauchen. Wie? Gerade so wie Paulus im 1. Korintherbrief 11,19 erklärt: »Es müssen Spaltungen und Parteiungen unter euch sein, damit die, die treu und fest sind, offenbar werden.« Solcher Streit hat oft bewirkt, daß etwas neu bei Gott gesucht und von ihm erbeten wird.

Um schließlich aufzuhören, auf jeden Einwurf zu antworten, wollen wir unsere Meinung klarlegen: Das Wort Gottes soll von uns in höchsten Ehren gehalten werden. Als Wort Gottes sollst du nur anerkennen, was aus seinem Geist kommt. Keinem anderen Wort soll so geglaubt werden wie diesem. Denn Gottes Wort ist gewiß und keinem Irrtum unterworfen. Es ist klar, läßt niemanden im dunkeln tappen, es legt sich selbst aus und öffnet selbst das Verständnis. Es erhellt die menschliche Seele mit allem Heil und allen Gnaden, füllt sie mit Gottvertrauen, demütigt sie, daß sie sich selbst verliert, ja verwirft und Gott in sich aufnimmt. In ihm lebt sie, zu ihm strebt sie und verachtet alle Hilfe von Geschöpfen. Denn Gott allein ist ihr Heil und ihre Zuversicht. Ohne ihn findet sie keine Ruhe, in ihm allein bleibt sie. Wie es der Psalmist in Psalm 77 bezeugt. Seine Seele wollte sich nicht trösten lassen, da dachte er an Gott und wurde fröhlich. Ja, die Seligkeit beginnt schon hier in dieser Zeit, nicht in ihrer eigentlichen Gestalt, aber in der Gewißheit unserer sicheren Hoffnung. Die möge Gott uns mehren und niemals mangeln lassen. Amen. | 383

Es scheint mir gut, hier noch kurz zusammenzufassen, wie man zum Verständnis des Gotteswortes kommen und an sich selbst spüren kann, daß man von Gott erleuchtet ist. Oder wie die, die in der Schrift nicht bewandert sind, sich vergewissern können, ob die Priester die Wahrheit rein lehren, ohne sie durch eigene Leidenschaften zu besudeln.

1. Jeder soll Gott inniglich anrufen, er möge in ihm den alten Menschen abtöten, der sich viel auf seine eigene Weisheit und sein eigenes Können einbildet.

2. Wenn der alte Mensch getötet und ausgeleert ist, so wolle Gott selber gnädig in ihn einströmen, so reichlich, daß der Mensch Gott allein glaubt und vertraut.

3. Widerfährt ihm das, so wird er gewiß über alle Maßen mit Freude erfüllt und getrostet werden. Dann soll er immer wieder das Wort des Propheten sprechen: »Herr Gott, befestige das, was du in uns gewirkt hast« [Ps 68,29]. »Denn wer steht, sehe zu, daß er nicht falle«, wie Paulus mahnt [1. Kor 10,12].

4. Gottes Wort übersieht niemanden und am wenigsten die Hochstehenden. Denn als Gott Paulus berief, sprach er zu Ananias: »Er wird zu meinem auserwählten Werkzeug, damit er meinen Namen zu den Fürsten und Königen der Erde trage« [Apg 9,15]. Und er spricht zu den Jüngern nach Matthäus 10,18: »Ihr werdet vor Könige und Statthalter geführt, um mich vor ihnen zu bezeugen.«

5. Es ist die Art des Gotteswortes, die Gewaltigen in ihrem Hochmut zu erniedrigen und den Demütigen gleich zu machen. So singt die Jungfrau Maria [vgl. Lk 1,52]: »Er hat die Gewaltigen von seinem Stuhl gestoßen und die Demütigen erhöht.« Und Johannes predigte von Christus nach Lukas 3,5: »Es werden die Hügel durch ihn eingeebnet und die Täler ausgefüllt werden ...«

6. Das Gotteswort wendet sich überall an die Armen und hilft ihnen und es stärkt die Trostlosen und Verzweifelten. Die aber auf sich selbst vertrauen, die bekämpft es, dafür ist Christus Zeuge.

7. Das Gotteswort sieht nicht auf den eigenen Vorteil. Darum befahl Jesus seinen Jüngern, weder Beutel noch Tasche bei
384 sich zu tragen [vgl. Lk 10,4]. |

8. Gottes Wort strebt nur danach, daß Gott den Menschen kund werde, damit die Trotzigen ihn fürchten und die Demütigen in ihm Sicherheit finden. Wer so das Wort Gottes predigt, predigt ohne Zweifel recht. Wer aber auf Samtpfoten um seinen Nutzen herumstreicht wie die Katze um den Brei und wer lieber menschliche Vorschriften verteidigt, als der Lehre Gottes anzuhängen und sie zu erhöhen, der ist ein falscher Prophet. Die falschen Propheten aber erkennst du an ihren Worten. Sie schreien bedeutsam: »Die frommen Väter![33] Sollen wir denn verachten, was diese Menschen vorschrieben?« So rufen sie etwa aus, statt daß sie ernstlich beklagten, daß das Evangelium lau gepredigt wird.

9. Spürst du, wie Gottes Wort dich erneuert und du anfängst, Gott mehr zu lieben als ehedem, so lange du Menschenlehren hörtest, so sei gewiß: Gott hat das bewirkt.

10. Spürst du, daß dir die Gnade Gottes und das ewige Heil zur Gewißheit werden, so ist das von Gott.

11. Spürst du, wie das Gotteswort dich klein und zunichte macht, während Gott in dir groß wird, so ist das aus Gott gewirkt.

12. Spürst du, wie die Furcht Gottes dich mehr und mehr erfreut statt betrübt, so ist das ein sicheres Zeichen, daß Gottes Wort und Geist in dir wirken. Diesen seinen Geist wolle Gott uns geben! Amen.

Göttliche und menschliche Gerechtigkeit

1523

Original: Von götlicher vnd menschlicher grechtigheit / wie die zemen sehind vnd standind. Ein predge Huldrych Zuinglis. an S. Joanns Teuffers tag gethon / jm M.D.XXIII. [...], Zürich, Christoph Froschauer, 1523. Umfang: 64 unpaginierte Quartseiten.

Wissenschaftliche Ausgabe unter dem Kurztitel »Von göttlicher und menschlicher Gerechtigkeit«, mit Einleitung und Kommentar, bearbeitet von Emil Egli und Georg Finsler, in: Huldreich Zwinglis Sämtliche Werke (Abk.: Z), hg. v. Emil Egli u. a., Bd. II, Leipzig (M. Heinsius) 1908 (Corpus Reformatorum 89), S. 458–525.

Übersetzung: Ernst Saxer.

Einleitung

Das Jahr 1523 brachte mit der institutionellen Anerkennung der reformatorischen Bewegung durch den Ratsbeschluß nach der ersten Zürcher Disputation nun auch die Verpflichtungen zur praktischen Neuregelung des geistlichen und sozialen Lebens möglichst in geordneten Bahnen. Bereits in den Thesen (»Schlußreden«) hatte Zwingli im letzten, 67. Artikel die Zins- und Zehntenfrage angesprochen. Sie stand deshalb im Brennpunkt, weil die Bauernbewegung hier Forderungen stellte, die von Erleichterung der Abgaben bis zu deren völligen Abschaffung und eschatologischen Umstürzen aller Herrschaftsverhältnisse reichten – mit biblizistischen Begründungen, bei denen man sich offenbar trotz Zwinglis gegenteiligen Beteuerungen auch auf seine Kritik am dem Recht Gottes widersprechenden Zins- und Zehntenwesen berufen konnte. Dabei drohte nun ein Zusammenbruch nicht nur des privaten Wirtschaftssystems, sondern auch der weiteren Finanzierung der in reformatorische Gestalt umzuwandelnden kirchlichen und sozialen Verpflichtungen. Außerdem wurden in der übrigen Eidgenossenschaft Gerüchte laut, in Zürich stehe man unmittelbar vor Anarchie und Aufruhr, dem der Rat in Schreiben an Bern und Solothurn sofort widersprach. Zwingli führt daher in seiner Predigt und späteren Schrift einen Mehrfrontenkampf. Er wendet sich a) gegen die katholischen Traditionalisten, die an der päpstlichen Autorität und an den katholischen Ordnungen festhalten wollten, b) gegen die sogenannten »Radikalen«, die ohne Rücksicht auf die Folgen mit Berufung auf den göttlichen Willen die Abschaffung aller menschlich-gesetzlichen Ordnungen forderten, c) gegen die »Etablierten« (Rich), die zwar in Glaubensdingen der Predigt des Evangeliums zustimmten, dem Wort Gottes jedoch keine Kritik an wirtschaftlichen Ordnungen oder staatlichen Kompetenzen einräumen wollten. Zugleich verfolgt er die Absichten, d) die ihm als Pflicht erscheinende Begründung von Ordnung und Kritik aus dem Evangelium zu liefern, e) sich selbst zu rechtfertigen und f) den mächtigen Stadtstaat Bern, dessen

Aristokratie der Reformation vorläufig größtenteils nicht gewogen war, nicht zu vergrämen und für die Reformation als Stütze zu gewinnen, weshalb die Schrift denn auch dem damals wohl maßgeblichsten Gönner der Reformation in Bern gewidmet ist.

Zwingli strebt diese verschiedenen Ziele mit einer grundsätzlichen Abhandlung an, in der er den Begriff der »Gerechtigkeit« in den Mittelpunkt stellt. Er unterscheidet dabei 1. die absolute göttliche Gerechtigkeit, die nie erfüllt werden kann. Daran knüpft Zwingli seine Lehre über Erbsünde und Satisfaktion, die Erfüllung der göttlichen Gerechtigkeit uns zugute. Der Glaube daran bringt das Heil, entbindet uns jedoch nicht von dem Auftrag, mit unserem Leben den Geboten der göttlichen Gerechtigkeit weiterhin zu folgen und ihrer Erfüllung so nahe wie möglich zu kommen; 2. die menschliche Gerechtigkeit, die aus äußeren Geboten für das Zusammenleben besteht, und zu deren Einhaltung es eine Obrigkeit mit Strafkompetenz braucht – auch dies nach göttlicher Einsetzung. Über alles, was das Gewissen und die Verkündigung des Wortes Gottes betrifft, hat die Obrigkeit jedoch keine Gewalt, hier untersteht sie selbst dem Anspruch des Wortes Gottes in bezug nicht nur auf die göttliche, sondern auch auf ihre Ausübung der menschlichen Gerechtigkeit.

Diese verschiedenen Gesichtspunkte bedingen die Kompliziertheit und gelegentliche Weitschweifigkeit (die allerdings für Zwingli überhaupt typisch ist) einer Schrift, die als grundlegendes Dokument nicht nur einer reformierten Sozialethik, sondern der christlich-ethischen Begründung überhaupt angesprochen werden muß. Die Interpretation schwankt zwischen der Beurteilung als Kompromiß zwischen evangelischem Anspruch und Staats- bzw. Wirtschaftsraison und als hervorragendem Dokument sozialethischer Verantwortung, nicht allein der Vertreter der Kirche, sondern jedes Gliedes einer Gemeinschaft.

Ernst Saxer

Göttliche und menschliche Gerechtigkeit und wie diese sich zueinander verhalten. Eine Predigt Huldrych Zwinglis, gehalten 1523 am Tag Johannes des Täufers[1]

Herrn Niklaus von Wattenwyl, Propst in Bern im Üchtland[2], Gnade und Friede von Gott, unserem Herrn Jesus Christus.

So wie alle Christen sich allenthalben freuen über den Glauben an das Evangelium Jesu Christi, welchen Dein Vaterland, o allerliebster Bruder in Christus Jesus, die gerechtigkeitsliebende Stadt Bern, annimmt und wo er täglich wächst, so freut mich besonders Deine Bekehrung von der Finsternis zum Licht. Vieles hätte Dich davon abhalten können: Deine vornehme Familie (denn Dein eigener Vater ist vornehm durch oftmals verwaltete Schultheißen- und andere Ämter), Reichtum, eigene Tugend, Sanftmut und Milde im Umgang mit
Menschen und, was am schwierigsten zu überwinden ist, | die 472
Hochachtung und Wertschätzung durch so viele Päpste und Bischöfe. All diese Dinge hätten Dich zweifellos zur freien Erkenntnis des Evangeliums Christi nicht kommen lassen, wenn nicht Gott Dich und alles Volk bei Euch in besonderer Weise gezogen hätte. O wie wahr ist das Wort Christi: »Niemand kommt zu mir, es habe ihn denn mein himmlischer Vater gezogen« [Joh 6,44]. Er wirkt alle Dinge in allen Menschen; ihm sollen wir alle um Eures Glaubens willen Dank sagen in Ewigkeit. Amen.

Es gibt keine andere Ursache dafür, Dir, lieber Bruder, kühn in einer öffentlichen Schrift entgegenzukommen, obschon mich bisher keine besondere Freundschaft mit Dir verbunden hat, als der uns gemeinsame Christus, der uns zu Brüdern und Gliedern eines Leibes macht. Denn wie die Heiden ein Sprichwort kennen: »Rechtschaffene kommen zu Rechtschaffenen ungeladen«, so hat jeder Christ Berechtigung genug, um den anderen zu werben, da sie in Christus Jesus eines

Gottes, einer Taufe und eines Glaubens sind [vgl. Eph 4,5]. Weil ich nun am vergangenen Johannistag über die göttliche und menschliche Gerechtigkeit gepredigt habe und danach von vielen ehrenhaften Menschen gebeten worden bin, schrieb ich die entsprechende Darstellung auf. Ich wagte es aber nicht, diese Darstellung Eurer gerechtigkeitsliebenden Stadt zu widmen, obschon ich es sehr gerne getan hätte, denn ich hatte gehört, daß bei Euch ein Gerede umgehe, wie jämmerlich es in Zürich stehe, was überhaupt nicht zutrifft. Denn unter den Gläubigen wächst gottlob täglich viel Liebe und Freundschaft. Und keiner unternimmt etwas[3] ohne Befehl und Beschluß der Obrigkeit.

Es gibt wohl viele Widerspenstige, die auf anderes aus sind als auf die Lehre Christi. Man muß sie dulden, bis Gott sie auch zieht, damit die Stärke seines Wortes um so ehrenvoller siege. Es muß Widerstand haben, damit man seine Kraft sehe. Obschon ich die erwähnte Darstellung nicht Eurer Kirche zu widmen wagte, Dir gegenüber, als einem ernsthaften, treuen Diener Gottes, durfte ich es wohl wagen, in der festen Hoffnung, dies werde Dich nicht befremden, sondern Du nehmest
473 es zum besten auf, wie es gedacht ist. |

Du wirst darin sehen, daß das Evangelium Christi nicht Gegner der Obrigkeit ist und nicht Zerwürfnisse um zeitlicher Güter willen hervorbringt, sondern die Obrigkeit festigt, sie recht leitet und mit dem Volk einig macht, sofern sie christlich, d. h. nach dem von Gott vorgeschriebenen Maß, vorgeht.

Darum lies diese Schrift zusammen mit den Gläubigen Eurer Kirche. Und wo Du meiner unbedeutenden Dienste bedürfen solltest, so verfüge über mich!

Gott, der uns alle in das wunderbare Licht seiner Erkenntnis geführt hat, vollende in uns alles, was er angefangen hat.

Grüße mir Thomas Wyttenbach, Heinrich Lupulus, meine beiden Lehrer, Sebastian Meyer, Berchtold Haller, die Lehrer Eurer Kirche, meine Mitarbeiter im Evangelium Jesu Christi, die edlen, standhaften etc., Deinen Vater und J. Hans Rudolf

Hetzel von Lindach, die eifrigen Beschirmer der christlichen Lehre, Valerius[4], den Stadtarzt, und Lienhard Tremp, meinen Anverwandten, und Eure ganze Kirche.

Gegeben in Zürich am 30. Juli 1523
Huldrych Zwingli, Dein und aller Christen Diener. | 474

Göttliche und menschliche Gerechtigkeit

Obschon gegenwärtig die göttliche Gerechtigkeit durch das Gotteswort mehr als seit vielen hundert Jahren offenbart wird, wollen doch zahlreiche Menschen sie nicht annehmen, wie man sollte, indem sie zwar auf sie hören, sie aber ihren eigenen Gelüsten anpassen. Die Vorgesetzten sehen in ihr eine derartige Vollkommenheit,[5] daß kein Mensch ihr zu entsprechen vermöchte. Etwa, wenn Gott will, daß man weder bei ihm noch beim Himmel noch bei der Erde, noch bei unserem eigenen Haupt schwöre, dann sehen sie wohl, daß wir dem Gebot nicht nachkommen können. Sie meinen aber, man solle mit dem Verbot des Schwörens noch zuwarten, bis es ihnen gefalle; denn etliche würden dann meinen, obschon sie rechtsgültig und aufrichtig einen Eid geleistet hätten, müßten sie ihn nicht einhalten; denn man solle ja keinen Eid schwören nach Christi Wort (vgl. Mt 5,34). Oder es finden sich unter der Gemeinde doch sehr wenige, die dann, wenn sie Christi Befehl hören, wenn man uns den Rock nehme, sollten wir auch den Mantel hergeben [vgl. Mt 5,40], nicht nur das Nehmen lernen, sondern daran denken, daß dieses Gebot sie genau so angeht wie alle anderen Christenmenschen: Auch sie sollten Rock und Mantel lassen, ehe sie sich zur Wehr setzen, geschweige denn einem andern das Seine nehmen. Darum dünkte es mich notwendig, die nun folgende | Predigt über 475 göttliche und menschliche Gerechtigkeit, die ich am Tag Sankt Johannis des Täufers gehalten habe, schriftlich niederzulegen, damit diejenigen, welche mehr Zeit haben als ich gegenwärtig, der Sache gründlicher nachgehen können.

Und damit man sehe, wie sich die göttliche Gerechtigkeit und die armselige menschliche Gerechtigkeit zueinander verhalten, will ich zuerst von der göttlichen reden.

Gott ist nicht allein deswegen gerecht, weil er einem jeden das Seine[6] gibt, wie die Menschen die Gerechtigkeit beschrieben haben. Wenn wir ihn nach dieser Richtschnur messen wollten, so täten wir dergleichen, als ob wir ohne ihn etwas wären. Denn was ist unser? Nichts; es ist alles sein, was wir haben und sind. So können wir nicht von Gott verlangen, daß er uns das Unsere gibt, denn unser ist nichts, sondern was er gibt, ist alles sein. Also ist er in anderer Weise gerecht, oder er gibt niemandem etwas; denn er ist niemandem etwas schuldig. Er ist dergestalt gerecht, daß er der unversehrte Brunnen aller Unschuld, Untadeligkeit, Gerechtigkeit und alles Guten ist; denn er ist selbst wesenhaft Gerechtigkeit, Untadeligkeit und alles Gute, so daß nichts untadelig, gerecht oder gut ist, als was aus ihm kommt. Ebenso wie er nicht nur wahrhaft ist, sondern die Wahrheit selbst (vgl. Joh 14,6), ist er auch nicht allein gerecht, sondern die unversehrte Gerechtigkeit selbst, die so lauter und von Grund auf rein ist, daß darin nichts vermischt ist mit irgendwelcher Unsauberkeit der Gelüste. Ist aber Gott das ewige Gut, so muß er, der die Gerechtigkeit ist, unvermischt sein und alle Gelüste und eigennützigen Begierden ihm fremd.

Diese derart lautere, reine, unvermischte Gerechtigkeit Gottes sehen wir an seinem eigenen Wort. Denn wie ein böser Mensch aus dem bösen Schatz seines Herzens Böses hervorbringt (vgl. Lk 6,45), so bringt Gott, der allein gut ist (vgl. Mk 10,18), aus seinem Herzen nichts als Gutes, und an seinem von ihm ausfließenden Gerechten und Guten erkennen wir den ursprünglichen Brunnen; denn man erkennt den Baum an der Frucht [vgl. Lk 6,44]. So erkennt man Gottes Gerechtig-

keit an seinen Worten. Wenn nun seine Worte sind, wie David
in Psalm 12,7 sagt: »Die Worte bzw. Reden des Herrn sind rein;
sie sind wie Silber, das geläutert und von der Erde gereinigt ist,
ja siebenmal | geläutert und von der Erde so ganz gereinigt« – 476
dann muß folgen, daß darin nichts gefunden werden kann,
was nach irdischen Gelüsten riecht. Von daher können wir
wohl ermessen, daß die göttliche Gerechtigkeit erhaben über
die menschliche ist, so erhaben wie Gott über den Menschen.
Daraus folgt, daß wir an seine Gerechtigkeit nicht heranzu-
reichen vermögen, das heißt, daß wir das Maß seiner Voll-
kommenheit, Unschuld und Reinheit nicht erreichen kön-
nen.

Dennoch fordert Gott, daß wir wie er sein sollten, wenn wir begehrten, bei ihm zu wohnen. Denn wie ein Hausvater in seinem Gesinde keinen Knecht duldet, der ihm nicht gleichgesinnt ist, so duldet Gott noch viel weniger in seinem Reich jemanden, der nicht nach seiner Vollkommenheit und Unschuld gestaltet ist, der nicht so rein ist, wie er den ersten Menschen geschaffen hat. Das zeigt uns Christus an dem Menschen, der zwar zum Hochzeitsfest geladen war (vgl. Mt 22,11–13), aber, weil er kein hochzeitliches Kleid trug, hinausgeworfen wurde. Und doch hatte der Herr, der zum Hochzeitsfest einzuladen befahl, befohlen, die Armen, Kranken, Lahmen und Blinden herbeizurufen (vgl. Lk 14,21). Doch sie müssen so sauber sein, wie er es fordert. Denn Gott ist ein ewiges, verzehrendes Feuer, bei dem niemand wohnen kann, der irgend etwas an sich hat, das sich dem Feuer nicht fügt oder ihm zuwider ist; sondern was bei ihm wohnen will, muß heilig und untadelig und lauter und rein sein, wie auch er ist. Das zeigt Jesaja 33,14–17: »Wer unter euch kann bei dem verzehrenden Feuer wohnen oder wer unter euch wird bei der ewigen Hitze wohnen? Antwort: Wer untadelig wandelt, d. h. gerecht ist; wer die Wahrheit sagt, wer die Habsucht, die zum allgemeinen Nachteil führt, hinwirft und alle Bestechungsgaben von seiner Hand abschüttelt; wer seine Ohren verstopft,

um nicht von Blutvergießen reden zu hören und seine Augen schließt, daß er das Böse nicht sehe. Der wird in den Höhen wohnen; seine Erhabenheit wird die Felsenburg übertreffen;
477 Speise | bzw. Brot wird ihm gegeben; seine Wasser sind lauter – bzw. verläßlich; sie werden den König in seiner Pracht sehen, und seine Augen werden das Erdreich von ferne sehen.« Mit diesen Worten will Jesaja zeigen, wie diejenigen beschaffen sein müssen, die bei Gott wohnen wollen. Zusammengefaßt heißt das, daß sie in jeder Beziehung unschuldig sein müssen. So sagt auch David in Psalm 15,1–2: »Herr, wer wird wohnen in deinem Zelt – bzw. in deiner Wohnung – oder wird ruhen auf deinem heiligen Berg? Antwort: Der, welcher ohne Flekken wandelt und wirkt, was recht ist ...« David sagt dasselbe wie auch Jesaja, obschon David früher gelebt hat, damit man an diesen Worten sehen kann, daß alles aus *einem* Geist kommt.

Dies alles hat Christus mit wenigen Worten zusammengefaßt: »Wohl denen – bzw. selig sind –, die reinen Herzens sind; denn sie werden Gott sehen« (Mt 5,8). Was ist nun ein reines Herz oder welches ist rein? Keines auf Erden; denn welches hätte die Eigenschaft an sich, nicht eigennützig und eingebildet zu sein und vollständig ohne Flecken? – was doch Gott unbedingt fordert, wie bald darauf folgen wird.

In diesem Zusammenhang müssen wir aber kurz das Evangelium darstellen. Wir haben hier ausdrücklich gehört, daß keiner zu Gott kommen kann, er sei denn untadelig, rein, gerecht und unschuldig, wie Gott es fordert. Denn er spricht: »Seid untadelig, rein – bzw. gerecht –, denn ich bin rein« (3. Mose 20,7). Das ist so aufzufassen: Ich bin gerecht, rein, untadelig. Wollt ihr zu den Meinen gehören, müßt ihr auch so sein – »rein« nicht im Verständnis von »ohne ehelichen Verkehr«, sondern im Sinne von »sauber«. An dieser Gerechtigkeit müssen alle Menschen verzweifeln. Denn wer ist so heilig, daß sein Herz ohne Gelüsten und Begierde wäre? Derart kann auch keiner bei Gott wohnen, denn wer bei ihm wohnen will,

muß ohne Flecken sein. Diesen unseren Jammer und unsere Ohnmacht hat Gott gesehen, sich darüber erbarmt und das Mittel gefunden, damit seine Gerechtigkeit für uns versöhnt würde und wir so bei ihm wohnen könnten; und er hat darum seinen Sohn Mensch werden lassen, von der reinen Jungfrau Maria ohne alle Sünde vom Heiligen Geist empfangen, damit sein Herz, das ohne alle sündhaften Gelüste war – denn es wurde nicht in Sünden empfangen wie wir (vgl. Ps 51,7) –, | 478
vollständig rein wäre. Da er aber, der unschuldig war, für uns schuldige Sünder den Tod erlitt, bezahlte er für uns die ganz vollkommene Gerechtigkeit Gottes, der sonst kein Mensch Genüge zu tun vermag. Damit hat er es uns verdient, daß wir zu Gott kommen können aus seiner freien Gnade und Gabe. Wer dies hört und unangezweifelt glaubt, wird selig. Das ist das Evangelium.

Dennoch bleibt weiterhin das in Kraft, was Gott fordert, nämlich daß wir zu aller Zeit schuldig sind, so rein, sauber, unbefleckt, recht zu leben, wie Gott es haben will. Denn Christus spricht: »Ihr sollt vollkommen sein, wie euer himmlischer Vater vollkommen ist« (Mt 5,48). In Wirklichkeit sind wir aber nie so, ja es ist für uns während unseres Lebens nie möglich, so rein zu sein. Darum müssen wir zu aller Zeit durch den einzigen, gerechten, unschuldigen Jesus Christus zu Gott kommen; denn »er allein ist der Beistand und Bezahler für unsere Sünde in Ewigkeit« (1. Joh 2,1–2). So verhält sich, kurz gesagt, das Evangelium gegenüber unserer Schuld und Ohnmacht. Willst du die Schriftbegründung ausführlich kennenlernen, so lies die ersten Thesen mit ihrer Auslegung, die wir kürzlich veröffentlicht haben.[7]

Daß aber Gott eine so große Unschuld von uns fordert, lernt man an seinem eigenen Wort, d. h. eine derartige Unschuld, die von Gelüsten und Begierden vollständig unbefleckt sein muß, obschon er daneben das Heil und die Gnade durch Christus Jesus gegeben hat. Dieser ist aber nicht aufgrund unseres Verdienstes, sondern aus der lauteren Gnade Gottes uns zu

dem Heil gegeben, daß wir, nachdem wir unsere Ohnmacht kennengelernt haben und an uns selbst verzweifeln müssen – denn die göttliche Gerechtigkeit vermögen wir nicht zu erfüllen –, nichtsdestoweniger Heil in Christus Jesus finden, und wir somit in jeder Weise verworfen werden, Gottes Gnade und Erbarmen aber uns groß und lieb werde. Diese bedenke allezeit, du Gläubiger, und laß dich nie mehr davon abbringen. Sie ist zuverlässig; der Sohn Gottes ist das Pfand dafür. Und wenn du schon an dem, was Gott von dir fordert, verzweifeln
479 mußt, weil du ihm nicht nachkommen kannst, | so verzweifle doch nicht an dem, der all unsere Mühe und Urverdorbenheit getragen, bezahlt und versöhnt hat, sondern erlerne am Wort des göttlichen Willens, welch hohes Gut Gott sei. Denn die Gerechtigkeit, die er uns vorschreibt, ist er an sich selbst und verhält sich so, wie er es uns befiehlt; denn er gleicht nicht den Tyrannen, die vortreffliche Gesetze vorschreiben, sie aber nicht halten. So schilt auch Christus die Pharisäer und Gelehrten der Juden (vgl. Lk 11,46). Dementsprechend wirst du dauernd dafür kämpfen, daß du dich je länger je mehr dem göttlichen Willen gleichgestaltest und zu einem vollkommenen Mann heranwächst nach dem Maße Christi (vgl. Eph 4,13), und an dir selbst nicht mehr Gefallen finden, aber all deine Zuversicht unverwandt auf Gott richten, und was du schon wirkst, nicht dir, sondern Gott zuschreiben. Du wirst auch erkennen, daß dein Werk nichts ist und nichts wert vor Gott, und alles, was dir Gott erweist, nicht um deines Verdienstes willen, sondern als seine freie Gabe geschieht.

Hier folgt nun die Darstellung der göttlichen Gerechtigkeit, welche es allein verdient, als Gerechtigkeit bezeichnet zu werden.

Die göttliche Gerechtigkeit ist selbst so lauter und vollkommen, wie sie es als Anforderung an uns stellt.

1. Sie heißt uns verzeihen, wie auch wir wollen, daß Gott uns verzeihe. Sie erfüllt das so reichlich, daß sie uns nicht so verzeiht, wie sie von uns Verzeihung erwartet. Denn es gibt

bei ihr nichts, das der Verzeihung bedürfte, sondern da wir allein seiner Gnade bedürfen, verzeiht sie im Überfluß ohne all unser Verdienst. Ja, wenn wir in aller Ungnade stehen und seine gerechte Strafe verdient haben, verzeiht er uns: »Christus ist für uns gestorben, als wir noch Sünder waren« (Röm 5,6–11).

2. Gott befiehlt uns nicht allein, nicht zu töten, sondern gar nicht erst zornig zu werden (vgl. Mt 5,22). Auch er wird nicht zornig; und wo ihm in der Schrift Zorn zugeschrieben wird, bedeutet das nichts anderes als seine angemessene Strafe.

3. Gott befiehlt uns, nicht zu rechten oder zu streiten, sondern dann, wenn uns der Rock genommen wird, auch den Mantel herzugeben (vgl. Mt 5,40; Lk 6,29). Und er hat das selbst getan. Denn | er hat sich, ohne sein Recht zu fordern, 480
von seinen Feinden vor Gericht bringen und töten lassen, wie der Prophet vorausgesagt hat: »Er wurde wie ein Schaf zum Tode geführt und tat seinen Mund nicht auf« (Jes 53,7) und: »Er wird nicht schreien noch sich wehren« (Mt 12,19).

4. Gott befiehlt uns nicht allein, nicht die Ehe zu brechen, sondern niemandes Ehegatten zu begehren (vgl. Mt 5,28). Er hält das selbst ein. Denn er ist ohne alle Begierde, ja, die menschliche Natur Jesu Christi ist ohne alle sündhafte Begierde. Und er befiehlt, eher Vater und Mutter zu verlassen als den Ehegatten, und wen Gott zusammengefügt habe, solle niemand scheiden (vgl. 1. Mose 2,24; Mt 19,5–6).

5. Gott verbietet alles Schwören und befiehlt uns, so zuverlässig zu sein, daß das Ja Ja und das Nein Nein sei ohne alles Schwören (vgl. Mt 5,37). Er ist selbst auch so. Denn eher vergehen Himmel und Erde, als daß eines seiner Worte nicht in Erfüllung ginge. Das erfahren wir täglich.

6. Gott befiehlt uns, unsere Habe denen zu geben, von welchen wir nichts erhoffen und die uns keine Gegenleistung bringen können (Lk 6,35). Er handelt selbst ebenso. Er speist nicht allein den Menschen, sondern auch die Vögel der Luft (vgl. Mt 6,26) ohne jede Gegenleistung.

7. Gott befiehlt, Gutes zu tun nicht allein den Rechtschaffenen und denen, die niemandem schaden, sondern auch den Feinden: »Ich aber sage euch, daß ihr eure Feinde lieben und denen Gutes tun sollt, die euch hassen, und bitten für die, welche euch schmähen« (Mt 5,44). Er handelt selbst ebenso. Er läßt seine Sonne scheinen über die Guten und Bösen und regnen über Gerechte und Ungerechte; er gibt den Ungläubigen und den Feinden genauso Früchte und Nahrung wie den Gläubigen.

8. Gott befiehlt uns nicht allein, nicht zu stehlen, sondern des anderen Gut gar nicht erst zu begehren (vgl. 2. Mose 20,15.17). Denn er handelt selbst ebenso. Es liegt ihm so fern, irgend etwas von uns zu fordern oder zu unserem Nachteil zu begehren, daß er will, daß wir von ihm alle Dinge begehren, und er sie uns geben und unsere Gebrechen heilen wird.

9. Gott will, daß wir nicht nur nichts Übles reden oder verleumden, sondern überhaupt kein unnützes Wort reden:
481 »Ich sage euch, | daß für jedes unnütze Wort, das die Menschen reden, Rechenschaft gefordert wird« (Mt 12,36). Er hält es auch so. »In seinem Mund ist nichts Falsches, Betrügerisches oder Leeres gefunden worden« (1. Petr 2,22). »Er lehrte nicht mit unnützen, leeren Worten wie die Schriftgelehrten und Pharisäer, sondern mit Kraft« (Mt 7,29), so daß seine Worte stark waren und in den Herzen der Zuhörer haften blieben.

10. Gott will sich nicht damit begnügen, daß wir dem Nächsten nicht schaden oder ihm erst dann zu Hilfe kommen, wenn wir uns vorher abgesichert haben, sondern er will, daß wir den, der gerade unser nächster Mensch ist, so lieben wie uns selbst (vgl. Mt 22,39). Denn er hat auch so gehandelt. Er hat sich für uns dahingegeben und uns zu sich genommen als seine Freunde, Brüder und Erben (vgl. Joh 15,13; Mt 23,8; Gal 4,5).

Wir hätten noch viele weitere Dinge aufzählen können, die Gott von uns durch das Wort und durch das eigene Vorangehen mit der Tat fordert, etwa daß wir um seines Wortes willen den Tod erdulden sollen oder Verachtung um eines jeden Bruders in Christus willen. Doch sind alle anderen Befehle in den aufgezählten enthalten. Nun sind die Befehle Gottes nicht ein Ratschlag, wie die Päpstler sagen,[8] sondern wirkliche Gebote Gottes, die zu erfüllen Gott von uns fordert; und er läßt uns nicht zu ihm kommen, außer wir seien so unschuldig, rein und untadelig, wie sein Wille es fordert. Und dieser sein Wille ist uns nirgendwoher bekannt als aus seinem Wort allein. Und sein Gebot ist nichts anderes als eine Offenbarung seines ewigen Willens.

Vergiß aber bei diesen Geboten Gottes nie das Evangelium, das in nichts anderem besteht als darin, daß Gott, nachdem wir an dem, was Gott von uns fordert, unsertwegen verzweifeln müssen, seinen Sohn für uns gegeben hat als den Vollbringer seines Willens, der sein Gebot für uns hat erfüllen und alle unsere Sünde hat bezahlen können. Und der ist das sichere Pfand, durch das wir zu Gott kommen können. Dieser Beistand nimmt uns die Verzweiflung vor Gott; an uns selbst müssen wir verzweifeln; denn Gott fordert von uns, weder zu begehren noch zu gelüsten, was uns aber unmöglich ist. So | ist 482
es uns auch unmöglich, zu Gott zu kommen. Denn kurz gesagt: er fordert eine derartige Reinheit und Unschuld von uns. Aber daß Christus unsere Gebrechen heilt und unser Beistand ist, bewirkt, daß wir nicht allein nicht an Gott verzweifeln, sondern sehen, daß unser ganzes Heil auf seinem Erbarmen beruht, und lernen an seinen Worten, was er für ein vollkommenes Gut ist, wie rein, wie gerecht, wie untadelig. Und wie sehr wir uns auch mühen, seinem Wort Genüge zu tun und nachzukommen, so stoßen wir überall auf unsere Ohnmacht; und dennoch ist es die größte Lust der gläubigen Seele, sich gemäß dem Wort und der Forderung Gottes zu üben, obschon sie das Gott würdige Maß nicht erfüllen kann; denn sie will doch nur immer dem gefallen, der ihr Schatz, ihr Beistand und ihre Zuversicht ist.

Daß aber die vorher aufgezählten sowie ihnen entsprechen-

den Beispiele Gebote und nicht ein Ratschlag sind, bestätigt Christi eigenes Wort. Er nennt sie Matthäus 5,19 Gebote: »Wer eines der kleinsten dieser meiner Gebote nicht hält ...«. Sieh, hier weist er auf die Gebote, die danach folgen, und nennt sie eben Gebote. Weiter befiehlt er den Jüngern, sie sollten die Menschen alles halten lehren, was er ihnen geboten habe (vgl. Mt 28,20). Ebenfalls sind auch alle aufgezählten Gebote in den beiden vornehmsten Geboten enthalten: »Du sollst den Herrn, deinen Gott, lieben aus deinem ganzen Herzen, Seele, Gemüt und Kräften und deinen Nächsten lieben wie dich selbst« (Mt 22,37–39). Daß wir kein unnützes, leeres Wort reden sollen, zeigt sich uns im ersten Gebot; denn sofern wir Gott mehr als alle anderen Dinge aus allen Kräften liebhätten, wären wir nicht zu unnützem Tun imstande. Ja, wenn wir nur dieses einzige Gebot hielten – das sie doch als Gebot bestehen lassen müssen, denn Christus hat es uns vorgeschrieben (vgl. Mt 22,37–39) –, so handelten wir keinesfalls gegen Gott. Denn kein Geschöpf könnte noch unser Herz in Beschlag nehmen, wenn wir darin Gott aus allen Kräften liebhätten. Es könnte nichts davon auf das Geschaffene übertragen werden, oder es wären nicht alle Kräfte an die Liebe zu Gott gewendet, wie es bei uns denn auch wirklich der Fall ist. Deshalb sind wir nie ohne Sünde. Zum zweiten ist das Gebot, daß wir überhaupt nicht schwören sollen, im andern Gebot enthalten. Denn wenn ein jeder das hielte, seinen Nächsten so
483 liebzuhaben wie sich selbst, dann brauchte | man keine Eide. Denn wie keiner vom anderen betrogen werden will, so würde auch er niemanden betrügen, und es gäbe nichts anderes als Ja, Ja und Nein, Nein. Entsprechend sind auch alle anderen Gebote in diesen beiden enthalten, wie ein jeder wohl selber ermessen kann, der sie betrachtet. Denn Christus lügt nicht, wenn er sagt: »An diesen beiden Gesetzen hängt das ganze Gesetz und die Propheten« (Mt 22,40). Und zum letzten sind die Worte Christi in den erwähnten Geboten nicht bloß nebenbei gesagt, sondern sie gebieten und befehlen.

So hoffe ich, es sei klar, daß jeder, der durch seine Werke zu Gott kommen will, irrt, denn er sieht gleich am ersten Gebot, daß er dies nicht erfüllen kann. So gebietet uns Gott, was wahrhaft seiner Gerechtigkeit angemessen ist; aber uns ist es nicht möglich, seine Gebote zu halten. Dieser unserer Ohnmacht aber kann niemand zu Hilfe kommen als Gott allein. Er hat es getan durch seinen Sohn Jesus Christus. Wenn es aber dementsprechend viele gottlose Menschen gibt, die nicht allein die allgemeine Urverdorbenheit teilen, daß sie Gott nicht über alle Dinge lieben, sondern nicht einmal glauben, daß es einen Gott gebe, der alles Recht und Unrechte strafe und vergelte, so verfallen sie dementsprechend in große, unmenschliche Schandtaten; und wenn Gott nicht ihre frevelhaften Anschläge verhütete, machten sie das ganze Volk zunichte mit ihrer Frevelhaftigkeit und ihrem Mutwillen. Denn weil sie Gott nicht fürchten – sie glauben ja nicht, daß es einen Gott gibt –, würden sie einem jeden das Seine nehmen, und wenn ihm das nicht gefiele, würden sie ihn totschlagen. Das hat Gott vorausgesehen und Gesetze gegeben, damit man den Gottlosen zurückhalten und zwingen kann. Auch wenn er nichts auf Gott gibt, muß er dennoch die Menschen in Frieden lassen und niemanden nach seinem Mutwillen einschüchtern. Hier hat nun die ganz unvollkommene menschliche Gerechtigkeit ihren Platz. Ihre Gesetze sind der Bösen wegen gegeben, wie Paulus sagt: »Das Gesetz ist nicht den Gerechten gegeben, sondern den Übellebenden, den Ungehorsamen, den Gottlosen, den Sündern, den Ungerechten, den Gemeinen, den Vater- und Muttermördern, | den Totschlägern, den Un- 484
keuschen, den Knabenschändern, den Menschenräubern, den Lügnern, den Meineidigen und andern Lastern, die sich der rechten Lehre des Evangeliums von der Ehre des heiligen Gottes widersetzen« (1. Tim 1,9–10). An diesem Lumpenpack siehst du gut, daß Gott etliche Gesetze der Bösesten und Gottlosen wegen gegeben hat. Daraus folgt, daß einer nicht schon deswegen gerecht ist, weil er nicht durch gemeine Laster

Schuld auf sich geladen hat; das sind ja nur Gesetze, um das allergrößte Unrecht zu verhüten. Wer diese hält, ist deswegen nicht vor Gott gerecht; er erreicht aber, daß man ihn nicht straft. So sagt Paulus: »Wer die Dinge tut, die das Gesetz befiehlt, der wird in ihnen leben« (Gal 3,12); d. h. wer tut, was ihm das Gesetz befiehlt, oder unterläßt, was das Gesetz verbietet, der verfährt in seinem Leben so, daß man ihn nicht nach dem Inhalt des Gesetzes verurteilt oder straft (vgl. 5. Mose 4,40).

Darum gibt es zweierlei Gesetze ebenso wie zwei Gerechtigkeiten: eine göttliche und eine menschliche. Ein Teil der Gesetze richtet sich allein auf den inneren Menschen, wie man Gott und den Nächsten liebhaben solle. Und diese Gesetze kann niemand erfüllen, also ist auch niemand gerecht als Gott allein und der, welcher durch die Gnade, deren Pfand Christus ist, gerecht gemacht wird durch den Glauben.

Der andere Teil der Gesetze richtet sich allein auf den äußeren Menschen, und deswegen kann einer äußerlich untadelig und gerecht sein und innerlich nichtsdestoweniger schlecht und vor Gott verdammt. Ein Beispiel: »Du sollst nicht stehlen« ist ein Gebot, das äußeres Leben und äußere Rechtschaffenheit betrifft. »Du sollst das Gut eines anderen nicht begehren« ist ein Gebot, das die innerliche, göttliche Gerechtigkeit betrifft. Und doch beziehen sich beide auf dasselbe, nämlich das Wegnehmen. Wenn nun einer nicht stiehlt, gilt er als rechtschaffen vor den Menschen (fasse darunter alle Laster, die man als am Tage liegend vor den Menschen verurteilt); er ist aber vor Gott ein Schurke, denn seine Begierde und sein Gelüsten nach fremdem Gut sind vielleicht größer als bei einem, der einen Diebstahl begangen hat. Dennoch wird der
485 Dieb gehängt, weil er ein offenkundiger Dieb ist. | Und der Schurke vor Gott, der viel habgieriger auf zeitliches Gut aus ist, genießt den Ruf eines rechtschaffenen Menschen, weil er es nicht zum Ausbruch von Übeltaten hat kommen lassen. Darum ist der Satz: »Der ist ein offenkundiger Schurke« eine

sinnvolle Aussage, sofern man sie recht verwendet. Sie weist uns nämlich darauf hin: Vor Gott sind wir alle Schurken, denn wenn einer nicht die Begierde nach zeitlichem Gut in sich trägt, so ist es die Begierde nach dem Ehegatten eines anderen oder Begierde nach Ehren oder andere Gelüste. Deshalb ist er vor Gott ein Schurke, aber vor den Menschen hält man ihn für rechtschaffen; denn sein Herz ist zu tief, als daß die Menschen hineinsehen könnten. Gott allein erkennt die Herzen; der Mensch urteilt erst nach der äußerlichen Tat. Aber offenkundige Schurken sind allein diejenigen, welche frevelhaft und gottlos genug sind, ihre bösen Absichten in die Tat umzusetzen, so daß sie der Mensch jetzt an den Früchten erkennt [vgl. Mt 7,16].

So findet man heraus, welches Gesetze der göttlichen und welches solche der menschlichen Gerechtigkeit sind.

An der göttlichen Gerechtigkeit gemessen sind wir alle Schurken, und wie unsere Schurkerei allein Gott bekannt ist, so urteilt einzig Gott über sie [d. h. die göttliche Gerechtigkeit] oder schenkt sie uns durch seinen Sohn, wenn wir unerschütterlich glauben, daß er aus Erbarmen für uns gestorben ist und bezahlt hat.

An der menschlichen Gerechtigkeit gemessen werden wir oft als rechtschaffen beurteilt, obschon wir in Wirklichkeit vor Gott Schurken sind. Wer aber von der menschlichen Gerechtigkeit derart beurteilt wird, daß er zusätzlich zu dem, daß er ein Schurke vor Gott ist, auch ein offenkundiger Schurke ist, der wird dem überantwortet, der die Gesetzesübertreter verurteilt, der staatlichen Gewalt oder dem Richter.

Sieh, diese menschliche Gerechtigkeit nenne ich eine armselige, ganz unvollkommene Gerechtigkeit, weil jemand ohne weiteres vor den Menschen für gerecht gehalten werden kann, der doch vor Gott nicht gerecht ist; denn keiner ist vor Gott gerecht. Sieh hier auch in diesem Zusammenhang kurz, was das für eine Gerechtigkeit sein soll, die sich mit Kutten, religiösen Zeichen und Kleidern den | Menschen empfiehlt, so 486 wirst du entdecken, daß dies nichts ist als ein reiner Schwindel. Denn es ist nicht möglich, daß ein Mensch inwendig nach dem Maßstab der göttlichen Gerechtigkeit untadelig, rein und sauber sei. Und wenn er sich nun erst trotz aller Ohnmacht, Gemeinheit und Urverdorbenheit dem äußerlichen Anschein nach für gut ausgibt, muß es eine große Schurkerei vor Gott sein. Darum spricht Christus zu Recht: »Sie haben ihren Lohn schon empfangen« [Mt 6,5]. Denn der Mensch urteilt nach dem, was er sieht, und schätzt die Menschen nach dem Anschein ein. Scheinen sie nun gut, werden sie auch für gut gehalten und empfangen hier das, wofür sie sich bemühen. Wenn aber manche ihre Heuchelei nicht erkennen, so muß man mit ihnen wirklich Mitleid haben, daß sie die allgemeine Urverdorbenheit noch nicht erkennen. Denn es hilft ja nichts, zu sprechen: Wir tragen Kutten, um für unsere Sünden Buße zu tun. Der Grund: Tätet ihr wirklich Buße, würdet ihr das inwendig im Herzen mit einem betrübten Geist tun und nicht vor den Menschen zur Schau tragen. Kurz, alles was sich vor den Menschen als vollkommen darstellen will, ist Heuchelei und gehört nicht zur armseligen menschlichen Gerechtigkeit; denn es ist eine Sünde und ein Betrug.

Obschon diese menschliche Gerechtigkeit nicht würdig ist, Gerechtigkeit genannt zu werden, wenn man sie gegenüber der göttlichen Gerechtigkeit betrachtet, so hat Gott sie doch auch geboten, aber erst im Blick auf unseren Ungehorsam, von dem er wohl wußte, daß er folgen würde. Ein Beispiel: Wer seinen Sohn dem Schulmeister übergibt, der spricht: Lehret ihn dies und jenes und schlagt den Jungen und erspart ihm nichts! Hier meint der Vater nicht, er solle ihn schlagen, wenn er recht lerne, sondern der Vater kennt die Art des Jungen, der nicht seiner Absicht gemäß lernt, außer er bekommt Schläge. Ebenso verlangt der himmlische Vater von uns, ohne Begierde nach fremden Dingen zu sein und all unser Begehren auf ihn zu richten; dabei weiß er genau, daß wir diese Rechtschaffenheit und Gerechtigkeit nicht aufbringen. Darauf gibt er Sat-

zungen, die nützlich und gut dazu sind, fröhlich und freundschaftlich miteinander zu leben. Und er spricht: Du sollst nicht stehlen; du sollst nicht ehebrechen; du sollst nicht|lügen, töten 487
noch falsches Zeugnis geben usw. [vgl. 2. Mose 20,13–16]. All dieser Gebote bedürften wir nicht, wenn wir das andere Gebot hielten: »Du sollst deinen Nächsten liebhaben wie dich selbst.« Da dies aber nicht geschieht, hat Gott auch diese weiteren Gebote geben müssen. Und das allein reichte nicht aus; er mußte auch noch veranlassen, daß man den Übertreter straft. Der Dieb soll fünf- oder vierfachen Ersatz leisten, der Ehebrecher soll gesteinigt werden usw., und dies ist dem Zuchtmeister übertragen, d. h. der Obrigkeit. Wieweit diese aber strafen oder Gesetze aufstellen soll, wird später behandelt werden.

Jetzt wollen wir die zehn aufgezählten Punkte mit der menschlichen Gerechtigkeit vergleichen und sehen, wie sie sich zueinander verhalten und wie Gott auch die Gebote der menschlichen Gerechtigkeit geboten hat – aber erst im Blick darauf, daß wir die ersteren nicht halten würden.

Zu Punkt 1 und 3: Gott befiehlt uns, schlechthin zu verzeihen, sonst werde er uns auch nicht verzeihen. Da wir dies überhaupt nicht tun wollen, so darf deswegen niemand als Privatperson sich Recht verschaffen; das brächte Unruhe und Zwietracht, ja es würde den ganzen menschlichen Frieden und das Zusammenleben zerstören. Darum hat er Obere und Richter eingesetzt, die Streit dadurch verhüten und schlichten sollen, daß sie jedem geben, was ihm gehört: »Suche weise und gottesfürchtige Männer aus dem ganzen Volk, die ehrlich und der Habsucht feind sind« – spitze hier deine Ohren, o Richter und Oberer! – »und setze sie über tausend, hundert, fünfzig und zehn Personen, welche dem Volk jederzeit Recht sprechen und allein über kleinere Streitsachen richten« (2. Mose 18,21–22). Wir sehen, daß Gott das Richten deswegen befohlen hat, weil viele nicht verzeihen wollen, so wie sie für sich Verzeihung begehren. Damit nun aus dem menschlichen Zusammenleben nicht Mord und Totschlag werde, soll

die Staatsgewalt auf keinen Fall gestatten, daß irgendein einzelner sich ohne Recht an einem anderen schadlos halte, sondern alle Auseinandersetzungen sollen auf dem Wege des
488 Rechts | ausgetragen werden. Denn sollte uns die menschliche Gerechtigkeit auch noch verlorengehen, so wie uns die göttliche verlorengegangen ist, so wäre die menschliche Gesellschaft nichts anderes als das Zusammenleben der unvernünftigen Tiere: je stärker, desto vorteilhafter! Darum sind die Richter und Oberen Diener Gottes: Sie sind der Zuchtmeister, und wer ihrer Gerechtigkeit nicht gehorcht, der handelt auch wider Gott, er sei geistlich oder weltlich, wie später behandelt wird.[9] Auch wenn er lebt, ohne eine Strafe auf sich zu ziehen, ist er vor Gott nicht gerecht, aber er bewahrt sich vor Tod oder Strafe.

Zu Punkt 2: Gott befiehlt nicht nur, nicht zu töten, sondern gar nicht zornig zu werden. Wenn wir uns vor Zorn bewahrten, so würde kein Totschlag nachfolgen. Da wir aber hierin ein Stück der göttlichen Gerechtigkeit übertreten, muß Gott uns befehlen, nicht zu töten; und damit wir von diesem Gebot auch nicht abwichen, muß der Zuchtmeister Tod um Tod, Leben um Leben, Auge um Auge, Brandmal um Brandmal, Wunde um Wunde, Schlag um Schlag vergelten [vgl. 2. Mose 21,23–25]. Wer nun auch ohne solche Übertretungen lebt, ist dennoch nicht gerecht, sondern bewahrt sich nur vor der Strafe der Obrigkeit. Das ist das Leben im Gesetz (vgl. Gal 3,10).

Zu Punkt 4: Gott befiehlt, nicht den Ehegatten eines anderen zu begehren. Da wir das nicht halten – denn wir sind kurz gesagt nicht ohne dieses Gelüsten –, so befiehlt er, wir sollten die Ehe nicht brechen. Wenngleich wir sie nicht mit der Tat brechen, es aber mit der Begierde tun, so sind wir wohl vor den Menschen gerecht, vor Gott aber sind wir Ehebrecher. Damit wir aber nicht dieser Missetat verfallen und den Tieren gleich werden, so übergibt er uns dem Zuchtmeister; der soll uns steinigen (vgl. 3. Mose 20,10). Daß aber wir Chri-

sten diese Strafe nicht mehr angewendet haben, rührt entweder daher, daß anfänglich der Ehebruch so selten gewesen ist, daß man nicht oft daran Anstoß nehmen mußte, oder aber, daß die Oberen selbst großenteils Ehebrecher sind und diejenigen Laster, in die sie verstrickt sind, nicht so schwer bestrafen, wie sie sollten. Da man nun aber sieht, daß der Ehebruch so allgemein und schamlos verbreitet ist, sollte man die Strafe
wieder angemessen | verschärfen, damit wir nicht von der 489
menschlichen Gerechtigkeit abgebracht werden. Denn so wie man den Diebstahl härter bestraft, als Gott es befohlen hat (vgl. 2. Mose 22,1–12), weil Diebe durch diese Strafe offensichtlich nicht von ihren Taten abgehalten wurden, so muß man auch die Strafe für den Ehebruch wieder erhöhen und verschärfen.

Zu Punkt 5: Gott befiehlt, so ehrlich zu reden und zu handeln, daß wir nur Ja und Nein nötig haben. Da wir das aber nicht tun, sondern einander betrügen, fordert er, daß wir uns durch den Eid festlegen (vgl. 2. Mose 22,11); und wenn wir den zur Lüge machen, so ist der Zuchtmeister da mit der Rute und läßt uns steinigen, wie die zwei alten falschen Zeugen, die Susanna zu Tode zu bringen suchten.[10] Denn der Meineid ist nichts anderes als ein Verleugnen Gottes, und die Abgötterei straft Gott mit Steinigung (vgl. 5. Mose 17,5).

Zu Punkt 6: Gott befiehlt uns, unsere Habe ohne Gegenleistung den Bedürftigen zu geben. Da wir das nicht tun, befiehlt er uns, ohne Zinsen auszuleihen (vgl. 2. Mose 22,25 und 3. Mose 25,36): Wenn wir das nicht tun, ist der Zuchtmeister da mit der Rute und bringt uns dazu, rechtmäßig Zinsen zu geben und zu nehmen. Und obschon Zinsnehmen nicht ausdrücklich einer Strafe unterstellt ist, stand sie doch den Richtern zu, die dazu eingesetzt waren, die auftretenden Mißbräuche und Auseinandersetzungen zu schlichten (vgl. 2. Mose 18,25–27). Wer nun nicht auf Zinsen ausleiht, ist deshalb vor den Menschen untadelig; denn die staatliche Gewalt kann ihm des Zinses wegen nichts anhaben. Aber vor Gott ist er dennoch nicht gerecht, außer er verkaufe alle seine Habe und gebe sie den Armen (vgl. Lk 12,3). Tut das niemand, so ist auch niemand gemäß der göttlichen Gerechtigkeit gerecht. Also wollen wir doch von dir zu Recht annehmen, daß du dich als Sünder erkennst.

Zu Punkt 7: Gott befiehlt, den Feinden Gutes zu tun. Da wir das nicht tun, befiehlt er uns, dem Feind nicht zu schaden und auch seinen Schaden, der ihm unbekannt ist, in Ordnung
490 zu bringen: »Wenn dir das verirrte | Rind oder der Esel deines Feindes begegnet, führe sie wieder auf den Weg zurück. Falls du den Esel deines Gegners oder Feindes unter einer Last zusammengesunken daliegen siehst, wirst du nicht vorbeigehen, sondern ihn aufrichten« (2. Mose 23,4–5). Wenn du das versäumst, soll dich der Zuchtmeister strafen, denn du hast das elementarere Gebot Gottes, das wir ja schon kaum halten können, übertreten; und wir müssen es doch verteidigen, sonst stünde alles auf dem Spiel. Wenn du es nun auch nicht übertrittst, bist du dennoch vor Gott nicht gerecht, außer du verzeihst deinem Feind ebenso, wie du willst, daß Gott dir verzeihe.

Zu Punkt 8: Gott befiehlt, des anderen Gut nicht zu begehren (vgl. 2. Mose 20,17). Hielten wir das Gebot, so gäbe es weder Raub noch Diebstahl. Da dies nicht so ist, gibt Gott das elementarste Gebot, das in menschlicher Gemeinschaft und im Zusammenleben noch verwirklicht werden kann: »Du sollst nicht stehlen.« An diesem Gebot sehen wir auch – ebenso wie daran, daß nach dem Gebot »Du sollst niemandes Ehegatten begehren« als elementareres Gebot »Du sollst deine Ehe nicht brechen« folgt –, daß Gott zahlreiche Gebote gegeben hat, mit deren Einhaltung wir nur der Strafe entrinnen, aber dennoch nicht gerecht sind. Dennoch hat er sie gegeben, damit menschliche Freundschaft und das Zusammenleben nicht aus den Fugen gerate. Wer also einem anderen das Seine heimlich oder mit Gewalt nimmt, der ist entweder ein Dieb oder Räuber, und der Zuchtmeister muß ihn mit der Rute strafen. Wohl ist es wahr: Wie uns Gott die Erde und die Früchte frei

zu nutzen gibt ohne Bezahlung, so sollen sie allen frei zur Verfügung stehen.[11] Ja, wenn wir das nicht so halten, dann sind wir allezeit Schuldner Gottes und haben übel an ihm gehandelt, daß wir aus dem, was Gott gehört, privates Eigentum machen. Doch weiß Gott, daß wir es nicht anders halten können und eigennützig sind von Adam her, und ein jeder nur auf das Seine aus ist. Damit nun nicht durch unsere Habgier die menschliche Gesellschaft zerrüttet werde, zähmt er unsere Habgier und gebietet uns, weder zu rauben noch zu stehlen. Wer sich nun hütet, einen Raub und Diebstahl zu begehen, ist deswegen nicht untadelig, außer er begehre gar nicht nach Fremdem. Hier merkt man, daß diejenigen nichts anderes als Diebe und Strolche | sind, die einem rechtschaffenen Mann für 491
das Kapital, das sie von ihm genommen haben, nichts geben und dies mit der Lehre Gottes rechtfertigen wollten. Ja, der Reiche ist schuldig, das Seine den Armen hinzugeben, das befiehlt Gott. Er befiehlt aber nicht, du sollest es ihm nehmen, wenn der Reiche das nicht tut. Hingegen befiehlt er der Obrigkeit, dich zu strafen, wenn du so etwas unternimmst, und zu verhüten, daß jemandem Unrecht geschehe. In Anbetracht dessen, daß eine Obrigkeit Juden oder andere Geldverleiher auf Zinsen duldet, bist du ein Dieb oder Räuber, wenn du einem anderen die geschuldeten Zinsen, deren Kapital du ihm wohlüberlegt abgenommen hast, durch Stehlen oder mit Gewalt vorenthalten wolltest; denn Gott hat das eigenmächtige Nehmen verboten. Allerdings hat die Obrigkeit in dieser Sache darauf zu achten, die Gebräuche abzuschaffen, die weder vor Gott noch vor der armseligen menschlichen Gerechtigkeit, die uns Gott bloß gegeben hat, damit wir unser Leben geordnet führen können, bestehen können, was später behandelt werden wird. Deshalb sündigen diejenigen, welche solches unternehmen [d.h. sich Geld leihen und dann den Zins verweigern], zweifach: zum einen, weil sie aus der allgemeinen Urverdorbenheit heraus des anderen Gut begehren, zum anderen, weil sie darüber hinaus mit bösen Handlungen

nach außen treten und Unruhe und Verachtung der von Gott verordneten Staatsgewalt gebären. Denn wir, die wir zur wahren Gerechtigkeit nicht fähig sind, müssen beharrlich an diesem Zipfel der Gerechtigkeit festhalten; sonst wäre unser Leben ein einziges Morden, Rauben und Stehlen.

Zu Punkt 9: Gott will, daß wir kein leeres Wort reden. Wer also weder flucht noch verleumdet noch lügt, ist deswegen nicht gerecht, wenn er dennoch leere Reden führt. Allerdings hat die armselige menschliche Gerechtigkeit genug daran, wenn man nicht flucht noch verleumdet noch lügt. Sollte einer aber sich wirklich vergehen und so geredet, geschmäht, gelogen oder falsches Zeugnis abgelegt haben, so befiehlt Gott, dem Falschen oder Lügner das anzutun, was er dem anderen antun wollte, dem sein Lügen oder sein falsches Zeugnis gegolten hat (vgl. 5. Mose 19,19). Wenn aber unser Reden Ja, Ja – Nein, Nein wäre, hätte Gott dieses Gebotes
492 nicht bedurft. So folgt also, daß Gott|manche Gebote mit dem Ziel gegeben hat, wir müßten sie zwar halten, seien aber deswegen trotzdem nicht untadelig oder gerecht.

Sieh, wie elend die dran sind, welche sagen: Ich bin ein gerechter Mann, und ihre Gerechtigkeit allein davon herleiten, daß sie nichts von dem tun, was die Obrigkeit bestraft. Sieh hier auch, daß alle menschliche Weisheit nicht erkennen kann, ob einer gerecht ist, denn der Glaube, der allein gerecht macht und die Urverdorbenheit und das Heil allein erkennt, ist allein Gott bekannt. Dennoch muß man die armselige niedere Gerechtigkeit auch behalten.

Aus dem Sachverhalt, daß wir das einzige Gebot »Du sollst deinen Nächsten so liebhaben wie dich selbst« nicht halten, entspringen alle anderen Gebote, die den Nächsten betreffen; denn dies ist das Gebot der Natur, wobei allerdings Christus es mit der Liebe durchsüßt hat, was ihm auch angemessen ist; denn: »Er ist die Liebe« (1. Joh 4,10). Das Gesetz der Natur lautet: Was du willst, daß dir geschehen soll, das tue auch einem anderen; und andererseits: Was du nicht willst, daß dir

geschehen soll, tue auch niemandem. Dieses Gesetz macht Christus mit der Liebe süß. Denn wenn wir Gott liebhaben, so ist Gott in uns. Ist Gott in uns, so ist auch die Liebe zum Nächsten in uns; denn Gott hat uns so liebgehabt, daß er sich für uns dahingegeben hat. Wo nun Gott ist, ist auch eine entsprechende Bereitschaft. Darum zeichnet Christus das Gesetz der Natur mit den Worten aus: »Du sollst den Nächsten so liebhaben wie dich selbst.« Hierin sind alle Menschen von Grund auf verdorben, wie uns wohl bekannt ist. An dieser Stelle läßt uns auch die menschliche Gerechtigkeit vollständig im Stich; denn sie hat die Selbstsucht derart stark angenommen, daß sie niemanden zur Gemeinschaft führen kann; dies ist im Paradies zugrunde gegangen. Darum straft sie niemanden, der dieses Gebot nicht hält, an dem wir ja alle schuldig werden, obschon sie etliche Vergehen, die eigentlich unter dieses Gebot fallen, straft; aber das Gebot als ganzes fällt nicht unter ihr Gericht. Daraus sieht man aber, daß der Zustand der menschlichen Gerechtigkeit dem befleckten Tuch der menstruierenden Frau entspricht (vgl. Jes 64,6). Und wenn wir vor der Welt auch rechtschaffen scheinen, sind wir dennoch Schurken vor Gott; und ebenso braucht es die Aufsicht der Obrigkeit. Ebenso | wie ein Vater seine verführte Tochter dar- 493
an hindert, völlig sittenlos zu werden, so verhindert die Obrigkeit, daß unser Leben zur viehischen Unvernunft werde.

Wir haben jetzt, wie ich hoffe, genügend verstanden, inwieweit die göttliche Gerechtigkeit von der menschlichen zu unterscheiden sei. Obschon die menschliche Gerechtigkeit auch von Gott geboten ist, ist sie doch nicht so vollkommen, wie Gott es fordert, sondern sie ist erst im Blick auf unsere zerbrochene Natur hin geboten worden, als Gott gesehen hat, daß unser Gelüsten und unsere Begierde seinen Willen nicht befolgen oder ihm nicht nachkommen würden. Deshalb ist sie nichts anderes als eine Strafe; und wenn wir sie auch einhalten, werden wir deswegen weder selig noch Gott wohlgefällig: »Ich habe ihnen Gesetze gegeben, die nicht gut sind, und Gebote, durch die sie nicht leben, d. h. nicht selig werden« (Ez 20,25). Obschon diese Worte hauptsächlich auf das Zeremonienwesen bezogen sind, zeigt doch das Wort »Gericht« an, daß sie auch auf die menschliche Gerechtigkeit bzw. Obrigkeit bezogen werden sollen. Daß aber hier steht: »Wir werden durch diese Gebote nicht leben« und: »Diejenigen, die die Gebote des Gesetzes befolgen, werden leben« (Gal 3,12), unterscheidet sich so: Auch wenn wir die menschliche Gerechtigkeit halten, werden wir damit nicht die ewige Seligkeit erwerben – das meint »nicht leben« bei Ezechiel. Paulus aber meint: Wenn wir die Gesetze, die sich auf die leibliche Urverdorbenheit beziehen, halten, so bewahren wir das leibliche Leben vor der Hinrichtung durch die Obrigkeit (vgl. 5. Mose 4,40): Töten wir nicht, so werden wir auch nicht getötet.

Wie man sich in bezug auf göttliche und menschliche Gerechtigkeit verhalten soll

Die göttliche Gerechtigkeit soll man ohne Unterlaß allen Menschen offenbaren und predigen und eher das Leben verlieren, als sich davon abbringen lassen, sie zu predigen und zu verkündigen, wie es Christus oft geboten hat. Er spricht: »Sucht vor allen Dingen das Reich Gottes und seine Gerechtigkeit, so wird euch alles Nötige hinzugegeben« (Mt 6,33). Hier hören wir, daß allen Menschen befohlen wird, die göttliche Gerechtigkeit zu suchen, d. h. nach seinem untadeligen
494 Willen | sich ständig zu bemühen, bis wir das Maß Christi erreichen (vgl. Eph 4,13), und sich nicht damit zu begnügen, nach menschlicher Gerechtigkeit rechtschaffen zu sein. Allerdings dürfen wir keinesfalls vergessen, daß unser Bemühen die göttliche Gerechtigkeit nicht zu erreichen vermag. Christus allein ersetzt aber diese unsere Ohnmacht reichlich. Das Wort

Gottes, in welchem seine Gerechtigkeit erscheint, ist ein Licht, das einen jeden Menschen erleuchtet. Darum soll das Licht nicht unter einem Gefäß verborgen werden, sowenig wie jemand das sichtbare Licht verbirgt, sondern man zündet es an, damit man dabei sehe und seine Arbeit tun könne. So soll das reine Wort Gottes ohne Unterlaß verkündigt werden, denn darin lernt man, was Gott von uns fordert und mit welcher Gnade er uns zu Hilfe kommt. Es soll auch nichts, was darin enthalten ist, verschwiegen werden; denn es hat nicht die Natur der Weisheit oder des menschlichen Wortes, welches sich anders zeigt, als es in Wahrheit ist. Dieses Wort zeigt klar, was Gott von uns haben will; es zeigt uns dabei auch, wie Gott selbst ist, was uns zu Recht vor allen Dingen freut, nach dem Wort Davids: »Die Gesetze Gottes sind vollkommen und erfreuen die Herzen. Das Gebot Gottes ist klar und erleuchtet die Augen« (Ps 19,9). Darum will es offenbart sein; es will leuchten und lehren, damit man nicht in der Finsternis wandle; denn es hat nichts in sich, was nicht geoffenbart werden sollte, sondern wie Gott ein allgemeines Gut ist, so wirkt auch sein Wort für das gesamte menschliche Geschlecht zum Guten. Deshalb sind diejenigen, welche meinen, man solle das Wort Gottes nur in dem Rahmen predigen, welchen die menschliche Gerechtigkeit oder Obrigkeit zulasse,[12] nicht wirklich gläubig. Denn dergestalt würde die göttliche Gerechtigkeit verblassen, und alle Menschen würden sich mit der lahmen menschlichen Gerechtigkeit begnügen. So würde aus der ganzen Gerechtigkeit nichts anderes als eine Heuchelei; denn keiner würde in seinem Innern Gott achten, sondern allein darauf sehen, wie er sich vor den Menschen vor Strafe bewahren könnte, wie wir es leider schon seit geraumer Zeit bei vielen sehen. Wie Christus gesagt hat (vgl. Mt 10,26–27; Lk 8,16–17), soll deshalb der Verkündiger des Wortes Gottes nichts verschweigen; denn von der Hand dessen, der durch sein Verschweigen die Schafe in die Irre gehen | ließe, würde ihr Blut 495
gefordert (vgl. Ez 5,5–17).

Weiter spricht Christus: »Wer sich meiner und meiner Lehre – bzw. Worte – schämen sollte, dessen wird sich auch der Sohn des Menschen schämen, wenn er in seiner Herrlichkeit und Macht und in der des Vaters und der heiligen Engel kommen wird« (Lk 9,26). Darum sollen die Boten Gottes das, was sie in der Finsternis gehört haben, im Licht, und was ihnen ins Ohr gesagt worden ist, auf den Dächern predigen (vgl. Lk 12,3). Denn das Wort Gottes will immer offenbar werden. »Denn wie der Schnee und der Regen vom Himmel herabfällt und das Erdreich befeuchtet und grünen läßt, so ist auch das Wort Gottes« (Jes 55,10–11). Es bleibt nicht wirkungslos. Deshalb soll keine Obrigkeit sich unterstehen, dem Worte Gottes Widerstand zu leisten, obgleich daraus ersichtlich wird, wie armselig und elend ihre Gerechtigkeit ist: Sie sind Menschen und teilen die Urverdorbenheit der menschlichen Ohnmacht mit allen Menschen. Darum sollen auch sie hören, was Gott von ihnen und von allen Menschen fordert, damit niemand vor Gott verdammt werde, weil er sich mit der armseligen menschlichen Gerechtigkeit begnügt. Kurz, wir sind es schuldig, die Gebote zu halten, die wir teilweise erklärt haben. Denn es sind nicht Ratschläge, sondern Befehle. Das hört man aus dem Wort Christi, wo er sagt: »Ihr sollt nicht meinen, ich sei gekommen, um das Gesetz aufzulösen, sondern ich komme, um es zu erfüllen« (Mt 5,17). Dies bedeutet: Ich bin nicht dazu gekommen, daß ich das Gesetz – welches nichts anderes ist als eine Offenbarung des göttlichen Willens und Forderns – beseitigen wollte, so daß man sich um die Erfüllung des göttlichen Willens nicht mehr bemühen solle; vielmehr bin ich gekommen, das zu offenbaren, was im Gesetz bisher nicht offenbart ist. Ihr habt genau gehört, daß im Gesetz befohlen ist, man solle nicht das Gut eines anderen begehren und auch nicht stehlen. Wer nun das Gut eines anderen nicht begehrt, hat in bezug auf das zeitliche Gut recht große Rechtschaffenheit erlangt. Wenn er aber zeitliches Gut besitzt, genügt es nicht, daß er eines anderen Gut nicht begehrt, sondern er muß auch das

Seine den Armen austeilen: »Verkauft, was ihr habt, und gebt es als Almosen« (Lk 12,33).

Sieh, wie die Vollkommenheit, die Gott fordert, sich hier noch klarer zeigt. Damit aber hier niemand irgendwie im Stich gelassen sei, hat | Christus das Gesetz erfüllt, so daß er den 496
Willen seines himmlischen Vaters für uns Ohnmächtige erfüllt hat, welchem niemand genugtun kann, der in Sünden empfangen ist. Denn der kann das Maß der göttlichen Gerechtigkeit nicht erfüllen. Aber Christus, der keiner Sünde noch Urverdorbenheit angeklagt noch überführt werden kann, vermag als einziger das Maß, das Gott fordert, zu erfüllen. Darum hat er das Gesetz erfüllt, indem er uns einerseits klar gesagt hat, was Gott von uns erfüllt haben wolle, damit wir daran unsere Ohnmacht erführen, und indem er sich andererseits für uns dahingegeben und erfüllt hat, was wir nicht vermögen – denn wir vermögen nichts! – und damit die göttliche Gerechtigkeit erfüllt und ihr genug getan hat. So hört man hier wiederum, daß das, was Christus erfüllt hat, ein Gesetz und Gebot ist, all das, was Gott von uns fordert. Die Zeremonien allerdings tragen nichts zur menschlichen oder göttlichen Gerechtigkeit bei. Darum sind sie abgetan, wie Christus im Lukasevangelium 16,16 erklärt. Deshalb kümmere dich nicht darum. Willst du aber bis auf den Grund Bescheid wissen, so lies die Begründung der Thesen. So ist das Gesetz durch Christus erneuert und auch abgetan. Erneuert darin, daß Christus das, was Gott von uns fordert, noch deutlicher ausgesprochen und befohlen hat als je zuvor; abgetan darin, daß uns das Übertreten des Gesetzes nicht mehr verdammen kann, wenn wir nur fest glauben, daß Christus es erfüllt habe und uns als ein Pfand für die Ewigkeit den Zugang zu Gott bezahle. Diese seine barmherzige Tat macht uns zu neuen Menschen und gibt uns Gott zu eigen, indem wir unsere Ohnmacht und seine Gnade sehen und von da an nie mehr selbstzufrieden meinen, wir täten immer, was Gott von uns fordere. Wir können auch die Gnade Gottes nie genug erkennen und preisen, die sich uns so

gnädig eröffnet hat. Dies alles ist zu dem Zwecke gesagt, daß man daraus lerne, die göttliche Gerechtigkeit und Gnade mit Festigkeit zu predigen, ohne Rücksicht auf irgendeinen Menschen, auch wenn der fürchtet, seine Ohnmacht werde dadurch offenbar; denn der Mensch muß immer wissen, was Gott von ihm fordert. Der Gläubige wird darum hinsichtlich seiner Werke stets schwach und verzweifelt sein, aber an Gott
497 ständig ohne Zweifel hangen, heil und aufrecht bleiben. |

Daß man die göttliche Gerechtigkeit und Gnade ungehindert lehren muß, ist auch daran zu erkennen, daß Gott uns verdammt, wenn wir ihr nicht genügen; denn Christus sagt im Matthäusevangelium 25,41–45, daß diejenigen in das ewige Feuer hinein verflucht werden, die ihn nicht in der Gestalt des Armen gespeist, getränkt, beherbergt, bekleidet, in Krankheit und im Gefängnis besucht und getröstet haben. Diese Dinge werden von der menschlichen Gerechtigkeit nicht geboten; denn keine Obrigkeit zwingt jemanden zum Spenden, Beherbergen, Kleiden und dergleichen. Doch wenn wir das nicht tun, werden wir mit den Böcken in die ewige Pein geworfen. Erst recht wird jedoch der, dem es übergeben ist, solches zu verkündigen, unter die Verdammten gerechnet, wenn er dies nicht tut.

Hiermit ist nun genügend dargestellt und belegt worden, daß man bei Strafe der Verdammnis verpflichtet ist, die göttliche Gerechtigkeit zu lehren, und auch keine Obrigkeit dies verbieten darf, sofern sie christlich sein will. Denn für die Gläubigen genügt es nicht, allein die menschliche Gerechtigkeit zu halten, deren Unvollkommenheit sie erkennen, sondern es treibt sie, sich je länger je mehr nach der göttlichen Gerechtigkeit zu gestalten. Und obschon sie wissen, daß ihnen die Erfüllung nicht möglich ist und Gott nicht in jedem gleich wirkt, ist dennoch die Sehnsucht da, im einen größer als im andern, nachdem Gott sein Feuer in unseren Herzen angezündet hat. Denn »er wirkt in uns alle Dinge« (1. Kor 12,6).

Der menschlichen Gerechtigkeit muß man auch nach Got-

tes Gebot sich unterziehen und gehorchen, obschon sie eine derart armselige Gerechtigkeit ist, daß sie nichts anderes leistet, als das größte Übel zu verhüten. Und dennoch ist der Mensch nicht gerecht, obschon er ihr nicht zuwiderhandelt; wenn er ihr aber zuwiderhandelt, versündigt er sich gegen Gott und den Menschen. Die menschliche Gerechtigkeit oder Obrigkeit ist nichts anderes als die ordentliche Staatsgewalt, die wir die weltliche Gewalt nennen; denn die sogenannte geistliche Gewalt hat für ihre Machtausübung keine Grundlage in der göttlichen Schrift. Denn die geistlichen Oberen soll niemand für etwas anderes halten als für Diener und Boten Gottes und Haushalter | der Geheimnisse Gottes, d.h. für Verkünder des 498
heilbringenden Wortes Gottes, dessen Verkündigung an alle Menschen erst zu den Zeiten Christi angefangen hat, davor aber den Heiden verborgen gewesen ist. Darum ist ihr Wesen ein Amt des Dienstes am Evangelium und nicht eine Staatsgewalt oder Obrigkeit, wie wir in der Auslegung der Thesen ausreichend dargetan haben. Dieser menschlichen Gerechtigkeit und Obrigkeit allein befiehlt uns Christus gehorsam zu sein: »Gebt dem Kaiser, was ihr dem Kaiser schuldig seid, und Gott, was ihr Gott schuldig seid« (Mt 22,21). Christus will hier nicht befehlen, daß die ganze Welt dem Kaiser Gehorsam schulde, sondern dem vom Kaiser beherrschten Teil der Menschen befahl er Gehorsam gegenüber dem Kaiser. Hätte er das jüdische Volk unter dem babylonischen König angetroffen, so hätte er gesprochen: Gebt dem babylonischen König, was ihr ihm schuldig seid. Damit ist also jede Obrigkeit gemeint. Lebst du z.B. unter dem König von Frankreich, so gib ihm, was du schuldig bist. So gilt dies ausnahmslos. Denn Christus nimmt niemanden deshalb von der Unterstellung unter die Obrigkeit aus, weil er an ihn glaubt. Er weiß genau, daß wir derart zu Lastern geneigt sind, daß wir einen Zuchtmeister haben müssen. Darum hat er auch die Steuermünze (vgl. Mt 17,27) gegeben, obwohl er dazu nicht verpflichtet war, um nicht Unruhe und Ärgernis entstehen zu lassen.

Petrus spricht: »Seid aller menschlichen Institution gehorsam um des Herrn willen. Ist eure Obrigkeit ein König, so gehorcht ihm als dem, welcher der Höchste oder der an der Spitze Stehende ist, oder den Vorgesetzten oder Vögten, die von ihnen gesandt sind zur Strafe für die Übeltäter und zu Lob und Preis denen, die recht tun« (1. Petr 2,13–14). Hier hört man gut, daß Petrus allen Gläubigen Gehorsam gegenüber ihren Königen oder Oberen befiehlt und nichts von seiner Gewalt sagt, sondern nur von der weltlichen Gewalt spricht, die Gott angeordnet hat. Die Päpstler sprechen jedoch: Man soll uns deswegen gehorsam sein, weil Petrus spricht: Ihr sollt
499 aller menschlichen | Institution gehorsam sein um des Herrn willen. Wir fordern nicht uns gegenüber, sondern Gott gegenüber Gehorsam, so daß man uns an Gottes Statt gehorsam sei. Ich antworte: Seht dem Wort des Petrus genauer in den Beutel, es enthält etwas anderes, als ihr gern wolltet. Ihr sollt aller menschlichen Institution gehorsam sein, bedeutet: Ihr Gläubigen sollt aller Menschen Hilfe sein, allen Menschen dienen, oder: Ihr sollt aller menschlichen Ordnung (griechisch: ›ktisei‹) gehorsam sein, die euch vorgesetzt wird, es seien Könige oder andere Obere. Dieses Wort geht alle Gläubigen an, darum kann ein jeder ebensogut zu dir sprechen: O Papst oder Bischof, du sollst mir gehorsam sein, wie du zu ihm sagst, er solle dir gehorsam sein. Denn so weit dieses Wort des Petrus die Dienstbarkeit und Beziehung der Christen untereinander betrifft, so bist du mir ebensoviel schuldig als ich dir. So weit es sich dann aber auf den Gehorsam, den man der Obrigkeit schuldig ist, bezieht, so ist dir genauso wie mir befohlen, sich ihr zu unterstellen; und du hast keine Grundlage in der Schrift, daß du von mir in bezug auf Herrschaftsgewalt irgend etwas mehr fordern könntest als ich von dir. Denn so wie du sprichst: Man soll mir, Bischof oder Papst, gehorsam sein, denn ich bin eine menschliche Institution; so sagt es Petrus – so kann auch ich sprechen: Du mußt mir gehorsam sein, denn ich bin eine menschliche Institution, wie Petrus es sagt. Ich sage dies nicht,

weil ich ihnen das Regieren, das ich weder begehre noch Wert darauf lege, nicht gönnte, sondern deswegen: Wenn sie als weltliche Fürsten regieren wollen, sollen sie nicht den Namen der Boten oder Bischöfe, was Wächter bedeutet, tragen. Wollen sie aber Verkünder des Evangeliums, Boten und Wächter Christi sein, so sollen sie nicht herrschen (vgl. Lk 22,26). Dieser Standpunkt lehrt nicht etwa Ungehorsam, wie diese Wichtigmacher prahlen, sondern ihre Obrigkeit und Macht bringt die rechte menschliche Obrigkeit überall in Unordnung. Und niemand ist der von Gott verordneten Obrigkeit weniger gehorsam als die genannten Geistlichen. Jede Vereinigung, jeder Orden und jede Sekte hat eine besondere Regel. Wenn | sie so 500
schändlich leben, daß jedermann daran Anstoß nimmt, darf doch eine rechtmäßige Obrigkeit nicht dagegen einschreiten; sie haben eigene Obere; die schlagen sie jetzt mit Kapuzenzipfeln; bald binden sie sie an Bratwürste wie einer den Hund;[13] aber das Ärgernis wird nicht gebessert. Die aber, welche christlich lehren, lehren, der von Gott verordneten Obrigkeit gehorsam zu sein. Wenn alle, ihrer Macht unterstellt, gehorsam wären, wäre viel mehr Ruhe und Einigkeit als jetzt, wo jeder, der ein Wächter und Statthalter Gottes sein will, dazu noch eine fürstliche Pracht und Macht entfalten will.

Paulus spricht Römer 13,1–7 so: »Jeder Mensch soll den an der Spitze stehenden Obrigkeiten oder Oberen gehorsam sein. Denn es gibt keine Obrigkeit, die nicht von Gott wäre. Die bestehenden Obrigkeiten aber sind von Gott verordnet. Wer sich also der Obrigkeit widersetzt, stellt sich gegen die Ordnung Gottes. Die sich aber widersetzen, werden das entsprechende Urteil – bzw. die Verdammung – erhalten; denn die Oberen sind nicht ein Anlaß zu Schrecken – bzw. Furcht – bei guten, sondern bei bösen Werken. Willst du nun die Staatsgewalt nicht fürchten, so tue recht, dann wird die Staatsgewalt dich preisen; denn sie ist eine Dienerin Gottes dir zum Guten. Solltest du aber böse handeln, so fürchte dich; denn sie trägt das Schwert nicht vergebens; sie ist eine Dienerin Gottes, die

den, welcher übel handelt, mit Strenge bestraft. Darum muß es sein, daß ihr gehorsam seid, nicht allein wegen der Strenge der Strafe, sondern auch um des Gewissens willen. Deshalb bezahlt ihr auch Steuern; denn sie sind Diener Gottes und ständig um ihre Aufgabe bemüht. Darum gebt allen Menschen, was ihr ihnen schuldig seid. Wem ihr Steuern schuldig seid, dem gebt sie; wem ihr Zölle, Fuhren, Geleit schuldig seid, dem gebt sie; wem ihr Furcht und Ehre schuldet, dem gebt sie.« Obschon diese Worte des Paulus in sich klar sind, wollen wir sie nichtsdestoweniger ausführlich behandeln; denn in ihnen
501 wird nicht | allein der Gehorsam gelehrt, sondern auch, was die Obrigkeit gebieten soll.

Erstens befiehlt Gott durch den Mund des Paulus, daß alle Menschen der Obrigkeit gehorsam sein sollen, denn alle Obrigkeit sei von Gott. Daraus merken wir, daß auch die bösen, gottlosen Oberen von Gott sind; gibt doch Gott solche Oberen, um unsere Sünde zu strafen: »Ich werde ihnen Kinder zu Fürsten geben, und die weibisch Gewordenen – d. h. die Weichlinge – werden über sie herrschen« (Jes 3,4). Wie beurteilen wir nun die gegenwärtigen Zustände? Sehen wir nicht, daß die Christenheit voll junger, unbekannter Fürsten, Oberen und Vögte ist?[14] Woher sollten so viele Tumulte, Kriege und Empörungen entstehen, wenn nicht durch die jungen, hitzigen Herzen, die nicht genug Unternehmungen beginnen können, ohne dabei an den möglichen Ausgang zu denken? So können auch wir erfahren, daß Gottes Hand mit der Rute wirkt. Sie will uns wegen unserer Sünden strafen; denn die Fürsten und Oberen – obschon sie langsam in ein reiferes Alter kommen – sind meistenteils noch unerfahren und viele von ihnen Weichlinge. Mit ihrem Schmuck, ihrer Kleidung und Hofhaltung steht es so, daß man beim Anschauen meint, sich eine Schar aufgeputzter Frauen anzusehen. Vom viehischen Prassen, Spielen und Fluchen und anderen unmenschlichen Vergehen will ich schweigen. Diese Mutwilligen sind eine Strafe Gottes; denn auch Salomo sagt: »Wehe dir, du Land,

dessen König ein Kind ist und dessen Fürsten schon früh prassen« (Pred 10,16). Hier sehen wir unser Weh vor uns; denn überall trachten Kinder nach der Herrschaft, und die, welche keine Kinder an Jahren mehr sind, die sind mehrheitlich Tag und Nacht so betrunken, daß sie schlimmer sind, als wenn sie Kinder wären. Läßt man sie so weit kommen, so wird man auch einmal die Früchte ernten.[15] Bevor es jedoch so weit ist, befiehlt Gott ihnen gegenüber Gehorsam; denn er will unsere Sünde mit ihnen strafen: »Die Knechte sollen | mit aller Furcht 502
ihren Herren gehorsam sein, nicht allein den guten und freundlichen, sondern auch, wenn sie anders – bzw. schlecht – sind« (1. Petr 2,18).

Hier gebärden sich aber die mutwilligen Fürsten und Oberen überheblich und bessern sich in keiner Hinsicht auch nur um ein Haar, weil ja die Prediger lehren müssen, man solle jenen gehorsam sein, wie böse sie auch seien; und sie beginnen, ihre Hand und Gewalt an das Wort Gottes und die christliche Freiheit zu legen, und verbieten, das Wort Gottes anders zu predigen, als es dem Papst gefalle; und die armen Gewissen, die so lange Zeit jämmerlich gefangen und gequält waren, jetzt aber durch das Wort Gottes befreit werden, wollen sie nicht freilassen. Den Priester, der jetzt gelernt hat, die Messe sei kein Opfer, und deshalb Leib und Blut Christi nicht mehr verkaufen will, zwingen sie, zugunsten des Papstes zu sagen, es sei ein Opfer, ohne jede Begründung in der Schrift. Den Mönch, der belehrt worden ist, daß sein Orden eine Heuchelei und gottwidrig sei, und der jetzt zu arbeiten und christlich zu leben beginnt, den zwingen sie, wie auch die Nonnen, wieder zurück in die Klöster, in diese Gewissensgefängnisse. Das steht nicht in ihrem [d. h. der Obrigkeit zustehenden] Eid oder Gehorsam, daß sie über die Seelen und Gewissen der Menschen herrschen sollen; denn sie können das nicht. Sowenig sie wissen, was in der Seele des Menschen vorgeht, sowenig können sie die menschliche Seele beherrschen, rechtschaffen oder böse, gläubig oder ungläubig machen. »Caesar in hoc potuit iuris

habere nihil« sagt ein heidnischer Poet.[16] Der Kaiser hat meine Seele nicht beherrschen – bzw. die Gaben meiner Seele nicht nehmen – können. Nun ist die Lehre Christi nichts anderes als ein Erlösen der Gewissen: »Wenn euch die Wahrheit erlösen wird, so werdet ihr wahrhaft frei« (Joh 8,32.38). Die menschliche Seele wird von niemandem außer von Gott allein erkannt. So kann sie auch niemand leiten als Gott allein. Wenn nicht Gott die Seele des Menschen frei macht, ist er nicht frei; sobald er aber frei ist, kann ihn niemand mehr gefangennehmen; und auch wenn man ihn zwingen will, anders zu glauben, tut er das nicht. Deshalb müssen die wutschnaubenden Verteidiger des Papstes an ihnen zu Tyrannen werden, wie
503 Nero und | Domitian gewesen sind, bevor sie die Seelen der Menschen verändern können. Wenn sie aber so weit gehen, soll man ihnen nicht nachgeben; denn wir Christen haben eine Regel, eher den Tod zu erleiden, als von der erkannten Wahrheit abzuweichen oder sie zu verschweigen (vgl. Lk 12,4). Darum soll und kann kein Fürst etwas gebieten, das dem Wort Gottes zuwiderläuft oder daß man das Wort Gottes nach des Menschen Gefallen predigen solle. Denn sobald sie das tun, sollen die Boten Gottes sprechen: »Man muß Gott mehr gehorchen als den Menschen« (Apg 4,19; 5,29). Und die, die das nicht tun, die aus Furcht Christus und Belial zusammenbringen wollen [vgl. 2. Kor 6,15], sind in Wahrheit Fälscher des Wortes Gottes, das rein gepredigt und nicht mit dem Wasser des Menschentandes vermischt werden soll (vgl. Jes 1,22). Sobald nun die Fürsten etwas gebieten, was gegen die göttliche Wahrheit streitet oder diese verbietet, so sollen die, die dem Worte Gottes Glauben schenken, eher den Tod erleiden als davon abweichen. Wenn sie das nicht tun, sind sie auch nicht Nachfolger Christi. Aber dies sei fern von euch, ihr rechtschaffenen Oberen, daß ihr euch untersteht, in irgendeiner Beziehung gegen Gott zu kämpfen; denn das wäre gar vermessen und könnte nie zu einem Ende gebracht werden. Es wäre dem Menschen eher möglich, den Himmel herab- als das

heilbringende Wort Gottes auszureißen. Himmel und Erde werden vergehen, aber nicht das Wort Gottes [vgl. Mk 13,31]. Darum soll sich keine Obrigkeit dagegenstellen, sonst würde es sie zermalmen. Also finden wir hier ein Beispiel, in welchem man der Obrigkeit keinen Gehorsam schuldet.

Andere Gebote sollen später behandelt werden.

Zweitens folgt in den Worten des Paulus: »Die Oberen sind nicht ein Anlaß zu Schrecken – bzw. Furcht – bei guten, sondern bei bösen Werken.« Hier hören wir zuerst, daß die bösen Seelen, die aber nicht offenkundig sind, von den Oberen nicht gestraft werden können, denn sie können diese nicht erkennen, bis sie zur Tat geschritten sind. Darum spricht Paulus nicht, daß sie die bösen Gedanken schrecke oder peinige, sondern die bösen Taten. Wir ermessen daran aber, | daß die 504
menschliche Gerechtigkeit eine armselige Gerechtigkeit ist, obwohl man sie so nötig hat wie das Essen; denn sie kommt und straft erst, nachdem das Übel ausgebrochen ist, das aber vorher in der Seele schon lange vollbracht ist, was jedoch nur Gott allein erkennt. Wer jedoch Mord, Verrat und weitere solche Nachstellungen vorbereitet und nicht ausgeführt hat, wird unter die zu strafenden Täter gerechnet; denn was einer mit anderen vorzubereiten gewagt hat, ist bereits greifbar geworden und der Anfang der Tat. Dies sage ich der Streitsüchtigen wegen. Daß aber die Oberen nicht ein Anlaß zu Schrekken und Furcht sind für die, welche gut handeln, muß nun auch dadurch begründet sein, daß sie wissen, welches gute Werke sind und welches böse. Wo sollen sie das lernen außer im Wort Gottes? Darin finden sie die untrügliche Wahrheit. Darum dient keine Lehre der Regierung oder Obrigkeit besser als die Lehre Christi, denn sie lehrt, was gut, was böse sei; und lehrt nicht allein äußerlich gerecht zu sein, sondern führt den Oberen zusammen mit dem Untertanen zu inwendiger Gerechtigkeit und größerer Vollkommenheit, als es die menschliche Gerechtigkeit fordert, und zeigt damit beiden, was böse, was gut sei; sie macht sie auch darüber einer Meinung, nicht

daß einer etwas für gut hält, was der andere nicht dafür halten will. Nun sieht man aber an dieser Stelle: Viele Auseinandersetzungen kommen allein daher, daß wir nicht alle dem Wort Gottes allein glauben, nicht allein aus ihm lernen, was böse, was gut sei. Zum Beispiel: Daß eine Nonne, ein Mönch oder ein Priester heirate, ist vor Gott und den Menschen recht und ehrenhaft; denn Gott sagt durch Paulus: »Wer nicht enthaltsam leben kann, soll heiraten« (1. Kor 7,9); und auch bei allen Ungläubigen ist die Ehe etwas Ehrenhaftes. Die Päpstler aber lassen sie nicht zu.

Hier entsteht nun eine Auseinandersetzung. Der Papst hat seine Bäuche, die ihm beistehen. Sie rühmen die Enthaltsamkeit derart hoch (führen dabei aber ein solch lasterhaftes Leben, daß man sich schämt, daran zu erinnern), daß sie die
505 Obrigkeit mißbrauchen, und verfolgen durch sie die armen | schwachen Menschen, weil diese lieber Gottes Willen gemäß und ehrenhaft als in Schande haben leben wollen. Wie handelt man hier richtig? Man soll nicht auf Menschen hören, sondern auf das wahre Wort Gottes. Und wenn wir herausfinden, daß Gott keinem Menschen die Ehe verboten hat, dann sollen wir die unschuldigen Menschen nicht mit unserer Staatsgewalt bedrängen: »Du sollst deinem Nebenmenschen nichts Unrechtes – bzw. Schmach oder Nachteil – zufügen. Du sollst ihn auch nicht mit Gewalt unterdrücken« (3. Mose 19,13). Was ist nun das Eheverbot für die vorher erwähnten Geistlichen anderes als eine gewaltsame Unterdrückung? Die Ehe ist in bezug auf Gott und die Menschen ehrenhaft; nur den Bischöfen paßt sie nicht, weil ihnen dadurch die Konkubinensteuer[17] verlorengeht. Es kann also nichts anderes sein als Willkür, wenn weder Gott noch menschliches Recht eine Sache verbietet; denn sieh dein Stadt- und Landbuch[18] durch, so findest du es nirgends; nur der Papst verbietet es. Darum versündigen sich alle Oberen, die etwas strafen, das bei Gott nicht unrecht ist; denn mit der Bestrafung guter Werke sollen sie sich wahrhaftig nicht befassen.

Entsprechend diesem Beispiel soll man alle anderen Auseinandersetzungen erledigen, derentwegen man sich bis heute zankt. Sagt das Wort Gottes etwas dazu, soll dasselbe jede Auseinandersetzung entscheiden. Sagt es nichts dazu, soll sich niemand um diesen Zank kümmern; denn »wir sollen nichts zum Worte Gottes hinzutun und nichts davon wegnehmen« (5. Mose 4,2; 12,32). Hier sprechen aber die Päpstler: Paulus sagt: »Jeder bleibe in dem Stand, zu dem er berufen ist« (1. Kor 7,20). Also sollen Ordensleute im Orden bleiben. Sie haben Enthaltsamkeit versprochen, was sie gerechterweise halten sollen. Ich antworte: Nein. Ihr tut der Schrift hier Gewalt an, wie überall, wo ihr sie an eure Eigeninteressen anpaßt. Paulus spricht dort nicht von der Berufung der Gewissen oder Berufung zum christlichen Glauben, sondern er redet von dem Rechtsstand und der körperlichen Verfassung des Menschen, | wie aus dem biblischen Zusammenhang völlig klar 506
hervorgeht. Mit körperlicher Verfassung ist gemeint: Wer ein Jude war, hatte an seinem Leib die Beschneidung. Als nun die Heiden zum christlichen Glauben kamen, meinten die Juden, diese müßten nun auch leiblich beschnitten werden. Deswegen sagt Paulus: Ist jemand unbeschnitten zum Glauben gekommen, darf er nicht zuerst noch beschnitten werden, sondern er soll in derjenigen körperlichen Verfassung bleiben, in der er zum Glauben kam [vgl. 1. Kor 7,18]. Mit Rechtsstand ist gemeint: Wenn einer einem Herrn gehörte, wurde er durch den Glauben nicht von der Leibeigenschaft frei. Also sprechen diese Worte des Paulus, liebe Päpstler, mehr gegen euch als für euch; denn Paulus spricht: Der Unbeschnittene soll nicht beschnitten werden. So sollt auch ihr die Menschen ausnahmslos in der körperlichen Verfassung bleiben lassen, in der sie zum Glauben kommen. Denn was ist ein Orden oder eine Kutte anderes als die Beschneidung bei den Juden, wie sie hier von Paulus beurteilt wird? Diesen Einschub habe ich gemacht, weil ich in der Auslegung der Thesen diesen Einwand vergessen habe. Andere Einwände findest du dort beantwortet.

Drittens folgt, daß die Staatsgewalt den, der recht tut, loben soll, wie sie auch den Übeltäter straft. Man wäre gegenwärtig schon zufrieden, wenn manche Regierungen niemanden lobten (wie es jetzt der Fall ist), wenn nur die Rechtlichen beschützt würden. So ist nach meiner Ansicht »loben« hier für »mehren, fördern und beschützen« gesetzt. Denn es gehört zur Aufgabe der Staatsgewalt, die Unschuldigen und die hilflose Schar der Witwen, Waisen und Unterdrückten zu beschützen (vgl. Jes 1,17).

Viertens: Die Obrigkeit ist »eine Dienerin Gottes dir zugute«; denn er will ja, daß wir ein Leben in Frieden führen, auch wenn wir sonst nicht seiner Gerechtigkeit entsprechend leben. So lehrt auch Paulus im 1. Timotheusbrief 2,1–2, ernst-
507 lich »für die Obrigkeit | zu bitten, damit uns Gott verleihe, ein stilles Leben in Frieden zu führen in aller Gottesfurcht und Ernsthaftigkeit«. So dient die Obrigkeit Gott, wenn sie die stoßenden Widder hindert, denen die hilflosen Schafe sonst nicht gewachsen wären, d. h. vor denen behütet, die in ihren Gelüsten und Begierden so unsinnig frevlerisch sind, daß sie es wagen, ihrem Nächsten Unrecht zuzufügen, nur um ihren Gelüsten Genüge zu tun. Also ist es ein Gottesdienst, wenn man die Bösen straft.

Fünftens: »Solltest du aber böse handeln, so fürchte dich.« Es ist dir vorher genügend gesagt worden, auf welchem Weg die Obrigkeit erkennen kann, was gut oder böse sei. Nun hören sie noch einmal, daß ihnen nur der Böse zur Bestrafung übergeben ist. Darum, rechtschaffene Obere, laßt eure Hände von der Bestrafung der armen Schäflein Christi. Wenn sie nicht wider Gott handeln, so handelt auch ihr nicht wider Gott, indem ihr seine unschuldigen Schäflein ohne Grund antastet und betrübt. Denn jeder Obrigkeit wird in der ganzen Schrift ernstlich gedroht, wenn sie die Unschuldigen quält oder bestraft. Lies Micha 3 und 7.

Sechstens: »Denn sie trägt das Schwert nicht vergebens, sie ist eine Dienerin Gottes, die den, welcher übel handelt, mit

Strenge richtet bzw. straft.« Hier bestimmt Paulus die Pflicht der Oberen oder Richter, das Schwert zu tragen, um zu zeigen, was ihr Amt ist, damit sie von den Bösen gefürchtet und von den Guten geliebt werden. Sie strafen streng, nicht weil sie strenger oder härter strafen sollen, als die Schuld es verdient, sondern »streng« heißt hier so viel wie: Nachdem es der Mensch wagen durfte, derart unverschämt in äußerliches Unrecht zu verfallen, daß er damit seinen Nächsten geschädigt hat, soll auch der Richter bei einer schweren Missetat mit seiner äußerlichen Strafe hart zuschlagen und nicht sanft zureden, wie es Eli fälschlicherweise tat [vgl. 1. Sam 2,22–25].
Man sieht auch an dieser Stelle, daß diese Darstellung | der 508
Obrigkeit den Papst und sein Gesindel nichts angeht; er trägt kein Schwert und soll auch keines tragen. Denn Christus hat Petrus befohlen, sein Schwert einzustecken, und den Jüngern geboten, keinen Stab, mit dem sie dreinschlagen könnten, mit sich zu tragen, wiewohl er ihnen einen Stab zur Stütze auf dem Weg erlaubt hat (vgl. Mk 6,8). Daß der Papst aber das Schwert zückt und damit ficht, sagt mir zuverlässig, daß er durch das Schwert umkommen werde, wann immer das Gott auch verfügt. Denn Christus lügt nicht.

Siebtens sagt Gott weiter durch Paulus: »Darum muß es sein, daß ihr gehorsam seid, nicht allein wegen deren Strenge, sondern auch um der Gewissen willen.« Was vermögen alle Päpstler gegen dieses starke Wort? Gott spricht: Es muß sein, daß ihr der Staatsgewalt, die das Schwert trägt, gehorsam sein müßt, d. h. in denjenigen Dingen, die das leibliche Leben, Gesellschaft und menschliche Beziehungen, ja überhaupt die menschliche Gerechtigkeit betreffen. Hörst du nicht, Papst und Päpstin: Es muß sein. So steig also herab und sei dem Wort Gottes gehorsam; höre auf das, was dir der sagt, welcher das Schwert trägt, und mische dich nicht in die menschliche Gerechtigkeit. Christus wollte sich auch nicht hineinmischen. Denn »als einer zu ihm sprach: ›Meister, sag meinem Bruder, er solle das Erbe mit mir teilen‹, gab er zur Antwort: ›Wer hat

mich zum Richter oder Erbteiler über euch gesetzt‹?« (Lk 12,14). Er sprach auch zu Pilatus: »Mein Reich ist nicht von dieser Welt. Wäre mein Reich von dieser Welt, würden meine Diener ohne Zweifel für mich kämpfen …« [Joh 19,36]. Höre also, o Papst, daß Christus nicht will, daß für ihn gekämpft werde. Weiter: Was wollt ihr Päpstler zu dem sagen, was Gott durch den Mund des Paulus sagt: Ihr sollt nicht nur aus Furcht vor der Strafe, sondern wegen des Gewissens der Staatsgewalt gehorsam sein, weil es Gott befohlen und selbst getan hat. Christus wollte, daß seine Mutter ihren Na-
509 men in Bethlehem auf die Steuerliste setze; | er hat dem Kaiser die Steuermünze gegeben; er hat euch befohlen: »Gebet dem Kaiser, was ihr ihm schuldig seid …« [Mk 12,17]. Wer nun gegen Gott handelt, verletzt sein Gewissen. Das Gewissen wird nur dann verletzt, wenn es weiß, daß es gegen Gott gehandelt hat. Es weiß aber, daß es dann gegen Gott handelt, wenn es seinem Wort nicht folgt; es weiß das aber nicht, wenn es nicht zuerst an Gott glaubt, d. h. daß es einen Gott gibt und daß er sein Gott ist, und so auch seinem Wort glaubt. Hieraus könnt ihr schließen, ihr Päpstler, daß ihr ungläubig seid. Denn glaubtet ihr an Gott und daran, daß er euer Gott ist, so würdet ihr auch seinem Wort glauben. Glaubtet ihr seinem Wort, würde euer Gewissen verletzt, wenn ihr gegen sein Wort handeltet. Wenn ihr nun gegen das Wort Gottes nach menschlichen Maßstäben herrschen wollt, zeigt dies, daß ihr kein Bewußtsein von Gott habt. Hättet ihr gottesfürchtige Gewissen, würdet ihr eure Machtentfaltung nicht verteidigen – denn ihr würdet wohl sehen, daß sie gottwidrig ist –, sondern euch unterordnen, wie das ein jeder Sünder tut: Er sündigt wohl, aber er bekennt, ein Sünder zu sein, und ist darum nicht gottlos. Daß ihr aber wagt, gegen das klare Wort Gottes zu kämpfen, zeigt deutlich, daß ihr gottlos seid. Ihr Christenmenschen alle, seid der Obrigkeit gehorsam, die uns die menschliche Gerechtigkeit bewahrt, damit wir ein stilles Leben in Frieden führen können! Seid auch, ihr Oberen, so bemüht um das

Rechte und Gute, daß ihr nichts gebietet, was gegen Gott ist! Sonst würdet ihr die Menschen in ihrem Gewissen verletzen und gegen euch aufbringen, im Gegensatz zu den Handlungen gegen das Gewissen, die Menschen begehen, welche euren rechtmäßigen Geboten nicht gehorchen. Als Zusammenfassung sage ich: Es ist eine Sünde für dich, Papst und Bischof, Priester, Mönch und Nonne, wenn du der Obrigkeit, die das Schwert trägt, nicht gehorsam bist. Dieses Wort vermögt ihr mit all euren Kräften nicht außer Kraft zu setzen.

Achtens: »Deshalb bezahlt ihr auch Steuern; denn sie sind Diener Gottes und ständig um ihre Aufgabe bemüht.« Hier hören wir, daß wir denjenigen, die die menschliche Gerechtigkeit verteidigen, Steuern zu ihrem Unterhalt schuldig sind. Da läßt sich die Obrigkeit allerdings nichts entgehen! Sie sahnen | überall diesem Wort entsprechend so tüchtig ab, daß viel 510
eher die Gefahr besteht, sie könnten zuviel verlangen als zuwenig. Es gibt viele Obere, denen man gerechterweise eine Grenze setzen müßte, so maßlos benehmen sie sich gegen ihren Schutzbefohlenen. Sie sind ebenso gottlos wie die Päpstler. Dennoch soll man sie dulden, bis Gott selbst ein Einsehen mit uns hat. Er wird es bestimmt fügen. Wenn ihr Oberen nicht ernstlich darauf seht, die Bösen zu strafen und die Rechtschaffenen zu beschützen, dann spannt ihr das Seil bis zum Zerreißen. Man muß dann bald befürchten, die Katze sei das nötigste im Haus.[19] Unter vielen Oberen bestehen Mißbräuche, die der Strafe und Besserung so bedürften wie manche Geistliche. Wenn sie sich aber einfach nicht bessern, sondern auf ihre Stellung pochen, wird sich Gott allerdings nach einem Rächer für sein Volk umsehen, müßte er ihn auch aus der Ferne herbeiführen;[20] er hat solche auch über die Kinder Israels gebracht, die ihnen ihren Lohn gegeben haben.

Neuntens sagt Gott durch Paulus: »Darum gebt allen Menschen, was ihr ihnen schuldig seid.« Hier hört man von dem Mutwillen der Feinde Christi, die allüberall schreien, man lehre mit | dem Evangelium, daß man niemanden bezahlen solle. 511

Gott fordert aber, man müsse jedem geben, was man ihm schulde. Nun kommt die Schuld daher, daß wir das Gebot Gottes: Du sollst deinen Nächsten so liebhaben wie dich selbst, nicht halten. Denn wenn wir es hielten, würde der, welcher etwas übrig hat, von sich aus dem Mangelleidenden helfen. Weil wir das aber nicht halten, sind die Früchte und Schätze dieser Welt Privateigentum der Menschen geworden, und jeder behält für sich, was Gott frei gegeben hat, ohne daß wir es kaufen müßten. Denn was geben wir ihm für die Früchte, die er uns täglich gibt? Daraus, daß alles zu Privateigentum geworden ist, lernen wir alle, daß wir Sünder sind. Wenn wir auch von Natur aus nicht ruchlos wären, so wäre doch das Eigentum Sünde genug, daß Gott uns verdammte. Denn was er uns unentgeltlich gibt, machen wir zu Eigentum. Vor dieser Sünde ist selbst der Bettler nicht sicher; denn ein jeder Mensch ist auf seine Weise eigennützig. Damit nun aus dem Vorhandensein des Eigentums nicht Unruhe oder Übel entstehe, gebietet Gott im Blick auf unsere Urverdorbenheit: Du sollst niemandes Gut begehren. Hier sehen wir wohl, daß dieses Gebot erst auf das Entstehen des Eigentums hin gegeben werden mußte. Auch dieses Gebot ist uns noch zu schwer. Unser Fleisch hält es nicht. Darum gibt Gott das elementarste Gebot in bezug auf das zeitliche Gut: Du sollst nicht stehlen. Hielten wir das »Du sollst niemandes Gut begehren«, so bedürfte man des Gebots »Du sollst nicht stehlen« nicht. Wer aber diese übertritt, der verletzt die armselige, aber notwendige menschliche Gerechtigkeit und verletzt auch die göttliche. Deshalb fällt er in die Hände der Menschen wie auch in die Hand Gottes. Damit nun wenigstens die strafende Hand der Menschen vermieden und die menschliche Gemeinschaft in Frieden erhalten werden, befiehlt uns Gott, allen Menschen zu geben, was wir ihnen schulden.

Ich will hier von viererlei Schulden reden: von der Schuld, die aus Kauf und Verkauf herrührt; von der Schuld der Zehnten; von der Schuld der Zinsen und der Schuld des Wuchers.[21]

In bezug auf Schulden aus ordentlichem Kauf und Verkauf
gibt es | hoffentlich keinen Christenmenschen, der meinte, er 512
müßte das nicht bezahlen, was er versprochen und wofür er
den Gegenwert in Empfang genommen hat. Wer dieser Mei-
nung wäre, wollte unbedingt ein Räuber oder Dieb sein und
fiele gerechterweise in die Hände der Obrigkeit, nebst dem,
daß er vor Gott ein Dieb wäre. Wo aber Betrug bei einem Kauf
vorkommt, weiß eine jede Obrigkeit genau, wie sie die Ent-
schädigung regeln soll. Es gäbe hier noch vieles über die Ver-
einbarungen bei Verkauf, Verpachtung, Verpflichtungen usw.
zu sagen. Diese Schuld ist man vor Gott und den Menschen
verpflichtet zu bezahlen.

Betreffend die Zehnten: Von den Zehnten, die weltliche
Grundeigentümer beanspruchen können, welche den Boden
um den achten, neunten oder zehnten, ja manche um den
fünften Teil des Wertes verpachtet haben, will ich an dieser
Stelle nicht sprechen. Aber von Zehntenrechten, die den
Geistlichen zukommen oder von ihnen aufgekauft worden
sind (obschon die betrügerischen Päpste ihrem eigenen Recht
zuwider gehandelt haben, indem sie die Zehnten in die Hand
von Laien kommen ließen, entgegen dem kanonischen
Recht.[22] Die rechtschaffenen Leute haben jedoch ihr Kapital | 513
dafür gegeben und geglaubt, wenn es der Papst so geschehen
lasse, sei es rechtsgültig; deshalb schuldet man ihnen diesen
Zehnten als gültige Schuld; denn sie haben ihn gekauft. Was
aber eine Obrigkeit hierin tun könnte, wird bald gesagt wer-
den!), sage ich also, daß jeder sie zu leisten schuldig ist, so lange
eine Obrigkeit dies überhaupt befiehlt. Die Obrigkeit kann
auch den Ungehorsamen strafen, wenn er nicht bezahlen will;
denn bei den Magistraten ist es eine allgemeine Übereinkunft,
welche allen Käufen zugrunde liegt, daß die Güter, je nach-
dem ob sie von Zehnten frei sind oder nicht, auch ent-
sprechend billig oder teuer verkauft worden sind. Wer nun
entgegen dieser allgemeinen Übereinkunft der Obrigkeit den
Zehnten nicht geben wollte, der würde für sich mehr Recht

beanspruchen, als ihm durch den ehrlichen, gültigen Kauf gegeben wurde, den die Obrigkeit für rechtmäßig abgeschlossen hält. In diesem Fall widersetzte er sich der Obrigkeit; und wer sich der Obrigkeit widersetzte, widersetzte sich Gott, wie vorher klargemacht wurde. Sofern aber eine Regierung insgesamt, die hier zuständig ist, erlaubte, die Zehnten nicht mehr zu entrichten, so müßte dieselbe Regierung zuvor auch beschließen, daß die Zehntenberechtigten entschädigt würden, weil sonst die Inhaber der Güter etwas erhielten, das sie sich nicht mit dem Kauf erworben hätten.[23] So lange dies jedoch nicht geschieht, soll jeder den Zehnten abliefern, wie es die Obrigkeit befiehlt, und keiner für sich selbst irgend etwas mit
514 Gewalt unternehmen. | Sonst würde er als Räuber oder Dieb beurteilt. Es ist aber die Pflicht der Obrigkeit, dafür zu sorgen, daß die Zehnten nicht mißbraucht werden, und wo dies geschieht, für Abhilfe zu sorgen. Kurz: Straft sie diesen Mißbrauch nicht, ist sie eine ungerechte Obrigkeit. Hierin soll sie sich durch niemanden irreführen lassen. Es kann ja jeder ermessen, daß dort, wo ein dauernder Mißbrauch eingerissen ist, zuletzt ein Weg gefunden wird, ihn abzuschaffen; oft geschieht dies dann aber eher mit Ungestüm und Aufruhr als nach reiflicher Überlegung. Ich erkläre mich bereit, diese kurze Darstellung mit der Schrift zu belegen.

Hier könnte ein Hitzkopf einwenden: Daß du hier der Obrigkeit die Macht zugestehst, über solche Fragen zu entscheiden, heißt auch, daß man die Messe für ein Opfer halten, zum Priester um Vergebung der Sünden laufen, das Evangelium nach der Willkür des Papstes predigen und auch in anderen Belangen im bestehenden Rahmen handeln müßte, bis eine Obrigkeit etwas anderes befehlen würde. Ich antwortete: Nein. Hier braucht man die Obrigkeit nicht zu fragen, denn sie ist nicht über das Wort Gottes und die christliche Freiheit gesetzt wie über das zeitliche Gut, wie vorher genügend klargemacht wurde. Im Gegenteil: Wenn die Obrigkeit so reden wollte wie die Juden mit den Aposteln Christi: »Wir haben

euch streng verboten, diese Sache zu lehren ...« (Apg 5,28), sollen die Christen sprechen: Unser Herr Jesus hat uns vorausgesagt, wir würden um seinetwillen vor Könige, Fürsten, Vögte oder Obere geführt, und hat dabei befohlen, sie nicht zu fürchten, auch wenn sie uns das Leben nehmen; denn der Seele können sie nicht schaden. Deswegen stehen wir hier und sagen mit den Aposteln: Wir müssen Gott mehr gehorchen als den Menschen. Gott befiehlt uns, sein Wort getreu zu predigen und nichts davon zu verschweigen, doch alles zur rechten
Zeit. Wollt | ihr Oberen also Christen sein, so müßt ihr uns das 515
klare Wort Gottes predigen und es danach wirken lassen; denn ihr seid nicht Herren über die Seelen und Gewissen der Menschen. Wenn ihr dies nicht annehmen wollt, so werdet ihr den ungläubigen Juden und heidnischen Tyrannen gleichen usw. Also ist es klar, daß die Gewalt, die die Obrigkeit über unser zeitliches Gut und Leben hat, sich nicht auf die Seele erstrekken kann. Da nun die Zehntenabgabe das zeitliche Gut betrifft, steht es einer Obrigkeit zu, auf der Anwendung dieses Rechts zu bestehen oder es zu ändern, aber in jedem Fall ohne Verletzung der menschlichen Beziehungen und Ordnungen. Wiederum lasse ich die Frage beiseite, welche Rechtsgrundlage die Zehntenabgabe überhaupt hat; falls dies aber eine entsprechend berechtigte ordentliche Obrigkeit wissen will, will ich dies gern aus der Schrift heraussuchen und begründen.

Auch die Zinsen ist man nach Gottes Gebot verpflichtet zu bezahlen: Ihr sollt allen Menschen geben, was ihr ihnen schuldig seid. Denn sobald das Privateigentum eingeführt worden ist, kann eine Obrigkeit niemanden zwingen, daß er das Seine ohne Erwartung einer Gegenleistung oder eines Nutzens ausleihe. Allerdings sind wir dazu nichtsdestoweniger nach Gottes Gebot verpflichtet; deswegen nennt Christus den Reichtum ungerecht oder unrechtmäßig (vgl. Lk 16,9), weil ohne Zweifel der Boden und die Früchte der Erde Gottes Eigentum sind (vgl. Ps 24,1), und er sie uns ohne Entgelt besitzen und nutzen läßt. Wir machen aber zu unserem Eigentum, was Gott ge-

hört. Das läßt Gott insofern zu, als wir dennoch deswegen seine Schuldner sind und so auch schuldig, das zeitliche Gut allein nach seinem Wort und Befehl zu gebrauchen. Diese Schuld verschwindet nie. Deshalb ist jeder, der das zeitliche Gut nicht nach Gottes Willen gebraucht, vor Gott ungerecht, auch wenn er es nicht der menschlichen Gerechtigkeit zu-
516 widerlaufend gebraucht. Christus hat darum | den Reichtum angemessenerweise ungerecht genannt, einmal, weil wir zu Eigentum machen, was Gott gehört, zum anderen, weil wir das, was Gott gehört und worüber er uns Verwalter sein läßt, nicht nach seinem Willen gebrauchen. So sind also auch alle Zinsen gegen göttliches Recht.

Erstens: Aller Reichtum ist ungerecht – daraus ersehen wir, weshalb Christus gesagt hat, leichter könne ein Kamel durch ein Nadelöhr gezerrt werden, als daß ein Reicher in das Himmelreich eingehe [Mk 10,25]. Es soll niemand deswegen verzagen: Gottes Gnade ist größer als unsere Missetat. Doch können wir ganz einfach nicht leugnen, daß alle Reichtümer Gott gehören, und müssen sie immer zum Dienst nach dem Willen Gottes bereithalten, ja sein, als hätten wir sie nicht; sonst kann ich nicht verstehen, wie ein Reicher gläubig sein sollte, wenn er sein Herz bei dem zeitlichen Schatz hat. Er hat es aber dort, wenn er ihn nicht nach dem Willen des Herrn ständig bereithält und ihn nicht demgemäß verwendet. Das kommt dann davon, weil er den Schatz höher stellt als Gott. Wenn er nun auf diese Weise nicht gläubig ist, kann er auch nicht selig werden.

Zweitens: Die Zinsen sind nicht nach göttlichem Recht, weil uns Gott befiehlt, zu verleihen oder Darlehen zu geben, ohne etwas dafür zu erwarten (vgl. Lk 6,35; 2. Mose 22,25). Weil nun die Menschen das, was sie zu Eigentum gemacht haben, den Bedürftigen nicht ohne Nutzen oder Gegenleistung überlassen wollten, hat die armselige menschliche Gerechtigkeit zugestanden: Der Entleiher soll dem Ausleihenden von dem, was als Sicherheit für das Darlehen dient, entspre-

chend der Höhe der Summe einen Anteil vom Ertrag zukommen lassen, je nach der Anzahl der gewachsenen Früchte. Ist das Gut z. B. hundert Gulden wert, und der Entleiher belastet es mit einem Darlehen von fünfzig, so muß er den halben Ertrag dem Gläubiger überlassen. Hat er es mit fünfundzwanzig belastet, ist er den vierten Teil an Früchten schuldig usw. So müssen es die Juristen begründen, wenn sie den Zins mit dem Argument verteidigen wollen, er sei ein Früchtekauf. Und wirklich, nach dem Maßstab der menschlichen Gerechtigkeit wären solche Zinsen keine große Belastung, wenn sie auf diese Weise gehandhabt würden, obschon sie vor Gott nichtsdestoweniger ungerecht sind, wie vorhin ausgeführt worden ist. Aber daß jemand von einem Gut oder Acker oder Weingarten
einen Zins leisten muß, | den ihr Juristen einen Früchtekauf 517
oder Fruchtnutzen nennt, ungeachtet dessen, ob er einen Ertrag hat oder nicht, das geht doch wirklich zu weit. Es erstaunt mich wirklich, daß die Teilnehmer der Konzilien zu Konstanz bzw. Basel auch in bezug auf menschliche Gerechtigkeit so unbesonnen gewesen sind, eine derartige Ungerechtigkeit zuzulassen, die sogar ungläubige Fürsten ihrem Volk nicht zumuten möchten. Warum haben sie nicht auf das Wort Christi geachtet: Ihr sollt ausleihen und nichts dafür erwarten? Wie konnten die betrügerischen Priester es nur wagen, darüber zu reden und zu verhandeln, die gerechterweise die Fürsten hätten davon abschrecken sollen, wenn diese solches im eigenen Interesse vorgebracht hätten? Aber daß sie sich nicht mit Zehnten begnügt haben, sondern sich selbst auch Zinsnehmen erlaubten, zeigt mir klar, daß sie dieses schädliche Zinsnehmen eingeführt haben. Sieh, wo sind jetzt die verlogenen Schwätzer, die sagen: Ja, die Konzile versammeln sich im Heiligen Geist! Widerspricht denn der Heilige Geist den Geboten Gottes?

Indes, da die allgemeine Übereinkunft den Zinskauf[24] kennt und mit Vertrag und Siegel der Obrigkeit bestätigt, so soll ein jeder von dem Kapital, das er wohlüberlegt unter die-

sen Bedingungen angenommen hat, den Zins leisten, sonst würde er den menschlichen Frieden stören. Das gilt aber nur für diejenigen Zinsen, die nach der Vorschrift der menschlichen Gerechtigkeit auf 5 % festgesetzt wurden – wobei dies die Bezeichnung »menschliche Gerechtigkeit« nicht einmal wirklich verdient, denn diejenigen, die den Zinskauf festge-
518 setzt haben, haben weder das Wort Gottes noch das Gesetz der | Natur berücksichtigt. Die Verweigerung des Zinses wäre eine Sünde gegen Gott, der befiehlt, einem jeden zu geben, was man ihm schuldig ist. Die Obrigkeit sollte aber ernstlich gegen den Mißbrauch bei den Zinsen einschreiten. Mein Rat wäre – und ich rate hier als ein Mensch, wie es Paulus auch den Korinthern gegenüber tat (vgl. 1. Kor 7,12); denn wenn ich Gottes Wort lehren soll, so spreche ich: Ihr sollt ausleihen und nichts dafür erwarten! –: Weil ich sehe, daß wir von der Vollkommenheit der göttlichen Gerechtigkeit nichts wissen wollen, rate ich: Alle, die Zins zu beanspruchen haben, sollen den Wert des Gutes, das mit dem Darlehen belastet ist, schätzen lassen und danach jährlich entsprechend der ausgeliehenen Summe einen Teil der Früchte entgegennehmen. Sonst befürchte ich sehr, daß sich viele Menschen mit dem Zinsnehmen noch mehr ins Unrecht setzen, als man es der menschlichen Schwäche zugestehen kann, so daß sie vor Gott Betrüger aus wohlüberlegter Bosheit gescholten werden müssen. Andererseits – jetzt sage ich Gottes Wort – braucht niemand sich zu sorgen, wie er sein Leben erhalten soll. Gott speist die Raben und andere Vögel, die nicht sammeln noch Vorräte aufhäufen; er kleidet die Blumen auf dem Felde. Wieviel mehr wert sind wir in den Augen des Herrn? Also wird er auch uns und unsere Kinder speisen.

Diese großen Mißbräuche kommen alle aus Unglauben und fehlender Gotteserkenntnis. Er wolle alle Menschen erleuchten, damit sie ihn erkennen und mehr als alle anderen Dinge lieben, dann werden diese Mängel oder Nachteile ohne Sorgen dahinfallen. Amen.

Aber die Zinsen, die nicht nach gesetzlichen Bestimmungen vereinbart werden, soll man nicht anders als nach der Höhe der Darlehenssumme entrichten. Das ist so zu verstehen: Es gibt Geizhälse, die bei einem Darlehen zu 15% | denselben Betrag 519
verlangen wie bei 20%. Und es finden sich Obere, die einen solchen Zinskauf mit Vertrag und Siegel bestätigen. Hier handeln die Oberen im Widerspruch zu ihrer eigenen Gerechtigkeit und mißbrauchen ihre Macht. Darum sind sie dem Belasteten, auch wenn er sich schriftlich verpflichtet hat, Hilfe schuldig, damit ihm nicht mehr abgenommen werde, als ihre armselige Gerechtigkeit bestimmt hat; denn Unaufrichtigkeit und Betrug soll den Betrüger selbst treffen. Und auch wenn sie dies tun, sind sie dennoch nicht gerecht, sondern schaffen nur den größten Schmutz weg, und es bleibt davon noch immer zuviel übrig. So kann ein jeder, der so unrechtmäßig belastet ist, deswegen bei Gericht klagen.

Das ist mein Standpunkt in dieser unsauberen Angelegenheit der Zinsen. Nun streuen aber meine Feinde gegen mich Gerüchte aus, ich lehrte, man solle keine Zinsen abliefern. Und doch schreie ich dauernd hierzu: Wer ein Darlehen mit Zins aufgenommen hat, sei ein Dieb, wenn er das Versprochene nicht abgeben wolle, sofern der Zinskauf ordnungsgemäß im Rahmen der geltenden Regeln erfolgt ist. Ich muß auch oft gegen meinen Willen darüber reden, um denen den Mund zu verschließen, die sich getrauen, alle Laster zu verteidigen und alles Unrecht zu vermehren. Alle meine Mühe bringt es gerade so weit, daß die Darlehensgeber sich nicht dreimal gegen Gott versündigen. Denn wer auch immer auf die Seligkeit der Menschen achthaben soll, soll allen Schaden für die Seelen verhüten, oder die Verlorengegangenen werden von ihm gefordert. Wenn er nicht allen Schaden verhüten kann, soll er dennoch mit Wehren nicht aufhören; vielleicht verhütet er ab und zu wenigstens größeren Schaden.

Vom Geldgeschäft sage ich folgendes: Wo eine Obrigkeit das Geldgeschäft zuläßt, ist der, welcher Geld aufnimmt, ver-

520 pflichtet, den Zins zu bezahlen. | Es sollte aber keine Obrigkeit so unredlich gegenüber ihren Untertanen handeln, daß sie Juden oder andere Geldverleiher, die ganz oder teilweise den Zinseszins anwenden, duldet. Sofern nun die Obrigkeit das Geldgeschäft nicht duldet und auch nicht darüber Recht spricht, muß man den Zins auch nicht entrichten. Ja, die Obrigkeit soll die Gläubiger und Schuldner bestrafen, wo ihr solche Geschäfte bekannt werden, obschon man das entliehene Kapital zurückerstatten muß, außer die Obrigkeit entscheide anders. Diesen Kram findet man bei den menschlichen Rechtsgelehrten – wenn ich mich recht erinnere –, auf die ich mich in diesem schmutzigen Geldgeschäft berufen muß; denn Gott ist es so widerwärtig, daß er es nirgends dulden will. Dennoch ist die Obrigkeit dazu eingesetzt, in der Regelung dieser Dinge der göttlichen Gerechtigkeit so nahe zu kommen, wie es ihr möglich ist. Sie ist auch verpflichtet, jede solche gottwidrige Unterdrückung abzuschaffen, sofern es ohne größeren Schaden möglich ist. Um nun alles kurz abzuschließen: Der Mensch soll die menschlichen Beziehungen wegen zeitlichen Gutes in keiner Weise zerrütten, sondern wenn ihn ein Unrecht bedrückt, das er im Blick auf Gottes Wort nicht zulassen will, so soll er es allein mit Hilfe der rechtmäßigen Staatsgewalt in Ordnung bringen und es nicht dulden, daß die Lehre Christi aufrührerisch gescholten werde. Die Obrigkeit soll aber auch mit scharfem Blick darauf achten, alle derart widergöttlichen Mißbräuche abzuschaffen; oder aber das dauernde Erdulden des Unrechts, gegen das nicht eingeschritten wird, verwandelt sich schließlich in blinde Wut. Wie kann eine ehrbare Obrigkeit den Mutwillen der erwähnten Geistlichen dulden? Wie kann sie zusehen, wie ihr
521 armes | Volk von Geldverleihern und Schuldeneintreibern zugrunde gerichtet wird? Darum läßt Gott das Licht seines Wortes wiederum leuchten, damit man den Schmutz einmal wegwische und saubermache.

Zehntens sagt Paulus: »Wem ihr Steuern schuldig seid, dem

gebt sie; wem ihr Zölle, Fuhren oder Geleit schuldig seid, dem gebt sie; wem ihr Furcht und Ehre schuldet, dem gebt sie.« Diese Worte sind klar; sie gehen auch alle Menschen an. Ich kümmere mich auch nicht um die Freiheit der Geistlichen von Abgaben; man gewähre ihnen Zoll- und Steuerfreiheit oder auch nicht, doch ohne Benachteiligung der anderen Menschen, was indes kaum möglich ist. Hierin handle jede Obrigkeit nach Gutdünken. Aber ich werde bereitwillig darlegen, daß ihre Steuerfreiheit sich auf kein göttliches Recht oder Gebot berufen kann.

Zusammengefaßt gilt: Das göttliche Wort soll über alle Menschen herrschen. Es soll ihnen vorgeschrieben, verkündet und getreulich offenbart und ausgelegt werden. Wir sind schuldig, ihm nachzukommen. Unserer Ohnmacht aber hilft allein die Gnade Gottes durch unseren Herrn Jesus Christus usw. Denn je mehr wir unserer Schuld und Ohnmacht bewußt werden, desto mehr werden wir der Vollkommenheit und Allmacht Gottes bewußt; desto mehr finden wir aber auch die Liebe und Zuversicht zu seiner Gnade, was uns rechtschaffener und gottesfürchtiger macht wie nichts sonst. Weil sich aber daneben manche finden, die aus Gottlosigkeit und Unglauben nicht auf Gottes Wort hören und nicht danach leben, hat Gott uns auch elementarste Gebote gegeben; nicht daß wir durch die Einhaltung derselben gerecht seien, sondern damit trotz allem das menschliche Zusammenleben erhalten bleiben und beschützt werden könne, und Wächter eingesetzt, die ernstlich darauf achten sollen, | daß nicht auch noch 522
der letzte Zipfel der armseligen menschlichen Gerechtigkeit weggerissen werde. Diese Wächter sind die gesetzmäßige Obrigkeit, die aber eben diejenige ist, welche das Schwert trägt, d. h. die wir die weltliche Obrigkeit nennen. Ihr Amt ist es, alle Dinge nach dem göttlichen Gebot zu führen, wenn es uns schon nicht möglich ist, nach dem göttlichen Willen zu leben. Darum soll sie alles, wofür weder im göttlichen Wort oder Gebot noch in der menschlichen Gerechtigkeit eine Be-

gründung gefunden werden kann, abschaffen und als falsch, unrechtmäßig und ungerecht auch nach menschlicher Gerechtigkeit behandeln.

Ich will diese Darstellung noch einmal kurz zusammenfassen und die göttliche und menschliche Gerechtigkeit einander zuordnen.

1. Gott ist das höchste, vollkommenste Gut;

2. will sich allen Geschöpfen offenbaren und ihnen ohne Gegenleistung zu Nutzen sein;

3. ist weder eigennützig noch Gelüsten unterworfen.

Er fordert darum, daß auch wir so seien; denn er spricht: »Ihr sollt vollkommen sein, wie euer himmlischer Vater vollkommen ist« (Mt 5,48).

Wollen wir nun vor sein Angesicht kommen, so müssen wir

1. vollkommen, d.h. lauter, rein, schön, ohne alle Urverdorbenheit, sein,

2. und nicht meinen, wir könnten selbst über uns verfügen, sondern wissen, daß wir Gott gehören, und wenn Gott, dann auch dem Nächsten;

3. nicht auf uns selbst bedacht sein, auch nicht von Gelüsten befallen, weder von Habsucht noch Ehrgeiz noch Wollust.

Wir sollen auch vor allen anderen Dingen das Reich Gottes und seine Gerechtigkeit suchen, d.h. so gerecht werden, wie er gerecht ist. Das ist uns aber unmöglich. Darum versichert er uns seiner Gnade durch seinen Sohn, den er für uns in den Tod gegeben hat. Das ist das Evangelium.

Weil wir nun eine solche Gerechtigkeit, wie Gott sie von uns fordert, nicht erreichen können, und uns dennoch befoh-
523 len wird, vollkommen | zu sein, so folgt daraus, daß man das, was Gott befiehlt, uns ohne Unterlaß offenbaren soll, damit wir mit unermüdlichem Fleiß allezeit in allem Guten wachsen und dabei nicht wegen unserer Gerechtigkeit hochmütig werden sollen; denn das von Gott geforderte Maß haben wir noch nie erreicht. Deswegen hat Gott auch elementarere Gesetze gegeben, unter welchen wir miteinander einträchtig leben sol-

len, so wie Christus auch den Juden sagt (vgl. Mt 19,8), daß Mose ihnen wegen ihrer Härte die Ehescheidung zugestanden habe, obwohl es am Anfang nicht so gewesen sei. Beachte diese Stelle gut! Wir bleiben nun nichtsdestoweniger schuldig, nach der göttlichen Gerechtigkeit zu leben. Wir vermögen es aber nicht; denn wir sind

1. von Natur aus böse und im Dunkeln (vgl. 1. Mose 8,21).

2. Wir wollen nicht anderen Menschen gehören, sondern alles soll unser sein;

3. denn wir sind eigennützig vom ersten Fall Adams her und begierig auf fleischliche Dinge.

Damit nun die Folgen der Urverdorbenheit nicht so groß werden, daß wir völlig verwildern und schlimmer werden als die unvernünftigen Tiere, hat uns Gott zwei Dinge gegeben, die uns leiten und bändigen sollen: sein Wort und die Obrigkeit, die unser Gelüsten mit der Strafe bändigt.

1. Im Wort Gottes lernt man, wie gerecht zu sein wir schuldig sind; und wir finden darin das Heil der Gnade. Darüber ist niemand Meister; denn es steht über allen Menschen. Keiner, der in Sünden geboren ist, ist so gerecht oder unschuldig, daß er dem Wort entsprechen könnte; es gibt auch keinen, der nicht die Gnade nötig hätte, die darin zugesichert ist.

2. Damit nicht aus unserer Selbstsucht Gewalttaten entstehen, dazu hat man die Obrigkeit, die den Frevelhaften zähmen soll, damit er nicht aus persönlichen Gelüsten einem anderen das Seine nehme.

3. Damit wir nicht so unverschämt werden wie Hunde, soll uns diese Obrigkeit strafen; denn dazu hat sie Gesetze:[25] | 524

3.1 Wir sollen keine Gotteslästerer sein, sondern auf sein Wort hören.

3.2 Wir sollen eines anderen Gut weder mit frechem Raub noch mit Diebstahl antasten.

3.3 Wir sollen nicht aus Zorn jemanden töten oder die Ehefrau eines anderen in Schanden bringen, nicht Völlerei usw. treiben und dergleichen.

Zu 3.1 Wenn du aber Gott lästerst und schmähst, so straft dich die Obrigkeit.

Zu 3.2 Desgleichen hängt sie dich, wenn du stiehlst oder raubst.

Zu 3.3 Tötest du, so wirst auch du getötet. Desgleichen wirst du bestraft, wenn du aus anderen Gelüsten etwas Böses tust.

4.1 In allen anderen Dingen soll die Obrigkeit sich keinesfalls über das Wort Gottes stellen; denn sie straft nur die äußerlichen Missetaten, macht aber inwendig weder gerecht noch ungerecht; das tut Gott allein in den Herzen der Menschen.

4.2 Daraus folgt, daß sie nur die sichtbaren, offenkundigen Missetaten mit Gebot und Strafe verhüten soll.

4.3 Was von Gott aus recht ist oder nicht verboten oder erlaubt, das soll sie nicht an die Leine legen.

4.4 Denn sie können nicht etwas zur Sünde machen, was keine ist.

4.5 Alles, was Gottesfurcht und christliche Lebensweise betrifft, sollen sie fördern;

4.6 sie sollen aber nicht etwas für gut halten, was die Menschen erdichten, sondern allein das, was Gott festgesetzt hat.

4.7 Strafen sie Menschen, die nicht gegen Gott gehandelt haben, so werden sie selbst auch von Gott bestraft.

4.8 Sie werden jedoch bestraft, wenn sie die nicht bestrafen, die gegen Gott handeln.

4.9 Sieh, so will Gott in allen seinen Worten und Geboten, daß man allein auf ihn sehe.

4.10 Deswegen soll keine Obrigkeit, wie es gegenwärtig geschieht, jemanden wegen der Zeremonien strafen, über de-
525 ren Abschaffung sich viele | Menschen beklagen; auch niemanden bestrafen, der sich durch den Papst nicht von Gottes Wort abbringen läßt; auch nichts bestrafen, was allein eine innere Gewissenssache des Menschen ist; denn das Urteil darüber liegt allein in der Hand Gottes. Zum Beispiel: Mönche

und Nonnen in den Klöstern erkennen, daß die Orden, Sekten und Vereinigungen gegen Gott sind; sie erkennen, wie sie dazu verführt worden sind, die Seligkeit in den Klöstern zu suchen. Sie möchten darum alle Heuchelei ablegen und ein ungeheucheltes christliches Leben zusammen mit gewöhnlichen christlichen Mitmenschen führen. Welche Obrigkeit will sich anmaßen, dem zu wehren? Keine ist Herr über die Gewissen der Menschen. Wenn aber in solchen Dingen öffentlich der staatlichen Ordnung zuwidergehandelt werden sollte, dann kann und soll die Obrigkeit die ihr anvertraute Gewalt anwenden; sie soll aber auch alles, was dem göttlichen Wort widerspricht, abschaffen. Daraus entspringt für sie Ruhe und eine friedliche Herrschaft. Wenn man nämlich nicht täglich am Gotteswort die Mißbräuche erkennen lernt und sie nicht mit entsprechenden Maßnahmen abschafft, besteht die Gefahr, daß die Entrüstung der Unterdrückten zuletzt derart wächst, daß man sich vor ihr fürchten muß. Darum kurz: Das Wort Gottes kann man weder einfangen noch an die Leine legen. Wenn wir uns aber alle ausnahmslos aufs ernsthafteste bemühen, das Wort Gottes zu befolgen, dann laßt nur Gott walten; er wird alle Dinge ins rechte Geleise bringen. Ihm sei Lob und Ehre in Ewigkeit! Amen.

Wie Jugendliche aus gutem Haus zu erziehen sind

1523

Original: Qvo pacto ingenvi adolescentes formandi sint, Praeceptiones pauculae, Huldricho Zuinglio autore.[...], Basel, Johann Bebel, 1523. Umfang: 24 unpaginierte Quartseiten.

Wissenschaftliche Ausgabe unter dem Kurztitel »Quo pacto ingenui adolescentes formandi sint«, mit Einleitung und Kommentar, bearbeitet von Emil Egli und Georg Finsler, in: Huldreich Zwinglis Sämtliche Werke (Abk.: Z), hg. v. Emil Egli u. a., Bd. II, Leipzig (M. Heinsius) 1908 (Corpus Reformatorum 89), S. 526–551.

Übersetzung: Andreas Beriger.

Einleitung

Der Sitte der »Badenschenke« – gemäß welcher einem, der von einer Bäderkur zurückkam, mit Geschenken aufgewartet wurde – ist es zu verdanken, daß Zwingli 1523 seinem Stiefsohn Gerold Meyer von Knonau die vorliegende Schrift widmete. Wie er in seinem Widmungsbrief sagt, hatte er jedoch den Plan zu einer pädagogischen Abhandlung schon früher gefaßt; so bildet die »Badenschenke« nur den äußeren Anlaß, ein Anliegen zur Ausführung zu bringen, mit dem sich Zwingli schon länger auseinandergesetzt hatte.

Durch die Heirat Zwinglis mit der verwitweten Anna geb. Reinhard wurde Gerold Meyer von Knonau zu seinem Stiefsohn. Eine tiefe Beziehung hielt die beiden aneinander, die sich jedoch in der gegenwärtigen Schrift nur im Widmungsschreiben ausdrückt, wogegen die Abhandlung selbst keinerlei Bezug auf persönliche Vorgaben nimmt. Gerold wurde 1509 als drittes Kind aus der Ehe von Anna Reinhard und Hans Meyer von Knonau geboren; der letztere starb 1517; Zwingli heiratete sie 1524 öffentlich, war aber schon seit 1522 mit ihr verbunden; als er 1523 die gegenwärtige Schrift Gerold widmete, war der 14jährige mithin noch nicht offiziell ein Mitglied der engeren Familie Zwinglis. – Gerold fiel zusammen mit seinem Stiefvater 1531 bei Kappel.

Pädagogische Neuerungen waren dem Reformator ein zentrales Anliegen, war er doch durch seine Karriere immer wieder in einen sehr engen Kontakt mit verschiedenen Schulen getreten und gerade in der Entstehungszeit dieser Schrift an der Umgestaltung des Stifts Großmünster und seiner Schule beteiligt. Die Notwendigkeit, für die Verkündigung der neuen Religion eine neue Generation von eigens dazu ausgebildeten, mit dem notwendigen Glauben und auch mit dem notwendigen Wissensstand versehenen Menschen zu formieren, spiegelt sich in dieser kurzen, prägnanten Erziehungsschrift – es ist die einzige, die Zwingli verfaßt hat –, in der das materielle Wissen (die Sprachen, die Arithmetik) weit hinter den moralischen Voraussetzun-

gen steht. Schon in der Widmungsschrift wird der Schüler Gerold nicht mit den Gegenständen konfrontiert, die er sich anzueignen hat, sondern mit den ethischen Ansprüchen, die er an sich zu stellen hat; so bleibt der Tenor der gesamten Abhandlung in der Seelsorge verankert: Es werden nicht wie in anderen pädagogischen Schriften des beginnenden Humanismus bestimmte Autoren empfohlen, die Erziehung zielt nicht in erster Linie auf den Erwerb von Wissen, sondern sie will die umfassende Bildung – die auch die Körperertüchtigung einschließt – des ganzen Menschen erreichen, der sich nicht am Fachwissen messen läßt, sondern dessen geistlicher Weg ausschlaggebend ist.

In einem ersten Abschnitt wird daher die Erziehung zum Glauben thematisiert. Dabei bildet die Erkenntnis, daß Gott und die Vorsehung die Quelle aller Dinge sind, den eigentlichen Schwerpunkt. Bereits hier klingt die Lehre von der Nachfolge Christi als des vollkommenen Vorbildes für den Menschen an.

Im zweiten Abschnitt werden die Aspekte der Selbstdisziplinierung berührt; daß Zwingli dabei mit dem sprachlichen Fachwissen beginnt, zeigt die zentrale Rolle, die dieses in der neu zu formierenden Schule einnehmen wird; denn nur genaue philologische Kenntnis der Quellen vermag zweifelsfrei das Bild von Christus als dem ethischen Maßstab zu garantieren.

Im dritten Abschnitt wird der Umgang mit den Mitmenschen behandelt; dabei stellt sich heraus, daß die neuen Prediger keine Nutznießer der Gesellschaft mehr sein werden, sondern Glieder eines Staates, der auf dem Glauben aufbaut und für die Pflege des Glaubens bestehen wird. Dazu gehört auch die Bereitschaft, zu den Waffen zu greifen, falls die Lage es erfordert.

Ein Schlußwort an den Adressaten rundet den kurzen Traktat ab, in welchem Zwingli anzudeuten scheint, daß Gerold und er mehr wissen, als ihm hier zu sagen freisteht – ein Hinweis auf die noch nicht öffentlich bekanntgegebene Verbindung mit Anna Reinhard.

Zwinglis Lehrschrift über die Erziehung wurde ein sehr oft gelesener und beliebter Text; zahlreiche Übersetzungen belegen ihre Verbreitung. Über der heiteren, oft geradezu humorvollen Schrift schwebt einzig der Schatten, daß Zwinglis Aussage, der Christ müsse im

Notfall zu den Waffen greifen, und dies trotz der Bergpredigt, durch den gemeinsamen Tod von Autor und Adressat in Kappel eine bittere Bedeutung angenommen hat.

Andreas Beriger

Einige wenige Grundsätze, auf welche Weise Jugendliche aus gutem Haus zu erziehen sind. Von Huldrych Zwingli

Ach, Herr, laß wohl gelingen! [Ps 118,25]

Jakob Ceporinus[1] grüßt die strahlende Jugend.

Ich hoffe, daß die christlichen Jugendlichen dieses kleine Werk, das ihnen als Geschenk überreicht worden ist, schätzen werden, das als Urheber den in Christus großen Mann Zwingli hat. Wie dieser sich ganz auf Christus ausrichtet, damit wir, was wir dem Namen nach sind, auch in der Sache selbst werden, nämlich Christen, so liegt ihm vor allem daran, die unschuldige und noch nicht mit den verdorbenen Begierden der Welt angesteckte Jugend zu Christus zu bringen. Nehmt daher, ihr guten Jugendlichen, dieses kleine Geschenk mit gottesfürchtiger Gesinnung auf und rechnet diese Gnade einzig Christus als deren Urheber an, indem ihr das, was ihr in diesem kleinen Buch mit euren Augen auf christliche Weise lest, ebenso durch eine Lebensführung und durch Sitten ausdrückt, die Christi würdig sind.

Lebt wohl!

Gerold Meyer, dem Jüngling aus bestem Haus, wünscht Huldrych Zwingli Gnade und Frieden von Gott und von unserem Herrn Jesus Christus.

Als Dich vor kurzem bei Deiner Rückkehr von den Bädern alle fröhlich empfangen haben, und als alle sich gegenseitig damit übertreffen wollten, Dich mit Geschenken zu beehren,
schien es mir selbst, | daß ich unhöflich wäre, wenn ich Dir 537
Gerold, mein liebenswürdigster Jüngling, nicht mit irgendeinem Geschenk aufwarten würde. Bekanntlich ist die Sitte, daß man die von den Bädern Zurückkehrenden beehrt, im Volk unter Freunden verbreitet. Zu den Freunden rechne ich

Dich gleich zweifach: einmal weil Du Dich erfolgreich um die Bildung bemühst; dann aber auch weil Du Dich unter der Leitung meines Freundes Glareanus[2] verdient machst. Als ich mich längere Zeit fragte, was Dir wohl am liebsten sein würde, kam ich darauf, daß es etwas Heilsames oder etwas Gelehrtes oder beides sein müßte, was Dir gefallen möchte. Denn wie Du von Natur aus zur Gottesfurcht und zur Tugend geboren scheinst, so trägst Du bereits jetzt von Dir aus die Früchte des feinen Benehmens und des guten Geschmacks, die zwar noch frühreif sind, aber um so willkommener. Nachdem ich nun aber so sorgfältig wie möglich alle gelehrten Gegenstände überprüft hatte und nachdem ich auf keine Weise etwas in dieser Hinsicht leisten konnte, blieb mir noch die Möglichkeit, mich bei Dir mit irgendwelchen gottesfürchtigen und zum Heil des Geistes und des Körpers beitragenden Dingen verdient zu machen. Nachdem ich nun seinerzeit den Entschluß gefaßt hatte, ein Buch zu schreiben, auf welche Weise man Jünglinge aus gutem Haus erziehen sollte, verschiedene anderweitige Pflichten dieses Vorhaben jedoch hinausgezögert haben – wie es in der gegenwärtigen Zeit eben so ist –, da kam mir bei der ängstlichen Suche nach einem Geschenk die Erinnerung an den einst gefaßten Entschluß zu Hilfe. Obwohl ich sehe, daß viele besorgt sind, ein vollendetes Werk irgendeinem würdigen Schutzherrn zu widmen, ging es mir gerade umgekehrt. Mir steht einer zur Verfügung, dem ich es widmen sollte, aber mir fehlt die Zeit und jene neun Jahre, die ein Werk zurückgehalten werden sollte.[3] Daher habe ich zwischen diesen beiden Unannehmlichkeiten, daß Dir nämlich irgend etwas zugeeignet werden sollte und daß meine Beschäftigungen es nicht zulassen, dies in Würde zu tun, etwas gefunden, mit dem ich fürs erste uns beide zufriedenstellen kann. Ich habe mir so viel von der beschränkten Zeit gestohlen, daß ich ein paar wenige Verhaltensregeln ganz ungeordnet zusammenstellen konnte. Gewiß sollten es bewußt nur wenige sein, aber gut durchdachte. Zuviele brächten Überdruß, zu vergleichen mit dem, was nur sparsam eingeschenkt und um so gieriger getrunken wird. – Du sollst diese Verhaltensregeln nicht nach | ihrer sprachlichen Gestalt beurteilen, sondern nach ihrem Sinn und nach dem Geist, von dem sie kommen. Wir können nur dann etwas Gottgefälliges zuverlässig versprechen, wenn wir selbst nicht gottlos sind. Gelehrtes zu versprechen verbietet mir die Scham, auch wenn man noch so gelehrt ist. 538

Die ersten Verhaltensregeln handeln davon, wie die zarte Seele eines jugendlichen Menschen in dem unterrichtet werden muß, was sich auf Gott bezieht.

Die nächsten handeln davon, wie er in dem unterrichtet werden muß, was sich auf ihn selbst bezieht.

Die dritten, wie er in dem unterrichtet werden muß, was sich auf die Mitmenschen bezieht. Ich habe mir dabei nicht vorgenommen, von der Wiege an zu beginnen, und auch nicht mit den elementarsten Dingen, sondern von dem Alter an, in dem ein Kind schon verständig ist und anfängt, auch ohne Korkgürtel zu schwimmen,[4] in dem Du nun selbst bist.

Ich hoffe, daß Du diese meine Grundsätze sorgfältig lesen und Dich nach ihnen verhalten wirst. Damit kannst Du auch anderen ein lebendiges Vorbild sein. Das tue Christus, der Beste und Größte. Amen.

Zürich, 1. August 1523

Lebenslehren des ersten Teils

Obwohl es nicht in der Macht des Menschen steht, die Seele irgendeines Menschen zum Glauben an den einzigen Gott zu führen, auch wenn er Perikles mit seiner Redekraft übertreffen würde,[5] sondern da dies einzig in der Macht des himmlischen Vaters liegt, der uns zu sich zieht [vgl. Joh 6,44], kommt doch nach dem Wort des Apostels »der Glaube vom Hören« [Röm 10,17], wenigstens so lange es sich um das Hören des Wortes Christi handelt. Dabei vermöchte jedoch ganz sicher das Predigen des Wortes selbst nicht so viel, wenn nicht der Geist ermahnt, der im Inneren zieht. Daher muß der Glaube mit den reinsten Worten und mit solchen, die direkt aus Gottes Mund stammen, eingeflößt werden. Zugleich sollten Gebete an ihn gerichtet werden, der alleine gläubig macht, daß er denjenigen, den wir mit dem Wort belehren, selbst durch seinen eigenen Geist erleuchte.

Es wird indessen nicht unvereinbar mit der Lehre Christi sein, wenn wir auch durch die sichtbare Welt zur Erkenntnis Gottes hinleiten; zum Beispiel, wenn wir uns den ganzen Riesenbau der Welt vor Augen halten, indem wir alles einzeln mit dem Finger aufzeigen, daß alles der Veränderung unterliegt, daß aber derjenige etwas Unverändertes und Unbewegliches sein muß, der alles, was so verschieden ist, in einer so festen und bewundernswerten Harmonie zusammengefügt hat.

Dazu kommt, daß derjenige, der mit so viel Sorgfalt alles angeordnet hat, nicht verdächtigt werden darf, als ob er sein Werk vernachlässigen würde, da es unter den Menschen schon als verwerflich gilt, wenn jemand auch nur ein bißchen nachlässig ist in bezug auf seinen Haushalt.

539 | So wird unser Jüngling lernen, daß die Vorsehung Gottes für alle Dinge sorgt, alles anordnet und alles bewahrt. Denn selbst von zwei Spatzen, die man um fünf Rappen gekauft hat, fällt keiner auf den Boden, ohne daß Gottes Vorsehung es beschlossen hätte, die sogar die Haare unseres Hauptes gezählt hat [Mt 10,29–30] und bei all ihrer Fürsorge niemals müde wird.

Dadurch wird es offenbar, daß Gottes Vorsehung nicht nur anordnet, was die Seele, sondern auch, was der Körper benötigt, da wir sehen, daß sogar die Raben so freigebig ernährt werden und wie die Lilien in aller Pracht gekleidet sind [vgl. Lk 12,24.27].

Ist die Seele über die göttliche Vorsehung demnach hinlänglich und richtig unterwiesen worden, kann sie kaum jemals ängstlich oder schändlich gierig sein. Wenn wir Angst und Begierde an der Wurzel ausrotten, dann haben wir die Seele von schädlichster Krankheit befreit.

Dann wird die Seele wissen, daß Gott nicht nur der Herr, sondern auch der Vater aller ist, die an ihn glauben, das heißt: die auf ihn vertrauen. Er will, daß wir nicht weniger schnell zu ihm eilen, um ihn um Hilfe zu bitten, als zum Vater, der uns gezeugt hat. Er hat mit seinen eigenen Worten Hilfe versprochen, weil er will, daß wir ihn bitten [vgl. Mt 7,7; Joh 16,24].

Wenn uns also eine Krankheit der Seele oder des Körpers heimsucht, sollen wir ihn um Heilung bitten; wenn der Feind uns bedrängt und wenn Neid uns plagt, sollen wir zu ihm fliehen; wenn wir nach Weisheit und nach Bildung begehren, sollen wir bei ihm darum bitten; ja sogar Frau und Kinder müssen von ihm erbeten sein.

Wenn uns Reichtum und Ehren in etwas zu reichem Maße zufließen, sollen wir ihn darum bitten, es nicht zuzulassen, daß die Seele von ihnen verweichlicht wird und dadurch auf Abwege gerät.

Was soll ich noch sagen? Ganz allgemein wird der Jugendliche wissen, daß man alles von Gott erbitten muß, und er wird es für Unrecht halten, ihn um irgendetwas zu bitten, was ihm zu gewähren unanständig wäre. Er wird sich schämen, irgendetwas zu begehren oder zu bekommen, was ihm von Gott her nicht zusteht, und er wird sich einzig jene Sachen verschaffen und bewahren, die wahrhaft glücklich machen.

Auf diesem Weg wird er das Geheimnis des Evangeliums begreifen. Er wird zuerst den Zustand des ersten Menschen erkennen, nämlich wie dieser den Tod gestorben ist, nachdem er das Gebot Gottes überschritten hatte, und wie er durch seine Sünde die ganze Nachwelt verdorben hat. Denn die Toten können keine Lebendigen zeugen, und man hat noch nie gesehen, daß ein Äthiopier bei den Britanniern geboren worden wäre; so wird unser Zögling auch sein Grundübel erkennen.

540 |Dadurch wird er auch erkennen, wenn er verständig ist, daß wir alles geleitet von unseren Begierden, das heißt aus den Affekten heraus, tun [vgl. Jak 1,14], daß Gott aber weit von solchen Affekten entfernt ist. Daraus folgt ohne Zweifel, daß auch wir weit von ihnen entfernt sein müssen, wenn wir Gottes Gast sein wollen [vgl. Ps 15,1–5]. Denn wie der Unschuldige keinen Umgang hat mit den Verdorbenen, und umgekehrt der Ungerechte keinen Gerechten ertragen kann (so befiehlt ein Nero, daß ein Seneca sich töten soll,[6] und so wird umgekehrt ein Ennius im gleichen Grab wie Scipio bestattet)[7], so wird auch niemand Gottes Gast sein, als wer ohne Makel einhergeht [vgl. Ps 15,1–2], reinen Herzens und so heilig ist, wie Gott selbst heilig ist [3. Mose 19,2]. »Selig sind, die reinen Herzens sind, denn sie werden Gott schauen« [Mt 5,8].

Wie werden wir uns aber solche Unschuld verschaffen, die wir auf allen Seiten von den unreinsten Affekten umgeben sind? Hier stehen wir zwischen Hammer und Amboß; indem Gott so viel Unschuld verlangt, können wir als Lasterhafte nichts anderes hervorbringen als Laster, ob wir es wollen oder nicht. So werden wir gezwungen, uns Gott zu ergeben und uns seiner Gnade zu überlassen. – Hier geht jedoch das Licht des Evangeliums auf.

Denn Christus hat uns erlöst, die wir in dieser mißlichen Lage gefangen sind. Er hat uns viel besser als irgendein hilfreicher Jupiter befreit. Vor allem richtet er das Gewissen auf, das der Verzweiflung schon nahe stand, verbindet es durch gewisseste Hoffnung mit sich selber und macht es sofort glücklich. Er selbst nämlich ist von jeglichem Makel der lasterhaften Affekte vollkommen frei. Denn er wurde vom Heiligen Geist gezeugt und von einer keuschen Jungfrau geboren.
541 Zuerst hat er, um uns zu erlösen, diese seine Unschuld | für uns hingegeben – denn unsere Mühen und Schmerzen hat er selbst

wahrlich auf sich geladen [Jes 53,4] –; sodann hat er diejenigen, die unerschütterlich daran glauben, selig gemacht [vgl. Mt 10,22].

Wer nämlich an dieses freiwillige Geschenk glaubt, das von Gott durch Christus dem elenden Menschengeschlecht gewährt wurde, wird gerettet werden und ein Miterbe Christi [vgl. Röm 8,17]; er wird beim Vater in Ewigkeit frohlocken. Denn jener will, daß da, wo er selbst ist, auch sein Diener ist [vgl. Joh 12,26].

Die Unschuld Christi, die er für uns, die Angeklagten, ja Verdammten erwiesen hat, hat uns erlöst. Vor allem, weil er selbst die Anforderung und das Maß der göttlichen Gerechtigkeit zu erfüllen vermochte, hat er uns Gottes würdig gemacht. Denn er war völlig frei von den verdorbenen Affekten. Obwohl er so vollkommen und so groß ist, ja selber Gott, ist er dennoch der Unsrige geworden [vgl. Phil 2,6–7]. Daraus folgt, daß das einzige, dessen wir bedürfen, nämlich seine Gerechtigkeit, zur unsrigen gemacht worden ist. Denn er selbst »ist uns von Gott zur Weisheit, Gerechtigkeit, Heiligung und Erlösung gemacht worden« [1. Kor 1,30].

So haben wir jetzt durch ihn den Zugang zu Gott [vgl. Röm 5,2; Eph 2,18], er ist der Unsrige, er ist das Pfand der Gnade Gottes [vgl. Eph 1,14], unser Beistand [1. Joh 2,1], unser Bürge [Hebr 7,22], Fürsprecher, Mittler [vgl. 1. Tim 2,5], unser erster und letzter Beweggrund[8], unser Alpha und Omega [vgl. Apk 1,8; 21,6; 22,13].

Wer so weit das Geheimnis des Evangeliums erfaßt und darauf vertraut, ist aus Gott geboren; denn wer in der menschlichen Schwäche gefangen ist, versteht von sich aus einen so hohen Beschluß der göttlichen Gnade nicht.

Daraus geht hervor, daß diejenigen, die durch das Evangelium wiedergeboren sind, nicht sündigen. Denn »jeder, der aus Gott gezeugt ist, sündigt nicht« [1. Joh 5,18], und wer an das Evangelium glaubt, ist aus Gott gezeugt. Daher sündigen diejenigen nicht, die durch das Evangelium wiedergeboren sind, das heißt: Ihre Sünden werden ihnen nicht zur Verdammung und zum Tod angerechnet, weil Christus sie durch das Lösegeld seines Todes losgekauft hat [vgl. Gal 3,13].

Wenn auch wir selbst, so lange wir in diesem Leib fern vom Herrn auf der Wanderung sind [2. Kor 5,6], nicht ohne Affekte sein können, und daher auch nicht ohne Sünde, heilt Christus dennoch, weil er der Unsrige ist, diese unsere ganze Ohnmacht. Als ewiger Gott und Geist ist Christus so wertvoll genug, für die Schandtaten aller Menschen zu bezahlen, ja sogar noch mehr als sie es je verdienen könnten.

Dieses Vertrauen macht keineswegs untätig, sondern drängt und treibt dazu an, Gutes zu tun: denn es kommt nicht von einem Menschen – wie könnte jemals der menschliche Geist, der von den Sinnen abhängt, sich ganz auf das verlassen, was von den Sinnen auf keine Weise wahrgenommen wird? –, sondern von Gott. Hüte Dich also davor, dort, wo Gott tätig ist, ängstlich zu sein, es könnte nicht gut herauskommen.

542 | Da Gott der erste und letzte Beweggrund ist aller Dinge, selber aber unbewegt ist und alles in Bewegung bringt und hält, läßt er es nicht zu, daß derjenige, dessen Herz er an sich gezogen hat, untätig ist. Diese Tatsache steht zwar nicht durch Beweise fest, aber durch die Erfahrung, und nur die Gläubigen erfahren, wie Christus den Seinen keine Ruhe läßt und wie fröhlich und heiter sie seine Sache betreiben.

Daher versucht jeder, der das Geheimnis des Evangeliums erfaßt, richtig zu leben. Denn das Geheimnis des Evangeliums muß, insoweit das möglich ist, so rein und so sorgfältig wie möglich weitergegeben werden.

Auch muß beizeiten gelehrt werden, mit welchem Verhalten wir uns bei Gott am meisten verdient machen, nämlich durch dasjenige, das er selbst uns gegenüber immer ausübt: durch Gerechtigkeit, Glauben, Barmherzigkeit. Da Gott nämlich Geist ist, kann er nur durch das geistliche Opfer eines hingebungsvollen Herzens richtig verehrt werden [vgl. Joh 4,24]. Daher soll der Jugendliche sein Bestreben darauf ausrichten, rechtzeitig zu lernen, ein guter Mensch zu werden, der so unbescholten wie möglich und Gott so ähnlich wie möglich lebt.

Gott tut allen Menschen Gutes. Er schadet keinem, der sich nicht schon vorher selbst geschadet hat. So ist derjenige, der allen nützen und allen alles angedeihen lassen will und der seine Hand jeglichem Übel entzieht, Gott am ähnlichsten. – Das sind schwierige Aufgaben, wenn man unsere Kräfte betrachtet, aber dem Gläubigen ist alles möglich [vgl. Mk 9,23].

Lebenslehren des zweiten Teils

Nachdem die Seele, die zur festen Tugend erzogen werden soll, durch den Glauben richtig gebildet ist, ist es nun das nächste, daß sie sich im Inneren zur Gänze schön schmückt und ordnet. Denn wenn bei ihr selbst alles richtig angeordnet ist, dann wird sie auch ohne Schwierigkeiten anderen gute Ratschläge geben können. Besser aber kann man seine Seele nicht in Ordnung halten, als indem man Tag und Nacht über das Wort Gottes nachsinnt [Ps 1,2]. Dies aber wird man dann richtig tun, wenn man die Sprachen, das Hebräische und das Griechische, richtig beherrscht, weil ohne die eine das Alte Testament, ohne die andere das Neue Testament nicht richtig verstanden werden kann.

Da ich es aber unternommen habe, diejenigen zu unterweisen, die schon die elementarsten Dinge erlernt haben, und da die lateinische Sprache überall bei allen bekannt ist, denke ich, daß diese keineswegs vernachlässigt werden darf. Denn auch wenn sie weniger zum Verständnis der heiligen Schriften beiträgt als die griechische oder die hebräische Sprache, so trägt sie dennoch nicht wenig zum übrigen Nutzen im Leben bei. – Manchmal kommt es vor, daß wir auch bei Lateinern die

Sache Christi zu verteidigen gezwungen sind. Aber die Sprachen aus Gewinnsucht zu mißbrauchen, das muß einem christlichen Menschen vollkommen fremd sein; denn die Sprachen sind ein Geschenk des Heiligen Geistes [vgl. 1. Kor 12,10].

543 |Danach wird die nächste Sprache, um die wir uns bemühen müssen, die griechische sein, wie gesagt wegen des Neuen Testaments; denn – um das zu sagen, was ich meine: Ich sehe, daß die Lehre Christi schon von Anfang an von den Lateinern weniger würdig behandelt worden ist als von den Griechen – wobei ich niemanden behelligen möchte. Daher soll unser Zögling zu den Quellen geschickt werden.

Bei beiden Sprachen muß darauf geachtet werden, daß der Schüler ein vom Glauben und von der Unschuld behütetes Herz hat. Denn es gibt reichlich vieles, was nur unter Gefahr gelernt wird, Leichtfertigkeit, Herrschsucht und Kriegslust, Weltweisheit und leere Täuschung [vgl. Kol 2,8] und ähnliches, an denen allen jedoch eine Seele, die wie Odysseus[9] gewarnt wurde, unversehrt vorübergehen kann, wenn sie sich beim ersten Wort schon ermahnt: »Dies hörst Du, um Dich davor zu hüten, nicht, um es zu lernen!«

Der hebräischen Sprache gebe ich, wie kurz vorher gesagt, vor allem aus dem Grund den letzten Platz, weil die lateinische bei allen bekannt ist, und auf diese am besten die griechische folgt; sonst hätte ich dem Hebräischen zu Recht den ersten Rang gegeben, weil ohne dessen Kenntnis – auch bei den Griechen – an vielen Orten Mühe hat, wer den wahren Sinn der Schrift ergründen will.

Ausführlich über den Nutzen der Sprachen zu reden ist hier nicht der richtige Ort.

Mit dieser Ausrüstung kann jeder mit einer demütigen und wissensdurstigen Gesinnung zur himmlischen Weisheit vordringen, mit der keine menschliche verglichen, geschweige denn zu Recht gleichgeschätzt werden darf.

Wenn der Jugendliche einmal so weit vorgedrungen ist,

wird er allerlei Vorbilder des richtigen Lebens entdecken, ja er wird Christus als das vollkommenste Vorbild jeglicher Tugend finden. Hat er diesen einmal aus seinen Worten und Taten richtig erkannt, wird er ihn für sich so zu eigen machen, daß er in jeder Handlung oder in jeder Entscheidung wenigstens teilweise die Tugend Christi nachzuahmen versucht, so weit dies der menschlichen Schwäche möglich ist.

Er soll von ihm lernen, zur rechten Zeit zu sprechen und zu schweigen; er soll sich zurückhalten, schon in unreifer Jugend über das zu sprechen, was sehr reife Menschen verlangt, weil er sieht, daß Christus erst mit dreißig Jahren aufgetreten ist [vgl. Lk 3,23], obwohl er schon mit zwölf Jahren den Rechtsgelehrten eine Probe seines Wissens gegeben hat [vgl. Lk 2,41–52]. Aufgrund dieses Beispiels lernen wir nicht nur, nicht verfrüht in Erscheinung zu treten, sondern vor allem schon von Jugend auf große Dinge, die Gottes würdig sind, in Angriff zu nehmen.

Denn wie für die Frau die höchste Zierde für das ganze Leben das Schweigen ist, so macht nichts den Jugendlichen empfehlenswerter als die Bemühung, für eine gewisse Zeit zu schweigen, bis sein Verstand und seine Sprache sowohl jede für sich als auch untereinander richtig übereinstimmen. Ich verlange keineswegs ein Pythagorisches[10] Schweigen, | aber die 544
Schwatzhaftigkeit soll der Jugendliche unterdrücken; und wenn er nicht in passender Weise reden will, dann verbiete ich das Sprechen gänzlich.

Wenn er bei den Lehrern die Redekunst lernt, dann soll er nicht nach ihrem Beispiel auch ihre Fehler lernen, falls solche vorhanden sind. Dies soll keiner für eine Vorschrift von geringer Bedeutung halten, denn nach der Erinnerung der Alten steht es fest, daß gewisse Zuhörer nicht nur die sprachlichen Fehler ihrer Lehrer, sondern auch die ihrer Körperhaltung übernommen haben.

Es ist für jedermann leicht, sprachliche Fehler zu erkennen; aber das Halten einer Rede ist, abgesehen von der Kunst, von der hier zu sprechen nicht der richtige Ort ist, dann fehlerhaft, wenn die Rede zu schnell oder zu langsam fließt, wenn die Betonung zu demütig und zu matt ist, oder aber zu heftig, und wenn der Gesichtsausdruck bei jedem beliebigen Thema oder Sachverhalt derselbe ist, wenn die Mimik, wie man sie nennt, oder die übertriebene Gestikulation immer gleich bleiben.

Man hat beobachtet, daß einzelne Elefanten ernsthaft das geübt haben, wofür sie geschlagen wurden.[11] So soll sich der Jugendliche oftmals darin üben, wie er seinen Gesichtsausdruck beherrschen, wie er mit den Händen gestikulieren soll, um mit ihnen etwas auf anständige Weise und wie es sich gehört auszudrücken, und ohne mit den Händen zu rudern.

Dies alles soll er so maßvoll tun, daß es der Wahrheit dient, und nicht, um die andern zu beeindrucken. Denn die hurenhaften Sitten bestimmter Leute, wie können sie von einem christlichen Herzen geduldet werden? Daher beabsichtige ich mit dieser Übung, die ich hier verlange, nichts anderes, als daß jeder lernt, bei sich die äußeren Laster zu beherrschen, die die unzweifelhaften Zeichen einer lasterhaften Seele sind. Denn diese muß vor allem unversehrt sein; und wenn sie das ist, dann wird sie die Unbeherrschtheit der äußeren Glieder leicht im Zaum halten, so daß wir nicht die Stirn maßlos runzeln, oder Grimassen schneiden, oder den Kopf schütteln, oder die Hände verwerfen, sondern wir werden dies alles mit einer unaffektierten, einfachen und ehrlichen Bescheidenheit mäßigen.

So viel über Reden und Schweigen.

Übermaß an Wein soll der Jugendliche fliehen wie Gift; denn abgesehen davon, daß er einen jugendlichen Körper, der schon von sich aus zum Übermut neigt, zum Wahnsinn treibt, verdirbt er auch das Alter schon in der Wurzel, das früher oder
545 später auf uns wartet; | so kommt es, sollten wir zufällig tatsächlich alt werden, daß wir dann Krankheit und nicht Ruhe vorfinden. Denn es kann gar nicht sein, daß diejenigen, die sich daran gewöhnt haben, sich maßlos mit Wein anzufüllen, nicht irgendwann in irgendeine Krankheit fallen, wie gefährliche

Epilepsie, Gicht, Wassersucht, Elephantiasis und ähnliche. Darum: Willst du lange alt sein, so werde beizeiten alt!

Die übrige Nahrung soll einfach sein; denn was soll ein Jugendlicher, dessen Magen von Natur aus keine Schwierigkeiten mit der Verdauung hat, mit Rebhühnern, Drosseln, Grasmücken, Kapaunen, Rehen und solcherlei Köstlichkeiten? Solches soll er sich für das Alter aufheben, wenn seine Zähne abgestumpft sind, sein Gaumen abgenutzt, seine Kehle vom langen Gebrauch abgehärtet, wenn sein Bauch bereits müde und sein Körper halb tot ist. Denn welche Hoffnung wird es geben, das Alter gut zu verbringen, wenn die leichtfertige Jugend durch Maßlosigkeit bereits dessen überdrüssig geworden ist, wonach man dann verlangt?

Der Hunger indessen muß nur überwunden, aber nicht ganz vertrieben werden; denn man sagt, daß Galenus[12] 120 Jahre lange gelebt hat, weil er niemals satt vom Tisch wegging. Ich verlange hier nicht, daß Du Dich mit dem Hunger quälst, aber daß Du nicht über das hinaus, was das Leben verlangt, einer unersättlichen Freßlust dienst. Denn ich weiß genau, daß man ohne weiteres auf beide Seiten hin Fehler machen kann, ob man nun die Freßlust der Wölfe annimmt oder ob man sich durch Hunger unbrauchbar macht.

Ich sage, daß nichts dümmer ist als der Versuch, sich durch aufwendige Kleider Ansehen zu verschaffen, da ja auf diese Weise sogar die Maulesel des Papstes bestaunenswert und berühmt werden können; denn so stark, wie sie sind, können sie mehr Gold, Silber und Edelsteine tragen als irgendein Milo[13]. Wer würde sich seiner aufwendigen Kleidung nicht schämen, wenn er hört, wie der Sohn Gottes und der Jungfrau in einer Krippe weinte, und wie er nur in so wenige Windeln gewikkelt war, wie die arme Jungfrau bei sich hatte, die für die Geburt gar nicht vorbereitet war [Lk 2,7]?

Wer sich jeden Tag in fremden oder neuartigen Kleidern präsentiert, der zeigt ganz unmißverständlich, daß er von höchst unstandhafter oder, wenn dies zu viel ist, von verweichlichter oder kindischer Gesinnung ist. So einer gehört nicht zu Christus; denn er läßt es zu, daß die Bedürftigen unterdessen an Kälte und Hunger sterben. Daher muß man sich luxeriöser Kleider ebensosehr enthalten wie jeglicher Erscheinung des Bösen.

Wenn der Jugendliche zu lieben beginnt, muß er die Schulung seiner Seele beweisen. Während andere mit Kräften und
546 Waffen im Kampf ihre Muskeln üben, | wird unser Zögling seine ganze Kraft darauf verwenden, sich vor dem Irrsinn der Liebe zu bewahren; und wenn er sieht, daß er lieben muß, dann soll er sich davor hüten, zu verschmachten, sondern er soll sich eine solche zur Liebe auswählen, bei der er darauf vertraut, daß er ihr Verhalten in einer immerwährenden Ehe ertragen kann; und er soll seinen Umgang mit ihr bis zur Hochzeit so ehrenhaft halten, daß er außer dieser keine aus dem Kreis aller Frauen und Jungfrauen kennt.

Was bringt es, hier die Begierde nach Geld und Ruhm zu verbieten, da sogar bei den Heiden[14] dieses Übel einen schlechten Ruf hat? Unser Jugendlicher wäre kein Christ, wenn er der Geldgier dient, die nicht nur den einen oder den anderen verdorben hat, sondern blühende Königreiche umgestürzt, mächtige Städte vernichtet und jeden Staat, den sie erfaßt hat, bis auf die Wurzeln zerstört hat. Wenn diese Begierde die Burg der Seele in Besitz genommen hat, dann läßt sie nichts mehr richtig machen; sie ist eine äußerst schädliche Krankheit, aber ach, wie mächtig ist sie! Einzig durch Christus werden wir sie überwinden können, wenn wir ihm fleißig nacheifern. Denn was anderes hat er getan, als dieses Übel zu heilen?

Die mathematischen Disziplinen, zu denen man auch die Musik zählt, sollte man nach meiner Meinung nicht leichtfertig verachten, wenn auch sie nur vorübergehend betreiben; denn wenn sie bekannt sind, so sind sie von großem Nutzen, wenn sie aber vernachlässigt worden sind, sind sie kein geringer Mangel. Wenn aber jemand sein ganzes Leben ihnen widmet, so wird er keinen größeren Nutzen davon haben, als einer, der von Zeit zu Zeit hin und her spaziert, um nicht vor Langeweile zu sterben.

Das Fechten verurteile ich nicht zur Gänze, obwohl ich mich anders dazu äußern würde, wenn ich nicht zusehen müßte, wie gewisse reich begüterte Leute sich dauernd um diese Pflichtübung drücken, die dem Gemeinwohl dient. Der Christ aber soll | sich der Waffen gänzlich enthalten, so weit 547
dies beim Zustand und beim Frieden des Staates möglich ist. Denn Gott, der David, als er unbewaffnet und nur mit einer Steinschleuder gegen Goliath antrat, als Sieger hervorgehen ließ [vgl. 1. Sam 17,31–51] und der die unbewaffneten Israeliten vor dem drohenden Feind bewahrte, wird uns ohne Zweifel auch bewahren. Aber wenn es ihm anders richtig scheint, so wird er unsere Hand bewaffnen. Denn er selbst rüstet unsere Hände zum Kampf. Wenn man aber wirklich beschlossen hat, auch das Fechten zu lernen, so soll das einzige Ziel darin bestehen, das Vaterland und diejenigen, die uns Gott anempfiehlt, zu schützen.

Ich will aber, daß alle, vor allem jene, die zur Verkündigung des Gotteswortes bestimmt sind, nicht anders denken, als daß sie nur der alten Stadt Massilia[15] angehören wollten, wo niemand als Bürger zugelassen wurde, wenn er nicht ein Handwerk beherrschte, mit dem er sich ernähren konnte. Denn auf diese Weise käme zustande, daß die Untätigkeit, das Saatbeet jeglicher Leichtfertigkeit, leer bliebe, und daß unsere Körper weitaus gesünder, dauerhafter und kräftiger würden.

Zuerst soll die freie Seele für sich denken: Christus hat sich für uns dahingegeben [Tit 2,14], und er ist der Unsrige geworden – so mußt auch Du Dich allen dahingeben und nicht glauben, Du seist der Deinige, sondern der anderen; denn wir sind nicht dazu geboren, um für uns zu leben, sondern um allen alles zu werden [1. Kor 9,22].

Also soll der heranwachsende Jugendliche von Kindheit an einzig an die Gerechtigkeit, den Glauben und die Standhaftigkeit denken, mit denen er dem christlichen Staat, dem Vaterland und allen im einzelnen wird nützen können. Schwach sind die Seelen, die einzig darauf achten, daß ihnen ein ruhiges Leben zukomme; sie sind Gott nicht so ähnlich wie jene, die sich darum bemühen, allen zu nützen, auch wenn sie selbst dabei in Gefahr geraten. Hier muß man vorsichtig auf der Hut sein, daß das, was zur Ehre Gottes, des Vaterlandes und zu aller Nutzen unternommen wurde, nicht vom Teufel oder von der Eigenliebe zugrunde gerichtet wird und wir das, was wir den anderen zuliebe zu unternehmen den Anschein machen wollen, nur für uns betreiben. Denn man kann viele sehen, die von Anfang an auf dem richtigen Weg einhergehen, aber schon nach kurzer Zeit von der Ruhmsucht, die alles gute Vorhaben zerstört, ins Gegenteil getrieben werden.

Bei Glück und Unglück anderer soll sich der Jugendliche nicht anders verhalten, als wenn es ihn selbst treffen würde. Wenn anderen Glück zuteil wird, soll er glauben, es sei ihm geschehen, und ebenso beim Unglück. Denn er wird den Staat für eine Einheit halten, wie ein Haus oder eine Familie, ja, für einen einzigen Körper, in welchem sich die Glieder untereinander zugleich freuen, trauern und sich gegenseitig helfen, so daß alles, was immer einem geschieht, allen geschieht [vgl. 1. Kor 12,26].

548 | So wird er mit den Fröhlichen sich freuen, mit den

Weinenden weinen [vgl. Röm 12,15]; denn er wird das, was allen anderen widerfährt, für sein eigenes Los halten. Denke auch daran, daß nach dem Wort Senecas das, was irgend jemandem geschieht, jedem geschehen kann.[16]

Ich lehre hier nicht, daß diesen Affekten, der Freude und der Trauer, freier Lauf gelassen werden soll, wie das im Volk Sitte ist; denn ich will nicht, daß man im Glück jubelt und im Unglück verzweifelt; aber da wir ja niemals ohne diese Affekte sind, werden wir sie, wenn wir verständig sind, so mäßigen, daß wir niemals von dem abkommen, was anständig ist. Also werden wir uns über das Glück der anderen ebenso freuen wie über das unsrige, und nicht anders werden wir trauern, das heißt: wir werden alles mit Maß ertragen.

Ich rate nicht besonders eindringlich von den Gesellschaften ab, zu denen man sich bei Gelegenheit oder öffentlich begibt, wie zu Hochzeiten von Verwandten oder zu jährlichen Spielen und Festlichkeiten, weil ich sehe, daß auch Christus einst mit Freude an Hochzeiten teilgenommen hat [vgl. Joh 2,1–10]. Es gefällt mir jedenfalls besser, wenn das, was getan sein muß, sich in der Öffentlichkeit abspielt, als wenn es in Winkeln und Spelunken geschieht. Ein paar Zeugen schreckt viele mehr ab als der eigene Verstand; und überhaupt wird derjenige, der sich nicht schämt, sich in der Öffentlichkeit schamlos aufzuführen, unrettbar verloren sein.

Der Jugendliche soll sich stets darum bemühen, von gesellschaftlichen Zusammenkünften irgend etwas Gutes mit nach Hause zu bringen, damit er nicht, wie sich Sokrates beklagte, immer verdorbener nach Hause kommt. Er soll darauf achten, wenn sich jemand in der Öffentlichkeit ehrenhaft verhält, und er soll ihn nachahmen; wenn er sich dagegen schamlos aufführt, soll er ihn verachten.

Da aber sogar die Reifsten dies nur mit Mühe zustande bringen können, rate ich, daß man so selten wie möglich an gesellschaftliche Zusammenkünfte geht. Wenn man sich unbedingt zusammen mit anderen gehen lassen muß, so sollen wir so schnell wie möglich wieder zu uns finden. Man findet leicht einen Vorwand, aus einer Gesellschaft wegzugehen. Dem werden diejenige, die wissen, daß wir uns immer um gutes Verhalten bemühen, leicht nachgeben.

In Notfällen gehört es sich, so schnell wie möglich zu Hilfe zu eilen. Hier ist es rühmlich, der erste und der letzte zu sein, hier müssen wir uns anstrengen, das Unglück zu beurteilen, anzupacken, es zu beseitigen und gute Ratschläge zu geben.

549 | Auch bei den Heiden ist es akzeptierte Tatsache, daß man nächst dem unsterblichen Gott die Eltern in höchster Wertschätzung zu halten hat.[17] Ihnen muß man also in jeder Hinsicht nachgeben. Sollten sie sich einmal nicht nach der Meinung Christi, die auch die unsere ist, verhalten, dann darf man ihnen nicht frech entgegentreten, sondern man muß das, was man sagen oder tun muß, mit höchster Sanftmut vorlegen.

Wenn sie das nicht verstehen wollen, dann muß man sie eher verlassen als ihnen mit Streit zu begegnen.

Die Ärzte sagen, daß der Zorn aus heißem Temperament entsteht. Da die Altersgruppe der Jugendlichen äußerst hitzig ist, muß sie sich sorgfältig davor hüten, irgendetwas aus diesem Antrieb zu sagen oder zu tun. Alles, was einem in den Sinn kommt, muß uns verdächtig sein, so lange dieser Affekt brodelt.

Eine Verleumdung sollen wir dann, wenn wir sie aus Bitterkeit überhaupt nicht ertragen können, vor den Richter oder vor den Stadtrat bringen; denn wer eine Schmähung mit einer Schmähung vergilt und wer eine Beleidigung demjenigen zurückgibt, der sie ausgeteilt hat, tut nichts anderes, als so zu werden, wie derjenige ist, den man verurteilt [Röm 2,1].

Ich gestatte das Spielen mit Altersgenossen zu seiner Zeit, aber nur für lehrreiche und zur Körperertüchtigung nützliche Spiele. Gebildete Spiele sind Zahlenspiele, wie sie die Arithmetik lehrt, oder Spiele mit Positionen, wie Angriff und Verteidigung, Vorhut und Hinterhalt beim Schachspiel. Dieses Spiel lehrt nämlich vor allem, nichts unüberlegt zu unternehmen. Bei allem Spielen muß aber das Maß eingehalten werden; denn es hat schon welche gegeben, die alles Ernsthafte vernachlässigten und sich nur noch den Spielen widmeten. Ich gestatte nur, daß solches in Randstunden und nebenbei getrieben wird. Spiele mit Würfeln und mit sogenannten Karten wünsche ich zum Geier!

Körperertüchtigung gewinnt man durch Laufen, Springen, Diskuswerfen, Fechten, Ringkampf (wobei dieser maßvoll zu betreiben ist; denn oft wird Ernst daraus), Spiele, die fast bei | 550
allen Völkern verbreitet sind. Bei unseren Vorfahren, den Helvetiern, waren sie äußerst verbreitet. Sie sind zu verschiedenen Zwecken äußerst nützlich. Das Schwimmen, so sehe ich, ist nur für wenige ein Gewinn, wenn es auch oftmals erfreulich ist, die Glieder im Fluß frei schweben zu lassen und ein Fisch zu sein. Dennoch war es auch schon in gewissen Fällen nützlich. Derjenige, der dem Camillus den erbärmlichen Zustand der von der Habgier heimgesuchten Stadt Rom melden sollte, schwamm aus dem Kapitol; und Cloelia kehrte schwimmend zu ihren Angehörigen zurück.[18]

Unser ganzes Verhalten und unsere Rede soll so sein, daß sie alle, mit denen wir leben, erfreuen.

Wenn man einen anderen zurechtweisen muß, so soll das so beherzt, gewitzt, freundlich und überlegt geschehen, daß wir das Laster vertreiben, den Menschen aber für uns gewinnen und noch enger an uns binden.

Das Streben nach der Wahrheit muß so beständig und ausschließlich sein, daß wir immer sowohl unsere Rede als auch die der anderen so abwägen, daß keine List oder Lüge darin enthalten ist. Eine gute Seele muß aus keinem anderen Grund sich selbst mehr mißfallen, als wenn sie bemerkt, daß ihr eine noch so unbeabsichtigte Lüge hinausgerutscht ist. Ich schweige davon, wie sehr sie vor Scham vergehen muß, wenn sie sich selbst als so leichtsinnig und eitel erkennt, daß sie selbst entweder lügt oder das von anderen Erlogene weitergibt. Jeder muß seinem Nächsten die Wahrheit sagen. Christus ist die

Wahrheit [Joh 14,6], daher muß ein Christ äußerst standhaft bei der Wahrheit bleiben. Ein Mann von zwiespältigem Gemüt ist unbeständig in allen seinen Wegen [Jak 1,8]. Nichts kann dem sicher anvertraut werden, der bald so und bald so spricht. Die Rede ist der Bote des Herzens [Sir 27,7]; wenn diese also eitel, lügenhaft und unbeständig ist, dann ist es ein sicheres Zeichen, daß er ein noch viel schlimmeres Herz hat.
551 Dazu kommt noch, | daß eine Lüge zwar eine bestimmte Zeit lang, aber nicht immer verborgen bleiben kann. Also ist es dumm, in der Hoffnung darauf, unentdeckt zu bleiben, die eigene Bosheit zu nähren oder zu hegen.

Was ich über das Streben nach Wahrheit gesagt habe, muß auch bei allen Handlungen beobachtet werden, damit wir nichts zum Schein tun und damit das Gesicht und die Augen nicht vortäuschen, etwas anderes zu sein als das, was das Herz, die Quelle aller Handlungen, selbst ist.

Eine affektierte Gangart zeigt genügend, was für ein Mensch der ist, der anders einhergeht, als der Verstand es fordert, nämlich eitel und von unzüchtiger Gesinnung.

Was soll ich noch sagen? Das ganze Streben muß sich danach richten, daß der junge Mensch Christus so rein wie möglich in sich aufnimmt; wenn er ihn einmal in sich aufgenommen hat, wird Christus selbst seine Regel sein. Wenn er recht tut, wird er nie verzweifeln, und nie sich überheben. Er wird täglich wachsen, aber es wird ihm scheinen, als ob er immer kleiner würde. Er wird Fortschritte machen und dennoch dabei denken, er sei der letzte von allen. Er wird gegenüber allen immer Gutes tun, aber er wird sich nichts anrechnen; denn so hat es Christus getan. Also wird der vollkommen sein, der einzig Christus nachzueifern sich vorgenommen hat.

Das ist es also, liebster Gerold, was ich für die Erziehung von guten Jugendlichen für nützlich halte, obwohl es so durcheinander aufgeschrieben worden ist, daß es nicht einmal nötig ist, darauf hinzuweisen – es ist für alle offensichtlich. Du aber, überlege es Dir oft, und was Du hier mit roher Feder gezeichnet findest, drücke mit deinem Verhalten aus. So wird es Dir gelingen, das, was hier mit keinerlei Ordnung aufgeschrieben wurde, durch Dein Tun in eine wunderschöne Ordnung zu bringen und ein lebendiges und atmendes Vorbild dieser Verhaltensregeln zu werden. Ja, ich kann sogar sagen: Es ist gar nicht möglich, daß Du nicht irgendwann vollkommener wirst, als ich mit Worten auszudrücken vermag, wenn Du Dich nur mit all Deinen Kräften inständig darauf ausrichtest. Das wird über alle Maßen dazu dienlich sein, die Untätigkeit zu vertreiben, durch die viele Leute immer wieder nach alter, aber schrecklicher Gewohnheit so schamlos an der Schwelle des Lebens sich dem Müßiggang hingeben, so daß es aussieht, als ob sie gar nichts anderes werden wollen als Drohnen und das Gewürm aller Laster. Du aber handle gemäß den Worten:

Nutze die Jugend! Auf schnellem Fuß entfliehen die Jahre,
und die späteren sind selten so schön, wie es war.[19]

Es ist nicht die Art eines christlichen Menschen, großartig über den christlichen Glauben bloß zu reden, sondern zusammen mit Gott immer Schwieriges zu meistern und Großes zu tun. Du fahre also fort, mein bester Gerold, und mache Deine Familie, Deine Gestalt, Dein Erbe, die Du alle so wunderbar erhalten hast, durch diese wahren Schmuckstücke noch schöner. Mehr durfte ich nicht sagen. Halte nichts anderes für Schmuck – jene aber sollst Du als Glücksgüter erkennen durch den besten und größten Gott, der Dich führt und der Dich unversehrt erhalten möge. Amen.

Der Hirt

1524

Original: Der Hirt. Wie man die waren Christlichen hirten vnd widrumb die valschen erkennen / ouch wie man sich mit inen halten sőlle [...], Zürich, Christoph Froschauer, [1524]. Umfang: 76 unpaginierte Quartseiten.

Wissenschaftliche Ausgabe unter dem Kurztitel »Der Hirt«, mit Einleitung und Kommentar, bearbeitet von Georg Finsler, in: Huldreich Zwinglis Sämtliche Werke (Abk.: Z), hg. v. Emil Egli u. a., Bd. II, Leipzig (M. Heinsius) 1914 (Corpus Reformatorum 90), S. 1–68.

Übersetzung: Hans Rudolf Lavater.

An die Form der bischöflichen Synodalrede anknüpfend, hielt Zwingli am 28. Oktober 1523, dem dritten und letzten Tag der 2. Zürcher Disputation, die Morgenpredigt. Seinen meist reformatorisch gesinnten Amtsbrüdern aus Stadt und Land, den zahlreichen Disputationsteilnehmern und der Gemeinde Zürich stellte er das neue Berufsbild des evangelischen Prädikanten als eines treuen Hirten im Kontrast zu bösen Gegenbeispielen vor Augen. Damit gab er zugleich einen prägnanten Abriß seines Amtsverständnisses, seiner Predigtlehre und Gemeindeführung.

Mit Blick auf das Appenzellerland, wo die Pfarrerschaft vor der Aufgabe stand, dem soeben vom Landrat eingeführten Schriftprinzip Taten folgen zu lassen, regte Vadian, der erste Disputationspräsident, die Drucklegung an. Der Bitte des Freundes und dem Drängen des Druckers konnte sich Zwingli nicht verschließen, zumal sich im Winterhalbjahr 1523/24 die Reaktion der Bischofskurien, der katholischen Orte und der Reichsregierung zu konsolidieren begann.

Auf dem Hintergrund der verschärften Verbote evangelischer Predigt und des diesen zugrunde liegenden sozialen, ökonomischen, religiösen und politischen Filzes, sah sich Zwingli veranlaßt, seine Rede mit Beispielen aus der zeitgenössischen ›chronique scandaleuse‹ zu würzen und unter Einbezug früheren Gedankenguts (namentlich: 67 Thesen oder Artikel 1523, Auslegung der Thesen oder Artikel 1523, Christliche Einleitung 1523, später die Aufruhrschrift 1524) zur Kampfschrift zu erweitern.

Im Zentrum von Lehre und Leben des evangelischen Pfarrers steht die unerschrockene Verkündigung. Diese befähigt den gemeinen Mann und somit die Gemeinde, die Mechanismen der geistlichen Repression und der göttlichen Emanzipation zu erkennen. Im Sinne der Ermutigung, auf dem beschrittenen Weg mit Gottes Hilfe fortzufahren, widmete Zwingli seine Schrift dem Pfarrer Jakob Schurtanner im Lande Appenzell als dem Typus aller Brüder im Hirtenamt.

Am 26. März 1524 verließ das 72seitige Quartbändchen Christoph Froschauers Offizin. Der Druckerherr hatte ihm jene programmatische Titeleinfassung Hans Holbeins d.J. im Metallschnitt des Meisters CV vorangestellt, die künftig weitere Schriften Zwinglis zieren sollte: Christus mit seinen Jüngern, wie er die »Mühseligen und Beladenen« als der gute Hirte zu sich ruft, darunter die Motti Matthäus 11,28 und Johannes 10,11.

Die bei Froschauerdrucken unüblich zahlreichen Druckfehler, aber auch Zwinglis oft sprunghafter Duktus sowie die fast stenographische Kürze einzelner Darlegungen, dies alles deutet auf überstürzte Abfassung und Drucklegung. Im Brief, den er am 28. März seiner Büchersendung an Vadian beilegte, erklärt Zwingli: »Es ist alles mehr herausgestoßen als regelrecht herausgegeben; habe ich doch noch nie eine Schrift daheim fertig niedergeschrieben, bevor der Drucker bereits zu drucken begonnen hatte. [...] So kam es denn, daß ich häufiger, als recht ist, manches wiederholte und manches vergaß, was ich im Vorangegangenen gesagt zu haben glaubte«. Dem Absatz taten diese Mängel freilich keinen Abbruch. Wohl im Blick auf die Herbstmessen 1524 erschien die korrigierte und um ein »Schlußwort an die treuen Hirten« erweiterte Zweitauflage. Schlicht ist der äußere Aufbau.

I. Dedikationsepistel: Zwinglis »Hirt« will an den in Vergessenheit geratenen »Hirten des Hermas« anknüpfen und ihn gleichsam ersetzen. Die heutige Pervertierung des Glaubens ruft nach den schriftgemäßen Kriterien christlicher Amts- und Lebensführung.

II. Das Profil des rechten Hirten: gewonnen am »vollkommenen Vorbild« Christus, der personifizierten Einheit von Lehre und Leben, von Prophetie und Seelsorge. Ihm nachfolgen bedeutet: 1. Bruch mit der Familienpietät als dem stärksten Band des katholischen Herkommens. 2. Selbstverleugnung und Kreuztragen (wir beachten die Begrifflichkeit der Devotio moderna). 3. Evangelische Verkündigung. Sie entfaltet den Dreitakt: Von des Menschen Elend, Von der Versöhnung aus Gnade, Vom christlichen Leben. 4. Furchtlosigkeit aus Gottvertrauen als wirksamste Waffe im Kampf gegen den Unglauben. 5. Liebe, die stets das Rechte trifft. 6. Freier Kindesgehorsam als Geschenk des Geistes gegen knechtische Lohnsucht.

III. Das Profil des falschen Hirten: seine Enttarnung und Absetzung: 1. Seine Täuschungsmanöver. 2. Sein ideologischer Kirchenbegriff. 3. Die Früchte seines Wirkens. 4. Zusammenfassung in 9 Thesen. 5. Die Möglichkeiten der Gemeinde, ihn loszuwerden.
IV. Schlußermahnung: 1. An die treuen Hirten. 2. An die untreuen Hirten.

Die heutigen Standorte der alten Drucke lassen auf nicht geringen Absatz in der Schweiz, in Ober- und Ost-Mitteldeutschland schließen. Doch auch in Meaux erkundigte sich schon am 6. Juli 1524 Johannes Faber Stapulensis (Herausgeber des »Hirten des Hermas« Paris 1513) bei Farel in Basel nach dem »gedruckten Evangelischen Hirten, der bei Euch vertrieben wird«. Weitere Verbreitung fand dieser in Rudolf Gwalthers lateinischer Edition der »Opera Zwinglii«, Zürich 1545 und 1581, die ihrerseits John Vernon für seine Übertragung »The ymage of bothe pastoures«, London 1550, diente. Johann Jakob Simler nahm das Dedikationsschreiben in die viel gelesene »Sammlung alter und neuer Urkunden«, Zürich 1759, auf. Eine neuhochdeutsche Übersetzung besorgten Raget Christoffel in seiner »Zeitgemäßen Auswahl«, Zürich 1843, und Bernhard Riggenbach im »Taschenbuch für Schweizerische Geistliche«, Basel 1884, – womit »Der Hirt« seine anfänglichen Adressaten wiederfand.

Hans Rudolf Lavater

Der Hirt. Wie man die wahren christlichen Hirten von den falschen unterscheiden kann, und wie man sich ihnen gegenüber verhalten soll, von Huldrych Zwingli im Jahre 1524 beschrieben

Jakob Schurtanner – Ceraunelateus![1] –, seinem lieben Bruder in Gott, dem Bischof[2], das heißt: Wächter und Hirt im appenzellischen Teufen[3], wünscht Huldrych Zwingli Gnade und Friede von Gott dem Vater und seinem Sohn, unserem Herrn Jesus Christus [vgl. 1. Kor 1,3].

Liebster Bruder, unlängst war Doktor Joachim Vadian bei mir, der überaus geschickte Arzt für Leib und Seele, die Zierde und Ehre nicht nur der löblichen Stadt Sankt Gallen und der ganzen Eidgenossenschaft, sondern der ganzen Christenheit. In Deinem Namen bat mich dieser um die Predigt, die ich mit Gottes Hilfe auf der letzten Disputation, am 28. Oktober 1523, den Bischöfen, das heißt: den Hirten oder Wächtern, gehalten hatte. Ich hatte mir freilich vorgenommen, eine Weile nichts zu schreiben, | sondern ein halbes Jahr ganz damit zu 6
verbringen, das hebräische, griechische und lateinische Alte Testament zu vergleichen,[4] indes, ich konnte weder Dir noch ihm etwas abschlagen. Spät komme ich zwar, doch ich komme, wenn auch nicht so ganz aus dem Vollen schöpfend, wie ich wohl gerne gewünscht hätte. Mehr als sonst blies mir nämlich dieses Jahr manch ungewöhnlicher Sturmwind entgegen; das hinderte mich, die gesteckten Ziele zu erreichen.[5] Du weißt vermutlich, daß Hieronymus einen Hermas erwähnt, der unter dem Titel »Der Hirt« ein griechisches Buch geschrieben hat, das bei den alten Christen offenbar im Schwange war.[6] Ich habe mir daher oft gewünscht, einer der vielen gottesfürchtigen und gelehrten Männer, die es doch heute gibt, möchte hervortreten und uns für dieses in Vergessenheit geratene Werk[7] mit der gleichen Hirtentreue Ersatz schaffen, damit ein jeder fähig würde, die rechten Hirten von den fal-

schen zu unterscheiden. Da keiner sich finden wollte, habe ich mir jetzt selber die Freiheit genommen. Ich bin zwar, mit 2. Korinther 11,6 zu reden, ebenso »unkundig« wie Paulus, doch gleich ihm durfte auch ich es wagen. Gerade weil es so schlicht geraten ist, wird es vielleicht um so nützlicher sein. Denn Gott gefällt es, mit den Schlichten und Schwachen zu überwinden, was sich in dieser Welt weise und angesehen gibt
7 [vgl. 1. Kor 1,27]. | Im ersten Teil wirst Du in klarer Heiliger Schrift gemalt die Züge und die Gestalt eines rechten Hirten zu sehen bekommen. Fürwahr kein angenehmer Kitzel für das Fleisch! Vielmehr: ein ewiger, unablässiger Angriff auf alles Fleisch, auf Vater und Mutter, auf sich selber, auf alle unrechte Macht, auf alles, was mit Gott nicht Bestand hat. Womit uns klar werden dürfte, daß es nicht menschlicher, sondern göttlicher Kraft bedarf, um ein derart schweres Amt untadelig zu versehen.

Im zweiten Teil bekommst Du die falschen Wölfe zu Gesicht, wie sie sich mit dem Schafsfell tarnen [vgl. Mt 7,15] und wie sie in Zähnen und Klauen dastehen, wo dieses sie nicht mehr bedeckt. Daß ich dabei nicht allzusehr nach Freunden in dieser Welt geschielt habe [vgl. Jak 4,4], wirst Du ebenfalls feststellen. Wenige sind's, die das Evangelium mit der Gewandtheit und Geradlinigkeit predigen, mit der es gelehrt sein will. Zu den vielen zähle auch ich mich, Gott möge es bessern! Es werden sich darum diese über meine Strenge beklagen, die anderen Wölfe aber nicht nur wie bisher »Ketzer!« heulen, sondern »Mörder, Dieb, Verräter!« [vgl. Joh 10,1–5] oder was Schlimmeres ihnen noch in den Sinn kommt. Wie etwa der Doktor und Domherr von Konstanz (sein Name tut nichts zur Sache!),[8] der bei der vorderen Disputation im roten Barett und mit dem Vorsatz dasaß, mich von Anfang an als Mörder zu apostrophieren.[9] Damit hat er freilich gerade so viel erreicht, daß die Ratsherren, die das hörten, seine unbändige Wut kennenlernten. Ich aber will mein Leben lang ein Feind aller Mörder bleiben, der »Seelenmörder« [vgl. Mt 10,28] zumal. Derart

Schlimmes werden sie mir vorwerfen, doch die Wahrheit ist die, daß mir selbst die »Pforten der Hölle« [vgl. Mt 16,18] nichts werden nachweisen können. Gott sei Lob und Dank, daß sie mit dem Wort Gottes nichts ausrichten und sich jetzt nur noch wie zornige Weiber aufs Lästern verlegen können! Ich fürchte, sie werden ihre Gesinnung nicht ändern, denn
auch | Jerobeam bekehrte sich nicht, obgleich ihm der Arm 8
erstarrt war [vgl. 1. Kön 13,4], auch Pharao nicht, bei allem, was ihm Gott durch Mose gesagt und gezeigt hatte [vgl. 2. Mose 11,10]. Und dennoch verfolge ich kein anderes Ziel, als sie von ihrem Vorhaben abzubringen. Mit Sanftheit und Güte haben dies zwar schon viele versucht – um genausoviel zu erreichen wie bei störrischen Pferden mit gutem Zureden. Die muß man mit Sporen, Peitsche, Rute und Knüppel in Gang bringen! Solchen Leuten gegenüber muß man die Maske der falschen Höflichkeit ablegen und ihnen die nackte Wahrheit zeigen. Läßt sie das kalt, so weiß sich dann wenigstens das brave Christenvolk vor ihnen zu hüten, so daß ihnen der arrogante Machtmißbrauch allmählich vergeht. Bis dahin aber werden diese »Diener Gottes« unermüdlich tätig sein, sich die erlittenen Verluste durch die Autorität jener Fürsten und Regenten eintreiben zu lassen, die sie mit immer neuen Ränken umgarnen. Heute gebieten sie, man müsse dem Priester zweimal beichten, dabei kann selbst das päpstliche Recht nicht
mehr als eine Beichte erzwingen.[10] | Sie verlangen Opfergaben 9
– die sind immer freiwillig gewesen.[11] Man müsse zu »Unserer Frauen Bauhütte« beitragen – auch das stand seit jeher frei,[12] abgesehen davon, daß es die armen Leute nötiger hätten für ihre eigenen Kirchen und für andere Bedürfnisse. Gestatteten sie bisher das Essen verbotener Speisen für 6 oder 9 Kreuzer,[13] so spornen sie heute die Obrigkeiten an, den Fastenbruch mit Kerkerstrafen und schweren Bußen zu belegen. Ja, ich höre, wie zwei Fürsten noch unsinniger wüten.[14] So weit sind sie also schon, daß sie »das Gute böse nennen und das Böse gut« (vgl. Jes 5,20). Törichte Fürsten, die doch eindeutig wissen

dürften, was recht ist, haben sie so weit gebracht, daß diese »das Gute hassen und das Böse lieben« (vgl. Mi 3,2). So muß eben das Maß ihrer Bosheit voll werden. Die Welt zum eigenen Vorteil gegeneinander zu hetzen, ist ihre Art. Auf diese Weise haben sie's schon lange getrieben, so werden sie's noch lange treiben. Aber zuletzt wird ihnen Gott den Meister zeigen. Sobald nämlich ihr Gewinn mit jedem Tag schwindet und ihnen die reichlichen Schmiergelder ausgehen, werden es auch die Fürsten und Regenten müde sein, sich auf ihre Betteleien einzulassen. Und wird es den Fürsten und Regenten nicht zuviel, so fängt es an, ihrem Volk zuviel zu werden. Und wo dies eintritt, da wird die Fürsten die gleiche Verachtung treffen wie die Bischöfe – wenn nicht noch Schlimmeres. Gott aber bleibt sich ewig treu. Er hat gesehen, wie die Kinder Israels in Ägypten ausgebeutet wurden, und er hat sie befreit. Heute sehen wir das Wort Gottes derart aus heiterem Himmel geoffenbart und angenommen, wie keiner dies in so kurzer Zeit zu hoffen wagte. Das kann nur die Fügung Gottes sein! Er hat die Unterdrückung seines Volkes erneut gesehen und schickt Befreiung (vgl. 2. Mose 3,7–8; Ps 111,9), damit wir
10 erkennen, daß er uns nicht vergessen hat. »Er hat | uns sein Wort gesandt, uns gesund gemacht und aus dem Verderben des Todes befreit«, wie er durch den Propheten verheißen hat (Ps 107,20). Was konnte dem Christenvolk Traurigeres widerfahren, als »Hirten« zu haben, die um Geld verkauften, was sie nicht hatten und was sich nicht kaufen läßt, selbst wenn sie es hätten. Und ließen damit alle Gewissen in Hunger und Zweifel zurück, weil sie selber nicht glaubten, was sie aller Welt auftischten! Denn: hätten sie es selber geglaubt, sie würden anders gelebt haben. Jetzt aber, da das Licht des Himmels so hell aufgeht, werden sie keinen mehr in die Nacht zwingen können.

Darum, mein lieber Jakob, sei tapfer! Gib Dich nicht geschlagen, damit Du »Israel genannt« werdest [vgl. 1. Mose 32,28]. Wir müssen mit dem Feind bis in den Morgen rin-

gen [vgl. 1. Mose 32,24], bis, wie auch 2. Petrus 1,19 sagt, »der
Morgenstern in unseren Herzen aufgeht« und die Diener der
Finsternis sich in ihre Nacht verkriechen. Dies sage ich nicht,
weil ich etwa befürchte, Du könntest aufgeben, sondern, um
Dich zu ermuntern, indem Du hörst, daß Dein treuer Eifer
auch bei den Evangelischen den »Geruch zum Leben« [vgl.
2. Kor 2,16] hat. Denn Gott ist mein Zeuge, wie überaus groß
meine Freude war, als wir vernahmen, die senkrechten Ap-
penzeller hätten das Wort Gottes angenommen.[15] Ich müßte
mir Sorgen machen, wie sie wohl darin zu bestärken seien,
wären mir Dein Glaube, Deine Treue und Deine Liebe zu
Gott nicht bekannt. Damit wirst Du ohne Zweifel das gute
Werk, das Gott unter ihnen angefangen hat, mit Gott vollen-
den [vgl. Phil 1,6]. Wir haben allen Grund zu hoffen, daß sie,
die letzten unter den Orten der löblichen Eidgenossenschaft,[16]
im Glauben keineswegs die geringsten oder die letzten sein
werden. Denn sie leben ja nicht mitten im Lande der Lustbar-
keiten, wo die Gefahr des Eigennutzes[17] und der Ausschwei-
fung jeweils am größten ist, sondern an einem rauhen Ort, wo
genügsame Einfachheit sich besser hält. Natürliche Geradheit
und verständige | Unverdorbenheit sind's, wo der Glaube seine 11
liebste Bleibe und Ruhe hat. Denn nirgends gedeihen christ-
liche Lehre und christliches Leben besser als bei den Völkern,
die von der trügerischen List dieser Welt am wenigsten wissen.
Nicht etwa, daß es den braven Appenzellern an Einsicht und
Kenntnis mangelte, sondern dies meine ich: daß uns in ihrer
ungeschminkten Art noch etwas Alteidgenössisches[18] entge-
genweht. Wenn das Gotteswort zu solchen Leuten kommt,
wird es sie mit Sicherheit zu ungewöhnlich tüchtigen gottes-
fürchtigen Leuten erziehen. Es wird auch den Eigennutz be-
seitigen, von dem schon Bruder Klaus voraussagte, er würde
sich schädlich auswirken. Denn wo der nicht abgelegt wird, da
kann kein Gemeinwesen bestehen. Auch wenn etliche anderes
vermuten, so war doch für die Stadt und Landschaft Zürich das
Wort Gottes der einzige Beweggrund, den Solddienst bei

fremden Herren abzuschaffen.[19] Das wird sich, so Gott will, am ständigen Wachsen des Glaubens und der allgemeinen Wohlfahrt zeigen.[20] Sorge Du darum auch weiterhin für die »Söhne, die du geboren« hast [vgl. Gal 4,19] und lehre sie, sich durch keine Schmeichelei und Drohung der falschen Hirten von der »gesunden Lehre« [vgl. 1. Tim 1,10; 2. Tim 4,3; Tit 1,9; 2,1] Gottes abbringen zu lassen. Stehe Du den gefräßigen Wölfen tapfer vor die Zähne und laß Dir die Schäflein nicht entreißen. Vor allem sieh Du dem »päpstlichen Füchslein«[21] scharf auf die Finger: es möchte, wenn es nur könnte, so
12 gerne fressen wie | die Wölfe. Ich höre, er sei geschickt im Sabotieren und Abtrünnigmachen. Nimm Du unerschrocken seine Verfolgung auf, damit Du ihn vom Irrtum oder wenigstens von den Schafen wegbringst. Sei tapfer und beherzt bei Gott [vgl. 1. Thess 3,13; Ps 112,7], auf dessen Beistand Du zählen kannst.

Grüße mir Deine treuen Mitarbeiter am Evangelium des Christus: den Bischof von Gais, Bernhard N.[22], und alle, die Gott die Treue halten. Gottseidank hören wir dies von der Mehrzahl Eurer Bischöfe, deren Namen ich nicht kenne.[23] Grüße auch die beiden »Töchter«[24] von Trogen.

Sei Gott befohlen mit dem ganzen Volk von Appenzell.
Gegeben zu Zürich, am 26. März 1524.
Bete für mich zu Gott mit Deinem ganzen Volk!

Der Hirt

Ihr lieben Brüder in Gott und Mitdiener in Gottes Hauswesen [vgl. 1. Tim 1,4]! Es haben im Alten Testament die Propheten und im Neuen viele gutmeinende und bedeutende Christen Warnungen und Ermahnungen an die Hirten ergehen lassen, wie noch heute deutlich aus ihren Schriften hervorgeht. Es ist darum hoffentlich auch mir erlaubt, euch mit Nachdruck und aus Pflichtgefühl auf unser Amt anzusprechen – in dieser nach göttlichem Recht vereinten Versammlung zumal, wo so viele hundert Hirten und hochgelehrte Männer beisammen sind, und auch viel Volk, das nach dem Worte Gottes dürstet.[25]

Wohlan denn, Gott gebe Gnade!

Der Hirt und die Schafe, die er weidet, sind ein so einleuchtendes Gleichnis für Gott und für uns, daß das Alte Testament die göttliche Vorsehung und Regierung über uns arme Menschen durchweg am Bild des Hirten und der Schafe erläutert:[26]
Gott ist der Hirt, und wir die Schafe. Auch | unser Heiland 13
Jesus Christus hat sich selber als Hirt bezeichnet (vgl. Joh 10,11), weil er die wahre Weide und Speise ist, dazu auch der Leiter und Hirt, der uns aus dem finstern Stall der Unwissenheit und der Verstrickung in Menschenlehren[27] ans Licht der göttlichen Weisheit und zur »Freiheit der Söhne« [vgl. Röm 8,21] geführt hat.

Es ist daher nötig, daß alle, die zu Hirten seiner Schafe berufen sind, ihr Amt und ihren Auftrag nach keinem anderen Vorbild verrichten lernen als einzig nach dem wahren Gotteswort. Dieses hat sich im Herrn Jesus Christus, Gottes wahrem Sohne, sehen lassen und seinen deutlichsten Ausdruck gefunden – jetzt in den letzten Zeiten, wie zuvor schon, wenn auch etwas verhüllter, bei manchen Vätern und Propheten.

Darum wollen wir zuerst das Wort Gottes aus dem Mund und Werk Christi betrachten, des wahren Gottes, danach aus dem der Propheten und Apostel, und daraus lernen, von welcher Art und Bedeutung das Amt des Hirten sei, den wir auch Bischof, Pfarrer, Leutpriester, Prophet, Evangelist oder Prädikant nennen.

Sodann wollen wir auch die falschen Propheten so deutlich zeichnen, daß man sie wiedererkennt, und bekanntgeben, was auf sie wartet, damit sie in Kenntnis der Strafe entweder gebessert oder nötigenfalls abgesetzt werden.

Um uns nicht lange mit tiefgründigen Erwägungen über Menschwerdung und Geburt Christi aufzuhalten, setzen wir bei dem ein, was er seit seinem Erscheinen auf dieser Welt gewirkt und gelehrt hat. Als Simeon ihn in die Arme nahm und als das Heil der Welt bezeugte, sprach er Lukas 2,34–35 zur Mutter: »Siehe, dieser ist bestimmt zu Fall und Erhebung vieler in Israel und zu einem Zeichen, dem widersprochen wird – und ein Schwert wird deine eigene Seele durchbohren –, damit die Gedanken aus den Herzen vieler offenbar werden.« Also muß ein jeder Hirt damit rechnen, daß sein Weiden die
14 einen | verschlimmert, die anderen aber aus der Sünde auferstehen läßt, und zudem, daß ihm die Ungläubigen stets widersprechen. Denn der fleischliche Mensch nimmt das geistliche Wort Gottes nicht an [vgl. 1. Kor 2,14], er widersetzt sich ihm im Gegenteil nach Kräften. Deshalb ist der Hirt zu allen Zeiten den Ränken und Nachstellungen aller Feinde des Wortes Gottes ausgesetzt. Auch Väter, Mütter und alle Verwandten müssen es in Kauf nehmen, ihre Kinder verspottet und von der Welt verworfen zu sehen. Denn nie ließ das Fleisch sich so leicht fangen, daß es nicht sogleich wieder ausgebrochen wäre, um seine Absichten durchzusetzen. Ebenso wie die Jungfrau Maria ihr »Schwert« erlitten hat, werden auch die Angehörigen von Kummer und Angst ins Herz getroffen. So groß nämlich ist die Liebe der Eltern, daß sie in der Trübsal ihrer Kinder mitleiden, gleichviel, ob diese nun zu Recht oder zu Unrecht leiden. Auch David hat über seinen ungehorsamen Sohn Absalom geweint (vgl. 2. Sam 19,1).

Der Hirt dagegen muß auf Vater und Mutter verzichten und ohne Rücksichten an Gottes Werk bleiben, wie Christus selber dies bewiesen hat. Lukas 2,41–52: Als Josef und seine Mutter ihren Sohn nach drei Tagen bangen Suchens mitten unter den Lehrern fand, da tadelte sie ihn: »Sohn, wie konntest du uns solches antun? Ich und dein Vater haben dich mit Schmerzen gesucht! Da antwortete er ihnen: Warum habt ihr mich gesucht? Wußtet ihr denn nicht, daß ich dort sein muß, wo es um meinen Vater geht?« Genauso darf sich der Hirt weder von den Schmerzen des Vaters und der Mutter beirren lassen, in Gottes Werk fortzufahren; noch von Kind, Frau, Schwester, Bruder und Freund, denn der gehorsame Sohn der Maria, Jesus Christus, hat auch so gehandelt. Deshalb sagte er Matthäus 10,37 zu seinen Jüngern, als er sie aussandte zu predigen: »Wer Vater und Mutter, Sohn und Tochter mehr liebt als mich, der ist meiner nicht wert«, oder genauer: »der taugt mir nicht«. | Er darf sich auch nicht von Vater und Mutter bestimmen lassen, das Wort Gottes nach ihrem Willen zu beschneiden oder zu gängeln. Denn Christus hat seiner lieben Mutter eine ziemlich schroffe Antwort gegeben, als sie ihm raten wollte, den Leuten auf der Hochzeit mit Wein auszuhelfen: »Frau, was mischest du dich in meine Sachen?« [Joh 2,4]. Sieh, genauso konsequent muß der Hirt die Schafe zur Weide führen. Keines Menschen Klugheit, nicht einmal des Vaters oder der Mutter, soll ihm dazwischentreten. Und wenn sie das unbedingt tun und sich dem Worte Gottes nicht beugen wollten, so muß der Hirt ihr Feind werden, sie verlassen und hassen. Denn Matthäus 10,34–35 sendet Christus die Jünger mit folgendem Bescheid aus: »Meint nicht, ich sei gekommen, Frieden auf die Erde zu bringen. Ich bin nicht gekommen, Frieden zu bringen, sondern das Schwert. Denn ich bin gekommen, den Menschen mit seinem Vater zu entzweien und die Tochter mit ihrer Mutter.« Lukas 14,26: »Wenn einer zu mir kommt und seinen Vater nicht haßt, die Mutter, Frau und Kind, Brüder und Schwestern und sein Leben dazu, so kann er nicht mein Jünger sein.« So sehr soll der Hirt Gott angehören, daß er sogar Vater und Mutter, die Gott sonst lieben und ehren heißt [vgl. 2. Mose 20,12], hassen muß, wenn sie ihn behindern wollen. Und diese Gebote gelten nicht für Hirten allein, sondern für alle Menschen, doch für die Hirten vor allem.

So haben wir gesehen, wie der Hirt von Vater und Mutter ganz unabhängig sein soll, wie diese gewärtigen müssen, daß mit ihrem Kind keine irdische Ehre zu haben oder zu erhoffen sei, und daß der Hirt, ihr Sohn, ihnen mit Kampf, Feindschaft und Trennung begegnen muß, wenn sie ihn aus eigennützigen Motiven verleiten wollen.

Jetzt wollen wir sehen, wie der Hirt überdies beschaffen sein muß.

Christus spricht Matthäus 16,24–26 und Lukas 9,23–24: »Wer mit mir kommen will, der verleugne sich selber und nehme sein Kreuz täglich auf sich und folge mir nach. Denn wer sein Leben retten will, der wird es verlieren oder[28] zu-
16 grunderichten. Wer aber | sein Leben um meinetwillen verliert oder zugrunderichtet, der wird es heilmachen oder retten.«

Erstens muß der Mensch, da er allemal etwas bedeuten, zustandebringen und können will, sich selber verleugnen. Wie ein Höriger oder Sklave soll er sich selber als verpfändet betrachten, gänzlich von sich absehen und nur gerade auf das sehen, was Gott ihn tun heißt; nichts nach eigenen Kräften und Kenntnissen tun, sondern Gott und sein Wort zum alleinigen Vorbild nehmen.

Wo das geschieht, da zeigt sich erst das Kreuz. Das muß er täglich auf sich nehmen, denn Widrigkeiten werden ihm alle Tage begegnen. Die muß er ganz allein ertragen, entgehen darf er ihnen nicht. Hat ein Mensch sich selbst verleugnet und sieht allein auf Gott, so findet er täglich eine viel größere Zahl von denen, die sich nicht verleugnen, als die sich verleugnet haben. Zwischen diesen beiden ist dann der Streit so gewiß wie zwischen Feuer und Wasser. Denn »das Fleisch begehrt immer gegen den Geist auf, und der Geist gegen das Fleisch« (Gal 5,17). Zwar ist es dem Fleisch auch um das Wahre und Rechte zu tun, es möchte darin auch kundig und tüchtig sein. Aber wenn es erkennt, daß sein Wesen, im Vergleich mit Gottes Werk, nur Flickwerk ist, so gibt es Gott gleichwohl nicht nach, obschon es vor den Menschen als gottesfürchtig gelten möchte. Dem, der sich wirklich selbst verleugnet hat, kann dies freilich nicht verborgen bleiben. Er riecht es augenblicklich, wenn der Egoismus rebelliert. Sobald er dem Fleisch die

Falschheit und Tücke vorhält, zückt dieses die Waffen, beschimpft den, der daran zu rühren wagte, und greift so lange an, bis er vernichtet ist. Darum lehrt Christus, mit dem Kreuztragen täglich zu rechnen. Denn je mehr das Wort Gottes zunimmt, desto mehr Verfolgung erwächst ihm, und je mehr es wächst, um so zorniger wird das Fleisch. Deshalb irren jene, die meinen, sie würden bald Ruhe haben, und sie müßten des Wortes Gottes wegen kaum Verfolgung leiden. Obgleich das Volk in Scharen zur evangelischen Predigt kommt, so wird ihr doch von den Gewalthabern dieser Zeit Widerstand genug geleistet. Und selbst wenn die nicht wären, würden sich erst recht die Irrlehrer melden, die mehr Wissenschaft als Liebe
haben. | Einer tauben Nuß wegen werden sie die Schwachen 17
und Stillen verunsichern, nur damit man sehe, daß auch sie »gelehrt« sind. Das macht das Kreuz noch schwerer und erfordert neue Kraft, denn die Anfechtung der Schwachen bereitet den Starken große Not und Kummer.[29] So sagt es auch Paulus, 2. Korinther 11,29: »Wem wird Anstoß gegeben, und ich brenne nicht?« Kurz: Jeden Tag ein neues Kreuz her, so muß es eben sein! Christus flunkert nicht, wenn er Matthäus 6,34 sagt: »Jeder Tag hat seine eigene Mühe und Plage« und »Wer seine Seele bewahren will ...« [Mt 16,25]. »Seele« meint hier nicht nur das leibliche Leben, sondern das, was der Mensch denkt, beabsichtigt und beschließt. Wer nun um dieses vergänglichen Lebens willen vom Worte Gottes weicht, der wird sein Leben verlieren, und wer sich auf sein Wissen, Planen und Denken verläßt und dadurch selig zu werden meint, der wird seine »Seele« zugrunderichten.

Darum muß der Hirt sich selbst verleugnen, sein Eigeninteresse ablegen und sich wahrhaftig alle Tage bereithalten, ein neues Kreuz zu tragen. So hat Christus Jesus selbst gehandelt: Stets hat er den eigenen Willen dem des Vaters untergeordnet [vgl. Mt 26,39] und jedes Kreuz getragen, bis er die Ehre erlangte, zur »Rechten Gottes zu sitzen« [vgl. Mk 16,19; Kol 3,1; Hebr 10,12].

Wenn nun der Hirt, aber auch jeder andere Mensch, auf diese Weise von allem entleert ist, so ist das nächste, daß er mit Gott wieder erfüllt werde, das heißt, daß er sich ganz und gar auf Gott verlasse. Nachdrücklich hat dies Christus seinen Jüngern gezeigt, indem er sie nicht nur mit Leibesnahrung versorgt hat, als sie ihm nachgefolgt waren. Als er sie nämlich fragte, ob ihnen etwas gefehlt habe, nachdem er sie ohne Sack und Beutel ausgeschickt hatte, da antworteten sie ihm, sie hätten keinen Mangel gelitten [vgl. Lk 22,35]. Ebenso hieß er sie ohne Sorge sein, wie sie sich vor Gericht verteidigen könnten,
18 denn | was sie antworten sollten, das würde ihnen »zur Stunde gegeben« (vgl. Mt 10,19). Bevor er ihnen das Predigtamt befahl, hat Christus sie auch angehaucht, Johannes 20,22, und zu ihnen gesprochen: »Empfangt den Heiligen Geist!« Denn keiner taugt zum Schafeweiden, er sei denn aus sich selber ausgezogen und Gott allein wohne in ihm [vgl. Jes 57,15] und rede aus ihm. So hat er sie auch aufgefordert, von Jerusalem nicht wegzugehen, bis sie den verheißenen Geist empfangen hätten [vgl. Lk 24,49; Apg 1,4]. Als dies dann unter Frohlocken [vgl. Apg 2,26] und Freuden geschehen war, da fingen sie sogleich zu predigen an. So darf der Hirt seine Schafe auf keine andere Weide führen, als auf der er selber zuvor schon geweidet worden ist. Das heißt: auf der Weide der Erkenntnis Gottes und des Vertrauens zu ihm. Er muß also Gott schon vorher erkannt und alle Zuversicht auf ihn gesetzt haben.

Dann soll er zu predigen anfangen, wie Christus angefangen hat, Matthäus 4,17: »Bessert euch!«[30] Auch die Vorhut Christi, Johannes, hat so begonnen [vgl. Mt 3,2]. Es bessert sich aber keiner, der nicht weiß, wie aussichtslos es um ihn steht. Darum muß hier die tödliche Krankheit[31], dann erst das Gesundwerden gepredigt werden. Es soll sich niemand täuschen, als ob Christus Matthäus 10,7 und Markus 16,15 nur dazu aufgefordert hätte, das Heil, beziehungsweise das Evangelium, zu verkündigen. Denn bevor einer das Medikament nimmt, muß das Übel erkannt sein. An den genannten Stellen bezieht Christus freilich das Wort »Evangelium« auf die Gnade,[32] denn das Evangelium ist die Botschaft der sicheren Gnade Gottes. Ebenso notwendig ist freilich die Sündenerkenntnis, die nichts als Selbstverzweiflung bringt und uns mit Macht zu Gottes Erbarmen treibt. Dieses ist uns aber sicher, denn Gott hat seinen Sohn »für uns hingegeben« [Röm 8,32]. Deshalb benennt Christus an diesen Stellen das Erlösungswerk nach der Arznei. In Lukas 24,47 indes nennt er die Buße oder Besserung und die Vergebung in einem Zuge, wenn er spricht: »Also mußte in seinem« – nämlich Christi – »Namen die Buße oder Besserung und die Vergebung allen Völkern gepredigt werden.« Sieh, hier sind Evangelium und Buße beieinander. Denn niemand kann sich am Evangelium recht freuen, der die tödliche Krankheit der Sünde zuvor nicht recht erkannt hat.

| Wenn nun der Mensch sein Elend eingesehen und das Heil 19
in Christus gefunden hat, so ist es ihm nicht mehr erlaubt, in der Sünde zu leben: »Da wir nun in Christus der Sünde abgestorben sind, können wir nicht mehr in ihr leben« (Röm 6,2). Darum muß der Hirt auch gut aufpassen, daß seine nunmehr gewaschenen Schäflein nicht wieder in den Dreck fallen. Das heißt: nachdem die Gläubigen zur Erkenntnis ihres Heilands gekommen sind und die freundliche Gnade Gottes erfahren haben, sollen sie künftig ein rechtschaffenes Leben führen, damit sie nicht mehr im Tod leben. Gleich wie »Christus, der nach der Auferstehung von den Toten nie mehr stirbt« [Röm 6,9], sollen auch sie »den alten Menschen aus- und den neuen anziehen, der Gott ebenbildlich ist« [Eph 4,22.24], das heißt: den Herrn Jesus Christus. Diesen »anziehen« meint nichts anderes als leben, wie er gelebt hat. Darum befiehlt er Matthäus 28,19–20 den Jüngern: »Geht hin, lehrt alle Völker. Tauft sie im Namen des Vaters und des Sohnes und des Heiligen Geistes. Lehrt sie auch alles halten, was ich euch geboten habe.« Denn wer sein Leben nicht täglich ändert, nachdem ihn Christus erlöst hat, der treibt mit dem Namen Christi Spott und entehrt und erniedrigt ihn bei den Ungläubigen. Darum

sagt 1. Petrus 4,1–3 auch der heilige Petrus: »Weil nun Christus im Fleisch für uns gelitten hat, so bewaffnet euch nun mit der gleichen Gesinnung. Denn als er im Fleisch gelitten hat, hat er die Sünde verstummen lassen, damit ihr eure übrige Zeit nicht in menschlichen Begierden, sondern im Willen Gottes lebt. Denn es ist genug, daß wir unser bisheriges Leben in heidnischer Willkür verbracht haben: in Ausschweifungen, Begierden und Weinorgien, in Fressen und Saufen und in frevelhaftem Götzendienst.« Daraus geht hervor, daß es nicht genug ist, auf das Heil hinzuweisen, sondern es gilt auch zu verhindern, daß es verlorengeht oder entehrt wird.

Am besten gelingt dies, wenn der Hirt ins Werk setzt, was er mit Worten lehrt. Das ist es, was Christus Matthäus 5,19 so dringlich fordert: »Wer nur eines dieser kleinsten Gebote auflöst und die Menschen so lehrt, wird im Himmelreich der Kleinste genannt werden. Wer sie aber tut und lehrt, wird im Himmelreich groß sein.« Denn das ist gewiß: Wie schön man
20 immer | über Gott redet, das Leben aber nicht nach ihm gestaltet, so ist es ja doch nur eine Heuchelei. Das gleiche sagt Paulus in Titus 1,16: »Sie geben vor, Gott zu kennen, doch mit der Tat verleugnen sie ihn. Solche sind verabscheuungswürdig, untauglich, zu nichts Gutem zu gebrauchen.« Ebenso in Römer 2,21–24: »Du lehrst andere, und dich selber lehrst du nicht. Du predigst, man soll nicht stehlen, du aber stiehlst. Du redest, man soll die Ehe nicht brechen, und du brichst sie. Du verwirfst die Götzen, aber in heiligen Dingen bist du lässig. Du rühmst dich, das Gesetz zu halten, doch mit seiner Übertretung bereitest du Gott Schande. Euretwegen kommt es, daß die Heiden den Namen Gottes lästern!« Darum muß der Hirt peinlich darauf bedacht sein, mit der Tat nicht zu brechen, was er mit dem Wort lehrt. Denn durch Werke, die dem Wort Gottes nicht entsprechen, lassen sich die Schwachen im Glauben leicht davon abbringen.

Dabei muß man sehr auf der Hut sein, daß der Hirt nicht ein Deckmäntelchen statt seines wahren Kleids überwerfe. Er soll

sich also nicht mit Kappen[33] und Kutten[34] behängen, inwendig aber voll Habsucht stecken, wie dies heute bei den meisten Mönchen und Theologen üblich ist. Auch nicht tiefe Bücklinge machen und von hochfahrendem Sinn sein, oder ein weißes Hemd[35] anhaben, sich aber schweinischer aufführen als ein Eber; hohe Schuhe und Hüte[36] tragen, aber vor Neid und Haß platzen, haufenweise Psalmen murmeln und das klare Wort Gottes verlassen, und dergleichen mehr. Bei alledem lernt auch das einfache Volk nur zu heucheln, innerlich aber bleibt es bei seinen Leidenschaften. Darum muß der Hirt sein Leben nicht nach Lehren gestalten, die von Menschen erfunden sind, sondern nach dem Wort Gottes, das er predigt. Sonst pflanzt er nichts als Scheinheiligkeit. Da Christus das vollkommene Vorbild ist, so sehe der Hirt zu, sich einzig nach dessen Beispiel auszurichten. Christus hat sich keiner Heuchelei bedient, darum ist es auch uns nicht erlaubt, sich mit ihr zu befassen. Der »Satz vom Vorbild Gottes« gilt auch in seiner Umkehrung.[37] | Weil er ein so vollkommenes Gut ist, dem 21
nichts mangeln kann, so kann sich auch keiner ausdenken, wie das Göttliche zu verbessern oder zu ergänzen wäre. Darum muß der Hirt in diesen Dingen, wie es einem Vater zusteht, Erzieher sein. Der treibt auch keine Narrenpossen, um seinen Kindern etwas abzubetteln, sondern er setzt alles daran, sie zu einem untadeligen Leben zu erziehen: Freundlich, unfähig zu etwas Bösem, bescheiden in allem, jeder Unmäßigkeit abhold. Darin muß auch der Hirt sich üben. Deshalb wird er von Christus ein Hausvater oder Haushalter genannt [vgl. Lk 12,42–48]. Auch Paulus klagt, die Korinther hätten zwar unzählige Lehrer, »aber nur wenige Väter« (vgl. 1. Kor 4,15). Daraus entnehmen wir ganz klar, daß solche, die uns nicht Väter sind, auch keine rechten Lehrer sind. Väter sind mit Tat und Lehre beflissen, uneigennützig für ihre Kinder da zu sein. Deshalb sind solche nie rechte Hirten, die ihren Pflichtbefohlenen keine väterliche Gesinnung entgegenbringen. Wenn sich die Lehrer nicht Mühe geben in den Dingen, die sie leh-

ren, so sind sie keine rechten Lehrer. Wenden sie an, was sie aus Gottes Wort lehren, so ist das lebendige Beispiel lehrreicher als hunderttausend Worte. Lehren und leben sie aber nicht das Wort Gottes, sondern Menschenlehre und hohles Geschwätz, so sind sie wirklich jene falschen Propheten, die Gott töten heißt [vgl. Jer 14,15]. Auf diese kommen wir später zurück. Deshalb muß der Hirt nicht alles, was wir für gut erachten, zum Vorbild erklären, sondern nur die Dinge, die Gott uns lehrt und abverlangt.

Was aber gepredigt werden soll, geht aus dem bisher Gesagten klar genug hervor: nichts anderes nämlich als das Wort Gottes.

22 | Aus diesem soll der Hirt seinen Anbefohlenen ihre üble Lage erklären. Haben sie die erkannt, und fühlen sie, daß sie aus eigenen Kräften nicht selig werden können, so soll er sie an die Gnade Gottes verweisen, damit sie sich ihr anvertrauen. Er sage ihnen, Gott habe uns als Pfand[38] seiner Gnade seinen einzigen Sohn gegeben, unsern Herrn Jesus Christus, durch den wir in Ewigkeit einen sicheren Zugang zu Gott haben [vgl. Röm 5,2]. Wenn sie die Seligkeit und das Pfand der Gnade Gottes im Glauben angenommen haben und jetzt Gott angehören – zuvor gehörten sie dem Fleisch und der Verdammnis an –, so sind sie auch schuldig, künftig nach dem Willen Gottes zu leben [vgl. 1. Petr 4,2], denn sie sind ein »neues Geschöpf« (vgl. Gal 6,15). Darum muß der Hirt unbedingt verhindern, daß die geheilten Schäflein wieder krank werden. Dies alles ist nur mit dem Worte Gottes zu bewältigen, weswegen er darin vor allen anderen Dingen unterrichtet sein muß. Es kann nur aus heiliger biblischer Schrift erlernt werden. Das Einprägen des Buchstabens tut es freilich nicht, wenn Gott dem Hirten nicht das Herz »zieht« [vgl. Joh 6,44],[39] damit er dem Wort Glauben schenke und es nicht nach Lust und Laune verdrehe, sondern der göttlichen Eingebung offen halte. Paulus faßt dies alles kurz in die Worte 2. Timotheus 3,16–17: »Jede Schrift, die von Gott eingegeben ist, ist auch nützlich zu lehren, zu

strafen, zurechtzuweisen, zur Erziehung in der Rechtschaffenheit, damit der Mensch Gottes bei vollen Kräften sei, zu jedem guten Werk ausgerüstet und vollkommen.« Dieser Art sei darum alles Weiden des Hirten. Welche Bücher biblisch sind und welche nicht, ist hier nicht abzuhandeln, denn das wissen alle in den Sprachen Bewanderten ohnehin.

Wenn der Hirt hinsichtlich seiner Verwandten, seines Lebens und seiner Lehre diese Kriterien erfüllt – auf die göttliche Liebe kommen wir später zu reden –, dann wird es nötig sein
zu wissen, | wie er sich in anderen äußerlichen Dingen ver- 23
halten soll und auf welchen Lohn er hoffen kann.

Was das erstere betrifft, so finden wir, daß der Hirt all die verheerenden Freveltaten unerschrocken angreifen muß und sich weder durch die überrissenen Machtansprüche dieser Welt noch durch irgendwelche Drohungen abschrecken lassen darf. Gott spricht bei Jeremia 1,9 zum Propheten: »Siehe, ich habe meine Worte in deinen Mund gelegt, und ich habe dich heute zu den Völkern oder Heiden und zu den Königreichen geschickt, um auszureißen und niederzureißen, um loszureißen und aufzutrennen, aber auch, um wieder aufzubauen und neu zu pflanzen.« Darum muß der Hirt alles, was sich gegen Gottes Wort »auftürmt«, und sei es noch so hoch, antasten und »niederreißen« (vgl. 2. Kor 10,4–5), wofür Christus ein treffliches Vorbild ist. Denn als dieser sah, wie das jüdische Volk Gott wegen der Scheinheiligkeit und Raffgier der Priester verlassen hatte und in die Abhängigkeit ihrer Habgier und ihrer willkürlichen Vorschriften geraten war, da hat er nichts so entschlossen angegriffen wie eben diese Heuchelei und die Habsucht. Mit dem irregeführten Volk, dem sie das Wort Gottes genommen hatten und das ohne väterlichen Hirten blieb, hatte er tiefes Mitleid (vgl. Mt 9,36). Fast immer belehrte er es freundlich, und wo er es je tadeln mußte, da hat er es nie so hart gebeutelt wie die irreführenden Priester. Die titulierte er als Unwissende, Blinde, Giftnattern, Teufelsbrut, Heuchler, Gauner, Schmarotzer und dergleichen mehr, wie bei allen Evangelisten zu lesen steht [vgl. Mt 23,13–36; Lk 11,37–12,5]. Hier bedarf es keiner Belege.

Du treuer Diener Gottes, was ist wohl deine Pflicht, wenn zu unseren Zeiten die Heuchelei so mächtig und so stark gediehen ist, daß sie es nicht mehr nötig hat, sich zu verstecken und es sogar noch wagen kann, sich mit erschlichenen Rechtstiteln durchzusetzen? Schweigst du, so stehst du für das Blut der Opfer gerade (vgl. Ez 3,18). Heute kannst du sehen, zu wieviel Gütern und Kompetenzen die Scheinheiligkeit der Päpstler es gebracht hat. Diese braucht sich auch nicht mehr zu verbergen, wie dies bei den Juden wenigstens noch der Fall war. Als »Päpstler« bezeichne ich übrigens den ganzen Haufen derer, die man Geistliche nennt, abgesehen von den klaren Verkündigern des Gottesworts.

24 | Um sich zu behaupten, schrecken die Päpstler weder vor Schmiergeldern und Spenden in aller Öffentlichkeit zurück, noch vor Krieg, Brandschatzung, Verwüstung, Mord und Verbrechen aller Art. Unmenschlicher haben selbst die sizilischen Tyrannen nicht gewütet, denn diese sind mit keinem so gewalttätig und willkürlich umgesprungen, daß sie ihm ein ordentliches Gerichtsverfahren verwehrt hätten! Die Päpstler aber wenden allseits allen Fleiß an, um die Regenten mit Bestechungen und »Aufmerksamkeiten« davon zu überzeugen, es sei der Sache bestens gedient, wenn sie die Verkündiger des Gottesworts ohne Anhörung verfolgten.[40] Wo sie aber selber die weltliche Gerichtsbarkeit besitzen, da hausen sie unter den Unschuldigen schlimmer als Tiger und Krokodil.[41] Müßten sie nicht dieselbe Behandlung befürchten, wenn man ihnen auf die Schliche käme, sie würden sich nicht mit dem bloßen Töten begnügen, sondern, wie Phalaris, noch raffiniertere Folter- und Tötungsmethoden gegen die Gottesdiener erfinden.[42]

Du siehst auch, o treuer Diener Gottes, wie die Mehrzahl der Mächtigen, die das Schwert führen, das Recht mehr aus Habsucht, Eigenmächtigkeit, Vermessenheit, Überheblichkeit und Kitzel als aus Liebe oder Furcht Gottes handhaben – wenn

man es als Recht überhaupt noch bezeichnen kann. Denn gegen die Untertanen ist es nichts als ein Verängstigen, Strafen, Pressen und Plündern, Hochschrauben der Zinsen und unrechtmäßiges Betreiben, gegen die Fremden aber ein Kriegen, Rauben, Befehden, und unter sich gerade noch ein Saufen, Spielen, Huren, Lästern, Tanzen. Sieh, so traurig steht es um die da oben, du treuer Hirt! Darum denke ernsthaft darüber nach, wie ihm abzuhelfen sei. Denn, wie gesagt: redest du nicht, so bist du selber für das Blut der Umgekommenen verantwortlich [vgl. Ez 3,18], redest du aber, so fällst du ihnen in
die Hände, | denn der päpstliche Haufe hat sich bei vielen 25
Fürsten eingenistet. Deren Kinder haben sie in Obhut genommen, indem sie den Sohn des einen zum Kardinal, den des anderen zum Bischof, Abt, Komtur, Propst, Klosterverwalter, Bistumsverweser, Bischofsvikar gemacht haben, und dies alles nicht ohne geringe Verpflichtung. Verschiedentlich haben sie mit den Fürsten das Ablaßgeld geteilt, das sie dem armen Volk abpressen. Willst du also die Rotte der Heuchler nach dem Vorbild Christi angreifen, so springen jene als Beschützer herbei. Willst du aber Schild und Speer hinwerfen und dich dem Amt entziehen, so gehörst du zu den untreuen Hirten, die »die Schafe im Stich lassen und fliehen«, sobald sie den Wolf gesichtet haben [vgl. Joh 10,12]. Hier lernen wir übrigens, was des Glaubens Kraft und Lebensnerv ist. Denn wenn der Mensch rundum in Zweifel geraten ist, so wird er, falls er glaubt, sich nicht anders zu helfen wissen, als daß er zu Gott und seinem Worte läuft. Hier wird er sich Rat holen und sich dann unerschütterlich an diesen halten.

Darum komm her zu Christus [vgl. Mt 11,28], der Johannes 10,11 spricht: »Der gute Hirte setzt sein Leben ein für seine Schafe.« Willst du also zu den guten Hirten gehören, so riskiere du für deine Schafe dein Leben. Noch mit anderen Worten treibt er uns an. Matthäus 10,27–28: »Was ich euch im Dunkeln sage, das redet im Licht, und was euch ins Ohr gesagt wird, das ruft von den Dächern herunter. Und fürchtet nicht,

die den Leib töten, denn die Seele können sie nicht töten. Sondern fürchtet vielmehr den, der Seele und Leib mit ewiger Qual verderben kann.« Hier hören wir deutlich, daß wir das Wort nicht verschweigen, sondern damit an die Öffentlichkeit treten sollen, ohne Furcht vor denen, die uns schaden könnten. Sodann: daß wir schuldig sind, gegen alle die vorzugehen und zu reden, die sündigen. Jeremia 1,7 spricht Gott durch den Propheten: »Du wirst überall hingehen, zu wem ich dich auch schicke« und bei Jesaja 58,1: »Rufe! Höre nicht auf! Erhebe deine Stimme wie eine Trompete und verkünde meinem Volk seine Vergehen!« Also sehen wir ganz klar, daß der Hirt
26 verpflichtet ist, gegen alle Feinde | anzutreten, um die Schafe zu schützen und auch, um sie aus dem Sumpf der Sünde zu heben. Wäre das nicht nötig, so bedürfte es keines Hirten. So lange die Schafe keinen Mangel leiden, brauchen sie keinen Wächter. Unentbehrlich wird er ihnen erst in der Gefahr. Will der Hirt aber fliehen, wenn's brenzlig wird, so kommt es für die Schafe auf eines hinaus, wenn sie schon keinen Hirten haben.

Darum ist es unerläßlich, auf Christus zu sehen, der Johannes 10,11 sagt: »Ich setze mein Leben ein für meine Schafe.« Er hat dies nicht nur gesagt, sondern auch getan. Denn als er nach Jerusalem zog, sagte er seinen Jüngern die drohende Gefahr offen heraus (vgl. Mt 16,21). Und als Petrus es ihm ausreden wollte, da sprach er: »Aus den Augen, Satan, du hinderst mich! Denn du siehst nicht auf die Dinge, die Gottes sind, sondern auf die der Menschen« [Mt 16,23]. In Jerusalem angekommen, hat er die Käufer und Händler aus dem Tempel geprügelt [vgl. Mk 11,15–18], ohne auf habsüchtige Priester, Gelehrte und bewaffnete Nachstellung zu achten. Auch hat er ihnen die Laster der Habgier, der Ehrsucht und der Heuchelei vor allem Volk scharf und unbeugsam vorgehalten (vgl. Mt 23,1–36). Und als die Zeit gekommen war, da er sich für uns alle stellen wollte und ihn die Feinde zu fangen suchten, da ist er ihnen entgegengegangen. Um zu zeigen, daß ein Hirt auch den leib-

lichen Schaden an den Schafen verhüten soll, hat er sich nicht nur für uns ausgeliefert, sondern auch den Jüngern das leibliche Leben gerettet und aus der Kraft Gottes gesprochen: »Sucht ihr mich, so laßt diese gehen« [Joh 18,8]. So hat er sein Leben an unserer Stelle dargeboten. Deshalb soll auch jeder Hirt, wenn er ein Hirte der Schafe Christi ist, vor alle hintreten, die ihn Gottes, seines wahren Worts und der Treue wegen verfolgen, die er zu seinen Schafen hat. Es soll ihn nicht kümmern, ob er gegen Alexander den Großen und Julius [Caesar], gegen Papst, König, Fürsten und Obrigkeiten zu reden hat. Und dies nicht allein, wenn sie gegen das Wort Gottes kläffen, sondern auch, wenn sie ihr braves Volk mehr beschweren | als 27
recht und billig ist. Dies alles soll noch mit biblischen Beispielen belegt werden:

Als Gott die maßlose Bedrückung der Kinder Israels durch den König Pharao und das ägyptische Volk gesehen hatte, da sandte er Mose, um sie zu befreien und herauszuführen. Er konnte nämlich die ungerechte Schmach seines Volks nicht länger mit ansehen (vgl. 2. Mose 3,11). Und obwohl sich Mose mit seiner Unwürdigkeit herauszureden versucht hatte [vgl. 2. Mose 3,11], mußte er doch gegen Pharaos Willen eine riesige Menschenmenge durch Wasser, Wüste, Feinde, Hunger, Durst, Strafen und Plagen hindurchführen. Es schaudert einen, wenn man die erlittenen Mühen nur aufzählen hört. Aber Gott hat seinen Verheißungen und Worten allerseits Kraft verliehen und Mose und den Seinen den Sieg. Genauso soll auch ein Hirt hervortreten und die Schafe beschützen, wenn die Tyrannen ihre Untertanen so gegen alles göttliche und menschliche Recht und gegen alle Gewohnheit unterdrücken. Denn die Regenten sollen Wohltäter sein, nicht Mißhandler, nicht Schinder und Ausbeuter (vgl. Lk 22,25). Auch Seneca nennt das ›regnum‹ ein ›beneficium‹,[43] das heißt: die Regierung oder die Obrigkeit sei das Amt der Guttat. Daß man der Obrigkeit etwas schuldig ist (vgl. Röm 13,7), ist allen klar. Hier reden wir nur gegen die tyrannischen Mißhandler,

in denen keine Gottesfurcht und keine Liebe ist, nicht einmal Rücksichtnahme auf den Nächsten. Meinst du nicht, du braver Christ, daß Gott gerade in dieser sündhaften Zeit besonderen Fleiß ankehrt, sein Wort mit aller Kraft zu offenbaren? Heute, wo Redlichkeit und Recht, Jungfräulichkeit, Treu und Glauben mutwillig ruiniert werden, wo bei einem Großteil der Fürsten all das ins Kraut schießt, wofür die »Zöllner« bei den alten Römern verrufen waren: dieses schamlose Nehmen, Rauben, Wuchern, Schieben, Münzverschlech-
28 tern[44]. Wenn wir nun | sehen, daß das Wort Gottes heute überall so kräftig aufgegangen ist wie seit den Anfängen des christlichen Glaubens nie mehr,[45] so wird uns deutlich, daß es uns allen zum Heil dienen will, indem es die hinterhältige Heuchelei der Menschenlehre verschwinden läßt. Darum wehe dem Hirten, der zu diesen Zeiten schweigt, da selbst Kinder und Einfältige zu reden fähig werden [vgl. Ps 8,3]. Wehe dem, der das Licht unter den Scheffel stellt [vgl. Mk 4,21] und der das Werk Gottes lässig treibt und das Volk Gottes nicht befreien hilft.

Durch den Propheten Samuel befahl Gott Saul, die Amalekiter mit Stumpf und Stiel und allem Vieh zu erschlagen und ihre Habe auf keinen Fall anzurühren oder zu beanspruchen. Doch Saul verging sich und tötete den Amalekiterkönig Agag nicht. Er behielt auch viel Vieh als Opfer und Beute für Gott zurück, dazu was an kostbaren Kleidern und Schätzen da war. Diese Anmaßung ließ ihm der Prophet Samuel nicht durch, obgleich Saul der König war und er soeben von einem Siegeszug kam. Samuel trat vor ihn und sprach: »Warum hast du dem Wort und der Stimme Gottes nicht gehorcht und hast dich zum Räuber gemacht und übel getan vor Gott, dem Herrn?« [1. Sam 15,19]. Da rechtfertigte sich Saul, er sei gehorsam gewesen, denn er habe die Amalekiter getötet und ihren König Agag lebendig gefangen, und dabei habe das Volk etwas Habe zurückbehalten, auch Vieh, das sie Gott opfern wollten. Dafür tadelte ihn Samuel erneut und sprach: »Meinst du, daß Gott an all den Brandopfern und sonstigen Opfergaben Gefallen hat und nicht vielmehr Gehorsam gegen seinen Befehl fordert? Gehorsam ist besser als Opfer. Denn gegen Gott sich zu widersetzen ist ebenso Sünde wie Zaubern und Wahrsagen, und ihm nicht zu gehorchen so viel wie Götzenanbeten. Weil du aber das Wort Gottes verworfen hast, hat Gott dich verworfen. Du sollst nicht mehr König sein« (1. Sam 15,22). Darauf hat Samuel den gefangenen König Agag in Stücke gehauen [vgl. 1. Sam 15,33]. Dies lehrt uns deutlich, daß der Hirt auch dem König, Fürsten oder Oberen nichts durchgehen lassen darf, sondern jedem seinen Irrtum anzeigen soll, sobald er sieht, daß jener vom Weg abkommt.

| Darum ist jener Prälat, dessen Namen ich hier barm- 29
herzigerweise verschweige,[46] auch so unverschämt gewesen. Als der neulich einem Priester eine Pfarrei verlieh, knüpfte er die Bedingung daran, den Priesterstand mit keinem Wort zu rügen und auch das Evangelium so zu predigen, daß dabei keiner getadelt werde. Sieh, was mag denn dieser arme Pfarrer wohl noch predigen? Da liegt die ganze Welt im argen, und er soll ihr nicht die Leviten lesen dürfen! Wozu brauchen sie dann noch Hirten? Ich weiß genau, daß dieser gute Herr gesagt hat, das Evangelium tadle keinen. – Mein lieber Herr, macht doch die Augen besser auf und lest bei Matthäus 23,1–36 und 3,7–12 sowie bei Johannes 8,1–59 und 3,1–36 und an weiteren Stellen, was Christus und Johannes gesagt und getan haben. Bestimmt wird er mir darauf antworten: Doch, doch, der Pfarrer möge ruhig die Bauern tadeln und von ihren Lastern abbringen! Dann hat er sich noch aufgeblasen: Er wolle nicht gegen das Evangelium sein, ihm liege viel daran. – Hier sitzt das Übel: Die Großen dieser Welt sind gerne bereit, die Predigt der Wahrheit zu dulden, so lange man ihre Willkürherrschaft nicht an den Pranger stellt, und sie nichts dabei verlieren. Der Hirt aber lernt hier ein anderes, nämlich den König, den Regenten nicht zu schonen und zu sagen: »Man muß Gott mehr gehorchen als den Menschen« [Apg 5,29].

Da aber die Partei der Päpstler ihren »Gehorsam« auch mit diesen Worten untermauert, so wollen wir weiter davon reden:

Als Saul mehr nach eigenem Gutdünken als nach dem Wort Gottes handeln wollte, da beging er den größten Ungehorsam. Darum sprach Samuel zu ihm, der Ungehorsam gegen Gottes Geheiß sei Götzendienst und gerade so schädlich und betrügerisch wie der Betrug der Zauberer und Wahrsager und ihrer Lügengespinste. Es errichtet sich der Mensch, dessen Verstand etwas für gut hält, unweigerlich einen inneren Abgott: die eigene Vernunft und das Gutdünken, wenn er das Rechte und Gute nicht allein bei Gott und seinem Worte lernt. Dieser Götze aber wird nur mit Mühe umgestoßen, denn er fängt sogleich auch äußerlich mit seinen Zauberstücken an, indem er den Menschen den falschen Schein als Wahrheit und Richtigkeit andreht. Wie der Äffin ihre Jungen über alles gefallen, genauso gefallen dem Menschen die eigenen Erfindungen.

| Auch Saul meinte, es sei nobler, wenn ein König den anderen nicht umbringe, sondern gefangennehme, und es diene zu nichts, wenn die wertvollen Kleider und Juwelen zerstört und das Vieh getötet würden. Darum überließ er dem Volk, was wertvoll war, gerade wie wenn dies im Gebot der Nächstenliebe begründet wäre, und ordnete an, Gott mit dem Vieh ein großes Opfer zu bringen, als ob dies im Gebot stünde: »Du sollst Gott allein anbeten und ehren« [2. Mose 34,14]. Dazu sagt Samuel: »Gehorsam ist besser als Opfer!« [1. Sam 15,22] Was für ein Gehorsam? Nicht der Gehorsam gegen die Verordnung Sauls, den König nicht zu töten, die Kostbarkeiten für das Volk zurückzuhalten und das Vieh zu einem Opfer für Gott. Obwohl dieser Gehorsam sich recht ansehnlich gibt, meint Samuel den Gehorsam gegen Gottes Willen, daß man unentwegt sein Wort erfülle. Eben darauf hätte Saul hören sollen und nicht auf seine Erwägungen. Also merken hier die Päpstler, Mönche, Priester und Nonnen, daß der Spruch »Gehorsam übertrifft alle Opfer« nicht für sie

spricht, sondern vielmehr gegen sie. Denn er besagt, daß der Mensch Gott keinen größeren Gottesdienst leisten kann als den allein: dem Worte Gottes unbeirrt zu folgen und sich durch keines anderen Menschen Gutdünken, nicht einmal durch das eigene, verleiten zu lassen. Wenn nun die ganze Meute der Päpstler aus ihren Vorschriften, Lehren und Gutachten heraus redet, die dem Gotteswort nicht entsprechen, so müssen wir sie in jedem Fall mit dem Wort Gottes konfrontieren. Und wenn sie sagen: »Du sollst dem Papst gehorsam sein, dem Abt, dem Prior, und so fort«, so prüfe man, ob sie gebieten, was im Wort Gottes begründet ist. Trifft dies zu, so sind ihre Gebote überflüssig. Man soll sie auch gar nicht dem Menschen zuschreiben, sondern vielmehr das Wort Gottes hervornehmen, sich daran halten und unter demselben leben. Gebieten sie aber, was dem Wort Gottes nicht entspricht und argumentieren sie: »Sogar wenn wir verlangten, was im göttlichen Recht nicht begründet ist, müßtet ihr uns gehorchen, denn über allem steht der Gehorsam!«, so sage man: »Was du vom Gehorsam gegen dich behauptest, bezieht sich in Wahrheit auf Gott!« Daher soll man lieber den Tod erleiden als etwas gegen Gottes Wort tun, denn nichts ist Gott angenehmer, als wenn man auf ihn hört und sich vom Ermessen keines anderen beirren läßt.

| Wenn ihr also gebietet, was im Wort Gottes keinen Grund 31
hat, so erweist man Gott den größten Dienst, indem man euch nicht gehorcht.

Als David mit der geliebten Ehefrau des braven Uria geschlafen hatte [vgl. 2. Sam 11,4], während dieser doch für ihn sein Leben der Feindesgefahr aussetzte, da bewerkstelligte er auch gleich noch Urias Ermordung. Daraufhin schickte ihm Gott den Propheten Nathan, um die mörderische Schurkerei und die Beleidigung Gottes zu bestrafen. Denn vor Gott hatte sich David seiner Tat nicht geschämt, vor den Menschen aber suchte er sie jetzt zu vertuschen. Die folgende Strafe mußte Nathan 2. Samuel 12,9 unerschrocken aussprechen: »Du hast

Uria mit dem Schwert getötet und dir seine Frau zur Gattin genommen, darum soll stets das Schwert über deinem Hause schweben ...« Sieh, hier muß der Prophet dem großen David den Ehebruch und den Totschlag, ja den hinterlistigen Mord vorhalten. Doch was tun heute diese schlappen Hirten, die täglich den Ehebruch der Vornehmen konstatieren und die ihm gleichwohl nicht zuvorkommen, sondern häufig auch noch Kupplerdienste leisten? Was wollen wir erst von der unkeuschen Keuschheit der Päpstler sagen, die ihre heuchlerische Enthaltsamkeit nicht genug herausstreichen können, sich uns aber täglich obszöner als die Hunde darbieten? Dies alles ginge ja noch halbwegs an, bliebe es bei einigen innerhalb der natürlichen Grenzen![47]

Jerobeam, der König in Israel, war so vermessen, zwei goldene Kälber aufzustellen, eines in Bethel, das andere in Dan. Zudem verlegte er das Laubhüttenfest, das man in Juda feierte, in sein Reich, damit das Volk nicht mehr nach Jerusalem wallfahre. Somit war er der erste König, der Israel in die Abgötterei führte (vgl. 1. Kön 12.13). Als nun der Tag des Opfers kam und Jerobeam beim Altar stand und räucherte, »siehe, da kommt ein Mann Gottes, ein Prophet, und ruft laut
32 das ihm befohlene Wort Gottes aus: | Altar, Altar, so spricht der Herr! Blick empor! Ein Sohn wird aus dem Geschlecht Davids geboren werden mit Namen Josia. Der wird auf dir die Priester der Höhenheiligtümer abstechen oder opfern, die jetzt den Weihrauch anzünden. Anzünden wird er Menschenknochen auf dir.« Dazu gab der Prophet ein Wahrzeichen, indem er sprach: »Siehe, der Altar wird bersten und seine Asche verfliegen! Da streckte der König beim Altar die Hand aus und rief: Greift ihn! Und augenblicklich verdorrte die Hand, die er gegen den Propheten ausgestreckt hatte, so daß er sie nicht mehr an sich ziehen konnte. Und der Altar barst, und die Asche verflog, wie der Prophet geredet hatte« [1. Kön 13,1–5]. Nachdem der Prophet Gott für den König angerufen hatte, wurde seine Hand wieder gesund, doch von der Abgötterei

kehrte er sich trotzdem nicht ab. Sieh, was Verstocktheit fertigbringt!

Hier lernt der Hirt, daß er sich die Schafe weder zur Abgötterei noch zu irgendwelchem Unrecht verleiten lassen darf, und daß er sogar einem dreisten und selbstherrlichen Jerobeam, der sich dazu erfrechte, entgegentreten soll, selbst wenn er weiß, daß auf ihn nicht gehört wird. Denn Gott wußte sehr wohl, daß Jerobeam nicht von seiner Abgötterei ablassen würde, und trotzdem sandte er seinen Propheten zu ihm. Das geht gegen solche Hirten, die ihr Schweigen damit entschuldigen, daß sie wüßten, ihr Reden nütze ja doch nichts. Christus hat deswegen auch nicht aufgehört, die ungläubigen Juden zu belehren, obschon er wußte, daß sie seine Lehre nicht annehmen würden.

In Israel war Ahab ein ebenso gottloser vermessener König wie sein Vorgänger. Ja, an Freveltaten übertraf er alle, indem er zu allen Gottlosigkeiten hinzu den Götzen Baal samt vielen Priestern einführte. Deswegen hielt Gott drei Jahre lang den Regen zurück [vgl. 1. Kön 16,29–17,1]. Dann schickte er Elia, um die Priester Baals zu blamieren und das Volk wieder zur Besinnung zu bringen. Also trat er vor den großen Gottesschänder Ahab. »Der sprach zu ihm: Bist du derjenige, der Israel durcheinander bringt? Elia antwortete: Nicht ich habe Israel durcheinander gebracht, sondern du und die Familie deines Vaters. Ihr habt die Gebote Gottes verlassen und seid den Baalsgötzen gefolgt« [vgl. 1. Kön 18,17–18].

| Hierauf kam Elia mit Ahab überein, die 450 Priester Baals 33
und die 400 Priester der heiligen Haine auf dem Berg Karmel zu versammeln, damit man sehe, wer der rechte und wahre Gott sei. Nach 1. Könige 18,21 redete er folgendes zum Volk: »Wie lange wollt ihr auf beiden Seiten hinken? Ist der Herr euer Gott, so folgt ihm nach, ist's aber Baal, so folgt diesem nach!« Und als er das Anzünden des Opfers mit ihnen vereinbart hatte, da wollte es ihnen nicht gelingen. Elia aber entzündete es augenblicklich durch bloßes Anrufen des wahren Got-

tes Israels [vgl. 1. Kön 18,23–38]. Was dann geschah, davon später. Hier widersetzt sich Elia der Götzenverehrung vor dem wutschäumenden König und vor so viel falschen Priestern, obwohl er als einziger Prophet übriggeblieben war, wie das nächste Kapitel, 1. Könige 19,10, zeigt. An dieser Stelle kann der Hirt anschaulich lernen, daß es seine Pflicht ist, tapfer bei Gottes Wort zu bleiben, selbst wenn die ganze Welt gegen ihn steht, und ebenso, daß er sich von der Überzahl der Baalspriester nicht beeindrucken lassen soll. Er darf dem Volk auch nicht gestatten, »auf beiden Seiten zu hinken«. Das heißt: er soll es nicht im Irrtum belassen, wenn es sagt: »Doch, ich vertraue auf Gott! Ich vertraue aber auch auf die Kreaturen, die jetzt selig sind.«[48] Gott kann dieses Hinken nicht dulden, er will alles allein sein. Israel gibt zwar dem wahren Gott von Zeit zu Zeit durchaus die Ehre, er aber will sich nicht damit abfinden.

Eben dieser Ahab begehrte von Naboth, einem rechtschaffenen Mann, einen Weinberg in bester Lage zum Palast zu kaufen [vgl. 1. Kön 21,1–23]. Als Naboth sich weigerte, wurde der König vor Ärger krank. Dem half nun seine Frau Isebel auf ihre Weise ab. Sie beschaffte sich zwei falsche Zeugen, die aussagten, Naboth habe Gott gelästert, woraufhin sie ihn töten ließ. Dann hieß sie ihren Mann aufstehen und fröhlich sein: Naboth sei tot und der Weinberg dem König zugefallen. Auf diesen schändlichen Mord hin wurde Elia erneut aufgeboten. Er sprach zu Ahab: »Du hast getötet und eingesackt. An der Stelle, wo die Hunde Naboths Blut geleckt haben, sollen sie
34 auch dein Blut | lecken.« Und über Isebel sprach er: »Isebel werden die Hunde auf dem Feld von Jesreel fressen« (vgl. 1. Kön 21,19.23), was sich später alles erfüllt hat. Hier lernt der Hirt hervorzutreten, wenn das ganze Volk oder auch nur ein einzelner bedrängt wird – und wäre es gegen den größten Tyrannen.

Als alle falschen Propheten Josaphat, dem König von Juda, und dem oftgenannten Ahab weissagten, sie müßten gegen den syrischen König ziehen [vgl. 1. Kön 22,1–40], da widersprach ihnen allein der Prophet Micha; er sagte alles voraus, was ihnen später widerfuhr. Obwohl der arrogante Prophet Zedekia ihn auf die Backe schlug und hoch und heilig behauptete, Gottes Geist habe ihn ebensogut wie Micha im Prophezeien unterwiesen, blieb dieser selbst dann noch standhaft, als man ihn ins Gefängnis warf. In jenem Kriege aber wurde Josaphat verwundet und Ahab erschossen. Und als man den Streitwagen, auf dem er gefahren war, in der Schwemme zu Samaria wusch, da leckten die Hunde sein Blut ab, wie Gott durch Elia geredet hatte [vgl. 1. Kön 22,38]. Hier lernt der Hirt, daß er auch denen ans Leder muß, die sich des Wortes Gottes grundlos rühmen und nur aus Gutdünken oder Liebedienerei reden. Ob einer aber das Wort Gottes veruntreut, geht aus diesem selbst hervor. Ferner lernt der Hirt hier auch das willkürliche Kriegführen der Fürsten zu tadeln und zu verhindern. Doch wo bleiben da die Päpstler, die hohen Bischöfe und die ganze Schar der sogenannten Geistlichen? Wie haben die sich aufgeführt? Sie haben in den letzten 15 Jahren die größten und mächtigsten Völker gegeneinander ausgespielt[49] und dabei Ehre, Leib und Gut so vieler Menschen zugrundegerichtet, daß die Verheerung je länger je weniger zu berechnen ist.[50] Besonders schrecklich war's gerade in letzter Zeit.[51] Immer wenn sie anfingen, vom Frieden zu reden, geschah dies stets zu ihrem Vorteil, worauf der Krieg jeweils so schlimm wurde, daß einen heute noch schaudert, wenn man sie so reden hört, und sie doch im Sinne haben, wieder eine ›Ate‹[52], das heißt eine Unheilsgöttin, in die Welt zu schicken. Kurz: Wer | Frieden haben will, der nehme unverzüglich das Wort Gottes an, das sich heute so deutlich kundtut, oder er wird nie mehr Frieden sehen. Die Axt ist an den Baum gelegt [vgl. Mt 3,10; Lk 3,9].

Was bedarf es noch weiterer Prophetenstellen, um zu belegen, daß der Hirt allem Bösen entgegentreten soll? Lese der Hirt selber die Propheten, und er wird nichts anderes finden als den ewigen Kampf mit den Mächtigen und den Freveltaten dieser Welt. Wie tadelt Jesaja 1,23 die Machthaber: »Deine Fürsten sind Gottlose und Komplizen der Diebe. Sie nehmen gerne Geschenke und sind auf Schmier- und Soldgelder aus. Dem Waisenkind verhelfen sie nicht zu ihrem Recht und der Witwen Sache kommt nicht vor sie.« Desgleichen ruft Jeremia 5,4–5 aus, die Großen hätten das Volk an Skrupellosigkeit übertroffen. Und unsere Gebieter sagen uns, ja sie verpflichten uns, ihnen nicht nahezutreten, dabei kommt doch aller Schaden von den Herrschern und Häuptern her! Wie tadelt Jeremia die falschen Propheten [vgl. Jer 23,9–40], wie verwarnt später Ezechiel 34,2.10 die sicher riesengroße Zahl der Hirten, die nur sich selber weiden. Und trotzdem redeten die Propheten gegen sie. Wie tadelt Amos die Despoten, die er fette Kühe nennt [vgl. Am 4,1] und denen er das große Elend ansagt, das sie treffen werde. Wie muß Jona in eine große Stadt gehen und ihr predigen, sie werde in 40 Tagen untergehen [vgl. Jon 1,2; 3,4]. Wie haben doch alle vorexilischen Prediger die babylonische Gefangenschaft vorausgesagt und vor ihr gewarnt – und alles war vergeblich!

Johannes der Täufer, der Herold Christi, sah sehr wohl, wie mächtig und gefährlich Herodes war, so daß das Volk das schändliche Leben des Königs nicht zu kritisieren wagte. Gerade weil niemand ihn maßregelte, durfte Johannes ihn nicht schonen: Er trat vor ihn, tadelte seine Vergehen und sprach: »Es ist nicht recht, daß du die Ehefrau deines Bruders besitzest« [Mk 6,18], was eben der Fall war. Sogleich wurde Johannes festgenommen und getötet (vgl. Mk 6,17–29). Daraus lernen wir, daß der Hirt tun muß, was niemand wagt: Den Finger auf wunde Stellen legen und Schlimmes verhüten, keinen schonen, vor Fürsten, Volk und Geistliche treten, sich weder durch
36 Größe, Einfluß und Zahl, noch durch irgendwelche | Schreckmittel beeindrucken lassen, sofort zugegen sein, wenn Gott ruft und nicht nachlassen, bis sie sich ändern. So heißt es bei Jeremia 1,18–19 und 15,19–20: »Sie sollen sich zu dir hin-

wenden, nicht du zu ihnen, und ich will dich zu einer starken ehernen Mauer für das Volk machen. Sie werden gegen dich streiten, dich aber nicht überwinden, denn ich bin mit dir.«

Für den Fall, daß das Oberhaupt seine Kompetenzen überschritte, hatten, um dagegen Einspruch zu erheben, die Spartaner Ephoren,[53] die Römer Tribunen[54] und haben viele deutsche Städte Oberste Zunftmeister.[55] Genauso hat auch Gott bei seinem Volk seine Beamten: die Hirten, damit sie allzeit auf der Hut seien. Denn Gott will keinen so erhaben, daß man ihm seine Missetaten nicht vorhalten dürfte. Und wenn die Behörden solches aus Falschheit oder Furcht nicht wagen wollten, obwohl sie dazu befugt sind, dann soll wenigstens der Hirt statt ihrer »nicht schlafen« [vgl. Ps 121,4]. Hilft die Obrigkeit wehren, so lassen sich die Laster um so friedlicher beseitigen. Hilft sie nicht, so muß der Hirt seine Haut dran wagen und auf keine andere Hilfe und Rettung hoffen als auf die göttliche. Kurzum, es muß gewacht und gewehrt sein! Um die sündige Welt zu warnen, schickt Gott seine Propheten stets zeitig genug, wie bei Jeremia 25 und 29 zu lesen steht. Sobald aber die Warnung erfolgt ist, hilft nur noch Ändern und Bessern. Denn geschieht dies nicht, so steht ein Übel vor der Tür, das täglich wächst, bis das ganze Volk zugrunde gerichtet ist. Beispiele: Sodom und Ninive [vgl. 1. Mose 19,24–29; Nah 1,12–2,14; Tob 14,5] und Israel, das in der Wüste das Kalb angebetet hatte und begnadigt wurde [vgl. 2. Mose 32,1–35]. Aber auch jenes Israel, das sich trotz aller Warnungen nicht besserte und in die babylonische Gefangenschaft geführt wurde.

Wenn nun der Hirt sich allen großen und hohen Dingen dieser Welt entgegenstellen und sie bekämpfen muß, so bedarf er guter Rüstung. Dazu müssen wir ihn in die Rüstkammer Christi führen, damit er | sich hier mit den Waffen wohl ver- 37
sehe, die er für seine Jünger bereitgestellt hat. Matthäus 10,7–10, Markus 6,7–13, Lukas 9,1–6 und 10,4–7 sendet er sie mit den Worten aus: »Wenn ihr nun hingeht, so predigt und sprecht: Das Himmelreich ist da! Macht die Kranken ge-

sund, die Aussätzigen rein. Erweckt die Toten, vertreibt die Dämonen und predigt: Das Reich Gottes ist da! Umsonst habt ihr's empfangen, umsonst gebt's weiter. Ihr sollt weder Gold noch Silber noch Kleingeld im Beutel haben, auch keine Reisetasche auf dem Weg, keine zwei Röcke, keine Schuhe, keinen Stock. Denn wer sich abmüht, dem steht Nahrung zu« [Mt 10,7–10]. Schau, hier will Christus, daß der Hirt sich keineswegs mit irgendwelcher zeitlicher Nahrung versehe, sondern allein mit dem Vorsatz redlicher Anstrengung. Er bestreitet nicht, daß sie Güter oder Nahrung zum Leben brauchen. Arbeiten sie gewissenhaft, so werden sich alle Möglichkeiten ergeben, daß sie nichts entbehren müssen. Wie sollte der Ernährer und Bekleider der Vögel und Blumen [vgl. Mt 6,26–32] seine Arbeiter Mangel leiden lassen? Er heißt sie ja auch die Gaben weitergeben, die er ihnen frei und unentgeltlich zu ihrem Wirken gegeben hat. Damit sie begriffen, daß ihnen der Luxus des Fahrens und Reitens verboten sei, ist ihnen bei Markus 6,8 der »Stock« als Weghilfe gestattet. Bei Matthäus 10,10 ist er hingegen verboten, damit sie nichts mit Schlägen zu erreichen versuchten und damit sie lernten, sich allein auf die Fürsorge ihres Herrn zu verlassen, statt selber vorzusorgen.

Bald darauf fährt Jesus fort: »Und wer euch nicht aufnimmt und eure Worte nicht annimmt, aus dessen Haus oder Stadt geht und schüttelt den Staub von euren Füßen. Wahrhaftig, ich sage euch: Am Tag des Gerichts wird es dem Volk Sodoms und Gomorrhas erträglicher ergehen als dieser Stadt«
38 [Mt 10,14–15]. Wie er ihnen zuvor | befohlen hatte, die »Schlüssel des Lösens« [Mt 16,19] zu gebrauchen, indem sie das Evangelium verkündigten, nämlich: das Reich Gottes sei da [vgl. Lk 10,9], so heißt er sie hier wiederum jene »binden«, die ihr Wort nicht annehmen, nämlich deren Staub von den Füßen zu schütteln. Zum Zeichen dafür, daß die Ungläubigen so völlig in ihrem Unglauben befangen seien, sollten die Gottgläubigen nicht einmal mit deren Staub in Berührung kom-

men, der doch nicht der Rede wert ist. Apostelgeschichte 18,6 hat auch Paulus die »Schlüssel des Bindens« in diesem Sinne gehandhabt: Als die Juden in Korinth gegen Christus redeten und ihn schmähten, da hat er seine Kleider ausgeschüttelt und zu ihnen gesagt: »Die Schuld eures Blutes komme über euer Haupt! Ich werde mich an die Heiden halten und mich von euch nicht verunreinigen lassen.« Damit alle »Kraft und Ehre« [Mt 6,13] Gott und seinem Wort zukomme, sehen wir auch hier, wie Christus verbietet, jemand mit Gewalt zum Glauben zu zwingen. Etliche behaupten zwar, dies sei den Christen erlaubt, doch ich fürchte, daß solche nur nach zeitlichem Besitz und nach dem irdischen Reich gieren.

Weiter spricht Christus: »Siehe, ich sende euch wie Schafe mitten unter die Wölfe. Darum seid klug wie die Schlangen und arglos wie die Tauben. Nehmt euch aber vor den Menschen in acht, denn sie werden euch vor die Behörden ziehen, und in ihren Gerichtsversammlungen werden sie euch auspeitschen. Vor Fürsten und Könige werdet ihr um meinetwillen gestellt werden, ihnen und den Heiden zum Zeugnis« [Mt 10,16–18]. Sieh, wie er ihnen alles Vertrauen in diese Welt entzieht! Wie kann man das Fleisch mehr erschrecken, als wenn man ihm sagt: Ihr werdet vor Behörden, Fürsten und Könige gestellt, verraten und ausgepeitscht. »Es wird ein Bruder den anderen in den Tod schicken, der Vater den Sohn und wiederum die Söhne ihre Väter« [Mt 10,21]. Unter so vielen Feinden, fügt er noch bei, würden sie dem Leibe nach wehrlos sein wie Schafe mitten unter den Wölfen. Die kennen auch kein Erbarmen mit den Schäfchen, die doch so erbarmenswerte, liebe und harmlose Tiere sind. Genausowenig Mitgefühl werden die Hirten und Diener Gottes bei den gottlosen Menschen finden, die sie wie Schafe betrachten, die für die Schlachtbank bestimmt sind [vgl. Jes 53,7; Jer 11,19]. Und jeder, der sie tötet, wird meinen, Gott damit einen Dienst geleistet zu haben. | Diese Waffen und viele andere dazu, näm- 39
lich: daß sie nicht über dem Meister stünden, daß sie verfolgt

würden wie er [vgl. Mt 10,24; Joh 15,20] und daß die Welt sie hassen [vgl. Joh 15,18] und als Verführer verschreien werde, dies alles könnte mehr wie ein Mittel der Behinderung als der Verteidigung erscheinen. Doch um wirkliche Waffen handelt es sich tatsächlich. Denn: wenn ein Hirt mit ihrem bevorstehenden Angriff gerechnet hat, so ist er gewappnet, und sie können ihm nichts anhaben. Dazu bedarf er freilich immer eines starken Panzers. Ich will jetzt aber hier nicht den Harnisch aus Epheser 6,11–17 beschreiben, sondern den, welchen Christus Matthäus 10,26.28 mit wenigen Worten erklärt. Gleich nachdem er viele Dinge aufgezählt hat, die über den Hirten kommen werden, sagt er: »Ihr sollt sie nicht fürchten!« und kurz darauf: »Ihr sollt nicht die fürchten, die den Leib töten, aber der Seele nichts anhaben können. Fürchtet vielmehr den, der Leib und Seele in der Verdammnis vernichtet.« – »Nicht fürchten!« ist der Harnisch! Wenn du nun sagen möchtest: »Mir ist auch ohne Christus klar, daß ich alles tapfer anpacke, wenn ich mich nicht fürchte. Wäre mir Furchtlosigkeit gegeben, so würde ich bestehen können, nicht aber beim bloßen Befehl, mich nicht zu fürchten.« Deswegen zeigt uns Christus Johannes 16,33, wo wir uns Furchtlosigkeit holen können: »Diese Dinge habe ich mit euch geredet, damit ihr Frieden habt in mir. Ihr werdet in der Welt Angst oder Bedrängnis haben, doch seid unverzagt, ich habe die Welt besiegt.« Hier sehen wir Christus, den Streiter im ersten Glied. Er heißt uns unbekümmert in seinem Werk fortfahren, auch wenn man uns dabei bedränge, denn nicht anders gehe die Welt mit ihm um. Darin jedoch steckt unsere feste Gewißheit: daß er der Besieger der Welt ist. Und wenn wir seine treuen Diener sind, dann wird er sie auch für uns besiegen. Darum sollen wir nur fröhlich sein. So spricht auch Mose zu den Kindern Israels, 2. Mose 14,14: »Der Herr wird für euch streiten, wartet ihr nur ab, oder: seid still, oder: bewahrt die Ruhe«. Also soll der Hirt die Arbeit seines Herrn verrichten und ihn dann walten und verteidigen lassen.

| Wenn der Hirt hier aber einwenden möchte: »Ja, er beschützt mich – bis ich getötet werde!«, so antwortete ich: dann hat er dich recht und wahrhaftig beschützt. Denn keiner erleidet den Tod um Gottes willen, der nicht Gottes ist. Hier wirst du die Anfangsgründe des Glaubens und der Liebe lernen, wie zuvor [Mt 10,19–20.22b] verheißen ist:[56] Glaubst du, daß ein einziger und allmächtiger Gott ist? Ja. – Glaubst du auch, daß er dein Gott, Herr und Vater ist? Ja. – Setzest du auch deine ganze Zuversicht auf ihn? Ja. – So glaubst du auch ohne Zweifel, daß er dir nichts verheißen hat, was er dir nicht auch gewährte? Ja. – Hältst du ihn für einen Vater, so wirst du ihn sicher auch lieb haben und ihm folgsam sein in allem, was er verlangt? Ja. – Wirst du dich auch freuen, wenn du ihm dienen kannst? Ja. – So folgt aus dem Glauben, vermöge dessen du ihn als den höchsten Gott, als deinen Gott und Vater anerkennst, daß du nichts Größeres erhoffst, ja nichts Dringlicheres kennst, als zu ihm zu kommen. Denn hältst du ihn für deinen Vater, so wirst du ihn auch lieb haben. Hast du ihn lieb, so wirst du nicht dulden, daß sein Name irgendwie geschmälert werde, daß man seinem Wort keinen Glauben schenke und daß man ihm so schändlich zuwiderlebe. Und wie du lieber den Tod hinnimmst als die Entehrung deines leiblichen Vaters, also wirst du noch viel lieber den Tod hinnehmen als den Nachteil des himmlischen Vaters. Glaubst du, daß Gottes Wort nicht täuschen kann, so ist dir auch klar, daß hienieden für ihn zu sterben die größte Ehre ist, die ein Sohn seinem himmlischen Gott und Vater erweisen kann. Je weniger du den Tod fürchtest, desto stärker ist der Glaube in dir, und je mehr du den Tod fürchtest, desto weniger Vertrauen und Liebe zu Gott ist in dir. Wo rechter Glaube und Liebe zu Gott sind, da weiß der Mensch, daß für Gott zu sterben »ein Gewinn« [Phil 1,21] ist und der Anfang des wahren Lebens. Er weiß auch, daß nicht besiegt wird, wer das Wort Gottes standhaft bekennt und dafür stirbt, sondern, wer sich durch die Liebe zu diesem Leben von Gott abbringen läßt. Dann wird er nicht mehr sagen: »Aber ich

werde ja dabei getötet!«, denn das ist die Stimme des Fleisches. Wo aber rechte Liebe zu Gott ist, da kann dieselbe kein äußerliches Feuer auslöschen. Damit muß man die Feinde Gottes überwinden, wie Paulus Römer 8,38–39 zeigt: »Ich bin gewiß, daß weder Tod noch Leben, kein Engel und keine Instanz uns von der göttlichen Liebe trennen können.«

41 |Wenn nun der Hirt nicht ohne Liebe auskommt, so müssen wir erklären, warum und woher sie ihm verliehen wird.[57]

Deswegen ist die Liebe unverzichtbar, weil alle Dinge nach ihr ausgerichtet und gemessen werden. Mit dem Augenmaß ist der Zimmermann nie so genau, daß er nicht noch der Meßlatte bedürfte. So sind alle Entschlossenheit, alles Können und aller Glaube nichts, es sei denn, sie orientieren sich an der Liebe. 1. Korinther 13,4–8: »Die Liebe ist geduldig, freundlich, die Liebe feindet nicht an, die Liebe fällt nicht lästig. Sie bläht sich nicht auf, sie handelt weder ungehörig noch ehrlos. Sie sucht nicht das eigene Interesse, sie ist nicht jähzornig, sie rechnet das Üble nicht auf, freut sich nicht am Unrecht, sondern freut sich mit der Wahrheit. Sie erträgt alles, vertraut allem, hofft auf alles. Die Liebe vergeht nie, oder: begeht keine Fehler.«

Am Wesen der Liebe siehst du, daß der Hirt ihrer vor allen andern göttlichen Tugenden bedarf. Gerade wie der Hirt manche Schafe schlägt, andere mit der Hand oder mit dem Fuß stößt und wieder andere mit Pfiffen antreibt, diese mit dem Lecksalz lockt, jene aber trägt, wenn sie schwach sind oder sie zuhause läßt, bis sie wieder zu Kräften gekommen sind, so tut er doch dies alles seinem Herrn zuliebe, damit seine Schäflein sich mehren, sauber und gesund bleiben. Genauso soll der Hirt Gottes alles aus Liebe tun: zur Mehrung und Förderung der Schafe Gottes. Bald muß er barsch sein, bald unnachgiebig, je nachdem, wie die Schafe es nötig haben und Gott es zuläßt. Kurz, wo Liebe ist, da trifft man immer das Richtige, da geht man niemals müßig, stets macht man Gottes Ehre größer und ist dabei imstande, alles auszuhalten. Ohne Liebe verfällt der

Mensch leicht dem Hochmut. Ja, wo Gottes Liebe nicht ist, da ist nichts als der bare Hochmut.

Wo aber die Liebe Gottes zu erlangen sei, ist aus den Worten
Christi Johannes 6,44 leicht zu erlernen: »Niemand kommt zu
mir, es habe ihn denn mein Vater gezogen«. Also kommt die
Zugehörigkeit zu Gott daher, daß Gott selber »zieht«. Denn:
»Gott selber ist die Liebe. | Wer nun in der Liebe bleibt, der 42
bleibt in Gott, und Gott bleibt in ihm« (1. Joh 4,16). Also wird
es nötig sein, daß der Hirt Gott inständig anrufe, damit er ihn
mit dem Feuer seiner Liebe entflamme. Wie soll er ihn aber
»anrufen, wenn er ihm nicht vertraut« (Röm 10,14)? Daraus
folgt nun, daß das Anrufen aus dem Vertrauen kommt, denn
wir rufen den nicht an, von dem wir keine Hilfe erwarten und
auch den nicht, der uns nicht helfen kann. Erwarten wir nun
von Gott, daß er uns so verbunden sei, unseren Mangel ersetzen zu wollen, und daß er so mächtig sei, dies auch zu können,
so ist Gott schon in uns. Denn auf diese Weise vermag unser
Fleisch Gott nicht wahrzunehmen [vgl. 2. Kor 5,16]. Ist nun
solche Erkenntnis und solches Gottvertrauen in uns, so kommt
dies nicht von uns, sondern von Gott. Durch seinen Sohn Jesus
Christus unterweist und versichert er uns, daß er will und kann
[vgl. Phil 2,13]. Und wer Jesus als Gottes Sohn annimmt, der
ist schon sicher, daß Gott uns helfen kann und will. Denn er
hat seinen eigenen Sohn für uns gegeben [vgl. Röm 8,32], was
ja auch unter Menschen das höchste wäre. Wer nun durch
Jesus Christus versichert ist, der ist aus Gott geboren, und Gott
ist in ihm (vgl. 1. Joh 4,15). Denn aus eigenem Vermögen und
Verstand kommen wir nicht so weit, Christus mit solchem
Vertrauen anzunehmen, es kann dies nur durch Gott geschehen. Ist nun Gott im Menschen, so ist auch sicher, daß er ihm
alles geben wird, worum er ihn bittet [vgl. Mt 7,7]. So folgt aus
alledem, daß die, welche sich über die Kälte der göttlichen
Liebe beklagen und für Gott den Tod nicht erleiden wollen,
Christus noch nicht angenommen haben. Denn wer den angenommen hat, der wird sich schämen, irgendeinen Hinder-

ungsgrund auszuhecken, hat doch Gott uns zugute seinen Sohn so rasch entschlossen dahingegeben [vgl. Apg 2,23]. Wer darum die Liebe Gottes haben will, der bitte Gott, daß er ihm die richtige Erkenntnis seines Sohnes verschaffe und den rechten Glauben gebe, und die Liebe wird schon da sein. Und wenn Gott zu seiner Ehre den hinfälligen Leib des Hirten brauchen will, dann wird ihm dieser noch dafür danken. Wenn auch unser Fleisch den Tod flieht und fürchtet – Christus hat ihn auch gefürchtet –, so wird es doch vom stärkeren Feuer des Glaubens und der Liebe Gottes so bewegt werden, daß der Hirt nicht anders kann, als nachfolgen. So nötig ist die Liebe, und hier ist sie zu finden.

43 |Nach alledem zeigt sich, daß einzig und allein die Liebe zu Gott den Hirten bewegen kann, sich selber zu verleugnen, Vater und Mutter zu verlassen, ohne Sack, Beutel und Stock hinauszugehen, vor die Fürsten geschleppt, mißhandelt, fälschlich angeklagt und umgebracht zu werden. Ohne das Fundament des unerschütterlichen Vertrauens kann die Liebe jedoch nicht bestehen.

Jetzt müssen wir sehen, was des Hirten Lohn sei, und ob dieser es ist, der zu hingebendem Dienst und zu so viel Mühsal anspornt. Christus legt ihn Markus 10,28–38 fest.[58] Als Petrus im Namen der Jünger fragte: »Sieh, wir haben alle Dinge verlassen und sind dir nachgefolgt. Was wird unser Lohn sein?«, hat ihm Christus nach Matthäus 19[59] geantwortet: »Wahrlich, ich sage euch: Es ist keiner, der sein Haus, oder Brüder, Schwestern, Vater, Mutter, Ehefrau, Kinder oder Äcker um meinetwillen und um des Evangeliums willen verlassen hätte, der in dieser Zeit unter Verfolgungen nicht hundertfach zurückerhielte Häuser, Brüder, Schwestern, Mütter, Kinder oder Äcker, und in der künftigen Welt ewiges Leben.« Hier verheißt Christus großen Lohn, aber er macht ihn außerordentlich bitter, wenn er sagt, derselbe werde »unter Verfolgungen« entrichtet. Deshalb muß man sehen, wo denn der hundertfältige Lohn bezahlt wird, den er hier verspricht. Verfolgungen finden wir in dieser Zeit leicht, kaum aber die hundert Häuser, Brüder und dergleichen. Hör zu. Als Petrus, Apostelgeschichte 2,14–36, gepredigt hatte, da wurden dreitausend Menschen zum Glauben bekehrt [vgl. Apg 2,41]. Hier erhielt er mit einem Mal viel mehr Schwestern und Brüder, auch Häuser, Äcker und Vorräte jeder Art, als er je zuvor besessen hatte. Er hatte nämlich alle, die an Christus glaubten, nicht weniger lieb als seine leiblichen Brüder. Um ihren Besitz sorgte er sich, als wäre es sein eigener gewesen, damit er nicht gegen Gottes Willen zu hoch geschätzt oder mißbraucht würde. In diesem Sinne haben alle treuen Hirten gehandelt.

Nun dient dieser Lohn freilich nicht den Annehmlichkeiten des Leibes, sondern er vermehrt nur noch die Sorge und Plage des Hirten um seine Pflichtbefohlenen. Was soll man erst von der Verheißung der Verfolgung sagen? Die hat sich derart gründlich erfüllt, daß die Hirten allenthalben und lange Zeit getötet worden sind. Daraus geht klar hervor, daß sie nicht mit
Seitenblick auf materiellen Lohn gedient | haben. Wenn dabei 44
aber auch das ewige Leben verheißen ist, so müssen wir überlegen, ob denn dieses ein Grund sei, das Hirtenamt anzunehmen. Wir finden, daß der Hirt, sofern er von der rechten Art ist, nicht einfach um den ewigen Lohn dient. Dies läßt sich am menschlichen Verdienst und Lohn zeigen: Wer um ewigen Lohn dient, der sollte vorher wissen, wo und von wem ihm derselbe versprochen sei und ob derjenige, der ihn zusichert, auch aufrichtig und zuverlässig sei. Wenn der Mensch nun den verheißenen Lohn kennt, so braucht er als nächstes die Gewißheit, daß der Verheißende ihn nicht täuscht. Hat er diese Gewißheit, so hat er das rechte Vertrauen und Glauben an Gott. Ist dies der Fall, so ist die Liebe zu Gott unweigerlich die Folge. Denn wer wollte Gott als das wahrhaft gnädige, vertrauenserweckende höchste Gut[60] anerkennen und ihn nicht lieb haben? Zumal da er uns seine Gnade durch Jesus Christus, seinen Sohn, so hoch und heilig zugesichert hat.

Also kann auf den Lohn kein rechter Hirte sehen. Denn

wenn er vertraut, daß ihm der Lohn sicher ist, so ist der Glaube schon da. Ist der Glaube da, so folgt die Liebe von selber. Sind Vertrauen und Liebe schon da, so kommt der Antrieb zur Arbeit von ihnen und nicht von der Aussicht auf Lohn. Nur Knechte schauen auf den Lohn, nicht aber Söhne. Diese arbeiten getreulich im Hauswesen ihres Vaters und lassen ihn den Lohn bestimmen, wann und wie er will. Sind wir nun »Söhne Gottes« (vgl. Gal 4,7) und »Miterben Christi« (vgl. Röm 8,17), warum sollten wir dann wie die unfreien Knechte nur auf den Lohn sehen und nicht vielmehr auf die Ehre Gottes, unseres Vaters, und diesen später unser Erbteil bestimmen lassen, wie es ihm gefällt?

Der Hirt, der nicht zu so viel Liebe kommt, wird im Feuer der Verfolgung oft wankelmütig werden. Darum hat Christus die Jünger, bevor er sie zum Predigen aussandte, unter dem Zeichen der Feuerzungen und des Sturmgebrauses mit dem Heiligen Geist gestärkt [vgl. Apg 1,2; 2,1–13].

45 | Zuerst kam der Wind, der die Wellen und das Stürmische dieser Welt anzeigt, dann kamen die feurigen Zungen. Sie bedeuten Gottes Stärkung, die durch die Liebe zu ihm in unsern Herzen entfacht wird.

Folgendes jetzt über die falschen Hirten

Falsche Hirten sind nichts anderes als falsche Propheten. Gott hat sie des öftern anschaulich dargestellt, und dennoch wollen wir sie nicht wiedererkennen. Christus hält sie uns Matthäus 7,15–16 erneut so deutlich vor Augen: »Hütet euch vor den falschen Propheten, die in Schafskleidern zu euch kommen, inwendig aber räuberische Wölfe sind! Ihr werdet sie an ihren Früchten erkennen. Lesen sie Trauben vom Dorngestrüpp oder Feigen von den Disteln?«

Hier haben wir ein allgemeingültiges Bild vor uns, wie es die Wahrheit selber zeichnet, und anhand dessen wir alle falschen Propheten identifizieren können.

Erstens kommen sie unbewaffnet und harmlos daher, wie Schäflein, die kein Härchen krümmen können. Genauso begegnen uns heute die Päpstler, wenn wir auf ihre Worte gehen. Doch wie sich der Wolf am Gebiß verrät, so verraten sie sich mit ihren Auftritten, mit ihrer ganzen Gefolgschaft. Wie zuweilen die Gewaltherrscher in kriegerischem Gepränge kommen sie daher. Wo sie sehen, daß das unverfälschte Wort Gottes gesät wird, da nähern sie sich der Obrigkeit auf diese Weise: »Wir sehen, wie man den nahtlosen Rock [vgl. Joh 19,23] Gottes gänzlich zerreißt und die christliche Kirche völlig zersetzt, die Christus Jesus sich selber zugesprochen und mit seinem eigenen rosenfarbenen Blut erkämpft und angeeignet hat.« Und dergleichen mehr. Welchem Gläubigen wollten da nicht die Augen übergehen, wenn sie ihm mit dem schmerzlichen Tod und dem Blut Jesu Christi kommen? Haben sie ausgeredet, dann ist dir freilich klar, ob es ihnen um Christus oder um die Geldkiste[61] zu tun ist. Denn ihrer Rede fügen sie fast immer bei: »Man hält sich nicht mehr an die Vorschriften der Väter!« | Damit aber meinen sie nichts anderes als das 46
Recht, Pfründen zu vergeben,[62] Jahrgelder zu beziehen,[63] von den neuen Pfründeninhabern eine Abgabe zu verlangen,[64] Jahreskollekten zu erheben,[65] den Ausschluß vom Sakrament gegen eine Gebühr aufzuheben,[66] um weltliche Güter den Bann auszusprechen[67] – den ganzen erbärmlichen Wust ihrer »Rechtsansprüche« also. – »Man behauptet, die Messe sei kein Opfer!« Damit haben sie die größten Reichtümer aufgehäuft. – »Man verpönt die Beichte!« Damit haben sie alle Gewissen in Beschlag genommen und erst wieder gegen ein hohes Lösegeld freigelassen. Dem rechten Beichten aber, wie der Mensch zu echter Reue und Zerknirschung gebracht werde, fragen sie nichts nach. – »Man gibt nichts auf die Mutter Gottes!«[68] Dies, weil man sie nicht mehr mit Silber, Gold und Edelsteinen

behängen mag, die der Geizwurm alle Jahre als eine besondere Ernte einheimsen konnte. Jetzt aber will man es den Armen geben, ganz wie der arme Sohn der Maria getan hat. – »Die Mönche und Nonnen laufen aus den Klöstern!« Richtig! Das größte Bollwerk der Päpstler sind die Klöster. Da hinein haben sie die Kinder der Reichen und Mächtigen gelockt,[69] als Geiseln gewissermaßen, um überall desto sicherer zu sein, wie wir heute feststellen können. Wo in einem Volk wenig Klöster sind, da wird dem Wort Christi auch weniger Widerstand geleistet. – »Die Priester nehmen Frauen zur Ehe!«, was Gott ja selber gebietet. Halten sie sich aber Konkubinen und bezahlt einer alle Jahre seine 4 Gulden pro Kind, alle fünf Jahre die Abfindungssumme im Vaterschaftsprozeß oder alle Jahre die Visitationsgebühr, womit der Bischof auf jährlich viertausend Gulden kommt, dann ist alles in bester Ordnung.[70] – »Man predigt Aufruhr!«[71] Aber daß sie die Welt ohne Rechtsgrundlage in ihre Zinspflicht und Leibeigenschaft[72] gebracht haben, das scheint ihnen nicht Grund genug zu Aufruhr. Dabei ist
47 doch bekannt, daß noch jedem Aufstand | dieser Welt die unmäßige Bedrückung vonseiten der Mächtigen vorausging! Noch viele ähnliche Klagepunkte hängen sie ihren Reden an, aus denen nur hervorgeht, daß sie durch ihre Täuschungsmanöver das gnadenvolle Werk unseres Herrn Jesu Christi vor ihre eigennützigen Motive schieben. Und träten sie nicht selber schon so gespreizt auf, so sähe man es ihrem Troß und Pomp deutlich genug an, ob ihre Sorge Gott gilt oder der Abnahme ihres Wohllebens. Christus, jedenfalls, hat sich solchen Hofstaat nie gehalten.

Da sie hier aber die christliche Kirche erwähnen, die Christus mit seinem bitteren Tod errungen und selber eingesetzt hat, muß man jetzt freilich genau beachten, was denn »die christliche Kirche« sei. Wo anders soll man die Antwort finden als bei Christus selber, das heißt: aus seinem eigenen Wort? Zeigt es sich nun bei Christus, daß das Komplott der Päpstler die christliche Kirche ist, so verdient es diesen Titel zu Recht.

Hat es aber Christus nicht so bestimmt, wie kommt es dann, daß sie sich als »die« Kirche ausgeben? Sie mögen wohl die Kirche des Papstes sein oder ein Verein, doch »die christliche Kirche«, die wir als die Gesamtheit der Glaubenden, als die Braut Jesu Christi [vgl. Apk 22,17] bekennen, die sind sie ebensowenig wie Belial Gott ist [vgl. 2. Kor 6,15]. Ansonsten beruhte das, was wir von der Kirche glauben, auf den leicht zu betrügenden hinfälligen Menschen. Das kann aber nicht so sein.

Hier ist nur so viel zu sagen: Erstens steht der Begriff ›Kirche‹ für alle, die ihre ganze Zuversicht und Heilsgewißheit auf den Christus gesetzt haben, der Matthäus 16,18 [von sich][73] sagt: »Auf diesen Felsen« – deswegen gab er Petrus den Namen ›Peter‹, was so viel wie ›Felsenmann‹ bedeutet – »werde ich meine Kirche bauen.« Das heißt: »Ich werde mein Volk mit
Gott|dadurch versöhnen, daß ich als Lamm und Opfer für ihre 48
Sünden bezahle. Wer sich darauf verläßt, wird heil werden und zu meinen Heiligen gehören, das heißt, zu meinem Volk und meiner Schar.« Aus diesem Wort Christi geht also hervor, daß die christusgläubige Kirche alle die sind, welche auf Christus vertrauen. Denn wahrhaftig: Wer auf diesen Felsen gebaut ist, der ist in der Kirche, weil die Kirche auf diesen Felsen gebaut ist.

Zweitens bedeutet ›Kirche‹ jede einzelne Kirchgemeinde.[74] So hieß der in Korinth beisammen lebende Teil der allgemeinen Kirche ›die Kirche zu Korinth‹ [1. Kor 1,2]. ›Kirche‹, das heißt: ›Gemeinde‹ oder ›Versammlung‹ waren sie insofern, als sie ja auch gleichzeitig der Kirche aller Gläubigen angehörten. Somit bedeutet ›die Kirche zu Appenzell‹ die Kirchgemeinde von Appenzell. Denn auch die Appenzeller sind Glieder des ganzen Christenvolks, das die wahre Kirche ist, die wir bekennen. So wenig nun die Korinther und die Appenzeller einer ganzen Christenheit Gebote und Verbote auferlegen können, so wenig kann die päpstliche Kirche anderen Menschen Vorschriften und Gebote aufhalsen. Denn sie ist ja nur eine einzelne Kirche – wenn sie überhaupt den Christenglauben hat.

Dies alles ist mit viel Schriftbeweisen andernorts[75] sattsam dargelegt worden. Hier ist weder Ort noch Notwendigkeit, uns darüber auszulassen. Wenn die Päpstler also die Zerrüttung der Kirche bejammern, so bejammern sie nur den Ausfall ihrer Einnahmen. Je mehr Menschen freilich zum wahren Christenglauben treten, desto größer wird die Kirche, auch wenn kein Papst oder geweihter Bischof auf Erden wäre. So aber wahren sie noch immer den hübschen Schein, als sei es ihnen um die Schafe zu tun, dabei geht es ihnen doch nur um die Wolle und die Scherer. Sie müßten es eigentlich besser wissen, nämlich: daß die Kirche Gottes oder die Schafe Gottes oder das Volk Gottes oder wie immer du es nennen willst, mit keiner anderen Nahrung als mit dem Wort Gottes gespeist werden kann. Und wenn das überall reichlich aufgetragen wird,
49 sollten sie nicht klagen, wie wenn | Zerrüttung entstünde. Im Gegenteil: Sie sollten frohlocken, daß die Weide des göttlichen Worts allenthalben so prächtig gedeiht.

Wir lassen es auch nicht gelten, wenn sie sagen: »Ja, wenn man es vortrüge gemäß der Lehrmeinung der Väter!« Denn in Matthäus 4,4: »Der Mensch wird leben von jeglichem Wort, das aus dem Munde Gottes kommt«, hat Christus das Wort nicht dem Urteil oder Mund der Väter unterstellt, sondern er redet vom Wort, das aus seinem Munde kommt. Ebenso 5. Mose 8,3.

Kurz, damit jeder Christ es verstehe: Wie war es früher mit dem Christenglauben? Wie hat man den gepredigt, bevor einer von denen geboren war, die sie Väter nennen? Wie haben die heiligen Apostel das Wort Gottes gepredigt? Wer so fragt, findet bald heraus, daß sie mit ihren Vätern nur das einfache Volk beeindrucken und dem Wort Gottes Fesseln anlegen wollen. Nie hat das Christenvolk rechtschaffener und unschuldiger gelebt, als wenn dem klaren Wort Gottes kein menschlicher Zusatz und Zwang beigemischt war.

Den einfachen Leuten malen sie den Teufel mit Wörtern an die Wand. Daß sie damit schon begonnen haben, muß als Glücksfall bezeichnet werden. Schon drei oder vier Mandate haben sie[76] derzeit erlassen, ohne freilich die Weisung voranzustellen, es sei das Wort Gottes mit Nachdruck zu predigen. So wie einer den Nachbarn mit den Worten einlud »Gevatter Hans, komm lieber auch noch!«, beeilen auch sie sich, beizufügen: »Selbstverständlich wollen auch wir, daß man das Evangelium predige!« Jetzt ist es immerhin um so viel besser geworden, daß sie als erstes das Evangelium zu predigen gebieten und erst hernach mit der Bedingung kommen: »... jedoch
gemäß der Interpretation der Kirchenväter und der | Auffas- 50
sung aller Gläubigen.« O wie ist es doch Gott und seinem Wort so gut ergangen, daß die Väter gekommen sind, denn andernfalls hätte man ihm die Predigt seines Wortes nicht erlaubt! Angenommen, keiner der Väter würde je das Wort Gottes schriftlich kommentiert haben – hätten sie es dann wohl predigen lassen oder nicht? Wenn es nun ohne Väter richtiger, reiner oder klarer gepredigt werden kann, weshalb nur binden es die Päpstler an dieselben, wo doch selbst ihr eigenes Recht[77] in den Distinktionen VIII, canones 4–9 und IX, canones 3.8.10 bestimmt, es sollen die Väter dem Wort Gottes und nicht das Wort Gottes den Vätern weichen? Woher aber das Verstehen des göttlichen Worts kommt, ist im Büchlein »Die Klarheit des Gottesworts«[78] hinlänglich erklärt.

So zeigt es sich, daß diejenigen, die unsern Herrn Jesus Christus und Gott als Vorwand für ihre Ansprüche mißbrauchen, solches nur tun, um als Hirten zu gelten. Im übrigen haben sie nichts an sich, woran man erkennen könnte, daß sie an Christus glauben. Denn wahrhaftig, wenn du sie bis zu den Füßen untersuchst, so treten immer wieder die Wolfsklauen hervor. Dies bezieht sich nicht nur auf die hohen Bischöfe, sondern auf alle Bischöfe oder Pfarrer, denen man es gar bald anhört, ob sie zum Besten der Schafe oder zum Besten ihrer Küche lehren. Sie sind es, die die Papstkirche in Schutz neh-

men: Ja, was diese verfüge, das habe neben dem Wort Gottes durchaus Platz. Was ist das doch für eine schändliche Abgötterei, das Geschöpf dem Schöpfer gleichzustellen! Sie sind es auch, die das Leiden Christi geringschätzen, wenn sie sagen, der Mensch müsse und könne durch seine Werke selig werden. Träfe dies zu, so wäre Christus wirklich »umsonst gestorben« (vgl. Gal 2,21). Sie sagen es aber aus Berechnung, wissen sie doch ganz genau, daß jeder Mensch an seinen eigenen Werken verzweifelt. Ist er aber erst von den Werken abhängig, so erhofft er sich alle Hilfe von ihnen. Und dann verläßt er sich vertrauensvoll auf das Psalmengemurmel der Priester und Mönche, das Messelesen und die Vermehrung des Kirchenschmucks. Dies alles verschafft dem falschen Hirten die Milch
51 und | die Wolle der Schafe. Christus hat dies in die folgenden Worte gefaßt: »Ihr werdet sie an ihren Früchten erkennen« [Mt 7,16]. Das heißt: An dem, worauf sie aus sind, werdet ihr leicht ablesen können, ob sie die Schafe aus Liebe zu Gott oder aus Habsucht [vgl. Ez 34,2.10] weiden. Dieses Prüfverfahren empfiehlt er allen Christen. Deshalb müssen es sogar die Päpstler zulassen, daß man sie beurteilt. Ja, von den Allereinfachsten müssen sie sich begutachten lassen, denn Christus sagt dies zu den Schafen, beziehungsweise zur Gemeinde. Somit müssen sich die Kirchenväter mitsamt den Päpsten und den Bischöfen der Prüfung unterziehen, ob sie Wölfe oder Hirten seien. Und kommt die Gemeinde zum Schluß, daß sie Wölfe sind und nicht Hirten, so soll sie vor ihnen auf der Hut sein, wie imponierend sie auch daherkommen.

Als weiteres Kriterium Christi folgt: »Ein jeder guter Baum bringt gute Frucht, doch der faule Baum macht schlechte Früchte. Ein guter Baum kann nicht schlechte Frucht bringen, der faule Baum auch keine gute Frucht. Ein jeder Baum, der nicht gute Frucht bringt, wird umgehauen und ins Feuer geworfen. Darum: Erkennt sie an ihren Früchten!« [Mt 7,17–20]. Hier ist genau zu beachten: Wie vorher vom rechten Hirten gesagt wurde, er solle sich um die Dinge bemühen, die er im

Wort Gottes findet und lernt, und nicht eigenes Blendwerk produzieren, so soll auch das Volk den Hirten nicht an den Werken menschlicher Erfindung messen, sondern an denen, die Gott geboten hat. Weil der Hirt nun nicht mehr nach Menschenwerken beurteilt wird, so gibt es viele Unwissende, die daherreden: »Sieh, man liest nicht die Messe, man schmückt die Bilder nicht, man hält nichts vom Kirchengesang, nichts vom Ablaß. Man gibt den Mönchen, den Nonnen und Priestern keine Spenden und Opfer mehr,[79] man gibt nichts mehr an das Mariengebet!«[80] Und so fort. Wenn die aber wüßten,[81] daß Gott die bezahlten Messen so überaus widerwärtig sind! Daß man Gott die Ehre gibt, wenn man seine lebendigen Ebenbilder, die armen Christen, bekleidet und nicht die hölzernen und steinernen Heiligenbilder. Daß Gott »im Geist und in der Wahrheit« anzubeten [Joh 4,24] | der 52
gottgefälligste Gesang ist, und nicht dieses wilde Gejohle. Daß der Ablaß nur ein Freipaß für alle Laster gewesen ist, da man im Vertrauen auf diesen geraubt, gestohlen, gewuchert, Krieg geführt, Verrat geübt und überhaupt alle großen Übeltaten begangen hat. Daß es dem Christenvolk schadet, so viele Nichtstuer, Priester, Mönche und Nonnen auszuhalten, da diese die Anstifter aller unzüchtigen Lustbarkeiten sind. Namentlich auch, wenn sie erwägen, daß keine Tat eines Menschen einem anderen Menschen angerechnet werden kann, außer dem Werk unseres Herrn Jesus Christus, des wahren Gottes und Menschen. Auch daß die größte Ehre der Jungfrau Maria nicht darin besteht, daß ihr hohe Gebäude errichtet werden, daß die Domherren schöne Pferde reiten und bei leichten Mädchen essen. Sondern, daß all denen geholfen werde, die auf den Sohn der Maria hoffen, indem man das, was bisher in den Bau von Marienkirchen investiert wurde, zur Bewahrung der Ehre jener Mädchen und Frauen einsetzt, deren Keuschheit durch die Armut gefährdet ist. Wüßten die Unbelehrten genau, was christliche Werke sind, sie würden es lernen, den Hirten allein anhand dieser zu erkennen. So aber,

wenn der Hirt habgierig, unkeusch, dem Trunk und dem Spiel ergeben ist [vgl. Tit 1,7], und sich mit viel Messelesen und äußerlicher Beobachtung von Kleidern und Gebetszeiten einen gottesfürchtigen Anstrich zu geben weiß, meinen die einfältigen Schafe, er sei ein Hirt. Dabei ist er doch nur ein raublustiger Wolf.

Die Beschreibung eines wahren Bischofs, das heißt Pfarrers, wie sie der heilige Paulus in Titus 1,5–9 und 1. Timotheus 3,1–7 liefert, habe ich absichtlich aufgespart, damit man anhand des Lichts die Finsternis erkenne – anhand des falschen Hirten den rechten. »Ein Bischof oder Pfarrer«, sagt Paulus, »soll untadelig sein, ein Gatte nur einer Gattin, nüchtern, besonnen, von guten Sitten, selbstgenügsam, gastfrei, geeignet zum Lehren« [1. Tim 3,2]. »Seine Kinder seien gläubig und gehorsam, Übermut und Ausschweifung soll man ihnen nicht vorwerfen können. Es darf der Bischof oder Pfarrer nicht mit
53 Lastern behaftet sein, denn | solches ziemt einem Haushalter Gottes. Darum soll er nicht rücksichtslos oder eigensinnig sein, nicht jähzornig, kein Weinsäufer, Raufbold und Stichler, keiner, der auf schändlichen Gewinn aus ist. Er muß auch unnachgiebig oder hartnäckig in der Lehre des wahren Glaubens sein, um beistehen oder ermahnen zu können in rechter, gesunder Lehre und um sich die kläffenden Widersacher vorzuknöpfen oder um sie zu überführen« [Tit 1,6–9]. Sieh, aus diesen Worten des Paulus lernt man das Anforderungsprofil eines Hirten kennen. Daraus folgt nun aber auch, daß solche, die ihm nicht entsprechen, falsche Hirten sind und zum Amt nicht tauglich.

Was Paulus aufzählt, ist auch alles in der Liebe enthalten, wie vorhin zu hören war. Wenn nun ein Hirt verklagt oder verleumdet wird, so wird es ihm nicht schaden, sofern tatsächlich nichts gegen ihn vorliegt. Aus Feindschaft gegen das Gotteswort lassen sich heutzutage freilich alle dazu hinreißen, die Prediger mit ungeheuerlichen Lügen in den Dreck zu ziehen. Kann er aber eines wirklichen Lasters überführt werden, dann soll er das Bischofsamt nicht bekleiden. O wie könnte ich hier die häßlichen Flecken etlicher hoher Bischöfe[82] aufzählen, die mich wahrheitswidrig und hinterrücks grober Verfehlungen bezichtigen,[83] wollte ich mich um ihr törichtes Tratschen kümmern!

Aus den Worten des Paulus geht auch hervor, daß jeder Pfarrer, der nicht keusch lebt und doch keine Frau zur Ehe nimmt,[84] ein falscher Hirt ist. Denn er schämt sich der Schande nicht, ja er fügt sie dem rechtschaffenen Volk erst recht zu. Die Säufer und Prasser sind ebenfalls falsche Hirten. Man weiß wohl, was berechtigte Bedürfnisse sind.

Ein Hirt soll kein Querulant sein, halb von Sinnen und
unkontrolliert im Reden und in | anderem. Darum sind die 54
verlogenen Schwätzer und Fanatiker falsche Hirten. Die in bezug auf Kleider und anderes einen maßlosen Lebensstil pflegen, sind nicht Hirten, sondern Wölfe.

Die die Armen nicht beherbergen, sind falsche Hirten. In diesem Punkt indes sollte man heute die gewöhnlichen Priester nicht allzu hart anfassen, weil ihnen die Prälaten die Zehnten[85] und sonstige Pfrunderträge[86] vor der Nase wegschnappen und sie am leeren Daumen saugen lassen. Darum soll jede Kirchgemeinde Sorge tragen, daß der Pfarrer aus ihren Zinsen[87] und Zehnten anständig versorgt wird, damit er den Armen helfen kann.[88] Wenn das geschieht, dann fällt das ganze Narrenwerk zusammen, womit die Spenden entlockt wurden.

Vor allen Dingen sind die nicht würdig, Hirten genannt zu werden, die vom Lehren nichts verstehen oder die nicht zäh genug sind, den Widerwilligen energisch entgegenzutreten.

Die Kinder des Hirten sollen gesittet, gläubig, wohlerzogen sein [vgl. Tit 1,6], woraus ersichtlich ist, daß nicht junge Laffen zu Hirten gewählt werden sollen, sondern Männer, die bereits eine Zeitlang eine eigene Familie geführt und wohlerzogene Kinder haben – es wäre denn ein Jüngerer, wie etwa Timotheus, mit den Gaben ausgestattet [vgl. 1. Tim 4,12–14], die einen Bischof ausmachen.

Alles übrige kann jeder selber beurteilen.

So soll man den falschen Hirten nach den Worten Christi wirklich »an den Früchten kennen lernen« [Mt 7,17–20]. Damit man allerdings nicht den »Scheinweizen« behalte und das Korn wegwerfe [vgl. Mt 13,29], muß man die Früchte Gottes von denen des Teufels zu unterscheiden wissen.

Was der umgehauene Baum bedeutet, der ins Feuer geworfen wird, davon später.

Falsche Hirten sind auch die, welche nicht wirklich von Herzen glauben und keine Liebhaber Gottes [1. Petr 1,8] sind, wie zuvor im Beispiel und in den Worten Christi vom rechten Hirten klar gesagt worden ist. Ihr Unglaube geht aus ihren Werken deutlich hervor.

55 | Eingangs war zu vernehmen, daß der Hirt Vater und Mutter, Schwestern und Brüder um Gottes und seines Wortes willen verlassen müsse [vgl. Mt 10,37]. Somit werden falsche Hirten stets jene sein, die ihre Brüder und erst recht sich selber durch das Hirtenamt bereichern. Das läßt sich bei den hohen Bischöfen täglich beobachten: mit ihren erfundenen Ablaßbriefen,[89] Dispensen und Gerichtsurkunden[90] und mit weiteren zahllosen Mätzchen verhelfen sie ihren Verwandten zu großem Reichtum. Ja, kein fahrender Bruder Schlitzohr hat ihnen zur Studentenzeit Kupplerdienste geleistet, der nicht später ein Chorherr oder ein gutsituierter Priester geworden wäre. Wenn nun diese, die früher in der Welt arm dran waren, Reichtümer für sich selbst und für die Ihren stapeln, sobald sie das Bischofsamt erlangt haben, so ist dies ein sicheres Zeichen dafür, daß sie falsche Hirten sind. Es gehört den Armen! Diesen lehrt uns Gott Gutes tun, nicht denen, die es zu noch aufwendigerem Lebensstil mißbrauchen. Christus verlangt, daß wir unsere Angehörigen verlassen, doch die falschen Hirten ziehen sie erst recht an sich.

Wir haben auch gehört, daß sich der Hirt darauf einstellen muß, Christus das Kreuz »täglich« nachzutragen [vgl. Lk 9,23]. Daran sehen wir, daß jene Bischöfe falsche Hirten sind, die um

Gottes willen weder Tod noch Nachteil und Nachrede aushalten können. Sosehr in sich verliebt und in ihr Leben sind heute so viele, daß es ihnen nicht viel ausmacht, ganze Völker gegeneinander aufzuhetzen, nur um sich dadurch ihre freche Lebensführung zu sichern. Tut hier alle eure Augen auf, die ihr in den Regierungen sitzt! Im Nu haben euch die falschen Hirten zu unbändigem Wüten und zu Vergeltungsaktionen angestachelt. Mit welchen Folgen, das zeigen viele Geschichten, die zu unserer Zeit geschehen sind. Wieviele verheerende Kriege haben die falschen Hirten nicht angezettelt,[91] die sie hinterher nicht mehr beenden konnten und wohl auch nicht wollten. Und während den Fürsten und den Völkern so viel Armut und Leid daraus erwuchs, lachten sie sich noch ins Fäustchen.

| Falsche Hirten sind auch solche, die sich in keiner Art und 56
Weise wie Väter benehmen und die die Last und Bedrängnis der Schafe nicht teilen. Sie kümmern sich nur um ihre eigenen Angelegenheiten, indem sie sprechen: »Was mir zukommt, will ich haben!« Was aber soll man von denen halten, die mit dem Wort nicht lehren und mit ihrem Handeln nur zerstören, namentlich, wenn wir zuvor am Wort Christi gezeigt haben, daß die, welche zwar lehren, es aber nicht ins Werk setzen, die »Unbedeutendsten im Reiche Gottes« [Mt 5,19] sind, das heißt: unter den Christen? Wenn also die fruchtlosen Lehrer mit Recht zu den falschen Hirten gezählt werden, wohin sollen wir erst mit denen, die weder lehren noch tun, was sie lehren, die aber dennoch als Hirten, Bischöfe und Väter gelten wollen, um den materiellen Lohn eines Hirten oder Propheten beziehen zu können? Braver Mann, laß sie links liegen,[92] es sind nichts als raubgierige Wölfe! Ebenso sehen wir, daß alle, die sich um andere Werke mühen, als die Gott angeordnet hat, nichts anderes sind als falsche Hirten und Heuchler.

Wir haben auch gehört, daß es die ausschließliche Aufgabe des Bischofs oder Hirten sei, zu predigen, und zwar so, daß die Laster bestraft und verhindert werden. Demnach dürfte es klar

sein, daß alle, die nicht predigen und dem Übel zuvorkommen, weder Hirten noch Bischöfe sind. Ebenso, daß die Bischöfe, die alle Vergehen nur der Bußgelder wegen strafen, lauter räuberische Wölfe sind. Denn würden ihnen die Laster Schmerz bereiten, so ließe sich dieser nicht mit Geld stillen. Sie würden sich vielmehr bemühen, den Sünder mit göttlicher Lehre von den Lastern wegzubringen. Tun sie dies nicht, so ist erwiesen, daß sie nur auf den Geldsack sehen. An der Sorte der »Früchte«, auf die sie aus sind, erkennt man sie. Es ist betrüblich, daß man als »Hirten« bezeichnen soll, die in Wirklichkeit regelrechte Wölfe sind. Wenn dem rechten Hirten verheißen ist, sein Lohn sei die Verfolgung, so leuchtet ein, daß diejeni-
57 gen, die sich ihr nicht | stellen wollen, keine Hirten sind, sondern fahnenflüchtige Söldner. Welchen Namen verdienen aber solche, die die wahren Hirten befeinden, sie mit allen Mitteln verfolgen und, wo sie selber nicht können, bezahlte Schergen ansetzen? Von ihnen könnte ich einige samt ihrem Blutgeld mit Leichtigkeit angeben, doch ist noch nicht die Zeit dazu. Ihre Gemeinheit muß erst noch den Höhepunkt erreichen, dann wird auch sie an den Tag kommen, denn »nichts ist so verborgen, daß es nicht augenfällig würde« (vgl. Mk 4,22).

Auch die sind allesamt falsche Hirten, die den Königen und Völkern nicht entgegentreten, wenn diese sündigen, sondern sie darin, zum Ärgernis aller Rechtschaffenen, schamlos fortfahren lassen. Das könnte man noch hingehen lassen, überträfen die Sünden dieser falschen Hirten nicht auch noch die aller andern. Von ihrer Zügellosigkeit und ihren heimlichen Lastern »auch nur zu reden ist widerlich« (Eph 5,12). Würde man ihre Wände durchbrechen und ihre Heimlichkeiten beobachten, wie Gott es Ezechiel 18,7–13 dem Propheten offenbart, man sähe die schändlichste Abgötterei mit Spielen, Huren, Verführen von Seelen und Laster aller Art, so daß mit dem Christuswort zu fragen ist: Warum nur »besitzen sie das Erdreich«? [Mt 5,5]. Aber dennoch halten wir die Wölfe für Hirten, und dennoch haben sie noch nicht genug daran. Einige von ihnen schämen sich nicht, öffentlich zu tun, dessen sich der Mensch, wenn auch sonst vor niemandem, so doch vor dem Tageslicht schämen sollte. Solche »Augen« befiehlt uns Christus »auszureißen und wegzuwerfen« [Mt 5,29; 18,9]. Wir aber hören nicht auf, sie einzupflanzen.

Christus verbietet seinen Jüngern auch, beim Predigen Stab, Sack und Geldbeutel mitzunehmen [vgl. Mt 10,9]. Daraus folgt, daß die, welche neben dem Hirtenamt den Stab, das heißt die politische Machtfülle, haben, nicht Hirten, sondern Wölfe sind. Denn Christus hat dem Hirten alles Regieren nach den Gepflogenheiten der Fürsten dieser Welt verboten, wenn er Lukas 22,26 spricht: »Ihr aber sollt nicht so regieren« und Matthäus 20,25–26: »Ihr wißt, daß die Fürsten der Völker diese knechten ... So soll es bei euch nicht sein.« Haben sie nun den | Stab, den Christus ihnen verbietet, so sind sie falsche 58
Hirten. Haben sie auch Sack und Geldbeutel? In der Tat, alles haben sie! Und hätte Christus gesagt: »Seid darauf bedacht, euch alle Habe dieser Welt anzueignen!«, sie könnten diesem Gebot nicht geflissener nachkommen. So »geistlich« sind sie gewesen, daß sie die größten und besten Stücke an sich gerissen haben und sich jetzt von aller Welt bedienen lassen. Ja selbst die Fürsten müssen ihnen mit leeren Händen und wässerigem Mund zuschauen. Sieh, wie sie Sack und Beutel verschmähen! Aber dennoch hält man sie durchaus für Hirten und nicht wirklich für reißende, räuberische, schnell zupackende Wölfe. Denn als Deckmantel für ihre Habsucht benutzen sie Christus, seine Mutter, den Gottestäufer Johannes oder einen anderen, für den die ganze Welt ein Misthaufe war, indem sie sagen: »Es gehört Gott, Unserer Lieben Frau, Sankt Johannes!« Diese, die doch zu Lebzeiten auf alles verzichteten und es den Armen gaben, müssen also nach ihrem Tod, wenn sie dort drüben selig sind, dazu herhalten, daß hienieden in ihrem Namen gebettelt, gewuchert, mit harter Hand regiert, gedrückt und gepreßt wird. Das nennt man so recht die Leute am Narrenseil herunterlassen.

Ein weiteres Erkennungsmerkmal besteht darin, daß Christus seine Hirten mitten unter die Gewaltherrscher geschickt hat, gerade wie einer, der Schafe mitten unter die Wölfe schickt. Die falschen Hirten aber gleichen Wölfen unter den Schafen. Denn was reißen sie nicht an sich, was rauben, töten und zerstören sie nicht? Wird irgendwo das Evangelium Christi von einem Volk angenommen, und sehen sie, wie ihnen die Beute entgeht, so schau du nur, wie sie den Hirten zerfleischen, wie sie überall Unfrieden und Zwietracht säen und doch immerzu den Satz zuvorderst haben: »Die Prediger sind's, die Unruhe und Aufruhr stiften!« Und dennoch ist das armselige Volk von Gott so gnädig angesehen, daß er ihm das Heil der Seele nicht verweigert, obgleich es äußerlich so erbärmlich traktiert wird. Das aber ertragen die Wölfe nicht.
59 Denn das Volk lernt es, dem Nächsten | zu helfen und die schamlose Bettelei der Päpstler nicht mehr zu berücksichtigen, mit welcher sie ihre Ausschweifungen finanzieren. Das nennen sie dann »Unruhe stiften«: wenn man sie nicht mehr unterstützt, damit sie die ganze Welt in Aufruhr versetzen können.

Machen wir's kurz: Lange genug sind ihnen ihre Vergehen mit Nachsicht vorgehalten worden. Sie haben sich durch keine Ermahnung umstimmen lassen. Jetzt muß man anfangen, ihnen mit der nackten, ungeschminkten Wahrheit auf den Leib zu rücken und dann Gott walten lassen.

Ich fasse zusammen, woran du die falschen Hirten erkennen kannst:[93]

1. Alle, die nicht lehren, sind nichts als Wölfe, wenn sie schon Hirten, Bischöfe oder Könige genannt werden. Schau bei dieser Gelegenheit, wieviele unter den Bischöfen sind, die sich mit dem Lehramt befassen.

2. Die zwar lehren, aber nicht das Wort Gottes, sondern ihre Einbildungen, sind ebenfalls Wölfe.

3. Die das Wort Gottes lehren, aber nicht zur Ehre Gottes, sondern zur eigenen und ihres päpstlichen Oberhaupts und zur

Legitimierung ihres frei erfundenen hohen Stands, sind ruchlose Wölfe in Schafskleidern.

4. Die zwar lehren – meinetwegen sogar mit dem Wort Gottes –, aber die Oberhäupter, die zu größtem Ärgernis Anlaß geben, nicht anrühren, sondern ihre Willkürherrschaft noch wachsen lassen, sind schmeichlerische Wölfe beziehungsweise Verräter am Volk.

5. Die der Lehre des Worts nicht Taten folgen lassen, haben für das Christenvolk keine Bedeutung. Sie reißen mit den Taten mehr nieder als sie mit dem Wort aufbauen.

6. Die sich der Armen nicht annehmen, sondern zulassen, daß sie ausgebeutet und unterdrückt werden, sind falsche Hirten.

7. Die Hirtennamen tragen, jedoch weltlich regieren, sind die schlimmsten Werwölfe.

8. Die Reichtümer aufhäufen, Sack, Beutel, Speicher und Keller füllen, sind wahre Werwölfe. Und falsche Hirten sind endlich die, welche mit der Lehre weder Erkenntnis, noch
Liebe und kindliche Gottesfurcht bei den Menschen | zu pflan- 60
zen sich vornehmen. Schnell weg mit ihnen von den Schafen, oder sie fressen sie noch ganz auf!

9. Ebenfalls leuchtet ein, daß falsche Hirten all jene sind, die vom Schöpfer weg zu den Kreaturen führen.

So lange also hat der allmächtige Gott unsere Sünde bestraft mit falschen Hirten, die uns nicht mit seinem Wort gespeist, und mit Wölfen, die uns auch noch die irdischen Güter geraubt, ja schlimmer noch: die uns zu Hörigen gemacht haben. Jetzt aber, da er das Licht seiner Wahrheit wiederum angezündet hat, so daß die Wölfe überall leicht zu sehen und auszumachen sind, soll sich ihm das Volk der Gläubigen nicht widersetzen, sondern sich aus dem Wolfsgefängnis befreien lassen. Denn hier geht es nicht mehr um den materiellen Schaden. Es geht darum, daß ihnen das Wort Gottes verfälscht und vorenthalten worden ist. Die falschen Hirten haben es verschwiegen oder entstellt. Mit Entschlossenheit, Machtmitteln und Betrug legen sie sich jetzt noch ins Zeug, damit das Evangelium entweder nicht gepredigt werde, oder dann aber in betrügerischer falscher Vermischung mit anmaßenden Menschenlehren. Wenn wir uns wiederum hinters Licht führen lassen, so kommt das allein von unseren Vergehen, die so groß sind, daß wir das göttliche Wort nicht ertragen können. Der Glanz der Wahrheit macht uns zu schaffen. Zu Recht trifft uns deshalb der Fluch, ihr Joch zweifach tragen zu müssen, denn: »Das Licht ist in die Welt gekommen, doch die Menschen haben die Finsternis mehr geliebt als das Licht« (Joh 3,19). Darum müssen alle Fürsten, Regenten und Völker solchen Rückfall zu verhindern suchen, denn nur dazu ist der Erlöser da, daß wir ihm nachfolgen. Wollen wir rechte Kinder Gottes sein, so müssen wir nur seinem Wort gehorchen und uns hüten, auf die zu hören, die uns davon abbringen wollen. Noch besser wäre es, sie zu meiden und »keine Gemeinschaft mit ihnen zu haben« [vgl. Eph 5,11]. Solches fordert jeder Vater von seinen Kindern und noch viel mehr der himmlische Vater von seinen Söhnen, die er sich durch seinen Sohn zu einem »auserwählten Volk« [1. Petr 2,9] und zu »Hausgenossen« [Eph 2,19] gemacht hat.

Darum wollen wir die Mittel angeben, mit denen man die falschen Hirten loswerden kann.

61 | Erstens geben wir ihnen den Tarif bekannt. Vielleicht, daß sie im Blick darauf zurücktreten und zu solchen Bedingungen nicht mehr dienen wollen.

5. Mose 13,1–5 redet Gott: »Wenn ein Prophet in deiner Mitte aufstünde oder einer, der vorgibt, ihm sei im Schlaf eine Vision oder ein Traum gekommen, und das Wunder oder Zeichen geschähe, das er dir voraussagt, er aber spräche zu dir: Laß uns anderen Göttern nachfolgen, die du nicht kennst, und ihnen dienen!, so sollst du auf das Wort dieses Propheten oder Träumers nicht hören. Denn euer Gott stellt euch auf die Probe, damit sich herausstelle, ob ihr ihn von ganzem Herzen und ganzer Seele lieb habt. Denn ihr sollt dem Herrn, eurem Gott,

folgen und ihn fürchten, seine Gebote halten und auf seine Stimme hören. Ihm sollt ihr dienen und zugehören. Doch der Prophet oder lügenhafte Traumdeuter soll getötet werden, denn er hat nur geredet, um euch von eurem Herrgott abzubringen.« Sieh, du wackerer Diener Gottes, wie sehr Gott die Gläubigen versucht, indem er die falschen Propheten voraussagen läßt, was wirklich eintrifft! Dadurch könnten sich nicht nur die Schwachen, sondern auch die »Auserwählten beirren lassen« (Mt 24,24). Gott will uns aber nur lehren, seinem Wort mehr Glauben zu schenken als den Mirakeln, und er will uns prüfen, ob wir ihn »ganz im Herzen und in der Seele liebhaben« [5. Mose 13,4]. Damit indes die Versuchung nicht zu groß werde, befiehlt er, den Propheten zu töten. Sieh, das ist der Lohn, den man den falschen Hirten ausrichten soll, wenn sie uns zu fremden Göttern führen: Sie totschlagen! Wenn sie aber sagen möchten: »Wir lehren nicht Abgötterei, deswegen trifft uns, die wir im Neuen Testament sind, das Gesetz nicht!«, so antworten wir erstens: Zu fremden Göttern haben all jene verführt, die gelehrt haben, seine Zuflucht anderswo zu suchen: bei den Kreaturen, und nicht bei dem einzig wahren Gott. Denn eines jeden Gott ist immer der, bei dem er seine Hoffnung und seine Zuflucht hat. Zweitens: Die Päpstler haben noch viel törichter zu ihrem Abgott, dem Papst, verleitet als je ein Götzenanbeter zuvor. Die Heiden haben nämlich das Bild Jupiters, der Juno und des Mars nur als Abbilder der wahren – wie sie meinten – Götter verehrt und nie einen lebenden | Menschen für einen Gott gehalten. Daß die 62
Schmeichler gelegentlich einem Menschen wie einem Gott geopfert haben, verfängt hier nicht, ist dies doch niemals mit Zustimmung der Weisen und Frommen geschehen. Die Päpstler aber haben ihren Abgott, den Papst, einen Gott auf Erden genannt[94] und ihn wesentlich mehr angebetet und verehrt als unsern wahren Herrn und Gott. Ja, die Armut unseres Gottes und Erlösers Jesus Christus haben sie lächerlich gemacht, und sie verspotten ihn heute noch: Christus habe eben

nichts Besseres gekannt, ihr »Gott« aber wisse sich zu richten. Der Papst habe die veränderten Zeitumstände berücksichtigt, darum werde man nicht mehr in der Armut Christi leben. Auch Petrus sei ein Tor gewesen. Hör dir das an! Hat sich der Papst vielleicht ein solches Leben in Saus und Braus nach dem Wort Gottes eingerichtet? Wohl kaum! Zweifellos hat er sich nur auf seine Vernunft und seine Träume gestützt und auf diese Weise von Gott weggeführt. Eben darum verurteilt ihn das Gesetz zum Tode, denn Gott will solche Träumer nicht haben. Jeremia 14,13 redet der Prophet: »Ach, ach, ach, Herr! Die Propheten sprechen ihnen zu: Ihr werdet das Schwert nicht sehen, und Hunger wird nicht bei euch sein, sondern euch hier wird Frieden gegeben!« Genauso wollen die falschen Propheten auch in unserer sündigen Zeit den Frieden verheißen, den sie nie gesucht haben. Wären sie im Wort Gottes bewandert, so wüßten sie mit Bestimmtheit, daß diese sündige Welt sich ändern und bessern muß, oder aber Hunger, Krieg, Seuche oder Gefängnis erdulden. Sie hingegen rufen nach Frieden, wo keiner zu erhoffen ist – so lange ihnen nur die Einkünfte und Erträge bleiben. Das ist ihr »Friede«! »Da hat der Herr zu mir gesprochen: Die Propheten reden falsch in meinem Namen. Ich habe sie nicht gesandt, ich habe ihnen nichts aufgetragen und auch nichts zu ihnen geredet. Sie kommen euch mit erlogenen Visionen oder Erscheinungen, nichtigen Weissagungen und den Verirrungen ihres Herzens. Darum verhängt der Herr solches über sie: Die Propheten, die in meinem Namen reden, die ich aber nicht gesandt habe und die da
63 sprechen: | Weder Schwert noch Hunger wird in diesem Land sein – solche Propheten sollen durch Schwert und Hunger umkommen« [Jer 14,14–15]. Sieh, hier droht der Herr dem falschen Propheten erneut mit dem Schwert. Daß er aber keine anderen meint als die, welche Menschenlehre dozieren wie die Päpstler, geht noch deutlicher aus Jeremia 23,1 hervor: »Wehe den Hirten, die die Herde zerstreuen und zerfleischen« – sieh, ob er hier nicht von den reißenden Wölfen redet, die

mit den vielerlei Irrtümern der menschlichen Lehre die Schafe versprengen – »und die die Beliebigkeiten ihres Herzens verkünden [23,16]. Ich habe sie nicht gesandt, und sie laufen doch. Ich habe nicht zu ihnen geredet, und sie weissagen [23,21]. Wie lange noch soll das in den Herzen der Propheten so bleiben? Sie lehren den Lug und Trug ihres Herzens. Um ihrer Träume willen, die sie einander erzählen, möchten sie meinen Namen bei meinem Volk in Vergessenheit bringen [23,26]. Ein Prophet, der Träume hat, der predige Träume, und wer mein Wort hat, der predige mein Wort. Was hat die Spreu mit dem Weizen zu tun? [23,28].« Hier wäre nun deutlich genug zu hören, von welchen Propheten Gott redet, nämlich von den Traum- und Märchenerzählern. Doch welchen Lohn verheißt er diesen? »Ihr Weg wird wie ein vereister schlüpfriger Pfad in der Finsternis. Sie werden gestoßen, und sie werden zu Fall kommen ... [23,12]. Ich werde sie mit Wermut speisen und mit Galle tränken [23,15].« Bedenke doch die vereiste Stelle, den Fall in der Finsternis ihrer Unwissenheit, die große, schwere, täglich wachsende Bitterkeit, und, dessen ungeachtet, ihren Zusammenbruch, dem einer geborstenen Mauer gleich (vgl. Jes 30,13–14)!

Ähnliche Belegstellen, woran man die falschen Propheten erkennt, finden wir in der Schrift viele. Am allergenauesten schildert sie Ezechiel 34,1–31, doch ist die Stelle zu lang, um sie hier vorzutragen. Auch hier läuft alles darauf hinaus, daß man die falschen Propheten töten soll.

Was aber die Frage betrifft, ob man sie einfach totschlagen dürfe, so ist klar, daß ohne Recht oder Geheiß Gottes dazu kein Mensch berechtigt ist. Darum sind jene wut- und zornschnaubenden Christen im Unrecht, wenn sie meinen,
man dürfe nach 5. Mose 13,5 | auf sie einschlagen.[95] Man soll es 64
vielmehr Gott anheimstellen. Er wird es schon in die Wege zu leiten wissen, wenn er es so haben will. Bis dahin sei du guten Muts und bedenke, »wes Geistes« [Lk 9,55b] du bist. Halte dich an das gnädigere Urteil Gottes, der Matthäus 7,19 wie

folgt spricht: »Jeder Baum, der nicht gute Frucht bringt, wird ausgerissen und ins Feuer geworfen.« Ist der Hirt falsch, so höre ihm nicht mehr zu, und hat die ganze Kirchgemeinde seine Falschheit erkannt, so entfernt ihn im Konsensverfahren. Gelingt euch dieses nicht, so boykottiert ihn alle zusammen. Nehmt lieber den Tod in Kauf, als daß ihr auf den »Hirten« beziehungsweise auf den Wolf hört, der euch von Gott abbringen will. Dies alles ist klar genug in den eben zitierten Bibelstellen dargelegt. Auch Christus weist uns Matthäus 5,29 an, selbst unser »rechtes Auge auszureißen und wegzuwerfen«, wenn es uns störe. Auf diese Weise wollen wir »das Auge ausreißen und wegwerfen«: indem wir den Hirten, der nicht zur rechten Weide treibt, den nutzlosen »faulen Baum«, »ausgraben« und ihn vom Herrn, nach seinem Ermessen, »ins Feuer werfen« lassen. Wenn der Hirt nicht mehr im Lehramt steht, wollen wir ihn zum gewöhnlichen »Scheinweizen« zählen, den man »bis zur Ernte« stehenlassen soll [vgl. Mt 13,30]. So redet Gott auch bei Ezechiel 34,10: »Ich werde meine Herde von ihrem Amt oder von ihrer Hand zurückfordern, und ich werde sie ihre Arbeit niederlegen lassen. Sie sollen mir meine Schafe nicht mehr weiden, und sich selber sollen sie auch nicht mehr weiden.« Was 5. Mose 13,5 vorsieht, sollen darum jene vollstrecken, »die das Schwert tragen« [Röm 13,4]. Diese werden es gewiß merken, wann die falschen Hirten zu töten sind. Falls die Obrigkeit dies nicht tun will, weil sie vom gleichen Holze ist, so müssen wir uns eben wie in der babylonischen Gefangenschaft gedulden, bis uns Gott mit eigener Hand erlöst. Denn was wir inzwischen erleiden, wird unsere »Zier oder Krone« [Jak 1,12; Apk 3,11] nur verschönern. Gott kann lange zuwarten, denn »vor ihm vermag keiner auszubrechen oder zu entrinnen« (Ps 139,7). Zwar sehen wir Christus | oder seine Apostel nirgends bis aufs Blut durchgreifen, doch darf jede Kirchgemeinde die falschen Hirten verstoßen, und die Obrigkeit ist sogar befugt, sie zu töten, wenn sie sich unbelehrbar zeigen. Beflecke du dir damit nur nicht die Hände, denn Gott hält sein Versprechen! Er wird, falls die Wölfe nicht friedlich und endgültig aus dem Land gejagt werden, gewiß einen Elia erstehen lassen, der 450 Baals- und 400 Höhenpriester auf einen Streich tötet [vgl. 1. Kön 18,40]. Er wird nicht ausbleiben, verliere du nur die Geduld nicht! Christus hat Johannes 8,11 die Ehebrecherin nicht zum Tod verurteilen wollen, obwohl sie dies von Gesetzes wegen verdient hätte [3. Mose 20,10]. Doch wieviel Elend hat er nicht den Judenpriestern und dem ganzen Volk zugefügt, als er Titus das Land erobern ließ!

So sollen wir Gott auch in seiner Langmut nachfolgen. Steht es in unserer Macht, so wollen wir die Wölfe nirgends an die Stelle der Hirten treten lassen. Können wir es nicht, so müssen wir auf die Erlösung warten. Das barmherzige Beispiel Christi ist mir nämlich lieber als die strenge Strafe des Mose. Doch wenn es Christus gefällt, wird auch er zum Gericht kommen. Dann wird er entweder die Regenten oder das Volk zum Vergeltungsschlag bewaffnen.

Schlußwort an die treuen Hirten

Darum, ihr liebsten Brüder alle und Mitarbeiter im Weinberg Christi [vgl. Mt 20,1–16], laßt euch durch die Bedrängnis und die Wellen dieser ungestümen Welt nicht erschrecken [vgl. Mk 4,35–41], damit euch Christus nicht als Kleingläubige rüge. Denn er schläft nicht, sondern er prüft euch, wie tapfer ihr sein werdet. Und wenn es ihm beliebt, wird er »den Winden gebieten, daß sie still seien« [Mk 4,39], und er wird euch über dem Wasser halten, daß ihr nicht versinkt [vgl. Mt 14,28–31]. »Er mutet euch nicht mehr Versuchung zu, als ihr ertragen könnt«, vielmehr zeigt er euch immer den »Ausgang« [1. Kor 10,13] aus der Trübsal oder aus der Welt. Und er läßt euch über Drachen, Löwen und Basilisken gebieten, so daß ihr »über sie gehen oder sie zertreten« könnt [Ps 91,13].

66 |Ihr habt ihm Treue und Liebe versprochen, außer, ihr wäret mit Gewalt und »auf einem anderen Weg« als über Christus in den Schafstall gekommen [vgl. Joh 10,1]. Als Jesus Petrus fragte, ob er ihn lieb habe, da antwortete dieser: »Herr, du weißt, daß ich dich lieb habe« [Joh 21,15–17]. So laßt nun sehen, wer es als »erster« wagt, aus Liebe zu seinem Herrn zu leiden [vgl. Mk 10,35–45]. Von welchem Nutzen seid ihr ihm wohl, wenn ihr euch nur bei schönem Wetter ans Steuer des Schiffes setzt, aber flieht, wenn Unwetter aufkommt? Die Fürsten dieser Welt haben Leute, die um geringen Sold für sie kämpfen und den Tod erleiden. Sollte da unser himmlischer Vater und Herr wirklich keinen haben, der für ihn kämpft und stirbt, obschon er uns nicht vergänglichen Lohn, sondern ewige Freude gibt, und er uns zuvor durch seinen eigenen Sohn errettet und erlöst hat? So lange ihr Christus nur bekennt, wie es nach Wunsch geht und flieht, wenn's umschlägt, so wird euch auf euer Beispiel hin niemand Glauben schenken. Wenn ihr bei dem Wort, das ihr predigt, dem Tod nicht entgegenzugehen wagt, wird jeder denken, ihr glaubt jenem selber nicht. Wenn ihr also hört, wie die Verfolgung zu tosen und zu murmeln beginnt, so verbietet euch jeden Fluchtgedanken und bedenkt vielmehr: Gott ist es, der euch Schwache [vgl. 2. Kor 12,9] unter die Waffen ruft. Er steht bereit, um zu sehen, wie tapfer sich ein jeder von euch hält. Pfui, Schande über den, der hier an Flucht denken und sich nicht ins erste Glied vor die Schäflein stellen wollte, wenn sein Herr die Stellung hält und angreift! In dieser Sache wendet euch an Gott mit dringlichem Gebet [vgl. Phil 4,6]. Er stärke das »tüchtige Werk«, das er mit euch angefangen hat [vgl. 2. Thess 2,17], damit es euch gelinge, seinen Namen und sein Wort bei den armen verführten Schäflein wieder bekannt zu machen [vgl. Jer 23,26], damit sie nach seinem Willen leben. Denn der allein »wird selig, der bis zum Ende ausharrt« [Mk 13,13].

Darum, ihr falschen Hirten, ist noch ein Fünckchen in euch, das an Gott glaubt, und wohnt noch ein Tropfen Menschenfreundlichkeit | in euren Herzen, so schont um Gottes und 67
menschlicher Gemeinschaft willen das geplagte Volk, das ihr so lange nach dem Wort Gottes habt Hunger leiden lassen, und das ihr dazu noch »mit unerträglichen Lasten überbürdet« habt [Lk 11,46]. Vor allem ihr hohen Bischöfe: Entlaßt das Volk aus eurem Gefängnis und verwirrt mir nicht die ganze Welt um eurer Hab- und Prunksucht willen. Glaubt ihr wirklich, daß ein Gott sei, und auch, daß er ein allgemeines Gericht und Urteil über alle Menschen halten werde, wie könnt ihr dann noch ruhig sein, wo doch euer ganzer Stand nichts anderes ist als eine unrechtmäßige Unterjochung aller Christenmenschen, die ihr darüber hinaus ohne Rast und Schonung immer wieder zur Arbeit antreibt? Daraus geht doch nur klar hervor, daß ihr weder Gott noch sein strenges Urteil fürchtet. Denn wo Furcht ist, da ist auch Buße [vgl. Ps 111,10]! Wenn nun keiner von euch die ungerechte Last irgendwie erleichtern will, so ist es folgerichtig zu schließen, daß ihr auf Gott nicht allzuviel gebt. In wessen Namen seid ihr dann überhaupt da? Ihr aber, »ihr setzt eure Hoffnung auf den ägyptischen Rohrstab«, das heißt, auf die Fürsten und Instanzen dieser Welt. Der Stab wird euch »in der Hand zerbrechen und die Splitter werden euch schlimm verletzen« [Jes 36,6]. Denn was ist eines Königs Stärke, wenn nicht sein Volk? Wenn dieses nun dem König nicht mehr hilft, euch zu beschützen – wie gewiß zu erwarten ist, da es überall in Scharen das Wort Gottes annimmt –, wo bleibt ihr dann? Wo ist dann des Königs Kraft? Wenn ihr nicht ablaßt, werdet ihr es erleben, wie das Elend euch und eure Gönner einholen wird. Ihr könnt noch lange eure eigenen Verträge brechen, gegen Treu und Glauben handeln und die aufrechten Verkünder des Evangeliums fangen, quälen und

töten. Damit werdet ihr nur den Zorn Gottes auf euch herabbeschwören. Darüber nimmt das Evangelium so lange zu, bis Gott seine Erlösung senden wird, gleich wie bei den Israeliten in Ägypten. Als man die anfing zu töten, »vermehrten sie sich erst recht« (2. Mose 1,12), bis Mose sie herausführte. Es hilft auch nicht, wenn ihr euch auf die Konzilien[96] beruft. Denn
68 selbst wenn nie mehr eines abgehalten | würde, müßtet ihr tun, was recht ist und dürftet ihr nicht Gott zuwider sein Volk bedrücken. Unter dem schurkischen Tyrannen Ahab hat Elia 850 Baals- und Höhenpriester getötet. Ein Prophet allein gegen einen so großen Gottesfeind (vgl. 1. Kön 18,40)! Hierauf hat Jehu alle Baalspriester mit einer gerissenen Täuschung umgebracht (vgl. 2. Kön 10,17–28), der fromme König Josia endlich alle Bergpriester (vgl. 2. Kön 23,4–15.24). Ihr seid also gewarnt! Gott hat lange Geduld mit euch gehabt, bald wird er mit der Rute kommen. Dann werdet ihr ebensowenig wieder zu Amt und Würde kommen, wie Luzifer in den Himmel. Darum macht eure Hoffnung anderswo fest: bei Gott, der alle Herzen zur Ruhe bringt [vgl. 1. Joh 3,19]. Der möge euch zu seiner Erkenntnis verhelfen, damit ihr euch »unter die machtvolle Hand« [1. Petr 5,6] und das Kreuz Christi beugt und mit allen Gläubigen selig werdet. Amen.

Eine freundschaftliche und ernste Ermahnung der Eidgenossen

1524

Original: Ein trüw vnd ernstlich vermanung an die frommen Eydgnossen / dasß sy sich nach jrer vordren bruch vnd gestalt leytind / da mit sy die vntrüw vnd geuård jrer fygenden nit beleydigen moͤg. beschriben von einem Eydgnossen / yetz vßlåndisch, der aber von hertzen gern jrer eeren vnd gůtens zůnemmen sehe, [Zürich, Christoph Froschauer], 1524. Umfang: 16 unpaginierte Quartseiten.

Wissenschaftliche Ausgabe unter dem Kurztitel »Eine treue und ernstliche Vermahnung an die Eidgenossen«, mit Einleitung und Kommentar, bearbeitet von Emil Egli und Georg Finsler, in: Huldreich Zwinglis Sämtliche Werke (Abk.: Z), hg. v. Emil Egli u. a., Bd. III, Leipzig (M. Heinsius Nachfolger) 1914 (Corpus Reformatorum 90), S. 97–113.

Übersetzung: Hans Ulrich Bächtold.

Einleitung

Ein Entscheid der Luzerner Tagsatzung vom 20. April 1524 wurde zum unmittelbaren Anlaß für Zwingli, diesen Offenen Brief an die Eidgenossen zu schreiben. An der Luzerner Tagung nämlich hatte der entscheidende eidgenössische Zusammenschluß – ohne Schaffhausen und Basel allerdings – gegen die Reformation, d. h. gegen Zürich, stattgefunden: Man wolle beim Glauben der Vorfahren bleiben, entschied man grundsätzlich; sogar Strafen wurden angedroht.

Mittelbar wurde Zwinglis Stellungnahme bestimmt durch zwei wichtige Entwicklungen: Die Verbindung der eidgenössischen Orte mit dem französischen König, die auf dem oberitalienischen Kriegsschauplatz dramatische Folgen zu haben schien, und die zunehmende innereidgenössische Isolierung Zürichs wegen der Glaubensfrage.

Das französische Heer, das 1523 mit dem Kriegsziel der Eroberung Mailands nach Italien eingedrungen war, kam nach ersten Erfolgen gegen die kaiserlichen Truppen um die Jahreswende zunehmend in Bedrängnis. In den eidgenössischen Orten wuchs daher die Angst um die 6000 Söldner, die dem König im Jahr zuvor aufgrund der Allianz von 1521 bewilligt worden waren. Dennoch, oder vielleicht gerade deshalb, gestanden ihm die Orte im März 1524 weitere 8000 Mann zu. Doch das bittere Schicksal war nicht mehr abzuwenden. Die Befürchtung, die Zwingli in seiner Schrift äußerte, bewahrheitete sich noch während der Abfassungszeit: Am 30. April erlitt das französische Heer eine Niederlage, die auch unter den mitkämpfenden eidgenössischen Söldnern hohe Verluste zur Folge hatte.

Die kirchlichen Reformbestrebungen, die von Zwingli und Zürich ausgingen, hatten in der Eidgenossenschaft bereits deutlich polarisiert. Auf der Tagsatzung hatte sich zu Beginn des Jahres der Widerstand formiert, und Ende Februar erschien deren Delegation in Zürich, um sich über die neue Lehre zu beschweren. Zürich rechtfertigte sich zwar schriftlich, konnte jedoch nicht verhindern, daß sich die Fünf Orte (Uri, Schwyz, Unterwalden, Luzern und Zug) zu einer antirefor-

matorischen Führungsgruppe zusammenschlossen, deren Aktivität schließlich zum gemeinsamen Beschluß vom 20. April führte.

Diese eidgenössische Kampfansage brachte Zürich in eine heikle Lage – sprach man doch auch schon von dessen Aussperrung von der Tagsatzung – und erforderte alle Mittel und Kraft zur Abwehr; am 27. April schrieb es an jedes einzelne der 12 Orte, legte die Sachlage aus seiner Sicht dar und forderte, den Beschluß nochmals zu überdenken und selbständig Stellung zu nehmen.

Zwinglis »Ermahnung der redlichen Eidgenossen« gehört in den Rahmen dieser Taktik einer offensiven Verteidigung. Natürlich mußte die Verfasserschaft verdeckt bleiben, denn Zwinglis Name war schon zu sehr im kontroversen Gespräch, zu sehr mit dem Häresie-Verdacht behaftet; die Schrift hätte wohl kaum unbefangene Leser gefunden. Von Werner Steiner wissen wir übrigens, daß der besorgte Auslandschweizer, der den Eidgenossen ins Gewissen redete, Zwingli selbst war.

Das kleine Werk, ein Aufruf, eigentlich eine rasch hingeworfene Schrift zum Tage, vermittelt neben aktuellen Bezügen auch viel Grundsätzliches aus der Gedankenwelt des Reformators. Ein Vergleich bildet das Kernstück der Argumentation. Zwingli spiegelt das Verhalten und die Lebensweise der Miteidgenossen an den Tugenden und Leistungen ihrer Vorfahren. Hatten die alten Eidgenossen den schmarotzenden Adel vertrieben, sich genügsam durch harte Arbeit vom eigenen Boden ernährt und sich durch tapfere Taten von der Fremdherrschaft befreit, ließen nun die Nachfahren mit ihrer ausschweifenden Lebensführung einen neuen Adel entstehen, strebten nach höchstem Lebensgenuß und gäben sich für Geld fremden Herren hin. Mit dem Vergleich zeichnet er pointiert den sittlich-moralischen Verfall, und er kennt auch die Gründe für den Abfall von den Idealen der Vorväter, denen Gott stets beigestanden sei; das Grundübel sei der Eigennutz. Egoismus und Eigennutzdenken hätten dazu geführt, daß jeder rücksichtslos, unter Mißachtung des Gemeinwohls, auf persönlichen Gewinn aus sei. Diese Profitgier hatte im Pensionenwesen seinen verderblichsten Ausdruck gefunden; denn einige wenige bereicherten sich in korrupter Weise, während viele für wenig Geld ihr

Leben aufs Spiel setzten. Unglaubwürdigkeit, Ungerechtigkeit und Streit seien die Folge – also eine ernste Gefahr für den Bestand der Eidgenossenschaft. Besserung, so folgert Zwingli, ist aber nur durch die Eliminierung des Eigennutzes möglich, und dies kann allein durch die Predigt des reinen, unverfälschten Gottesworts erreicht werden. Damit hatte Zwingli den Bogen vom patriotischen Anliegen zu Reformanliegen geschlagen und zugleich die politisch-gesellschaftliche Evidenz der Reformation aufgezeigt.

Wie sich Zwinglis gedruckter Appell an die Eidgenossen, neben den Zürcher Zuschriften an die einzelnen Orte, ausgewirkt hat, ist kaum abzumessen. Die antizürcherische Koalition blieb vorerst bestehen und begann sich erst nach der Disputation in Baden 1526, deutlich sichtbar dann nach der Berner Disputation 1528 aufzulösen.

Hans Ulrich Bächtold

Eine freundschaftliche und ernste Ermahnung der redlichen Eidgenossen, sich auf die Sitten und auf die Lebensweise ihrer Vorfahren zu besinnen, damit ihnen Bosheit und Hinterlist ihrer Feinde nichts anhaben können. Geschrieben von einem Eidgenossen, der zur Zeit im Ausland weilt, dem aber Ansehen und Wohl der Eidgenossenschaft jetzt und in Zukunft sehr am Herzen liegt

Ehrenwerte, weitsichtige, gnädige, besonders verständige, liebe Herren und gute Freunde, redliche Eidgenossen!

Wundert euch nicht zu sehr, daß ich euch schreibe, ohne meinen Namen zu nennen. Es geschieht nicht, um euch zu täuschen, sondern aus Bescheidenheit. Ihr fragt mich vielleicht, warum ich das Schreiben nicht lasse, da ihr dessen gar nicht bedürft. Aber die Liebe und die Zuneigung, die ich – wie alle Menschen – dem Vaterland gegenüber empfinde, zwingt mich, es doch zu tun. Ich muß einfach mit euch in eurer unsicheren Lage reden. Denn auch wenn ich jetzt nicht in meinem Vaterland wohne, bleibt mir die löbliche Eidgenossenschaft ans Herz gewachsen – ihr Glück hat mich immer gefreut, ihr Unglück immer geschmerzt. Darum werdet ihr mein schlichtes und einfaches Schreiben hoffentlich nicht seiner klugen Worte oder seiner Gelehrtheit wegen, sondern um der Aufrichtigkeit meiner Absichten willen beurteilen und annehmen.

Ihr wißt sehr gut, daß der edle Bruder Klaus von Unterwalden[1] einst mit Nachdruck gesagt hat, es könnte zwar keiner fremden Staatsgewalt je gelingen, die Eidgenossenschaft zu erobern, sehr wohl aber dem Eigennutz. Ähnliches hat Philipp[2], der Vater Alexanders des Großen[3], geäußert, als er meinte: keine Stadt und kein Schloß seien so befestigt, daß sie nicht fallen würden, sobald ein mit Gold beladener Esel eintreffe.[4]
Der | allmächtige Gott hat unseren Vorfahren so viel Hilfe und 104
Gnade erwiesen, daß sie sich von der Willkürherrschaft des

Adels befreien konnten. Sie lebten in der Folge so brüderlich zusammen, daß ihr Ansehen und ihr Wohlstand wuchs. Sie waren zuverlässig und fest in ihrer Rechtsprechung und beim Vollzug des Rechts, so daß viele ungerecht Behandelte aus dem Ausland bei ihnen Zuflucht und Schutz suchten und oft sogar mit Unterstützung der Eidgenossen ihre verlorenen Rechte und Güter wiedererlangten. Das ärgerte die rücksichtslosen Fürsten, denn sie, die Gesetz und Recht zu ignorieren suchten, mußten ständig euer mutiges Eintreten für das Recht fürchten. Das zeigt aber deutlich, daß die Freiheit, die Gott euch verschafft hat, auch dem Wohl der Fremden zugedacht ist, damit diese unter eurem Schutz wie in einem Asyl ihre Zuflucht und Sicherheit finden.

Als die Fürsten einsahen, daß Gott eindeutig auf eurer Seite stand, so daß euch nichts abzutrotzen war, köderten sie euch – gleich den Moabitern, welche die Israeliten mit ihren schönen Frauen reizten [vgl. 4. Mose 25,1] – mit Geschenken, um euch in ihre Dienste zu bringen. Denn sie sagten sich, wenn einer sieht, wie sein Verwandter oder Nachbar rasch, ohne offensichtliche, lohnende Erwerbstätigkeit, reich wird und nicht mehr zu arbeiten braucht, sich schön kleidet, spielt, schlemmt und üppig lebt, dann wird auch dieser versuchen, auf solche Art reich zu werden – denn alle Menschen zieht es von der Arbeit zum Vergnügen. Und käme er nicht durch jenen zu Vermögen, der seinen Nachbarn reich gemacht hat, dann würde er sich einfach an dessen Gegner wenden. Dies hätte große Uneinigkeit zur Folge, denn so würden Vater und Sohn, Bru-
105 der und Bruder, | Kameraden und Nachbarn gegeneinander aufgehetzt. »Das Reich aber, das in sich selbst zerstritten ist«, spricht Gott, »kann nicht bestehen bleiben« [Mt 12,25]. Auch die Eidgenossenschaft müßte zugrunde gehen.

Hochgeachtete, liebe Herren, seht ihr nicht, daß ihr euch bereits in dieser Lage befindet? Eigennutz ist unter euch gesät, der Streit wird folgen. Es geht dem Ende zu – es sei denn, ihr beseitigt Eigennutz und Streit; dann besteht noch Hoffnung auf die sichere Hilfe Gottes. Ich weiß natürlich sehr gut, daß viele sagen: »Auch wenn mich die Herren reich gemacht haben, tat ich dennoch bei meinem Eid und mit gutem Gewissen stets alles zum Wohle und zur Ehre der guten, alten Eidgenossenschaft.« Aber diese Rechtfertigung überzeugt nicht; auch wenn du und vielleicht noch einer, wenn ihr also derart standfest wäret und euch durch Bestechungsgeschenke nicht abwendig machen ließet, so verbleiben doch noch hundert andere, die für Geschenke alles tun, was man von ihnen verlangt. Gerade du solltest keine Geschenke annehmen, damit diese große Menge nicht deinem Beispiel folgt und die Eidgenossenschaft dadurch in Gefahr bringt. Erst dann kannst du dich rühmen, alles zum Wohle der Eidgenossenschaft getan zu haben; denn solche Versicherungen und Vorsätze werden leichter ausgesprochen als gehalten. Gott, der die Herzen der Menschen kennt [vgl. Ps 44,22 und 139,1–2] und von unseren Absichten im voraus weiß, verbietet allen Richtern, d. h. allen politisch Verantwortlichen und Mächtigen, Geschenke anzunehmen; denn Bestechung macht auch die Weisen blind und verdreht die Worte der Rechtschaffenen [vgl. 5. Mose 16,9 und 2. Mose 23,8]. Weil aber Gott nicht lügt [vgl. 4. Mose 23,19 und Hebr 6,18] und sich auch nicht irrt, bedeutet dies, daß nur unbescholten leben kann, wer solche Geschenke zurückweist.

Auch jene, die vorgeben, unbeeinflußbar zu sein, können sich nicht von jedem Verdacht befreien. Die Tatsachen machen deutlich, daß ihr euch, vom eigennützigen Denken verführt, in Haltung und Lebensweise weit von euren Vorfahren entfernt habt: | Diese haben 1. den hochmütigen und lieder- 106
lichen Adel vertrieben, 2. sich mit harter Arbeit ernährt, 3. sich mit tapferen Taten und wagemutig von der Fremdherrschaft befreit.

I. Ihr aber habt manche unter euch, deren Lebensführung immer wüster wird, und die nicht weniger liederlich leben als einstmals die Adeligen; ja sie treiben es mit Spielen, Saufen, mit eitlem Kleiderprunk und mit Hurerei derart ungebührlich, was unsere Vorfahren nicht einmal an anderen Leuten toleriert hätten. Auf diese Weise lassen sie den anmaßenden, liederlichen Adel, den unsere Vorväter nicht leiden konnten, wieder aufleben.

II. Durch Arbeiten will sich niemand mehr ernähren. Weil es angeblich an Arbeitskräften fehlt, läßt man vielerorts die Grundstücke überwuchern, niemand mehr bebaut sie. Arbeitsvolk wäre aber zur Genüge vorhanden, und auch fruchtbare Erde, die euch ausreichend ernähren könnte. Auch wenn sie nicht Zimt, Ingwer, Malvasier[5], Gewürznelken, Apfelsinen, Seide und ähnliche Luxusprodukte und Leckereien hervorbringt, so gewährt sie euch doch Erzeugnisse wie Butter, Meisterwurz[6] und Milch, ermöglicht die Haltung von Pferden, Schafen, Braunvieh sowie die Herstellung von solidem Tuch, von Wein und Korn im Überfluß. Damit lassen sich leicht wohlgestaltete und tüchtige Menschen aufziehen. Eure Erzeugnisse könntet ihr ohne weiteres gegen andere, euch fehlende, bei Leuten eintauschen, die eure Produkte brauchen. Doch euer Eigennutzdenken hindert euch daran, so zu wirtschaften. Dieses Denken, das sich unter euch breitgemacht hat, lenkt euch von der Arbeit weg zum Müßiggang. Aber Arbeit ist etwas Gutes, etwas Göttliches. Sie bewahrt nicht nur vor Ausschweifung und Laster, sie beschafft auch das Getreide, mit dem sich der Mensch ohne schlechtes Gewissen ernähren kann, auch ohne befürchten zu müssen, daß er sich mit dem Blut Unschuldiger speise und sich damit beflecke. Arbeit
107 macht auch den Körper frisch und stark und beseitigt | Krankheiten, die durch den Müßiggang entstehen. Das Allerschönste aber ist, daß aus der Hand des Arbeiters Frucht und Gewächs entspringt, so wie aus der Hand Gottes bei der Schöpfung; der Arbeitende ist also äußerlich Gott ähnlicher als irgendein Wesen auf der Welt.

III. Der Eigennutz hat euch so weit gebracht, daß eure ganze Kraft und Stärke, die eigentlich dem Schutze des Vaterlan-

des dienen sollte, von fremden Herren abgezogen und verbraucht wird. Seht doch den großen Unterschied zu unseren Vorfahren. Diese duldeten keine fremden Herren in der Eidgenossenschaft. Wir aber geben ihnen sogar das Geleit, sobald sie mit viel Geld kommen. Und dann wird etwa so geteilt, daß die einen das Geld, die anderen die Schläge einstecken. Hat ein redlicher Mann einen anständigen Sohn aufgezogen, dann wird ihm dieser von den Hauptleuten weggeführt und größten Gefahren ausgesetzt; er wird von Hunger, Tod und Krankheit bedroht, riskiert Schuß- und Schlagverletzungen. Wenn dieser Sohn schließlich sein zusammengespartes Geld zählt, wird er merken, daß er zu Hause mit Dreschen täglich 4 Pfennig mehr, dazu das Essen, verdient hätte; er liefe zudem kaum Gefahr, schon vor dem Geldzählen erstochen und erschlagen zu werden. Hinzu kommt, daß sein armer, alter Vater, den er mit seiner Arbeit hätte erhalten sollen, an den Bettelstab gebracht wird. Denen aber, die das Geld einstecken, mangelt es an nichts. Ich hoffe, daß Gott sie zur Einsicht führe und merken lasse, wie teuer sie dieses leicht verdiente Geld zu stehen kommt. Eure Pensionenherren betreiben den Abschluß von Soldverträgen mit fremden Mächten, sobald sie ausreichend geschmiert worden sind. Wenn es dann aber ernst gilt, stellen sie deinen oder eines anderen Sohn vorne hin. Auch wenn die Verträge vorbehalten, daß niemand zum Solddienst gezwungen werden darf, läßt man dennoch die Werber mit Geld zu eines jeden Sohn kommen; und es ist leicht zu erraten, wie junges Blut darauf reagiert. Ein solcher Vorbehalt ist nur Blendwerk und dient der Selbstrechtfertigung, vergleichbar mit der Haltung jenes Mannes, der vorgibt, an der Verführung seiner Tochter unschuldig zu sein, weil er sie nicht geheißen habe, sich dem Verführer hinzugeben, | der aber selbst mit dem 108
Verführer ein Abkommen getroffen hat, das jenem jederzeit freien Zugang zur ihr erlaubt.

Es ist sogar so weit gekommen, daß ihr glaubtet, ganze Reiche unter euren Schutz nehmen und die Taten aller Völker überbieten zu können. Das ist die Folge des Eigennutzdenkens. Es läßt nämlich den Menschen glauben, es werde schon alles glücken, wie immer er es auch anpacke. Sollte es ihm aber hineinregnen,[7] dann wird er wüten und diesem und jenem die Schuld geben. Er gleicht dann jenem, der seinen Körperkräften zuviel zutraut, sich eine zu schwere Last aufbürdet, dann aber, wenn er niedergedrückt wird, nicht sagt: »Ich habe zuviel aufgeladen«, sondern sich herausredet: »Ich bin ausgerutscht« oder »Ich habe sie nicht richtig auf mich genommen« oder »nicht richtig zusammengebunden«. Dennoch ist er selbst schuld, weil er sich übernommen hat, und niemand anderes.

Was die Bezüge dieser Herren anbelangt, ist zu beachten, daß die, welche die wirklich großen Geschenke annehmen, nichts darüber verlauten lassen. Wenn sie nun von Tag zu Tag aufwendiger und verschwenderischer auftreten, dann wird der nächste, der natürlich nicht weniger gelten möchte, zu einer ebenso prunkvollen Lebensführung angestachelt. Vermag er dies nicht, muß er sich der Gnade des Korrupten ausliefern und versetzt diesem schließlich seinen Acker, seinen Weinberg und seine Wiese. Dieser verhilft ihm dann zu einem »Pensiönchen«, das aber für seine viermal so hohen Auslagen nicht ausreicht. Wenn er danach überhaupt nichts mehr besitzt, zieht er für einige Monatssolde ins Schlachtgetümmel irgendeines Krieges. So kommt ihr um eure guten Leute, verbraucht sie im Dienste fremder Potentaten für schnödes Geld und werdet nicht einmal reich dabei. Jene aber werden derart vermögend, daß sie euch die übrigen bald auskaufen können. Ich hoffe, daß ich mir umsonst Sorgen mache. Doch wenn ihr dies zulaßt, wird euch bald ein neuer Adel bedrücken – und ich werde recht behalten haben.

Aber tut die Augen auf und seht euch vor, damit ihr nicht vom Bösen umgarnt werdet. Vergegenwärtigt euch, daß eure jungen Männer jetzt in Mailand sind, Hunger und Durst leiden und Krankheiten haben, daß immer wieder einige von ihnen in Scharmützeln umkommen. Sie wollten heimkehren,

doch eure Mächtigen haben ihnen – wie man sich erzählt – unter Androhung der Todesstrafe zu bleiben geboten. Sollten sie nun, was zu erwarten ist, belagert und | mit dem Aus- 109
hungern bedroht werden, wie könnt ihr euren Befehl zum Bleiben – dies darf ja gemäß Vertrag nicht erzwungen werden – verantworten? Könnten sie nämlich nicht entsetzt werden, dann lastete die Schuld am Schicksal der Soldaten auf euch, denn ihr habt ihnen zu bleiben befohlen. Sollten sie nun gar besiegt und erschlagen werden, was Gott verhüte, was würden wohl eurer Meinung nach die guten Leute sagen, deren Söhne, Brüder und Bekannte umgekommen sind? Und wenn diese dann gegen eure bestochenen Herren vorgehen – denn ein jeder Biedermann müßte ja denken: Läßt man ihnen das durchgehen, werden sie es immer bunter treiben –, was könnte anderes als Aufruhr und Unruhe entstehen? Haltet euch vor Augen, welche Risiken ihr eingeht, nur weil ihr euch vom Eigennutz, der jede Frechheit zuläßt und diese auch noch beschönigt, antreiben läßt.

Man bedenke übrigens, daß ein jeder, der in höchste Not kommt, sich selbst hilft, so viel er nur vermag. Wenn also die Urheber dieser bösen Umtriebe sähen, daß man ihrer habhaft werden und sie für ihre Taten belangen möchte, würden sie ohne weiteres unter irgendeinem Vorwand einen neuen Konflikt anzetteln, nur um des Volkes Zorn von sich weg auf etwas anderes zu lenken. Das beginnt sich bereits abzuzeichnen; denn einige dieser militärischen Führer sind – wenn es stimmt, was man sich erzählt – nach Hause gekommen, nachdem sie ihren Palmzweig geworfen hatten,[8] und niemand habe sie dazu bewegen können, zu den Soldaten zurückzukehren, die sie zuvor aus der Heimat weggeführt hatten. Zu Hause haben sie dafür angefangen, die evangelische Predigt zu kritisieren und verschiedene eidgenössische Orte wegen Glaubensdingen, von denen sie zweifellos kaum etwas verstehen, gegeneinander aufzubringen. Würde ihnen ihr Vorhaben gelingen, dann wäre die Eidgenossenschaft bald einmal zerstört. Es erginge ihr wie der Maus und dem Frosch, die so verbissen miteinander kämpften, daß sie den Weih nicht bemerkten, der hinzuschoß, zupackte und beide auffraß. Merkt|ihr nicht, daß eure Feinde auf der Lauer liegen? Sobald sie euch schaden können, tun sie es sofort. Steht daher lieber alle Widrigkeiten gemeinsam durch, als euch gegeneinander aufhetzen zu lassen; denn das wäre euer sicherer Untergang. Laßt eure Pfarrer über Glauben und Sakramente streiten, so heftig sie nur wollen; nehmt dies aber nicht zum Anlaß für Streit und Uneinigkeit, sondern bleibt beim alten, wahren Gott, der euren Vorfahren Glück und Heil gebracht hat, so lange sie nach seinem Willen lebten. Ob eine Lehre, die jemand verbreitet, falsch ist, wird sich mit der Zeit sehr wohl herausstellen. Stammt sie nämlich von Gott, kann sie von keinem Menschen aufgehalten werden, ist sie aber nicht von Gott, dann wird sie sich selbst zerstören [vgl. Apg 5,38–39]. Es sind immer wieder Irrlehren entstanden, die sich nicht durchsetzen konnten. Ist nun diejenige, die man »die neue Lehre« nennt, ein Irrtum, dann wird sie gewiß wieder untergehen; ist sie aber die richtige Lehre (wie die Gelehrtesten meinen – ich bin zu einem Urteil zu gering, Gott gebe mir bessere Einsicht!), warum sollte man sich dann durch Papst oder Bischof gegen die Wahrheit aufhetzen lassen? Schaut euch um, gute Eidgenossen! Haben euch die Päpste, die Bischöfe, die päpstlichen Gesandten und Kardinäle nicht schon genug Mühe bereitet? Denkt einmal zurück!

Deshalb, ehrenhafte, gute etc., treue, liebe Eidgenossen, hört auf mit solch aufgeblasenem und egoistischem Getue, besonders mit dem Eigennutzdenken, eurem größten Feind, und denkt daran, daß – wie schon die Heiden gesagt haben – oft kleine Staatswesen durch Einigkeit und Frieden [zu großen Reichen] aufgeblüht, durch innere Streitigkeiten aber wieder zerfallen sind. Haltet zueinander und laßt die fremden Herren mit ihren Balgereien allein, schaut zu, stellt euch nicht in ihre Dienste; denn ihr müßtet die Folgen ihrer übermütigen Taten tragen, und das könnte für euch mit der Zeit wahrlich bitter

werden. Gibt es einige so maßlos Habgierige unter euch, die
sich immer wieder mit fremden Machthabern einlassen, Geld
annehmen und die | unschuldige Jugend deren Taten entgelten 111
lassen, könnt ihr wohl denken, was euch Gott, aber auch die
Vernunft, mit diesen zu tun befehlen würde; aber darüber will
ich keine Anweisungen geben. Doch Gott hat immer auch
jene gestraft, die sündhaftes Tun nicht verhindert haben. Und
da einige ihr Unwesen ganz offen betreiben, muß man ent-
weder etwas dagegen tun oder dann in Kauf nehmen, daß Gott
sein Schwert über das ganze Volk erhebt und gebraucht. Ich
betone aber, daß mich euer Unglück nicht freut wie jene, die
nun meinen, es sei mit euch zu Ende; jene nämlich sind über-
zeugt, daß sich die Eidgenossenschaft sehr bald auflösen wird,
weil sie sich dem französischen König angeschlossen habe, der
auf verlorenem Posten stehe, und weil sie in sich selbst zer-
stritten sei. Dieser Meinung bin ich wirklich nicht, da ich sehr
wohl weiß, daß Gott seine Gnade den Menschen, die sich
bessern wollen, niemals entziehen wird [vgl. Sir 17,18]. Meine
Voreltern hörte ich immer sagen, daß die, welche sich in die
Streitereien der Eidgenossen einmischen, so wie unter Brü-
dern übel eingeklemmt werden.[9] Ich bin daher sicher, daß
Gott die Guten in der Eidgenossenschaft, die mit diesen Mis-
setaten nichts zu tun haben, nicht vergißt und sie die Schlech-
tigkeit einiger anderer nicht büßen läßt. Ich hoffe auch, daß
diese korrupten Menschen, die Pensionenbezüger, aber auch
die Kriegsknechte, erkennen, wie furchtbar es ist, daß einer für
Geld einen braven Mann überfällt, der ihm nichts zuleide getan
hat, diesem die Habe wegnimmt und ihn unter den Augen von
Frau und Kindern totschlägt, das Heim niederbrennt, die Felder
zerstört und damit die Leute noch dem Hungertod aussetzt.

O Gott, erleuchte die blinden Herzen! Sie werden dann einsehen, daß sie Unrecht getan haben, sie werden Gott um Gnade anflehen und von ihrem üblen Tun ablassen. So werdet ihr zu Einigkeit und Frieden kommen. Habt ihr dies erst einmal mit Gott erreicht, braucht ihr vor der ganzen Welt keine

Angst mehr zu haben, denn ihr seid reich an kräftigen und mutigen Menschen. Und wenn ihr euch in euren Grenzen haltet, müßt ihr keine Geschütze, keine befestigten Stellungen
112 | und keine Hinterhalte mehr fürchten wie in den fremden Ländern. Ihr seht ja, daß man euch nicht mehr zum offenen Schlagabtausch kommen läßt, sondern daß man euch vielmehr durch List, mit Geschützen, aus befestigten Stellungen heraus und durch Überrumpelungen ans Leben geht. Seid klug und zerstört nicht eure Körper und Seelen im Dienste anderer Herren für schnödes Geld, liefert euer Vaterland nicht der Bosheit der Tyrannen aus! Denn wie der Mann, der ein Mädchen in unehrenhafter Absicht umwirbt, des Mädchens größter Feind ist, so sind diejenigen eure größten Feinde, die euch zum Schutze ihres selbstsüchtigen Regimes gebrauchen. Oder meint ihr, sie seien eure Freunde, weil sie euch Geld geben? Der Pfennig, der seinen Besitzer umbringt, ist nichts wert.

Fragt nun aber jemand: »Wie können wir denn wieder zu Einigkeit und Frieden kommen?« so hieße die Antwort: »Mit der Beseitigung des Eigennutzes; denn wenn es diesen nicht gäbe, so hätte die Eidgenossenschaft vielmehr eine Bruderschaft, nicht bloß eine Vertragsgemeinschaft, genannt werden können.« Sagt sodann einer: »Eigennutz liegt in eines jeden Herzen. Wir können ihn nicht daraus entfernen, denn nur Gott kennt die Herzen und kann in ihnen wirken«, dann müßte erwidert werden: »So tut wenigstens mit Ernst, was ihr vermögt. Wenn ihr von außen erkennt, welche Übel der Eigennutz verursacht, dann ächtet ihn und laßt nicht zu, daß er sich breitmacht. Wollt ihr, daß er auch in den Herzen der Menschen ausgelöscht wird, dann sorgt dafür, daß das göttliche Wort bei euch wahrhaftig gepredigt wird.« Denn wo Gott nicht im Herzen ist, da ist nur der Mensch allein. Und wo der Mensch allein ist, da ist nichts anderes als Gewinn- und Genußsucht. Daher hintergehen die Menschen einander. Derjenige aber, in dessen Herzen Gott wohnt, tut nur, was Gott gefällt, sucht Gottes Ehre und des Nächsten Nutzen. Gottes

Wille aber kommt nur in seinem eigenen Wort klar zum Aus-
druck. Wenn ihr nun wollt, daß unter euch Gottes Wille Gel-
tung hat, damit ihr friedlich und in gläubigem Gehorsam leben
könnt, dann seht zu, daß das Wort Gottes unverfälscht und
nach seinem ursprünglichen Sinn gepredigt und ohne Beein-
flussung und Veränderung durch menschliches Wissen klar
und verständlich dargelegt wird. | Ihr werdet feststellen, daß die 113
Euern von sich aus ihr übles Treiben aufgeben werden. Bei uns
erzählt man sich übrigens, daß einige Orte auf ihre fremden
Kriegsdienste verzichtet hätten, nachdem sie durch das Wort
Gottes belehrt worden seien.

Laßt euch nicht einnehmen von den Pfaffen, die weinend kommen und klagen, sie verlören ihre Meßfeier und ihren Pomp, die schreien: »Das ist ketzerisch, das ist lutherisch!« Beurteilt vielmehr, was mit dem Wort Gottes [bei euch] geschieht: ob damit ausschließlich die Ehre Gottes gefördert und auf das Gewissen hingewirkt wird oder auf die Erhaltung der überlieferten Machtstellung und des Glanzes der Priester. Und wenn ihr seht, was der Ehre Gottes und dem Seelenheil dient, fördert es, gleichgültig, was dieser oder jener auch sagen mag. Es werden euch gute, gottesfürchtige Leute heranwachsen, und ihr werdet euch auf diese Weise das Vaterland erhalten, auch wenn es dem Teufel weh tut. Denn wo Gottesfurcht ist, da ist auch die Hilfe Gottes. Wo aber Gott nicht hilft, da ist die Hölle, da ist alles Not und Unrecht.

Hört deshalb auf das Wort Gottes, denn dieses allein wird euch wieder auf die rechte Bahn bringen. Nehmt meine Warnung im besten auf; sie kommt von Herzen und von einem Freund. Ich fürchte, daß viele über euer Unglück lachen würden, und darauf warten, in Druckschriften öffentlich darüber lästern zu können. Gebt ihnen diese Möglichkeit um Gotteswillen nicht. Möge euch Gott in seine Gnade und in seinen Dienst aufnehmen und euch behüten. Amen.

Auf Montag nach dem Maitag im Jahre 1524.[10]

Wer Ursache zum Aufruhr gibt

1524

Original: Welche vrsach gebind ze ufrůren / welches die waren vfrůrer sygind / vnd wie man zů Cristlicher einigheit vnd fryden kommen mőge / durch Huldrych Zuinglin zů Zürich [...], Zürich, Christoph Froschauer, 1524. Umfang: 96 unpaginierte Quartseiten.

Wissenschaftliche Ausgabe unter dem Kurztitel »Wer Ursache gebe zu Aufruhr usw.«, mit Einleitung und Kommentar, bearbeitet von Georg Finsler, in: Huldreich Zwinglis Sämtliche Werke (Abk.: Z), hg. v. Emil Egli u. a., Bd. III, Leipzig (M. Heinsius) 1914 (Corpus Reformatorum 90), S. 355–469.

Übersetzung: Peter Winzeler.

Einleitung

Diese Streitschrift wurde von Zwingli Ende 1524 abgefaßt und erschien im Druck, als sich in Zollikon die erste Täufergemeinde bildete. Bereits im Juli 1524 begann die nordostschweizerische und süddeutsche Bauernerhebung, die 1525 auf das Elsaß, Thüringen und das Tirol (bis Juli 1526) übergriff. Zwingli – mit als »Urheber« gescholten – beruft sich auf den (2./3.) Reichstag zu Nürnberg (1522–24), der die »Beschwerden« der deutschen Nation gegen Papst und Kaiser bekräftigt hatte, Klage gegen die »Monopolia« der Augsburger Handelsgesellschaften erhob und das »aufrührerische Predigen« unterbinden, aber das »lautere Evangelium« zulassen wollte.

Diese bedeutendste sozialkritische Schrift des Reformators erinnert durchaus an Luthers Vorbild (»An den christlichen Adel deutscher Nation«; »Großer Sermon vom Wucher« 1520). Sie reflektiert Zürichs Bedrängnis (dem der Ausschluß aus den Bünden drohte); die sich zuspitzende Wirtschaftskrise und Inflation (mit massenhaften Zehnt- und Zinsverweigerungen); wie auch die Spaltung der reformatorischen Bewegung (in einen »radikalen« und einen »konservativen« Flügel), die Zwingli nach Kräften zu vermeiden sucht. Nun als politischer Theologe wie auch Ökonom gefordert, gibt Zwingli nicht nur ein ergötzliches Portrait der Lebensverhältnisse seiner Zeit, sondern geht mit der Ausbeutung in einer biblischen Schärfe ins Gericht, die gegenüber Luther nur im Ton moderater, aber in der Sache klarer und eindeutiger (keine Trennung der »zwei Reiche« oder von Theorie und Praxis!) und in der praktischen Zielsetzung weitreichender war.

Sein Werben um die biblizistischen Täufer und die Lossage von nur »eigennützigen« Mitläufern der Reformation (Teil I) nimmt Zwingli zum Anlaß, um mit den »eigentlichen Verursachern des Aufruhrs« abzurechnen (Teil II): vorweg mit dem verrotteten »geistlichen Stand«, dann den Bereicherungsquellen des Staates und der politischen Ökonomie (Boden, Zinskapital und Arbeit), die Zwingli schonungslos wie auch subtil aufdeckt. Wie bereits in der Schrift »Göttliche und mensch-

liche Gerechtigkeit« (1523) verlangt Zwingli eine rechtsstaatliche Regulierung des freien Marktes, damit nicht das Recht der Stärkeren triumphiere. Er läßt keinen Zweifel daran, daß er Gottes Partei für die Entrechteten ergreift und nicht in den Taufgesinnten die eigentlichen Brandstifter sieht. Sie möchte er vom kontraproduktiven bzw. anarchistischen Verhalten zur Mitarbeit gewinnen und gesteht zu, daß die Kindertaufe an sich keine Kardinalfrage sei.

Zwinglis Absicht (Teil III) war es denn auch, zu kühnen, gleichwohl gangbaren Reformen – bis zur Abschaffung des vom Kapital diktierten Zinses und zur sozialen und ökologischen Umnutzung der ertragsabhängigen »Zehnten« – aufzurufen, das Gemeinwohl auch mit dem »Eigennutz« der Fürsten zu verbinden und ein breites Bündnis des Volkes mit den je rechtsstaatlichen Repräsentanten zu begründen. Dieses Programm konnte beachtliche Teilerfolge verbuchen. 1524/1525 wurden Klöster und Leibeigenschaft aufgehoben und der Kirchenzehnte zur Armenfürsorge wie für Lehrstätten (Prophezey) verwandt. Ein Patrizier (Jakob Grebel) und zwei Täufer (Felix Mantz, Konrad Grebel) mußten 1525/26 das Leben lassen, aber größere Blutopfer – wie sie Luther verlangte – blieben den Aufständischen erspart. 1529 wurden Freikäufe überschuldeter Güter zum reduzierten Zinsfuß von maximal 5 Prozent ermöglicht, was nach Zwinglis Tod bald rückgängig gemacht wurde.

Die Wirkung der Schrift blieb gleichwohl begrenzt und streckenweise tragisch: Die Täufer glaubten Zwinglis »Absagebrief« in Händen zu haben, während das aufstrebende Bürgertum das Privateigentum (an Boden, Kapital, Arbeit) als legitimiert ansah und Zwinglis radikale Zumutungen als utopisch verwarf (sie wurden vom religiösen Sozialismus rezipiert). Die überragende Schrift des »Volksreformators« hat gleichwohl an Aktualität nichts eingebüßt und kann heute noch als Grundkurs zur »Alphabetisierung« der Christen in Wirtschaftsfragen dienen.»Fragt ihr: Was geht denn das das Evangelium an? Viel, auf jeden Fall!«

Peter Winzeler

Wer Ursache zum Aufruhr gibt. Wer die eigentlichen Aufrührer sind, und wie man zu christlicher Einigkeit und Frieden kommen kann

Von Huldrych Zwingli in Zürich, etc.

Lies bis ans End' und ermiß nicht nur, wie grob, sondern auch: wie wahr es sei.

Der christlichen Kirche oder Gemeinde zu Mülhausen entbietet Huldrych Zwingli Gnade und Friede von Gott und seinem eingeborenen Sohn, unserem lieben Herrn Jesus Christus.

Allerliebste Brüder in Gott! Es ist niemandem unbekannt, wieviel Widerstand und Qual alle diejenigen erleiden müssen, die Gottes Wort anhangen wollen, wovon auch Paulus 2. Timotheus 3,12 spricht. Daraus ist leicht zu verstehen, daß auch Ihr nur deshalb so viel Spott, Verhöhnung, Feindseligkeit und Bedrohung ertragen müßt, weil Ihr zur Erkenntnis der Wahrheit gelangt seid und sie angenommen habt. Doch soll Euch solcher Widerstand keineswegs kränken, sondern je länger je mehr im Glauben bestärken. Denn wir lernen in solchen Widerwärtigkeiten am sichersten, was recht geglaubt, recht gebetet, recht beratschlagt und getan sei.

Beginnt man | die Gläubigen gewaltsam anzugreifen, so ist 375
zweifellos das erste, was damit geprüft wird, der Glaube. Dabei wird der Gläubige sich dessen bewußt, ob er gefestigt und ohne Zweifel sei, oder ob es ihm freistehe, abzufallen. Wenn er bewährt ist, sagt er: ich will eher diese Welt preisgeben als vom Glauben abstehen. Jetzt erst wird er seines Glaubens recht gewiß und wird dessen inne, was dieser erfordert, nämlich alle seine Hoffnung allein auf seinen Gott zu setzen und alle anderen Sicherheiten zu verachten. Das widerfährt zweifellos einem jeden am Anfang der Trübsale, gibt uns doch auch die Art des »Fleisches«[1] den Rat: wir sollten vom Glauben abstehen; das werde zur Beruhigung dienen; wir sollten zusehen,

daß wir unser Leben im Frieden beenden, gleichgültig, wie es andere Leute machen. Was aber, wenn man diesen Rat befolgt, nichts anderes heißt, als dem Antichrist zu erlauben, zu tun, was er will.

Diese Ansicht vertrat auch unser lieber Herr Jesus Christus, der uns – nach Lukas 14,31–33 – als erstes zu bedenken lehrte: »Welcher König, der sich zum Krieg gegen einen anderen König rüstet, setzt sich nicht vorher hin, um auszurechnen, ob er mit seinen Fünftausend dem entgegentreten könne, der mit Zwanzigtausend über ihn herfällt? Wenn nicht, schickt er seine Gesandtschaft zu ihm, wenn er noch fern ist, und bittet um Frieden. Doch wer unter euch nicht allem absagt und aufgibt, was er besitzt, der kann nicht mein Jünger sein.« Aus diesen Worten Christi erkennt man klar, daß die Widerstände uns zum Abschätzen zwingen, wie reich wir an Glauben seien. Und erst beim Empfinden, daß wir alle Dinge – ja auch uns selber – um Gottes willen aufgeben können, dürfen wir darauf vertrauen, daß wir einen rechten Glauben haben. Davon aber können die nichts wissen, die keinen Widerstand erfahren. Sie haben gut reden von Standfestigkeit und Stärke. Wenn es aber in die Arena geht und zum Kampf kommt, werden sie meist schwach. Darum sollen uns alle Anfechtungen hochwillkommen sein: denn Gott hat sie uns auferlegt, damit wir uns daran unseres Glaubens bewußt werden – Gott prüft uns damit. Vor-
376 her wußten wir gar nicht, was | eigentlich Glauben ist oder ob wir gläubig waren. Erst wenn der Widerstand kommt, wird unsere Berechnung auf die Probe gestellt. Lassen wir nämlich das Gottvertrauen um solcher Dinge willen fahren, die man uns androht, dann erweisen wir uns als ungläubig. Geben wir nach allen Erwägungen aber alles verloren – auch uns selbst –, so wird der Glaube uns zum höchsten Schatz, zur Festung und Sicherheit. Dann wissen wir erst, was Glauben ist; denn wir haben sonst nichts mehr außer dem Vertrauen auf Gott allein.

Darum habe ich am Anfang gesagt: Widerstand lehrt uns erst recht erkennen, was Glauben ist, und was es heißt, recht zu beten. Vor dem Anbruch der Trübsale betete jeder für das, was ihn gerade quälte; aber wir wußten nicht, worum wir baten (vgl. Röm 8,26). Wo es aber um die Hauptsache geht: um den Glauben, in dem unsere Gewissen mit Gott klar und sicher versöhnt sind – und wo man uns davon abdrängen will –, da ruft, weint und schreit gellend unser Geist zu Gott, mit Seufzern, die mit Worten nicht ausgedrückt werden können: Oh Herr! Ach Herr! Hilf Herr! Verlaß deine Kinder nicht! Da gesellt sich dann fein der Satan hinzu und flüstert mitten hinein: Wird man siegen, so gereicht es auch dir zur Ehre, wenn du dem Gotteswort angehangen hast. Aber damit will der Versucher nur Falschheit und Heuchelei schüren. Den Geist hingegen betrübt es erst recht, wenn solche Einwürfe alle Früchte und die Freudigkeit des Glaubens zu verfälschen versuchen, und er schreit noch ängstlicher in uns auf: Es sind alle äußeren Feinde nichts im Vergleich zu diesem inneren Feind! Nur wird man diesen Feind den im Glauben Ungefestigten besser nicht sogleich bekannt machen, damit sie nicht etwa zurückweichen.

So lehren uns die Widerwärtigkeiten auch das rechte Beten und Ratgeben, denn in Anbetracht solcher Gefahren darf niemand neben sich sehen, um nicht seinen einzigen Helfer – Gott – aus dem Blick zu verlieren. Er kennt doch neben ihm keinen anderen Helfer [vgl. Jes 45,21].

Not lehrt auch recht handeln, weil man sich darin allein um die Dinge bemüht, die demjenigen gefallen, der unsere einzige Zuflucht ist, und durch den wir allein unsere Feinde überwinden. Darum, o ihr lieben, starken Diener Gottes, steht fest! Der unserem Kampf zusieht, ist nicht blind, er sieht nicht gelegentlich zum Fenster hinaus, sondern er überschaut alle Heerlager, Länder und Geschöpfe. Er wird Euch, die Ihr um seines Namens willen kämpft, nicht übersehen. Er wird, wenn
es Zeit ist, auch Eure Feinde sehen und sie mit | einem flie- 377
genden Laubblatt in die Flucht schlagen [vgl. 3. Mose 26,36]. Gott schenke, daß sich Euer Glaube vermehrt, je mehr sich der

Zorn der Feinde des Gotteswortes steigert, damit die Welt sehe, daß er die Erniedrigten erhöht [vgl. Hiob 5,11]. Schaut nur, wie große Gefahr unsere lieben Nachbarn in Waldshut um Gottes willen zu ertragen vermögen. Dies kommt allein aus dem festen Vertrauen auf Gott; auf den haben sie sich treu verlassen. Der hat sie bisher bewahrt und wird es auch weiterhin tun. Darum, wenn euch solche Gefährdungen zustoßen, bleibt fest wie sie, so wird Gott seine Hand auch über euch halten, so wie ich denn auch zuversichtlich bin, daß er sie wie bisher weiter über jene halten wird. Alles Gute will so in geduldiger Arbeitsmühe errungen sein!

378 | Diese meine Ansicht habe ich Euch gerne unterbreitet, denn Ihr seid mir jederzeit anbefohlen um Eures Glaubens willen, der mit bösem Zähnefletschen von allen Seiten angefaucht wird. Nicht deshalb schreibe ich, weil ich an Euch zweifeln würde – denn Ihr wißt wohl, daß solche Bisse und Drohungen nur von weitem angedroht werden –, sondern um mit allen Christen bei uns zu bezeugen, daß uns Euer Glaube wohlbekannt sei.

Dieses Büchlein habe ich aus dem Grunde schreiben müssen, weil einige Leute in Zürich uns böswillig Dinge unterstellen, mit denen es sich in Wirklichkeit ganz anders verhält, nur um das Evangelium verhaßt zu machen. Ein weiterer Grund ist, daß etliche dem Evangelium viel Schaden zufügen, wiewohl sie das in vermeintlich guter Absicht tun, und schließlich schreibe ich deshalb, damit man erfahre, welches die eigentlichen, die ungläubigen Aufrührer sind, so daß die Kirche Christi entlastet werde vom bösen Verdacht und der Verleumdung. Sonst rede und schreibe ich von nichts so ungern wie vom Mißbrauch der vergänglichen Güter. Dennoch muß ich es tun. Denn es gibt so viele dummdreiste und rohe Lügner, daß die einfachen und arglosen Menschen durch deren Blendwerk oft dermaßen genarrt werden, daß sie glauben, man lehre bei uns gegen alle Rechtmäßigkeit und Wahrheit. Das aber wird sich niemals bewahrheiten lassen, weder an unserer Lehre, noch am Lebenswandel unserer rechtschaffenen christlichen Brüder.

Gott sei mit Euch!

Faßt mein Schreiben im bestmöglichen Sinne auf, denn es ist ohne alle Wortklauberei und Hinterlist abgefaßt.

Ich bitte Gott, daß Euch Niklaus Prugner weiter, wie bisher, in Treue unterrichte. Amen.

Aufgesetzt in Zürich am 7. Dezember 1524. | 379

Wer Ursache zum Aufruhr gibt. Wer die eigentlichen Aufrührer sind, und wie man zu christlicher Einigkeit und Frieden kommen kann

Von Huldrych Zwingli in Zürich, usw.

Gnade und Friede von Gott, dem himmlischen Vater, und seinem eingeborenen Sohn, unserem Herrn Jesus Christus.

Allerliebste Brüder und Mitglieder am Leibe Christi! Konnte schon der scheinheilige Gottesdiener Hannas die schlagfertige Antwort nicht ertragen, die Christus ihm als seinem Vorgesetzten erteilte [vgl. Joh 18,22] – wie denn auch Abisai die schmähenden Worte Simeis gegen David nicht ertrug [vgl. 2. Sam 16,9] –, wie viel weniger dürfen wir die Beleidigungen Gottes und seines heiligen Wortes unwidersprochen durchgehen lassen! Da nun zur Zeit unter allen, die dem göttlichen Wort nicht folgen, sich der allgemeine Vorwurf gegen das Gotteswort erhebt, es stifte zum Aufruhr an, dürfen wir diesen schmutzigen Anwurf auf Gottes Wort keineswegs sitzen lassen. Wir müssen die Augen auftun und sehen, welches die eigentlichen Aufrührer sind, damit sie nicht noch und noch über die Aufrührer sich beklagen, die sie doch selber sind, wo sie doch unter dem Deckmantel, daß sie gegen den Aufruhr laute Klage erheben würden, selber bis über den Kopf inmitten der Tumulte stecken.

Wenn ich mich unterfange, davon zu schreiben, weiß ich wohl, wie hart es zugehen wird, und wie wenig Freunde damit zu gewinnen sind. Denn die Schuldigen werden mich von dieser Stunde an vor Jerobeam verklagen wollen, wie Amos 7,10: Das könne nicht geduldet werden, die ganze Welt könne solches nicht ertragen. Sie erwarten indessen, man werde ihre Frechheit und Anmaßung ohne alle Widerrede leichthin ertragen. Nun will ich aber ohne Begründung aus dem göttlichen Wort nichts vorbringen, sondern dieses allein wird dreinschlagen – nicht ich. Wird dann hier einer »Aua!« schreien, hat ihn das göttliche Wort bestimmt getroffen; denn niemand schreit »Aua!«, er sei denn getroffen. Dabei braucht sich auch keiner für andere zu beklagen, man habe diesen oder jenen zu hart angegriffen. Ist einer unschuldig, braucht weder er sich
380 selber zu beklagen, noch ein anderer für ihn. | Ist er aber schuldig, ist es an der Zeit, daß seine Untaten öffentlich sichtbar werden. Jedenfalls sehen wir zur Zeit, daß Gott mit der Offenbarung seines Wortes alles Hinterhältige und Heuchlerische hervorzieht, ans Licht bringt und verbrennt; wie er zu Jeremia sprach: »Siehe, ich lege meine Worte in deinen Mund, damit sie zu Feuer werden, und dieses Volk zum Brennholz; und es wird sie verbrennen« (Jer 5,14). Wann immer Gott sein Wort offenbart, will er heilen. Folgt man ihm aber nicht, wird er zu einem verzehrenden Feuer und führt in die Gefangenschaft etc.

Wir wollen aber an das Thema in folgender Reihenfolge herangehen:

1. ist von jenen die Rede, die absichtlich zum Aufruhr anstiften, aber in der Meinung, daß sie gute Christen seien.

2. wird von jenen gehandelt, die eigentlich die Urheber des Aufruhrs sind, aber dieses gar nicht wahrhaben wollen.

3. wollen wir Wege zeigen, wie wir dennoch zur Übereinkunft gelangen und zusammen in Frieden und Ruhe leben können.

Erster Teil: Die Aufrührer, die vorgeben, Christen zu sein

I.1. Christsein heißt nichts anderes, als ein Kind Gottes mit Christus und durch Christus zu sein – denn »so viele ihn annahmen, denen gab er Macht, Kinder Gottes zu werden oder zu sein« (Joh 1,12) –, so daß ein Kind Gottes nichts anderes ist als Gottes vornehmste und liebste Hausgenossenschaft, die nach dem Willen des himmlischen Vaters, und damit nach dem Vorbild des Christus lebt. Denn »wer sagt, er sei in ihm, der soll auch sein Leben so führen, wie er es gelebt hat« (1. Joh 2,6). Daraus folgt, daß das Christsein die schönste und adligste Würde ist, die es im Himmel wie auf Erden überhaupt geben kann. Von daher kommt es auch, daß in der Welt allgemein jeder so angesehen sein möchte, als wäre er Christ. Denn dabei solle man annehmen, er sei rechtschaffen und von Gott nicht verstoßen – weshalb auch die größten Verräter, Ehebrecher, Totschläger, Diebe, Räuber und Fettwänste sprechen: »Ich bin ein guter Christ« und: »Den Glauben braucht mich niemand zu lehren!« Überall machen sich Leute damit vor, das höchste Gut gewinnen zu können, als ob sie sagen wollten: »Auch wenn mich die ganze Welt nach meinem Tun als böse verurteilt, bin ich gleichwohl ein guter Christ.« Deshalb | solle man sie gar auch für gerechtfertigt halten in ihrem 381
Gewissen! Nun kann aber nur derjenige als ein Christ gelten, der schon jetzt sich selbst und der Welt abgestorben ist [vgl. Gal 2,19–20; 6,14] und auf dem Wege Gottes, das heißt: in der Art und nach der Vorschrift des Christus lebt. Wenn er dagegen jene schändlichen Wege geht und obendrein ein Christ sein will, tut er nichts anderes, als ob er spräche: »Christsein ist so leben, wie ich will« oder auch: »Das christliche Leben ist ein so ruchloses Leben, daß dafür niemand zu schandbar sein kann – er wird ja dennoch für einen Christen gehalten.« Ebensogut könnte eine stadtbekannte Dirne sagen: »Auch wenn ich der ganzen Männerwelt erlaube, es mit mir zu treiben, bin ich

doch eine sittsame Frau.« So könnte man wohl folgern, daß sie auch das schändlichste Leben für Sittsamkeit hielte. Aus all dem folgt, daß jene, die immerfort in der alten Lebensweise stecken bleiben – und sich trotzdem als Christen ausgeben –, nichts Geringeres tun, als Gott mit ihren Taten zu verleugnen. Wie es Paulus sagt: »Sie rühmen sich, Gott zu erkennen, aber mit den Taten verleugnen sie ihn« (Tit 1,16). Um ihretwillen wird der Name Gottes lästerlich geschmäht (vgl. Röm 2,24). Diesen Scheinheiligen gebührt es als ersten, daß wir sie ans Licht ziehen und ihres sträflichen Tuns überführen. Denn obgleich sie den Aufruhr nicht aktiv schüren, wollen sie doch in allen Belangen so unbedacht verfahren, daß sie den bösen Kindern dieser Welt doch Anlaß und Grund zum Aufruhr geben.

Diese erste Gruppe besteht aus solchen, die dem Evangelium nur aus Neid und Haß auf das Papsttum Gehör schenken. Bei ihnen fällt das Gotteswort gleich wie das Saatkorn auf felsigen Grund [vgl. Mt 13,5]: Es sprießt rasch auf und läßt sich sehen, aber da es nicht im rechten Glauben, sondern im Neid verwurzelt ist, wird es leicht vom nächsten Windstoß verdorben. Der felsige Urgrund – das bedeutet: der alte Adam, der immer noch herrscht – läßt den Samen nicht aufgehen. Und wo immer Neid und Haß herrschen, da ist noch der felsige Grund des alten Adam. Weil der Haß den Zank gebiert (vgl. Spr 10,12), lernen sie wenig anderes, als heftig gegen das Papsttum zu wettern und ausgiebig seine Heuchelei darzulegen – und sind doch handkehrum selber zu tadeln, weil sie mit der ärztlichen Heilkunst nicht bei sich selber anfangen. Nicht
382 darum geht es, daß dem | Papsttum mit ihrer Anklage etwa Unrecht geschähe, das in Wahrheit die Macht und Herrschaft des Teufels, das heißt: des Antichristen, ist, sondern nur das halte ich ihnen vor, daß sie dem göttlichen Wort nicht aus einem anderen Motiv folgen als aus dem Haß auf den Papst. Ich wollte viel lieber, daß sie dem Antichristen aus Liebe zu Gott widerständen, und aus Liebe zum Nächsten versuchten, diesen von seinen drückenden Lasten zu befreien, statt aus

Haß. Es nimmt nie ein gutes Ende, aus blinder Leidenschaft zu kämpfen, besonders dann, wenn man gegen die Welt der Sünde kämpft. Darum sollen jene, die diese Unart an sich haben, umkehren und auf andere Weise damit anfangen, rechte Christen zu sein, nämlich so, daß sie sich vom göttlichen Wort sagen lassen, ein jeder müsse zuerst sich selber erkennen. Dann wird jeder zuerst bei sich selbst eine solche Verdorbenheit entdecken, daß er daran verzweifeln und sich allein der Gnade Gottes anvertrauen muß. Nur so wird er ein neuer Mensch, in welchem jetzt Gott Wohnung nimmt. Vor diesem Menschen werden augenblicklich alle hohen Mauern, die gegen Gott aufgerichtet sind, einstürzen [vgl. Jos 6]. Er ist erst jetzt dem Papsttum an Stärke gewachsen und wird es mit dieser inneren Rüstung viel leichter zu Boden werfen als mit jeder äußeren [vgl. Eph 6,10–20]. Denn wer so ausgerüstet ist, dessen Wege und Unternehmen läßt Gott gelingen und zum Ziel kommen.

So konnte schon Israel entfliehen und mußte der Pharao umkommen [vgl. 2. Mose 14,15–31]. Ebenso hat David mit Gott den großen stolzen Goliath gefällt [vgl. 1. Sam 17,42–51]. Deshalb sollen jene Leute Gott eindringlich darum bitten, ihnen das alte Fundament wegzunehmen und ein neues einzusetzen. So erst werden sie stark genug sein, die Macht des Teufels zu zerbrechen; denn sonst wird bald ein Wind aufkommen und sie leicht in eine andere Richtung verwehen.

Ein Hauptmann Karthagos, dessen Schlachtplan unverantwortlich war, wurde sogar im Fall, daß er siegte, bestraft, wie wenn er besiegt worden wäre. Um so mehr kann auch unser Vorhaben vor Gott nicht bestehen, wenn es nicht aus Gott kommt, wie er Jesaia 30,1 spricht: »Wehe, ihr Söhne des Verrats, daß ihr je einen Plan faßtet, der nicht von mir stammt, und ein Gewebe zu weben anfingt, aber nicht in meinem Geist.«
Um ihretwegen | müssen wir es mit ansehen, wie das göttliche 383
Wort so viel Angriffe und Behinderungen erleidet. Das geschieht nicht wegen des Widerstandes, den sie gegen das Papsttum richten – denn einmal muß es ja entfernt werden –,

sondern weil die Päpstler, die hinsichtlich ihrer unsauberen und zügellosen Lebensweise doch alle Menschen übertreffen, nun auch deren Mangel an Diziplin vorführen können. Sie tun es in der Absicht, dem Wort Gottes die Glaubwürdigkeit zu entziehen und es so zu entwerten. Und wirklich, sie hauen gar nicht weit daneben, weil viele Verführbare Anstoß nehmen, wenn sie sehen, wie jene Mitläufer gar nicht anders leben als vormals, als sie unter dem Papsttum lebten. Viele sind ja noch nicht so gefestigt, zu erkennen, wie Gott jeweils durch solche und andere Werkzeuge das bewirkt, was ihm gefällt. Darum liegt alles daran, daß zuerst unser Leben dem Wort Gottes gleichförmig werde, auf das wir uns so sehr berufen. Denn so werden diejenigen, die nicht Gefolgschaft leisten wollen, durch die werbende Botschaft, die in unseren Taten besteht, weit stärker angezogen als mit irgendwelchen Worten. Wie es 1. Petrus 2,12 sagt: »Führt euren Lebenswandel unter den Völkern so, daß sie, die euch als Übeltäter verleumden, dennoch – angesichts eurer guten Werke – Gott die Ehre geben am Tage, wo sie heimgesucht werden«, das heißt: damit sie zur Erkenntnis Gottes gelangen, sofern er sie ruft und zu sich zieht [vgl. Joh 6,44]. Es ist wahr: allein der Glaube ist die Gabe, durch die uns Gott seine Gnade erweist [vgl. Röm 3,28]. Wenn aber kein christliches Werk daraus hervorkeimt, ist es sicher, daß da auch kein Glaube ist; denn man erkennt den Baum stets an den Früchten [vgl. Lk 6,44]. Es kann somit keinen »Glauben ohne Werke« geben [vgl. Jak 2,14–26], sehr wohl aber sind umgekehrt auch Werke ohne Glauben möglich [Mt 7,17–20]. Kurz gesagt: nur sofern wir christlich *leben*, werden alle Menschen vom Papsttum abfallen, weil sie sehen, daß es nichts weiter als ein verführerisches Blendwerk ist; und alles Niederreißen wird Erfolg haben. Ich will hiermit nichts anderes erreichen, als daß man das Papsttum nicht aus Haß, sondern aus der Liebe zu Gott und zum Nächsten seiner Macht beraube.

I.2. Die zweiten aber, die dem Evangelium ein Ärgernis bereiten und den Ungläubigen Anstoß zu Tumulten geben,

sind jene, die es in der Weise verdrehen, als ob es ein Freipaß zum Sündigen sei. Dem suchte schon Paulus im Galaterbrief 5,13 eindringlich vorzubeugen: »Brüder! Ihr seid zur Freiheit berufen, seht zu, daß ihr | diese Freiheit nicht 384
fleischlich gebraucht« – das heißt: sie nicht an den Eigennutz verratet –, »sondern dienet einander im Geist der Liebe!«

Wenn beispielsweise Frauen in der Fastenzeit besondere Mäntel, Kopfputz und Trauerschleier tragen, diese aber an Ostern schnell wieder ablegen, kann daran einerseits getadelt werden, daß die schlichte Würde der Trauerkleidung in eitlen Aufwand verkehrt wird. Der Mantel muß ja tiefschwarz sein und möglichst viele Falten haben, die Schleppe muß über drei Ellen nachgleiten, damit niemand der gnädigen Madame zu nahe trete, und der Schleier muß so breit sein, wie er sich aufrecht zu halten vermag – und so blütenweiß, wie es nur geht. Andererseits ist diese Kleidung zu schelten, weil man sie nur kurze Zeit unter dem Vorwand der Buße trug – wiewohl man schon mehr ans Beiseitelegen dachte als ans Beweinen der Sünden – und sie hinterher gleich ablegte, als wäre nun genug geweint, obwohl wir doch unsere Sünden alle Tage unseres Lebens bereuen und betrauern sollen. Als man diese Heuchelei ans Licht brachte, brauchten die wohlanständigen Frauen sich davon nicht beirren zu lassen, denn ich danke Gott, daß der übertriebene Luxus bei der Mehrheit von ihnen keinen Anklang fand. Doch haben einige Damen auf Grund der Belehrung eine törichte Folgerung – ja eine fleischliche Lehre – gezogen: sie stolzieren jetzt enggeschnürt und herausgeputzt einher wie die Pfauen. Sie sollten aber gelernt haben, überhaupt nicht mehr mit prunkvollen Kleidern – ob schwarz oder grün – zum Gottesdienst zu kommen, wie 1. Korinther 11,5–16 gelehrt wird.

Etwas Ähnliches geschah, als man den närrischen »Fastentag«[2] des Papsttums tadelte, wo der Bauch zu Mittag schon derart gefüllt war, daß man ihn kaum noch davontragen konnte, und als man dagegen ein christliches Fasten lehrte – nämlich hinsichtlich der Menge und der Kosten allezeit mäßig zu essen und zu trinken, da sagen die Füllbäuche: »Gott sei gelobt, ist das Fasten nun abgeschafft, ich fastete ohnehin nie gern!« So ist es sicher, daß sie – wenn sie denn gar nicht mehr fasten – keine rechten Christen sind, denn Christen halten überall Maß, sparen am leiblichen Wohl und leben von ihrer Hände Arbeit, damit sie bedürftigen Brüdern zu Hilfe eilen können (vgl. Eph 4,28; 2. Kor 6,5).

385 | Nicht besser als die Prasser verhalten sich etliche Nonnen und Mönche. Sagt man ihnen, daß ihre Klöster Herbergen des wahren Heuchlertums seien, so ziehen sie erst recht aus, um ihren Gelüsten zu frönen, und kehren nur deswegen wieder heim, um den Bauch zu mästen. Sie sähen es noch so gerne, wenn man sie bei guter Kost hielte und doch ausgehen ließe, wann immer es ihnen paßte, zu tanzen und es toll zu treiben. So sprechen sie: »Wir in unserem Kloster sind auch lutherisch, bis auf die alte Priorin und noch zwei Schwestern. Wir gehen nicht zur Frühmesse, wir gehen aus, wann wir wollen, tragen die Kleider, die wir wollen, und fahren zur Kur nach Baden.«[3] Ich sage Gott aber an dieser Stelle Dank, daß ich solche Nonnen in Zürich nie gesehen habe, sondern ich muß unseren Klosterfrauen bestätigen, daß sie sich entweder legitim verheirateten und christlich bei ihren Männern lebten oder aber einen enthaltsamen Lebensstil, im gemeinschaftlichen Leben in Arbeit und Gottesfurcht, pflegten. Gott möge sie weiterhin behüten. Aber andere Nonnen habe ich wohl gesehen, die sich auf dem Markt mit Ketten, Ringen, goldenen Hauben und anderem Gepränge zur Schau stellen. Wir wollen aber sehen, ob man sie solches gelehrt hat, wie sie behaupten. Haben wir in Zürich je solches gelehrt? Warum taten denn die Nonnen
386 von Oetenbach | und Selnau es ihnen nicht gleich?

Was die Mönche angeht, haben sie ein Handwerk gelernt oder werden – so weit sie dazu befähigt sind – für den Unterricht gebraucht. Wenn solches aber bei uns gar nicht gelehrt
387 wurde, woher habt ihr's dann | gelernt? Aus dem Unterricht

des Fleisches! Wäret ihr nämlich rechte Christinnen, würdet ihr noch zurückgezogener leben als je zuvor, um niemandem ein Ärgernis zu geben. Euer Flanieren und Huren kann ja keinem Rechtschaffenen je gefallen; er muß daran Anstoß nehmen. Darum seid enthaltsam und bleibt in euren Klöstern, bis ihr entweder einen rechtschaffenen Ehemann oder wohlanständige Heimstätten und Wohnungen gefunden habt. Bescheidenheit wird weit eher einen Mann finden – einen zuverlässigen Mann – als Maßlosigkeit und Geilheit. Es wird ja auch keine sich an jenem Mann lange freuen können, der sie im Anblick ihrer Schamlosigkeit geehelicht hat, denn solche Ehen gehen gemeinhin zu Bruch.

So dürfen wir, wenn wir Christen sein wollen, niemandem Anstoß geben, weder den Gläubigen, noch den Ungläubigen (vgl. 1. Kor 10,32). Wer nun um dieser Tollheiten willen öffentliches Ärgernis erregt, ist kein rechter Christ, denn als dieser würde er lieber den Tod erdulden, als in solcher Weise – die der göttlichen Weisung nicht gemäß sein kann – anderen zum Ärgernis zu werden (vgl. Mt 18,6).

I.3. Die dritten aber, die das Evangelium am allermeisten verhaßt machen, sind jene, die darin allein nach Wegen suchen, wie sie niemandem etwas für das Seine geben, also weder Zins noch Zehnten noch andere Schulden bezahlen müssen. Dazu steht das klare Wort des Paulus im Römerbrief 13,7 in krassem Widerspruch: »Ihr sollt allen Menschen geben, was ihr ihnen schuldig seid.« Überdies gebietet Gott: »Du sollst nicht stehlen!« [2. Mose 20,15]. Wer | nun einem anderen das 388
Seine nicht gewährt oder es ihm vorenthält, muß in jedem Fall ein Dieb sein. Als Diebstahl wird nämlich in der Schrift nicht nur das heimliche Wegtragen oder Entwenden von Gegenständen aufgefaßt, sondern jedes unrechtmäßige Aneignen fremden Gutes, wie Epheser 4,28 betont wird.

Zuerst wollen wir von den Zinsen reden: Im Zinsgeschäft[4] hat man stets das Versprechen auf Treu und Glauben, das Unterpfand, Bürgschaften und die Garantie der Obrigkeit als ver-

bindlich betrachtet. Wer nun andere darum betrügen will, ist niemals ein Christ; denn er will ja seinem Nächsten nicht die Treue halten, die er ihm zum eigenen Vorteil zugesagt hat. Und er macht sich des Diebstahls schuldig, wenn er seinem Nächsten das eigenmächtig vorenthalten will, wofür er doch alle Zusagen gab, zumal er sich auch vor dem eigenen Gewissen als Schuldner bekennen muß, hat er doch die Abzahlung dem anderen öffentlich und nachhaltig versprochen. Will er sich dem nun hinterher entziehen, verstößt er gegen sein eigenes Gewissen. Denn als er den Zins versprach, hatte er entweder noch nichts anderes vor, als bereitwillig zu bezahlen, was er versprach, oder aber er hatte von vorneherein die Absicht, zu betrügen. Hatte er vor, den Zins zu zahlen, soll er das gegebene Versprechen treu erfüllen – oder er handelt gegen Gott und sein eigenes Gewissen. War es von vornherein seine Absicht, zu betrügen, so ist er schon immer ein Schuft gewesen, den, mit Haut und Haar, auch die Welt für einen Taugenichts halten muß, und dem recht geschieht, wenn er bestraft wird, ganz zu schweigen davon, daß er es nicht wert ist, zum Christenvolk gezählt zu werden. Nun pflegen aber die Betroffenen einzuwenden: »Ja, wenn ich's nach göttlichem Recht schuldig wäre, zu bezahlen, würde ich mich dem nicht widersetzen.« Gerade sie müssen jetzt dazulernen, daß in der Mehrzahl zwar alle zinspflichtigen Darlehen in der Tat etwas Gottwidriges an sich haben, man aber nichtsdestoweniger den eingegangenen Vertrag erfüllen und bezahlen muß.[5] Obgleich der Darlehensgeber, der den Anspruch auf Zins erwirbt, das *nicht* mit Gottes Erlaubnis tun kann, so kann doch der Schuldner, der das Darlehen annimmt, den Zins mit Gottes Erlaubnis
389 zahlen. Ja nicht nur das, er | *muß* ihn bezahlen – oder er bringt den christlichen Namen in Verruf, als ob Christen ihre Versprechen nicht hielten. Auch würde er aus Eigennutz lügen; was Gott verbietet, wie es Matthäus 5,37 heißt: »Eure Rede soll so sein, daß Ja ein Ja ist, und Nein Nein«, oder Kolosser 3,9: »Ihr sollt einander weder belügen noch betrügen«, und

Epheser 4,25: »Legt die Lüge ab, und jeder rede mit seinem Nächsten die Wahrheit.« So soll auch jeder Christ halten, was er einmal versprach, so weit es möglich ist, daß Gott damit nicht gelästert wird – wiewohl er weiß, daß der andere sein Geld nicht nach Gottes Willen einnimmt.

Da hilft's auch nicht, zum eigenen Vorteil einzuwenden: »Ich gebe ja dem anderen Anlaß zu sündigen, wenn ich ihm gebe, was er ohne Sünde gar nicht annehmen darf.« Denn zuerst mußt du selber darauf achten, nicht zu sündigen, sondern Treu und Glauben zu halten. Es ist Blendwerk und eine faule Ausrede, wenn du zu deinem Vorteil vorgibst, um das Seelenheil des anderen besorgt zu sein. Schau, nur der Teufel kann die Sache so verdrehen, um an der Wahrheit etwas zu finden, womit er die Wahrheit verhaßt machen kann: er macht dem Betrüger vor, er könne sich elegant aus der Affäre ziehen, und bringt ihm bei, sein Wort zu brechen, zu lügen und den eigenen Vorteil zu suchen. Darnach können dann die Feinde Gottes die rechte Lehre, die so falsche Gefolgsleute hat, mit um so triftiger erscheinenden Gründen verwerfen.

Ich muß an dieser Stelle ein hübsches Beispiel erzählen, das die Sache verdeutlicht: In Zürich hat ein in der ganzen Stadt als ehrbar angesehener Geistlicher den an sein Haus angrenzenden Garten seines Nachbarn für sich beansprucht, wiewohl er dafür weder eine Besitzurkunde noch Zeugen beibringen, noch eine – durch Verjährung eingetretene – Ersitzung des Grundstücks geltend machen konnte. Doch wie oft er selbst nach päpstlicher Rechtsprechung die Streitsache verlor, zog er den Prozeß immer weiter, so daß er auch den Schlichtungsversuch unseres angesehenen Magistrates nicht annehmen wollte. Indessen geschah es, daß ein Fremder nach Zürich kam, der von diesem Rechtshändel hörte und sich über so viel Hartnäckigkeit bei einem Geistlichen sehr verwunderte. Da sagte einer der gerade anwesenden Gönner des Klägers: »Das braucht dich gar nicht zu verwundern. Der gute und rechtschaffene Mann | tut es ja nicht zum eigenen Nutzen, sondern 390 wegen der armen Seele des Gartenbesitzers«! Da antwortete der Fremde: »Das ist mir eine feine Sache! Der eine sorgt sich um des anderen Seele, damit sie nicht wegen ihres rechtmäßigen Besitzes verdammt werde, aber er selbst kümmert sich nicht um die eigene Seele, wenn er vom anderen begehrt, ja ihm sogar abluchsen möchte, worauf er weder Anspruch noch ein Recht hat.«

So also verhalten sich diese »guten« Christen: sie benutzen des anderen Seligkeit zum Vorwand ihres Eigennutzes und ihrer Habgier! Und mit demselben Mittel, womit jener zum Teufel geht, wollen sie selbst des Teufels Kumpan sein, womit sie – als täten sie es zur Ehre Gottes – erst recht den Namen Gottes beleidigen, was dem Evangelium die allergrößte Schande bereitet. Auf diese Weise, so weit wir die weltlichen Zustände überblicken, werden sie durch gegenseitige Besitzinteressen so befestigt, daß jeder Ansatz, die Güter gerechter zu teilen, scheitern muß. Wer diesbezüglich selber nicht einhält, was er verspricht, würde die ganze Welt gegen sich aufbringen. Denn der Ausspruch: »Die Leute wollen doch keinem etwas für das Seine geben«, verschafft dem Evangelium schneller entschiedene Feinde als irgendein anderer. Das kommt davon, daß wir – leider – das weltliche Gut so hoch einschätzen.

Nun aber kann wiederum eingeworfen werden, Gott sage doch: »Ihr sollt leihen ohne etwas zurückzuerwarten« (Lk 6,34) und deshalb solle ich nichts dafür geben. Antwort: So gehe nur hin und verlange, daß man dir auf diese Weise gibt! Leiht man dir auf diese Weise, so bist du zweifellos keinen Zins schuldig. Wenn dir aber unter der Bedingung eines Zinses geliehen wird, bist du diesen schuldig, denn du kannst den Gläubiger nicht zwingen, sich in dieser Frage nach deinem Willen zu richten. Sonst würde das christliche Leben zu nichts weiterem als zum Aufruhr führen: der je Stärkere würde dem je Reicheren das Seine nehmen. Zudem sagt Gott nicht: »Gib nichts für das, was dir geliehen wird!« oder: »Gib keinen

Zins!«, sondern er spricht ja nur denjenigen an, der verleihen kann, er solle leihen und nichts davon zurückerwarten [vgl. Lk 6,34–35]. Wenn er das nicht tut, sagt Gott nicht zu dir: »Nimm's ihm weg!« oder »Betrüg ihn darum!«, sondern: »Du sollst nicht stehlen!« | , ja »des anderen Gut nicht begehren« 391
[2. Mose 20,15.17], wohlverstanden: so weit dies gegen des anderen Willen wäre.

Des weiteren ist zu bemerken, daß Gottes Wort bezüglich der vergänglichen Güter die weltlichen Richter urteilen läßt. Nach Lukas 12,13–14 sprach einer aus dem Volk zu Christus: »Meister, sage meinem Bruder, er solle das Erbe mit mir teilen.« Da sprach Christus: »O Mensch, wer hat mich zum Richter oder Erbteiler über euch eingesetzt?« Wenn nun die Gerichtsbarkeit und die Rechtsprechung in diesen Belangen den weltlichen Richtern anheimgestellt ist – und nur darum hat sich Christus der Erbteilung entzogen, was er nicht getan hätte, wenn es an diesbezüglichen Rechtsbestimmungen gemangelt hätte –, so sind auch die Zinsen eine rechtmäßige Schuld, so lange die Obrigkeit sie als geschuldet ansieht. Und darauf trifft die allgemeine Regel zu: »Seid der übergeordneten Amtsgewalt gehorsam ... Gebt allen Menschen, was ihr ihnen schuldig seid« (Röm 13,1.7).

Dies darf andererseits nicht dazu führen, daß die maßlose, unverschämte Habgier der Wucherer[6] für sich selber ein Versteck und ein Alibi fände, um erst recht zuzunehmen und zu wachsen – denn die Christen müssen den Zins nach Maßgabe ihres Gewissens bezahlen [vgl. Röm 13,5]. Wer jetzt erkannt hat, daß anderen Zins aufzuerlegen direkt gegen Gott gerichtet ist, und wer damit doch fortfährt, darf sich nicht als Christ ausgeben. Denn das göttliche Wort hören und ihm nicht folgen ist nichts anderes als Gott verachten. Und das Wort hören und noch mehr unternehmen, was gegen Gott gerichtet ist, das ist nichts anderes als Kriegführen gegen Gott. Was ist nun der Unterschied zwischen einem Türken, der von Gottes Gebot nichts weiß und es darum arglos übertritt, und einem

Christen, der es kennt und bewußt dagegen verstößt? Eben der, daß der Christ um so gewisser dem Teufel verfällt. Denn Christus spricht Lukas 12,47–48: »Der Knecht, der den Willen seines Herrn gekannt, aber sich nicht darnach gerichtet und nicht darnach getan hat, der wird mit vielen Hieben geschlagen. Wer aber den Willen seines Herrn nicht kannte und das getan hat, was Schläge verdient, wird mit weniger Hieben geschlagen«. Was kann Erhellenderes vorgebracht werden gegen die unnützen, falschen Christen, die sich als gläubig ausgeben, inzwischen aber so unverschämt um den Mammon kämpfen, angefangen mit dem Zinswucher, der ja auch nach päpstlichem Recht ein wirklicher Wucher ist, wie sie »Wucher« definieren? Es wird Sodom und Gomorrha und allen Unwissenden ein erträglicheres Gericht zuteil werden am Jüngsten Tag als diesen [vgl. Mt 10,15], die das Licht so hell vor
392 Augen | haben. Aber sie machen die Augen zu, um wie Kinder auszuprobieren, ob sie nicht Blindekuh spielen könnten. Wie man aber in dieser Frage zum Frieden kommen kann, wird im letzten Teil folgen.

Wir sprachen hier wohlgemerkt nicht von jenen Zinsen, die – als feudale Grundrente – von Lehensgütern stammen, sondern von marktüblich vereinbarten Gelddarlehen mit zugesicherten Zinsen zu 5 Prozent.[7]

Was die Zehnten betrifft, sehen wir von den weltlichen Zehnten ab, sofern ihre weltlichen Eigentümer sie nicht von den genannten Geistlichen gekauft haben.[8] Dabei ist es um die kirchlichen Zehnten deswegen so schlecht bestellt, weil sie so sehr mißbraucht werden, daß ich am liebsten nichts davon sagen würde. Dennoch dürfen wir die Zehnten nicht übergehen, selbst wenn es dir Vorwände verschafft, um zum Aufruhr zu schüren.[9] So will ich sie in der Weise behandeln, wie auch die kanonischen Rechtsbestimmungen davon reden, denn aus dem Neuen Testament kann ich nichts besonderes dazu sagen, außer was den Gehorsam und das Vermeiden von Ärgernissen angeht. Dabei kann jeder erkennen, wie groß der

Mißbrauch der Zehnten ist, da sie heute auch ganz anders
gebraucht werden, als selbst der Papst, der Vater alles Geizes –
ich sollte sagen: alles Guten, wenn er der Gott wäre, für den er
sich hält –, dekretiert hat.

Die kanonischen Rechtsbestimmungen besagen, daß die
Zehnten eine Ertragssteuer oder Abgabe für die armen Men-
schen seien (vgl. Corpus Iuris Canonici, Kapitel 66, XVI, Fra-
ge 1). Weiter bekräftigen sie |, daß die Zehnten der zuständi- 393
gen Kirche gegeben werden sollen, in deren Einzugsgebiet die
Zehntpflichtigen wohnen und in der sie getauft werden (CIC
Kap. 45, XVI, Frage 1). Hier ist mit »Kirche« die örtliche
Kirchgemeinde gemeint. Aus den beiden alten überlieferten
Anordnungen kann jedermann erkennen, daß früher eine jede
Kirchgemeinde die Zehnten zum Lebensunterhalt der armen
Leute verwandte. Deshalb wird weiter bestimmt (CIC
Kap. 68, XVI. 1), daß jene Priester, die ihren Unterhalt aus
dem eigenen väterlichen Erbe bestreiten können, zu Kir-
chendieben werden, wenn sie die Zehnten, die den Armen
gehören, für sich selber in Beschlag nehmen. Denn es ist den
Kindern Israels geboten, daß sie keine Armen oder Bettler
unter sich haben sollen [vgl. 5. Mose 15,4]. Wieviel weniger
dürfen es da Christen zulassen, daß ihre Brüder, die ihnen
durch das Blut Christi zu Gliedern am selben Leibe geworden
sind, in nackte und drückende Armut geraten! Daraus geht klar
hervor, daß die Zehnten von jeder Kirchgemeinde zum Un-
terhalt ihrer Armen zusammengelegt wurden, woraus man
zuerst den Priestern den angemessenen Lebensunterhalt zu-
maß (ebenda XIII. 1) | und darnach das Übrige den Armen 394
zuteilte. Es war auch möglich, daß man den ganzen Zehnten
dem Priester übergab, und dieser den Armen – durch seine
Diakone oder selber – das Nötige zuteilte. Ganz ohne Zweifel
ist anzunehmen, daß Gottesfurcht, Redlichkeit und Liebe da-
mals eben größer waren, als wir es, leider, zu unsern Zeiten
erleben.

Dann ist auch vorgesehen, daß die Zehnten einer Kirchge-

meinde nie weggenommen werden dürfen (ebenda XIII.1) und daß sie von keinen weltlichen Personen aufgekauft oder in privatem Besitz gehalten werden dürfen – siehe die Vorschriften im »Liber extra« der Dekretensammlung von Gregor IX. [Buch II.XXVI.7]. Keineswegs sollten die Zehnten verkauft werden, denn dies wäre – sollte es geschehen – als Simonie [vgl. Apg 8,18–19] zu verurteilen, die nicht rechtskräftig ist (CIC 14.I.3). Diese Ansichten findet man wiederholt in den päpstlichen Rechtsbestimmungen, wiewohl man auch manches Entgegengesetzte und Ungereimte dazu findet. Dennoch hoffe ich, wo die Zehnten nach der ursprünglichen Bestimmung recht gebraucht würden, daß niemand Grund zur Klage hätte. Denn wir wären auch heutzutage noch gut dran mit dem Zehnten, wenn wir damit unsere Armen und die nötigen Pfarrer am Leben erhalten könnten. Nun ist aber ein wüster Mißbrauch aufgekommen, für den nicht allein der Papst – wiewohl er in erster Linie –, sondern auch die Obrigkeit und das ganze Gemeinwesen Schuld und Verantwortung tragen.[10] Der Papst trägt darum die Hauptschuld, weil er es
395 gegen seine eigenen Rechtsbestimmungen | erlaubte, daß die Zehnten den zuständigen Ortsgemeinden weggenommen und nach anderswohin verkauft wurden. Der Grund war: Es hat stets viel Geld gekostet, solche Handänderungen abzuwickeln – und die Dom- und Chorherrenkapitel und Klöster wurden dabei reich und in die Lage versetzt, jährliche Abgaben an den Papst, Gelder für ihre Vollmachten, Weihen und Segnungen zu entrichten und für kultische Gewänder und
396 andern Unfug teuer | zu bezahlen. Freilich wagten sie es nicht, solches von sich aus zu tun, sondern sie mußten dazu auch die weltlichen Instanzen einspannen. So haben sie den Regenten erlaubt, sie könnten ja ebenso Zehnten beziehen, sofern diese nach freier Vereinbarung gekauft oder ihnen vom Papst wohlwollend übereignet worden wären – unter dem Vorbehalt, daß die Käufe der Zehnten durch Bestätigungen der Bischöfe
397 rechtskräftig würden. Dazu aber hatten sie | beide gerade so viel

Amtsbefugnis wie du, wenn du zu jemandem sprächest: »Geh, nimm des Papstes Esel und Sattel, und laß ihn zu Fuß gehen!«, wenn nicht auch zuvor die Bewilligung der Ortsgemeinde vorlag.

Letztere aber haben sie sich auf folgende listige Weise beschafft: Es hat ein Chorherren- oder Domkonvent oder ein Kloster vor dem Papst sich beklagt, man sei so arm und habe doch eine so große Zahl von Leuten, die Tag und Nacht Gott dienten. Darum würden sie Seine Heiligkeit bitten, sie wolle diesen oder jenen Zehnten ihrem Gotteshaus unterstellen, ihn einheitlich diesem einverleiben und mitsamt den pfarramtlichen Einkünften übereignen – das geschah, damit sie dem Priester keinen angemessenen Unterhalt mehr zahlen mußten. Und wie stark sie die Pfründen der Pfarreien auch beschnitten, es fand sich immer ein einfältiger Trottel, der einer armseligen Pfründe bedurfte und froh war, sie zu bekommen, auch wenn er zum Predigtdienst gar nicht taugte. In der Weise gaben sie vor, für alles Notwendige zu sorgen. Dazu hat der Papst dann seine Bewilligung erteilt wie folgt: Es sollten ein benachbarter oder zwei, drei Äbte die Sache untersuchen, und wäre eine solche Armut vorhanden, so solle man die Einwilligung des weltlichen Herrn – die ja im voraus eingeholt war! – wie auch von der Gemeinde erbitten oder abjagen. Und wenn das geschehen sei, dann sollten der Exekutor oder die Exekutoren, das heißt die Vollzieher oder Vollstrecker, den Zehnten dem Gotteshaus übereignen. Hier mußte sich der Teufel zuerst in vielen Windungen krümmen, um eine ganze Ortsgemeinde, die ja zahlreiche Häupter umfaßt, zur Einwilligung zu überreden. Da sind die Äbte in den Kirchgemeinden aufgetreten und haben jenen Abt, für den sie warben, hoch gerühmt – denn wenn sie sich im gleichen Fall befänden, würde dieser auch ihnen einen solchen Freundschaftsdienst erweisen – und lobten sein geistliches Wesen, auch seinen ganzen Konvent, und wie er ihr treuer Vater sein werde. Aber damit nicht genug! Weil man die Armen doch so leicht nicht vergessen kann,

haben sie mit Nachdruck hinzugefügt, ihre Klöster würden nichts anderes als Herbergen der Armen sein. Wer einmal unter der Last der Zehnten[11] in Armut geriete – in Tagen des Alters oder der Krankheit –, den wollten sie mit Leib und Gut
398 aufnehmen und ihn zu|Lebzeiten versorgen. Nun ist leicht zu verstehen, daß auch armengenössige Schmarotzer sich davon einen Vorteil versprachen. So hat einer aus der Gemeinde auf dieses, der andere auf jenes dem Anschein nach Vorteilhafte geschaut, und sie haben den geistlichen Vätern den Zehnten abgetreten.

Nun ist nicht zu bestreiten, daß den armengenössigen Zehnt- und Gotteshausleuten dennoch lange Zeit Almosen tatsächlich gereicht wurden – und auch gereicht werden mußten. Denn etliche Klöster müssen noch heutzutage ihre Zehnt- und Gotteshausleute als Armengenössige beherbergen, ob sie wollen oder nicht. Doch danach – wie ja alle menschlichen Dinge sich immerzu verschlimmern – sind die Zehnten vom Papst noch gewissenloser verscherbelt worden; auch die Handelspraktiken sind skrupelloser geworden, so daß bald jedermann sich Zehnten erkauft hat. Dem haben auch weder Bischöfe noch Päpste, wie sie es hätten tun sollen, gewehrt, sondern sie sahen es gern, daß auch weltliche Personen in den Genuß der Zehntfrüchte kämen, damit diese um so mehr wieder den Kirchen zuflössen. So ist auch das Grundeigentum der Klöster überall gewachsen, und je mehr die Zehnten zur Ware wurden, haben sie diese einander aus den Händen gerissen, bis von zwanzig Zehnten nicht einer – oder kaum einer – mehr der rechtmäßigen Kirchgemeinde zustand.

So ist es, so weit ich übersehen kann, mit den Zehnten ergangen, wobei nicht allein die Törichten, sondern auch die Vernünftigen sich haben überreden lassen. Es kann sich wegen der Nachlässigkeit unserer Vorfahren auch niemand herausreden, denn die Übertragung und Veräußerung der Zehnten ging unter Einwilligung der Hohen und Niedrigen legal vonstatten. So sehr hat Gott uns verblendet, weil wir nicht auf sein

Wort geachtet haben; vielmehr, als der böse Geist all das Blendwerk zustande brachte, wollten wir alle an ihm – wie verzaubert – teilhaben und durch anderer Menschen Kleidung, Speise und Trank, Schlafen, Wachen, Singen und Lesen glückselig werden.

Selbst habgierige Regenten traten ihre geschenkten oder gekauften Zehnten, Gebietsherrschaften und andere Güter zur Vermehrung des Blendwerkes ab, bis | alle Reichtümer in 399
die Hände der Geistlichen kamen. Daher sind Fürsten und Adlige verarmt. Denn je mehr den Geistlichen zuging, desto mehr mußten Hohe und Niedrige an Gütern des Gemeinwesens entbehren. Es kam so weit, daß die Regenten, wollten sie nur ihren Lebensunterhalt bestreiten, von Tag zu Tag neue Abgaben ersinnen mußten, wiewohl der Adel auch dabei noch in allen Dingen maßlosen Aufwand trieb, mehr, als gottgewollt und rechtmäßig ist. Dazu wird später noch einiges gesagt werden müssen. Ja, das alles ist uns widerfahren, weil wir den Zorn Gottes mit unseren Fehltritten auf uns geladen haben, wie Jesaja 6,9–10 und 59,2 sagt: »Eure Verfehlungen haben bewirkt, daß er sein Angesicht vor euch verbirgt und euch nicht erhört«.

Also sind wir nicht ohne eigene Schuld in der Zehnten-Schuld. Wir – das heißt unsere Vorfahren – haben alle miteinander darin eingewilligt. Es haben auch viele rechtschaffene Leute ihr eigenes Gut für den Zehntenerwerb weggegeben, was auch mit unserem Willen beschlossen wurde, und sie haben die Zehnten aufgekauft in der Meinung, es stehe ihnen wohl an, darüber zu verfügen. Daher sind die Zehnten zu einer rechtlich so unanfechtbaren Schuldenlast geworden, daß keine Obrigkeit sie als rechtsungültig erklären könnte – selbst wenn sie der Meinung wäre, daß dem so ist –, ohne daß alle vereinbarten Verträge, das heißt: Geschäfte und Handänderungen, damit hinfällig würden. Denn würde erst dem einen sein erkauftes Recht auf Zehntenerträge aberkannt, brauchte dementsprechend auch ein anderer den Zinskauf-Vertrag nicht mehr zu erfüllen. Denn – ach, daß Gott erbarm! – so sehr sind wir alle auf das vergängliche Besitztum fixiert, daß keiner es mehr hinnehmen will, wenn ihm etwas an seinem Eigentum aberkannt wird. Wenn dann damit begonnen würde, Zinsen und Zehnten als ungültig zu erklären, würde so offensichtlicher Unfriede und Tumult entstehen, daß die ganze Christenheit mit hineingezogen würde – und es würde damit doch nichts erreicht. Denn wir sehen nie, daß diejenigen, welche um der Gütergemeinschaft willen je zu Unruhen und Rechtsverletzungen anstifteten, damit je etwas erreicht hätten.[12]

So lange nun die obrigkeitliche Instanz – wie seit jeher, von Fall zu Fall – die Zehnten als rechtmäßig bestehende Schuld anerkennt, muß jedenfalls ein jeder Christ der Obrigkeit Folge leisten und bezahlen. Auf welch anderem Weg dann der Miß-
400 brauch der Zehnten angegangen und beseitigt werden soll |, wird später noch drankommen. Jene aber, die sich in dieser Sache als unfolgsam erweisen, demonstrieren damit, daß sie aus dem Evangelium eben nur das lernen wollen, wie man aus der »Freiheit des Geistes« eine »Freiheit des Fleisches« machen [Gal 5,13] und um der vergänglichen Güter willen Aufruhr stiften könne. Sie sind auch keine rechten Christen, wiewohl sie sich dafür ausgeben. Denn wer unter Berufung auf Gott seinen Eigennutz verdecken will, der benimmt sich genau so heuchlerisch wie es die Mönche, Nonnen und Geistlichen von jeher taten. Wie denn durch deren Eigennutz das Wort Gottes kraftlos und unterdrückt wurde, so wird es auch heutzutage mit dem Eigennutz – wenn man ihn nicht ganz und gar beiseite räumt – erstickt. Christus, der nicht lügen kann, hat es uns im Gleichnis verdeutlicht, was Eigennutz anrichtet, wenn er sagt, daß der Same, der unter die Dornen fällt, nicht aufgehen kann, da ja die Dornen mit ihm aufwachsen und ihn ersticken (Lk 8,7.14). Die Dornen sind der Reichtum, und zwar nicht erst seine Anhäufung, sondern schon die Liebe zum Reichtum.

Bisher habe ich von den Zehnten geredet, so weit auch die älteren päpstlichen Rechtsbestimmungen davon handeln: nicht, weil ich etwas mit ihnen beweisen wollte, sondern um kenntlich zu machen, in welchen Mißbrauch die Zehnten geraten sind, nicht zuletzt durch des Papstes Verfügungsmacht. Es ist nämlich so weit gekommen, daß niemand mehr ein Rechtsmittel hat, um sich selbst gegen die Zehntenabgabe angemessen zur Wehr zu setzen, und auch kaum erreichen kann, daß die Zehnten wieder in eine gerechte Ordnung gebracht werden. So viel steht jedenfalls fest, daß, so weit die für die weltlichen Belange zuständige Instanz die Zehnten als geschuldet anerkennt, jeder diese nach ihrem Entscheid zu geben auch schuldig ist. Denn Christus spricht, er sei nicht zum Erbteiler, das heißt zum Richter über die weltlichen Güter, bestellt (Lk 12,14), wie zuvor bei der Besprechung der Zinsen ausgeführt wurde. So muß man die Beurteilung dieser Dinge von der Befugnis und dem Maßstab der humanen Rechtsetzung und Rechtssprechung herleiten.[13] Es lehrt ja auch Paulus, wir sollten nicht wegen der verunreinigten Speisen das Werk Gottes zerstören (vgl. Röm 14,20). Noch viel weniger sollten wir das Evangelium um unseres Eigennutzes willen aufhalten und am Wirken hindern.

Auch Christus war von der Steuer betroffen, aber wiewohl
er diese nicht zu geben schuldig war – denn er war ja ein Sohn
des wahren Gottes, des Herrn aller Herren [vgl. Mt 22,15–22]
– zahlte er dennoch | die Tempelsteuer, damit er niemandem 401
Anlaß bot, an ihm Anstoß oder Ärgernis zu nehmen (vgl. Mt 17,24–27). Daraus kann das Wesentliche gelernt werden, daß jene, die mit der Hinterziehung der Zehnten dem Evangelium ein so sichtliches Ärgernis bereiten, nicht rechte Christen sein können. Denn wiewohl sie nichts anderes beteuern als »Christus, Christus« [vgl. Mt 7,21], suchen sie dennoch ihren Eigennutz und nicht die Ehre von Jesus Christus, wie Paulus sagt (vgl. Phil 2,21). Es wird ja offensichtlich so empfunden, daß dem Evangelium durch das Verhalten der Gläubigen

kein größeres Schaden erwächst, als wenn die »Kinder dieser Welt« hören, nur das stecke letztlich dahinter: man wolle niemandem mehr etwas für das Seine geben. Und darauf läuft es hinaus, wiewohl jene vermeintlichen Christen – wie zuvor gesagt – wahrhaftig nicht die Diener Christi, sondern nur ihres Eigennutzes sind. Wenn dann etliche von ihnen heftig aufschreien: »Wir wollen's – das, was wir zurückbehalten – ja den Armen geben«, obgleich die Armen durch sie nicht mehr Hilfe erfahren als vorher – und das, wiewohl es allgemein bekannt ist, daß jene den Zehnten zurückbehalten –, wird es offenkundig, daß sie nur das Eigene suchen.

Wenn dann etliche über die Zehntenschuld diskutieren, ob man sie denn auch nach göttlichem Recht zu zahlen schuldig sei, so fragen sie darnach nur in der Hoffnung, daß – wenn dies im Neuen Testament nicht geboten wäre – sie gar nichts zu geben brauchten. Diese Frage ist längstens beantwortet: daß sie nämlich zu geben schuldig sind, so lange die Obrigkeit es verlangt. Diese läßt Gott über die weltlichen Güter urteilen. Dazu kommt, daß sie das Wirken des Evangeliums nicht durch öffentliches Ärgernis behindern sollten. Hier erwidern sie: »Noch hast du mir nicht klar geantwortet, ob Gott es denn auch im Neuen Testament *geboten* habe, den Zehnten zu geben«. Antwort: Du tust ja so, als ob du alle Gebote Gottes bereits befolgt hättest, wie sich der reiche Jüngling rühmte (vgl. Mt 19,20), und nur wissen wollest, was dir noch fehlt. Und doch hast du nichts anderes im Sinn als keinem etwas um das Seine zu geben. Darum merke dir kurz das Folgende: Gott fordert: »Du sollst den Nächsten lieben wie dich selbst« [Mt 22,39; 3. Mose 19,18]! Wenn du das erfüllst, bedarfst du vieler anderer Gottesgebote nicht, wie etwa: »Du sollst nicht töten«, »nicht stehlen«, »nicht ehebrechen«, »nicht lügen« [vgl. 2. Mose 20,13–16]. Denn wer den Nächsten gleich lieb hat wie sich selbst, der belügt ihn nicht; er wird ja auch nicht hinnehmen, daß man ihn selber belüge. Also bedürften wir vieler Gottesgebote nicht, wenn wir uns nach dieser Zusam-

menfassung aller Gebote richteten (vgl. Gal 5,14). Wir bedürften selbst der Anweisung von Römer 13,7 nicht: »Ihr sollt allen Menschen geben | , was ihr ihnen schuldig seid«, wenn 402
jeder den Nächsten für so liebenswert hielte wie sich selbst. Nur weil das nicht der Fall ist, gibt Gott noch untergeordnete Weisungen wie: »Du sollst nicht stehlen« [2. Mose 20,15], »du sollst bezahlen« [vgl. Röm 13,7] – und diese Gebote bist du denn auch zu halten schuldig.

Daran erkennst du auch beiläufig, daß Gott uns die Gütergemeinschaft [vgl. Apg 2,44; 4,32–35; 5,1–11] eben nicht zwangsweise gebietet.[14] Denn wäre dem so, könnte niemand mehr stehlen, es wäre ja alles im Gemeinbesitz. Wo Gemeinbesitz besteht, gehört das Gemeinsame jedem. Weil das aber nicht allgemein der Fall ist, hat auch Gott das Nötige vorgesehen, damit keiner dem anderen das Seine nehme, und hat gesprochen: »Du sollst nicht stehlen!« Daraus folgt in der Tat, daß Eigentum *besteht*, obgleich es in Gottes Augen *nicht* besteht, denn wir sind allein zu seinen Verwaltern bestimmt.[15]

Wer entscheidet nun aber, wo Eigentum besteht? Wie gesagt: Der für die weltlichen Belange zuständige Richter. Wo immer der Richter etwas als rechtliches Eigentum anerkennt, sollst du es auch dafür halten. Davon findest du mehr gesagt in unserem Büchlein »Göttliche und menschliche Gerechtigkeit«.[16] Darum sollst du nicht aus eigenem Ermessen dir etwas als Eigentum zusprechen, was dir dein Richter nicht zuerkennt, sonst vergehst du dich in Raub und Diebstahl, was Christenmenschen fremd sein sollte. Daraus folgt aber, daß du die Zehnten zu geben schuldig bist, so lange dich der Richter vor dem Gesetz als Schuldner ansieht. Nun argumentierst du freilich: »Wenn ich den überbordenden Mißbrauch sehe – und dabei auf die Armen sehe, die großen Mangel leiden, und der Richter dies entweder gar nicht wahrnimmt oder den Armen nicht rechtmäßig zuerkennen will, was ihnen gehört –, so muß ich deren Sache eben selbst in die Hand nehmen.« Da lautet die Antwort: Überstürze nichts! Es wird dazu ja noch mehr gesagt im zweiten und im letzten Teil. Inzwischen aber lerne mit allem Eifer, von innen heraus ein gottesfürchtiger Mensch zu sein, auf die unvergänglichen Dinge zu sehen und nicht um der vergänglichen willen Aufruhr zu machen – und laß uns dann zusehen, ob wir nicht doch zur selben Ansicht gelangen können.

Jetzt aber hoffe ich, genügend verdeutlicht zu haben, daß all jene, die aus dem Evangelium von Christus nur das meinen herausquetschen zu können, daß sie niemandem etwas für das Seine geben müssen, eben nicht Christen, sondern Verursacher der öffentlichen Unruhen sind. Wir finden ja keine Hinweise, daß die Christen der Apostelzeit um der Gütergemeinschaft willen zum Tumult anstifteten. Und wenn jene sprechen: »Der Zehnte ist uns aber betrügerisch aufgezwungen worden«, so stimmt das eben nicht, außer in bezug auf den Mißbrauch – wiewohl wir in denselben ja auch eingewilligt haben –, denn der Zehnte ist formal in aller Rechtmäßigkeit,
403 eben so, wie Menschen | mit ihren Rechten umzugehen pflegen, auf uns überkommen. Die Obrigkeit und die Gemeinden haben darin eingewilligt. Sprichst du nun: »Der Zehnte wird aber gar nicht so gebraucht, wie er ursprünglich gemeint war, und er wird jeder Ortsgemeinde wie auch den Armen entzogen«, so lautet die Antwort: Ganz recht! Eben deshalb bitte ich um etwas Geduld [vgl. Jes 30,15], bis wir dahin kommen, wo wir den eigentlichen Aufrührern auch ihre Grundverderbtheit vorhalten werden. Denn die Zehnten sind über so lange Zeit so arg dem Mißbrauch verfallen gewesen, daß diejenigen, die sie bis heute mißbrauchen, gar nicht so leicht zu schelten sind. Denn es haben auch alle Niedrigen und Hohen durch Stillschweigen in den Mißbrauch miteingewilligt, wodurch Zehnten auf Privatpersonen umgeschrieben und Zehntenkäufe getätigt wurden, so daß ohne Verletzung des allgemeingültigen Rechtes niemandem die Zehnten zu entziehen sind, wie vorher ausführlich dargelegt wurde. Doch eine rechtlich gangbare Veränderung und Neubestimmung der Zehnten

durch ihre Ablösung und Zuordnung zugunsten der Armen: die wird Gestalt annehmen!

Sieh nur, so viele Worte muß man gegen das Fleisch aufwenden, wenn es sich in Gestalt des Geistes anpreisen will: eben so, wie auch der Teufel allezeit seine Saat unter Gottes Samenkörner streut (vgl. Mt 13,25). Dieser hat das Evangelium durch den Eigennutz von Anfang an verfälscht. Jetzt aber, wo dieses wiederum aus dem Ägypterland befreit werden soll, tut er dem Evangelium wieder dasselbe an und versucht es durch den Eigennutz aufzuhalten.

I.4. Die vierten nun, die das Evangelium verhaßt machen, sind jene, die sich mehr in der Gelehrsamkeit bezüglich des Evangeliums aufblähen, als daß sie in der Liebe entbrannt wären [vgl. 1. Kor 13,4]. Sie üben sich mehr in Spitzfindigkeiten als im sanftmütigen christlichen Leben. Sie wollen nun alle Menschen beurteilen und belehren, statt sich selber zu lehren, und sehen an all den anderen Menschen, was ihnen zum christlichen Leben fehlt, nur an sich selbst sehen sie nicht den kleinsten Fehler. Was immer sie tun, gilt ihnen als recht; wo sie hintreten, sind lauter Veilchen und Rosen. Wenn Momus[17] sie sähe, würde auch er | zweifellos sagen, die Augen säßen bei 404
ihnen verkehrt. Denn wenn sie zuerst auf das sehen sollten, wie es in ihrem Inneren aussieht, müßten auch ihre Augen entsprechend einwärts gekehrt sein. Da sie bei ihnen aber nach auswärts gerichtet sind, tun sie nichts anderes, als die ihnen vor Augen stehenden anderen zu taxieren und zu verurteilen, wobei sie nur um Äußerlichkeiten zanken. Das eine Mal wollen sie keine Obrigkeit dulden, das andere Mal wollen sie die Obrigkeit haben[18] – nur sei dann keiner ein rechter Christ, der selber ein Staatsamt ausübt. Alsbald wollen sie eine eigene Kirche haben; da dürfe kein Staat das Recht haben, die Evangeliumspredigt zu beschützen. Heute soll man die »irrlehrenden« Prediger totschlagen dürfen – morgen soll man sie ohne Befugnis frei predigen lassen. Wenn man Kinder tauft, schreien sie, daß es in der Christenheit nichts so Abscheuli-

ches, Gräßliches oder Sündhaftes gebe als Kinder zu taufen. Und von diesem Affentheater bringen sie täglich mehr hervor als Afrika seltsame Tiere. Aber gleichzeitig hüten sie ihren Mund nicht vor Lästerreden, übler Nachrede, vor Neid, Zorn, Zank und Haß, sondern sie sprechen, nur wer es ihnen gleichtue, habe den rechten Geist. Sie sind so fein, niemanden zu grüßen, der ihnen begegnet und ihnen nicht gefällt. Und wenn ein anderer mit allen Menschen spricht und auch jene grüßt, die dem Evangelium opponieren, so ziehen sie sogleich mit dem Wort des Johannes, des Theologen, vom Leder und halten dagegen: »Grüßt einen solchen nicht!« [2. Joh 10]. Sie sehen nicht ein, daß im Tadeln von Lastern ein anderer Maßstab vonnöten ist, als sie ihn anlegen und meinen, daß auch die Apostel ihn gebraucht hätten. Sie erkennen dabei ebensowenig, was Jakobus sagt: daß die Frömmigkeit eines Menschen nichtig ist, der sich für fromm oder rechtschaffen hält, aber seine Zunge nicht im Zaum hält (vgl. Jak 1,26). Ihnen entgeht, daß der, der zankt, nicht geistlich ist, sondern fleischlich (vgl. 1. Kor 3,1); daß nur jene Kinder Gottes sind, die gerne verzeihen, ja bis zu siebenundsiebzigmal (vgl. Mt 18,22); und daß Gott auch uns nicht verzeiht, wenn wir dem Nächsten nicht von Herzen verzeihen [vgl. Mt 18,35]. Sie beachten auch
405 nicht, daß Paulus | im 2. Timotheusbrief 2,23, uns bei Gott ermahnend, dazu auffordert, jeden Streit um Worte zu meiden, der nichts nützt und zu nichts führt außer zur Verwirrung der Zuhörer. So kämpfen sie aber an allen Ecken, Straßen und Marktständen, wo immer sie es zuwege bringen. Und deckt man das auf und sucht es zu unterbinden, haben sie ihre eigenen konspirativen Häuser: da kommen sie heimlich zusammen und sitzen zu Gericht über alle Mitmenschen und verurteilen sie. Haben sie das getan, lassen sie ihre Bitterkeit oft noch dermaßen aneinander aus, daß man im Überfluß der Gallensäfte wohl ein Bad nehmen könnte. Eine solche armselige, wirre, verbitterte Gemütsart heißt dann bei ihnen »Spiritus«, »Geist«, und ist doch nichts weiter als saturnisch-melan-

cholisches Fleisch[19], das uns allezeit nichts anderes eingibt als Mißgunst, Bitterkeit und Streit. Es hat keine Ruhe, wo Frieden, wo Geduld und Tugend herrschen –, es kämpft nicht so sehr darum, sich selber als vielmehr andere zu beherrschen, weshalb jene mit niemandem fröhlich beisammen sein können, am wenigsten mit sich selber. Lehrt man sie, daß wir in unserer Verzweiflung aufgerichtet und ermuntert werden sollen durch die zuverlässige Gnade Gottes, die uns damit fest zugesichert ist, daß Jesus Christus für unsere Sünde gestorben und uns zur Gerechtigkeit geworden ist, so erwidern sie: »Man predigt zuviel Gnade!« So geben sie keine Ruhe, bis sie diejenigen, die jetzt für Gott neu hinzugewonnen wurden, wiederum in Zweifel oder in gänzliche Verzweiflung stürzen, worin diese – wie ich befürchten muß – übel zugerichtet werden. Wenn man die Betreffenden aber in der Gemeinde von der Kanzel ermahnt, kommen sie augenblicklich zum Lehrenden gelaufen, er solle ihnen sagen, ob er sie persönlich gemeint habe. Sieh zu, ob nicht das gerade die ›impotentia carnis‹, die reine Ohnmacht des Fleisches sei, die ja nicht angerührt sein will.

Ich verweile so lange bei der Beschreibung solcher Verirrungen, damit die Betreffenden erkennen mögen, daß ihr Geist nichts als Fleisch ist, das freilich die Schrift in Händen hält und im Munde führt. Es verhält sich so, wie wenn einer sehr krank ist und Arznei feilhält, die für diese Krankheit gut sein soll – dieser kann hübsch andere Leute belehren, wie sie die Arznei gebrauchen sollten, nur wird er selber nicht gesund davon. Ich kann nur sagen: wären ihre Bitterkeit, die Gemütsunruhe, der Neid des Herzens, die lose Zunge wirklich Zeichen des Geistes, würde ich mir von diesem »Geist« nicht ein Quentchen wünschen. Dem Herrn aber sei Lob und Dank, daß alle, die um das Wort Gottes sich mühen, nicht weniger als jene erkennen, ja erfahren, was christliches Trauern, Sorgen und | Arbeiten ist – aber sie zwingen andere 406
nicht zu Gassenkämpfen, üblen Nachreden, abstrusen Spitz-

findigkeiten und Fragen. Vielmehr halten sie sie zu ernsthafter Bemühung an, das zu bewahren, was gepflanzt ist, und rechtzeitig keimen zu lassen, was noch nicht gepflanzt ist, damit es aufwachsen kann. Hier herrschen wirklich Sorge und Kummer ohne Unterlaß. Denn wo begegnen den Christen Angriffe oder wo erleiden sie Verfolgungen, die sie nicht solidarisch miterleiden? Wo das Evangelium zunimmt, haben sie alltäglich mit ihrer Ehrsucht zu kämpfen, damit sie sich nicht selbst ein ehrenvolles Verdienst zuschreiben. Sie haben mit weiteren Anfechtungen des Fleisches zu kämpfen, die der Teufel ohne Zweifel stärker einsetzt als früher, um das Evangelium mit den Predigern zu Fall zu bringen. Sie sind aber bei alledem in Gott fröhlich und getrost und im Umgang mit den Brüdern freundlich. Sie wissen, daß diese Zeit nichts als Dornen, Unruhe und Mühsal mit sich bringt, aber dabei sind sie der Gnade und der Freundschaft Gottes so gewiß, daß sie deshalb Neid, Zank und Haß verachten, nachdem sie ja die göttliche Freude in sich tragen, obgleich der äußere Mensch beschimpft, gescholten und gequält wird. Darum ermahne ich die betreffenden Brüder, daß sie dem Teufel wirklich ins Angesicht widerstehen und sich von ihm nichts als »geistgemäß« vorgaukeln lassen, was aus bloßer Fleischlichkeit stammt. Er ist darin ein Meister! Er hat so das Evangeliums ins Gegenteil verkehrt und droht damit, es wiederum ins Gegenteil zu verkehren. Es dünkt mich nämlich, er biete euch wiederum die Gerechtigkeit aus Werken – die ›iustitia ex operibus legis‹ – an, woraus doch alle Heuchelei entsprungen ist. Streitet also gegen den alten Adam ebenso beherzt, wie ihr jetzt wegen Äußerlichkeiten zankt und scheltet. Dann werden euer rechtschaffener und christlicher Lebenswandel und die brennende Liebe vielmehr das abreißen, was abgetan werden muß, und das aufbauen, was aufgerichtet werden muß, weit mehr als alles Kämpfen und üble Nachreden – wie auch Petrus euch lehrt (vgl. 1. Petr 1,13–25; 2,1–12). Sonst gehört ihr zu denen, die auch die schlichten Menschen verwirren, die sich sagen:

»Seht, sind diese nicht auch gelehrt und reden gegen die Obrigkeit und die Kindertaufe etc. – es sind ja die Gelehrten unter sich selber nicht einig!« Wenn man es genauer betrachtet, kämpft ihr um nichtige Äußerlichkeiten, deren ihr euch am wenigsten annehmen solltet, wenn ihr so viel vom göttlichen Geist getrunken | hättet, wie ihr dafür angesehen sein wollt. Es 407
ist wohl wahr: Es müssen auch der äußere Zauberspuk, die Blendwerke und der Götzenschwindel abgeschafft werden, wie es Christus selber ankündigt (vgl. Lk 11,22), so daß der stärker Bewaffnete seinem überwundenen Feind auch die Waffen abnimmt, damit dieser nicht mühelos von neuem zum Aufruhr schreite. Aber diese äußeren Dinge werden in den Herzen der Gläubigen von selber hinfallen; denn der Glaube kann die äußeren Verführungen nicht akzeptieren. In den Herzen der Ungläubigen aber wird nichts stärker zu unseren Gunsten wirken als das friedfertige christliche Zusammenleben. So wolle Gott euren Eifer allein nach seiner Ehre und zugunsten eines ruhigen Zusammenlebens und friedlichen Gewissens ausrichten. Seid unbesorgt! Sofern ihr mehr christlich *leben* als christlich schwatzen werdet, wird Gott sein Wort so kräftig wirken lassen zum Aufgehen aller guten und zum Abgang aller bösen Dinge, daß alle Welt das Heil des Herrn sehen wird. Hängt diesem Wort an und steht ihm unablässig bei, aber mit sanftmütigem Geist! Laßt den dazu eingesetzten Hirten die undankbare Aufgabe des Scheltens! Tut alle Dinge zur Erbauung – und nichts zur Zerstörung (vgl. 1. Kor 14,26)! Das Christsein ist nicht schwatzen von Christus, sondern leben, wie er gelebt hat.

Hier freilich begehrt ihr auf: »Das ist doch unser einziges Bedürfnis und unsere Bemühung!« Antwort: Aber warum lärmt ihr noch unablässig nur wegen äußerlicher Dinge? Richtet sich euer ganzes Bestreben darauf, christlich zu leben, so könnt ihr all jene, die nicht christlich leben, nicht mit übler Nachrede oder Schmähungen zum Guten hinziehen, sondern nur mit Sanftmut und mitleidender Liebe. Kurz gesagt: Das ist mein Wunsch an euch: ihr solltet so stark an euch selber arbeiten, daß ihr die größte Bestie und Vergiftung des christlichen Lebens – den geistlichen Hochmut – abtötet, die ihr ja durchaus nicht unter euch haben wollt. Man sieht aber an der Art eures Wirkens allzu gut, wessen Geistes ihr seid, und wieviel Fleiß ihr da aufwendet, um über äußerliche Dinge zu zanken und Ausflüchte zu suchen.

I.5. Ehe wir nun fortfahren und zu anderen Dingen kommen, bleibt uns die Aufgabe, die Kinder Gottes zu ermahnen,
408 daß sie nicht Anstoß nehmen sollen an | all der Zwietracht
selbst unter vielen christlichen Gelehrten, die jetzt sichtbar wird, sondern sich kurz an folgende Faustregeln halten.

Erstens: Siehst du zwei vortreffliche Gelehrte miteinander streiten, so halte dich an jenen, der ein klares Schriftwort anführen kann, das er recht in der Weise des Glaubens auslegt. So hältst du dich nicht an einen Menschen, sondern an Gott selbst. Dazu ein Beispiel: Man streitet auch unter Christen darüber, ob man Gottes- und Heiligenbilder haben solle oder nicht. Schau nach 2. Mose 20,4, da findest du es eindeutig gesagt, daß man sie nicht haben soll. Dennoch will man mit viel menschlicher Spitzfindigkeit beweisen, wie die Bilder uns lehren und zu Andacht und Tugend erziehen. Das geschieht aber alles ohne Grund des Glaubens. Wo rechter Glaube ist, da weiß dieser wohl, daß er nicht von den Götzen und Bildern an den Wänden herrührt, sondern vom Gottesgeist, der uns zu Gott hinzieht [vgl. Joh 3,6–7; 6,44]. Er erkennt auch, daß sein Gott ein unsichtbarer, unabbildbarer Gott ist, der unterschieden sein will von den Abgöttern, für die man den Prunk und Trug der Götzenbilder errichtete. Aus diesem Grund des Glaubens vertrieben auch die Apostel die Götzenbilder aus den Herzen und Augen der Menschen, vgl. 1. Korinther 12,2; 1. Thessalonicher 1,9 und 1. Johannes 5,21.

Zweitens: Siehst du den einen Gelehrten ein Bibelwort anführen, das klar und eindeutig für seine Überzeugung spricht, und einen anderen, der ebenso klar eine andere, jener ersten aber widersprechende Bibelstelle anführt, so schau darauf, welches Wort Gott mehr zutraut als dem Menschen. Da siehst du beispielsweise zwei über den »freien Willen« und die menschlichen »Verdienste« sich streiten: einer führt eine Bibelstelle dafür an, daß unser Wille als frei gelten soll, der andere führt ein Schriftwort an, wonach wir ohne Gott gar nichts vermögen, weil alle Dinge auf seine Anordnung hin, auf Grund seiner Fürsorge und weisen Vorsehung geschehen. So halte dich an dasjenige Wort, das allein Gott die Ehre gibt und ihm selber alle Heilstaten, Herrlichkeit und Ehre zuschreibt. Und verwundere dich nicht, wenn Gottes Wort uns dennoch die Belohnung und unserm Willen die freie Wahl zuschreibt [vgl. Mt 19,27–30; 25,31–46; 2. Kor 5,10]; denn seine Gnade ist so groß, daß sie unseren Fähigkeiten zuschreibt, was allein Gott selber in uns wirkt, ähnlich, wie er ja auch die Sünde auf sich selber nimmt, die wir getan haben.

| Eine dritte Regel: Da es sich oft so verhält, daß zu beständigen äußerlichen Fragen im Neuen Testament nichts Eindeutiges und Klares zu finden ist, so daß darüber Streit ausbricht, sollen wir – gemäß der Lehre Christi – uns an Mose und die Propheten halten [vgl. Mt 5,17; Lk 16,31], damit er uns nicht wie die Sadduzäer tadle: »Ihr irrt deshalb, weil ihr die Schrift nicht versteht« (Mt 22,29). So müssen wir aus dem Gotteswort der ganzen Schrift erlernen, was zu tun sei, wobei wir allerdings die zeitgebundenen Umstände berücksichtigen müssen, wie wir es hinsichtlich der freien Wahl der Speisen anhand der Schrift demonstriert haben.[20] Die Ehe ist beispielsweise ein andauernder notwendiger Brauch. Wie man diese aber eingehen solle, wird im Neuen Testament nicht ausgeführt. Stattdessen finden wir in 3. Mose 18,6–18 die verbotenen Grade der Blutsverwandtschaft, und weiter die Regel, daß die Ehen mit Einwilligung von Vater und Mutter geschlossen werden sollen – dafür gibt es viele Belege. Doch finden wir keinen Hinweis darauf, daß Kinder gegen ihren klaren Willen und offenen beharrlichen Widerspruch verheiratet wurden. 409

Dazu ein weiteres Beispiel, damit ich meine Ansicht und ihre Begründung verdeutlichen kann: Wird über die Kindertaufe diskutiert, so können jene, die nicht taufen wollen, kein eindeutiges Verbot anführen, daß Kinder nicht getauft werden sollten. Umgekehrt haben auch jene, die sie taufen, kein klares Gebot vorzuweisen, das ihnen befiehlt, zu taufen. (Das möchte ich hier klarstellen, weil ich den Streithähnen zugestehen will, daß die Spieße beider Seiten gleich lang sind. Denn sonst führen sie noch Matthäus 15,9.13 gegen mich an: »sie verehren mich vergebens ...« und: »alle Pflanzung, die mein Vater nicht gepflanzt hat, wird ausgerissen werden«, während andere dagegen anführen: »Geht hin und lehrtet alle Völker, und taufet sie im Namen ...« [Mt 28,19], woraus auf beiden Seiten viel unnützer Streit erwächst, während doch die letztere Belegstelle deutlicher ist. Die Frage des Lehramtes zu behandeln ist hier nicht der rechte Ort, weshalb ich das ganz unterlasse). Daher müssen wir bezüglich der Tauffrage die ganze Schrift erforschen, finden wir doch im Neuen Testament nur, daß die Kindertaufe weder geboten, noch verboten ist. Wenn sie ein-
410 wenden, die Apostel hätten keine Kinder|getauft, und man sie darum nicht taufen solle, so beweist das nichts, oder ich könnte auch anführen, die Apostel hätten keinen in Kalkutta getauft, darum solle man keine Kalkutter taufen. Deshalb müssen wir nun prüfen, ob darüber im Alten Testament etwas steht. Nun finden wir auch da nichts zur Taufe, wohl aber zu dem, was an Stelle der Taufe üblich war: die Beschneidung. Diese ist ein Zeichen des vorhergehenden Glaubens, den Abraham schon besaß, als er noch unbeschnitten war, wie Römer 4,11–12 belegt. Dennoch wurde dieses Zeichen – am achten Lebenstag – auch Säuglingen gegeben, die zweifellos nichts vom Glauben wußten, und gleichwohl gilt die Beschneidung als Zeichen des herkömmlichen Glaubens [vgl. Lk 2,21]. Daß aber die Taufe anstelle der Beschneidung eingeführt wurde, beweist die Praxis, daß beides ein Zeichen der Gläubigen[21] gewesen ist. Auch Paulus geht darauf im Kolosserbrief 2,11–12 ein: »In ihm

(Christus) seid ihr beschnitten mit einer Beschneidung, die
nicht mit Händen geschieht, indem ihr den Leib der Sünde
ausgezogen habt in der Beschneidung Christi, in welchem ihr
begraben seid in der Taufe.« Hier weiß ich schon, was Paulus
meint, ich führe diesen Beleg nur an, damit man auch ein
Bibelwort kenne, wo die Taufe an Stelle der Beschneidung
erwähnt wird. Daraus ist zu folgern, daß, wenn die Beschnei-
dung im Alten Testament an den Kindern vollzogen wurde,
und wenn die Taufe an die Stelle der Beschneidung trat, man
auch die Kinder der Christen taufen soll. Denn – kurz gesagt –
alle, die zusammen im selben Glauben erzogen werden sollen,
haben ein gemeinsames Zeichen nötig – nicht weniger als Ab-
rahams Nachkommen. Gerade jene, die sich der Kindertaufe
widersetzen, haben es trefflich herausgestellt, daß man weder
diesem noch anderen Sakramenten zuschreiben darf, sie könn-
ten die Sünde von uns wegnehmen, sondern daß sie Zeichen
der Erwählten Gottes seien, wie es selbst Petrus sagt (vgl.
1. Petr 3,21). In diesem Kontext ist es plausibler anzunehmen,
die Apostel hätten auch die Kinder der Gläubiggewordenen
mitgetauft, als nicht. Davon spricht Paulus 1. Korinther 1,16:
»Ich habe auch die Hausgemeinschaft des Stefanas getauft«;
dann auch Apostelgeschichte 16,15.33: »Als aber Lydia getauft
wurde und ihre Familie ...«, und unmittelbar darnach | : »Er ist 411
sogleich getauft worden und all seine Hausgenossen.« Es ist
nun eher anzunehmen, daß zu diesen Hausgemeinschaften
auch Kinder gehörten, als nicht. Dies wollte ich kurz als Bei-
spiel anführen, schon darum, weil ich darauf stieß, daß die so
»geisterfüllten« Streithähne diese meine Meinung nicht auch
den einfachen Leuten mitteilen, die sie von der Kindertaufe
abhalten wollen, obgleich ich es ihnen deutlich zu verstehen
gebe. Es geht nicht etwa darum, daß mir an der Kindertaufe so
viel gelegen wäre, sondern meine Ansicht kommt daher, daß
ich auf die menschlichen Schwächen achte und in der
Kindertaufe keinen Greuel sehe – wie sie lamentieren, als ob
nie eine größere Sünde gefunden worden wäre. Ich sehe darin

vielmehr eine Nachfolge des gläubigen Abraham, der Isaak am achten Tag beschnitten hat [vgl. 1. Mose 21,4] – eine Praxis, von der ich glaube, daß auch die Apostel sie befolgten. Sollte ich indessen sehen, daß daraus eine Beleidigung Gottes oder ein Schaden für das christliche Leben entstünde, gäbe es nichts, was mich hindern könnte, meine Meinung zu ändern. Wenn das aber nicht der Fall ist, warum streitet die Gegenpartei in dieser Sache, als ob es dabei um das Ganze und Hauptsächliche des Glaubens zu tun wäre? Unsere Augen wollen ein wirkliches Zeichen sehen, sonst hätte Christus die Taufe und das gesegnete Brot nicht eingesetzt. Es ist eher zu befürchten, daß, wo man die Kindertaufe abschaffte, wir wieder nach der Beschneidung verlangen würden, wie es die Christen in Antiochia taten [vgl. Apg 15,1–2] und es noch heutzutage die Marranen in Spanien tun.[22] Die Kinder der Christen gehören Gott (vgl. Mt 18,3–5; 1. Kor 7,14). Wer will ihnen davor sein, das Zeichen der Kinder Gottes nicht ebenso zu tragen, wie es Petrus sagt (vgl. Apg 10,47)?

Daß nun eingeworfen wird, wie gut es wäre, die Kinder erst später zu taufen, wenn sie zum reiferen Jugendalter aufgewachsen sind, damit sie den Glauben selber bekennen können – das geschieht mehr aus Streitsucht als aus Notwendigkeit. Denn man unterrichtet die Kinder ohnehin, so daß sie ebenso nach der Weisung des Gesetzes zu leben anfangen wie die anderen. Und wenn sie im Glauben verständig geworden sind, ist das Gesetz für sie ebenso hinfällig, wie sie dem Fleisch oder sich selbst abgestorben sind [vgl. Gal 2,19; 3,23–25; Röm 6–8]. Haben sie nun das Zeichen im voraus empfangen, geschah ihnen wie dem Blinden Johannes 9,36. Der wurde auch sehend, aber erkannte den Sohn Gottes noch nicht. Aber die Glaubensverpflichtung, in welcher jene den eigentlichen Sinn
412 der Taufe | sehen möchten, soll besser im Abendmahl erfolgen. Denn da soll der Mensch seinen Glauben offen bekennen und sich mit anderen Mitgliedern am Leibe des Christus verpflichtend verbinden. Das ist die Bewährung, von der Paulus 1. Ko-

rinther 11,17–34 spricht. So viel zu dieser Sache. Es will die Welt ihre Kinder nun einmal mit einem Zeichen versehen haben.

Da ich nun damit begonnen habe, zu warnen, wiederhole ich nochmals, daß sich niemand unter den Gläubigen im Glauben beirren lassen soll, obgleich die Gelehrten um äußerliche Dinge heftig miteinander streiten, sondern fest darauf beharren, daß wir durch den Sohn Gottes zu Kindern Gottes geworden sind. Denn aus dem Vertrauen, das wir in das Erbarmen Gottes, unseres Vaters, setzen, läßt sich in allen Streitfragen prüfen, ob sie dem Glauben gemäß sind oder nicht. So werden wir sofort sehen, wen die Narreteien der nichtigen Ehrsucht reizen und wen nicht.

Jetzt wollen wir diesen ersten Teil abschließen, worin wir die Unruhestifter, die sich als gute Christen empfehlen, zur Rechenschaft gezogen haben, wiewohl er noch weit ausgedehnt werden könnte.

Zweiter Teil: Wer die eigentlichen Aufrührer sind

Dieser Teil wird von den eigentlichen Aufrührern handeln, die freilich so nicht genannt sein wollen, sondern diese Bezeichnung auf andere übertragen.

II.1. Die ersten sind die hohen Bischöfe. Deren einziges Amt ist es, das Evangelium zu predigen, das heißt: die Buße und die Vergebung der Sünden im Namen von Jesus Christus (vgl. Lk 24,47). So wie es ihnen Christus selber gebietet (vgl. Mt 28,20), wie auch Paulus deutlich sagt: »Christus hat mich gesandt, nicht zu taufen, sondern das Evangelium zu verkünden« (1. Kor 1,17), und wie die zwölf Apostel selber festsetzten. Als sie nämlich sahen, daß die Sorge um die Speise und andere leibliche Dinge sie von der Bemühung um das Gottes-

wort abhalten würde, sprachen sie: »Es ist nicht recht, daß wir das Gotteswort vernachlässigen und die Nahrung oder die Speise verwalten« (Apg 6,2). Ja, wenn aber nur das ihr einziges Amt ist, zu lehren und achtzugeben, daß die Schäflein Gottes
413 einen reinen | Lebenswandel führen, haben die Bischöfe den Auftrag Christi und das Unternehmen der Apostel ins Gegenteil verkehrt. Sie haben um des Bauches willen auf das vergängliche Gut geachtet und das Gotteswort verlassen, was doch ihr eigenes Recht verbietet (Corpus Iuris Canonici, Distinctio XLIX). Schließlich wurden sie zu nichts anderem als teils zu Herren des weltlichen Regimentes – was aber nach ihren eigenen Vorschriften verboten ist (CIC Kap. 29.XI.1) –
414 teils zu Kaufleuten des Tauschens, Münzprägens und | Feilbietens, teils zu Kupplern der Geistlichen zwecks Einnahme der Konkubinatsdispense, teils zu Tyrannen infolge täglich neuer Auflagen, Steuern, Grundlasten und widerrechtlicher Abgaben. Gib jetzt acht auf das, was ihnen Christus bei Matthäus vorausgesagt hat: »Wenn aber dieser Knecht« – gemeint ist der Lehrer oder Wächter, was so viel ist wie der Bischof – »böse wäre und in seinem Herzen spräche: Mein Herr zieht seine Rückkehr hinaus, und anfängt, seine Mitknechte zu schlagen und mit den Trunkenen zu fressen und zu saufen, so wird der Herr des Knechtes kommen an einem Tag, wo er es nicht erwartet, und zur Stunde, die er nicht kennt, und wird ihn vierteilen« – nämlich so, wie man es mit Verrätern zu tun pflegt – »und ihm sein Teil unter den Heuchlern geben« (Mt 24,48–51). Beachte, das sind die Worte Christi. Jene werden nicht leugnen können, daß sie in ihrer Maßlosigkeit nichts anderes getan haben, als was Christus hier anklagt: mit Schlagen der Mitbediensteten, mit Gottlosigkeit, als ob sie meinten, es sei kein Gott da, geschweige denn, daß sie glaubten, daß er kommen werde – und dies in aller Ausgelassenheit und mit allem Bauchdienst. So wird es sie noch sehr verwundern, wenn der Herr kommt und sie vierteilt, damit jedermann jetzt sehen kann, daß sie, bei den Heuchlern angetroffen, nur Po-

panze gewesen sind. Und wenn es den fürstlichen Herren je an
Erbetteltem, an Kirchenalmosen, an Konkubinatssteuern, an
einträglichen Briefen und Kalbshäuten [Urkunden], am
Wachshandel und der Vermarktung ihrer Pfründen fehlt, so
kehren sie sich dem Geschäft zu, dem sich alles Fleisch immer
zugewandt hat, nämlich zur Gewaltherrschaft und Unwahr-
heit. Nun geben sie Geld aus, um die Staatsgewalt in ihren
Dienst zu nehmen, damit sie mit ihnen die Christen verderbe.
Sie suchen nach falschen Zeugnissen über angebliche grauen-
hafte Dinge, wie man bei uns der Jungfrau Maria zu nahe trete,
wie man den Herrn Jesus Christus | verstoße und anderes un- 415
säglich dummes Zeug, wie es doch keinem Gläubigen in den
Sinn kommt. Und dann stehen sie auf und schreien: »Seht her,
welch große Mißstände aus der freien Predigt entspringen;
seht nur her, wie sie Gott verlästern!« Es geht ihnen aber nicht
um Gott – denn wäre ein Gott in ihnen, so hielten sie sich an
sein Wort –, es geht ihnen nur um die Gottheit, die auf syrisch
Mammon heißt [vgl. Lk 16,13]. Das erkennt man auch daran,
wie sie zur Zeit durch ihre gekauften Behörden ihre anma-
ßenden Verordnungen durchsetzen: Man solle Opfergaben für
den Pfarrer abliefern, beichten, die Abgabe für die Bauhütte
an der Marienkirche in Konstanz leisten,[23] dem Bischof gehor-
chen und an seinen Privilegien nicht rütteln. Da stehen ihre
eigenen Abgesandten dabei, wenn man die unschuldigen Pfar-
rer mit falschen Zeugnissen oder grundlos tötet, und denken
nicht daran, daß sie nur die Befugnis haben, Pfarrer bei Ver-
fehlungen zur Rechenschaft zu ziehen. Heißt aber »lutherisch
sein« – wie sie zu reden belieben –: niemandem gehorsam sein
und alle Dinge verdrehen, dann sind sie gut lutherisch; denn
gerade in der Weise, in der sie das Papsttum schützen wollen,
zerstören sie das Papsttum. Nicht, daß ich das bedauerte, son-
dern man durchschaue, wie vortrefflich sie mit den Dingen
umzugehen wissen. Und wenn sie derart verfahren, muß man
sich im klaren sein, daß Gott solches nicht ungestraft läßt; er
spornt die Seinen an, solche Maßlosigkeit aufzudecken. Dar-

aufhin sprechen sie aber, man wolle Aufruhr machen, man predige aufrührerisch. Ja, heißt denn das Aufruhr machen, wenn man die Wahrheit aufdeckt? Oder macht derjenige Aufruhr, der eure Anmaßungen nicht mehr ertragen kann nach eurem Belieben? Wohlan! So will ich euch voraussagen, was
416 Christus Jesus Jerusalem und den dortigen Priestern | ankündigte (Mt 23,37–38): Daß man euch in derselben Weise als Aufrührer anklagen wird, nämlich so, daß – wenn bei eurer Ungerechtigkeit das Maß voll sein wird, nach dem Vorbild der Amoriter (vgl. 1. Mose 15,16) – Gott ein strafendes Volk über euch bringen wird. Das wird euch nicht weniger Gewalt antun, als auch ihr Gewalt ausübt. Dann werdet auch ihr, nach eurer eigenen Definition, als Aufrührer bezichtigt werden; denn ihr bezichtigt ja eben die Opfer als aufrührerisch, die ihr alltäglich tyrannisch und mit Gewalt mißhandelt. Ihr werdet sogar dann noch Aufrührer genannt werden müssen, wenn ihr die Tyrannei nur mit großer Unduldsamkeit ertragen könnt, die euch Gott um eurer Sünden willen aufbürden wird wie den unvernünftigen Priestern zu Jerusalem. So habe ich nun selber »tyrannisch« geredet – und ich bedaure es nicht. Denn ich weiß, daß etliche unter euch sind, die Gewalt anwenden.

Was aber dann geschieht, wenn man diese Leute gutwillig um ein Rechtsverfahren anruft, ist folgendes: Wo man vom Evangelium gesprochen hat, nehmen sie die Lehrenden gefangen. Dann schreien die armen Gefangenen wie Christus vor Hannas: »Habe ich unrecht gelehrt, dann beweise man mir das; habe ich aber recht gelehrt, warum schlägt ihr mich?« [Joh 15,23]. Hier lautet die noch freundlichste Antwort: »Du hängst der lutherischen Ketzerei an«. Verteidigt sich dann einer: »Legt um Gottes willen die Bibel in die Mitte, so will ich euch alles, was ich gelehrt habe, darin aufzeigen, und die Bedeutung, die ich dem Schriftwort zugemessen habe, nicht aus meinem Kopf, sondern aus weiteren Schriftstellen beweisen«; so sprechen sie: »Wir sind nicht zum Diskutieren hier.«[24] So rufen dann der eine nach der Schrift und die anderen nach dem Strick. Schreit jener: »Bibel her!«, so schreien diese: »Henker her!«

Schau, das sind die treuen Wächter, das heißt Bischöfe, die allein darauf dringen sollten, daß das göttliche Wort klar ausgelegt werde. Und so unterdrücken sie dieses nicht weniger, als es die ungläubigen Tyrannen immer taten. Weil sie dies nun in aller Öffentlichkeit tun, kann es nicht anders gehen, als daß die Zeit kommt, wo es Aufruhr gibt, denn einmal werden sie ausbaden müssen, was sie jetzt angerichtet haben, gleichgültig, wieviel | unschuldiges Blut sie noch vergießen. Denn wahr- 417
haftig, wenn ihre Einmischung nicht wäre, könnte man mit gutem Grund vermuten, daß selbst die weltlichen Fürsten ein solches Übermaß staatlicher Verfolgung nicht praktizierten. Wo immer jene Geistlichen hinkommen, hinterlassen sie zuletzt Verfolgung. Wo man ihnen kein Gehör schenkt, sind alle Christen ruhiger. Das liegt alles offen zutage. Ich könnte hier so viele Beispiele ihrer Tyrannei erzählen, daß ich leichter eine große Weltgeschichte schreiben könnte, als ihre unchristlichen Taten aufzuzählen. Und wenn sie das leugnen wollten, würde alles an die Öffentlichkeit gebracht. Kurz gesagt: das sind in Wahrheit die hyperboräischen Greifen[25], die alle sicheren Vermögenswerte an sich gezogen haben und selbst die weltlichen Fürsten hungrig und arm herumziehen lassen; sie vermögen ja alle Dinge mit Geld zustande zu bringen. Und das führt zu den Unruhen und Aufständen in der Welt. Ich habe nirgends gelesen, daß jemals Bettler zu solchen Reichtümern gekommen wären. Einen derartigen Fleiß haben sie nach dem Wort des Propheten für ihre Habgier aufgewandt [vgl. Jer 22,17] und haben das Gotteswort damit nicht nur verlassen, sondern sind so reich, stark und mächtig geworden, daß sie es mit aller List zu umgehen und zu unterdrücken vermögen. Das heißt: sie halten damit geschickt hinter dem Berg, bis es sich auszahlt. Dieser Frevel ist Jesaia 56,9–12 deutlich gekennzeichnet mit den Worten: »Kommt alle zum Fraß, ihr gefräßigen Tiere von Feld und Wald! Ihre Wächter sind ja alle

blind, merken alle nichts, sind stumme oder taube Hunde, die nicht bellen wollen, sehen Phantome, schlafen und lieben ihre
418 Träume | : sie sind unverschämte Hunde, die nie satt werden wollen. Ihre Hirten haben keinen Verstand, sie haben sich alle auf ihrem Weg abgewandt, ein jeder zu seiner Habgier. Einer wie der andere sagen sie: Kommt! Laßt uns Wein saufen und uns betrinken – und morgen wollen wir tun wie heute, ja noch viel mehr.« Schau, wie treffend beschreibt der Mund Gottes die Unart der falschen Bischöfe, wie sie nur auf vergängliche, nichtige Dinge und allein auf Erdichtungen und Phantastereien aus sind, das Gotteswort nicht in Rechnung stellen, in Obszönität und Arroganz sich wie unverschämte Hunde gebärden, die in ihrer Tollheit nicht satt werden und die göttliche Weisheit nicht verstehen. Mehr noch, Jeremia 6,10 spricht, das Wort Gottes gelte ihnen als etwas Schandbares, dessen sie sich schämen. Sie haben alle miteinander den Weg der Habgier eingeschlagen. An ihren Höfen ist des Saufens und Prassens kein Ende, sondern es nimmt noch von Tag zu Tag zu.

Wer hat je einen grundverkehrteren Stand gesehen als den dieser Bischöfe? Sie sollten einzig das göttliche Wort lehren, ein Beispiel sein aller Bescheidenheit und der Verachtung weltlicher Güter und deren Freuden, wie ja auch ihre eigenen Rechtsordnungen es vorschreiben. Nun aber bestehen sie darauf und gebieten auch, menschliche Hirngespinste zu predigen. Es ginge ja noch an, ließen sie diese aus Nachlässigkeit predigen, nun aber gebieten sie, diese zu predigen. Ihr zur Schau gestellter Reichtum übertrifft auch den der weltlichen Fürsten, und ihre Ausschweifungen der Hurerei und Fresserei sind noch unmäßiger, als man es je bei Fürsten auf die Länge ertragen hat. Denn wer hätte je hinnehmen können, daß ein Fürst – zumal unverheiratet – bei allen Menschen die Töcher, Ehegattinen und Klosterfrauen entehrt – was aber offensichtlich von den Bischöfen noch und noch getan wird? Wenn man aber die unerträgliche Eiterbeule ansticht, wollen sie es nicht hinnehmen, sondern sagen, man beleidige und mache Auf-

ruhr: als ob ihr eigenes Ansinnen etwas anderes als das Anstiften von Aufruhr wäre, mit dem sie das Wort, das ihre Verkommenheit an den Tag brächte, unterdrücken. Sie können das Licht nicht ertragen, denn wie Jesus Johannes 3,20 sagt: Jeder Übeltäter haßt das Licht, damit seine Untaten nicht klar erkennbar werden. Ich sage das in Wahrheit und ohne allen Zorn, denn auch der Teufel, sollte er sich unter den Menschen aufhalten, könnte ihren geistlichen Stand nicht gründlicher | 419
ins Gegenteil verkehren.

So tun sie von allem, was sie Gott zu tun heißt, das Gegenteil. Gott beauftragt und sendet sie zu predigen – doch sie predigen nicht. Er beauftragt sie, sein Wort zu predigen – doch nicht nur predigen sie es nicht, sondern sie entsenden andere, die in ihrem Namen predigen sollen und Gottes Wort übergehen, und gebieten ihnen, menschliche Erfindungen zu predigen und die Schriftpredigt zu unterlassen. Denn was heißt das: Ihr sollt das Evangelium »wie von alters her« predigen, anderes als: Ihr sollt es gar nicht predigen? Denn seit geraumer Zeit hat man es nicht nur nicht mehr gepredigt, sondern gar nicht mehr gewußt, was es sei oder bedeute. Weiter: Gott gebietet, nicht zu herrschen [vgl. Lk 22,26] – sie aber übertreffen die heidnischen Fürsten an Tyrannei. Gott verbietet ihnen Brotsack und Geldsäckel [vgl. Lk 9,3] – sie aber schinden und raffen zusammen, prägen eigenes Geld und treiben Wechselgeschäfte und tun alles, was irgend Geld bringt; sie haben große Vermögen und teilen sie nicht mit den Armen. Gott spricht: »Umsonst habt Ihr es empfangen, umsonst sollt ihr es weitergeben« [Mt 10,8] – sie aber geben keinem etwas, ohne reichlich dafür bezahlt zu werden. Gott gebietet ihnen, eine Ehefrau zu haben [vgl. 1. Tim 3,2] – das aber verbieten sie und lassen um des Profites willen jegliche Hurerei geschehen.

Alles in allem: Schau sie dir an vom Scheitel bis zur Sohle, so wirst du nichts weiter finden, als was dich zum Schluß führt: Nicht einmal der Teufel könnte sich dem göttlichen Wort schlimmer entgegenstellen und so aufführen.

Darum sind dies die wahren und eigentlichen Aufrührer, obgleich sie das nach Kräften vertuschen und andere vorschieben, damit diese den öffentlichen Unwillen auf sich ziehen. Ihren so grundverkehrten geistlichen Stand wollen sie denn auch weder verbessern noch ändern, sondern seine Ansprüche mit anmaßendem Auftreten durchdrücken. Das waren immer schon die rechten Aufrührer, die das Licht scheuen und doch ihren falschen Stand verteidigen und erhalten wollen. Ist das nicht Aufruhr angezettelt, wenn sie zu ihrem Schutz alle Städ-
420 te, | Herren und Fürsten anrufen, aufwiegeln und etliche dafür bezahlen? Nun genug davon! Man müßte ein unsäglich langes Buch machen, wollte man alle Mißbräuche aufzählen. Denn alles, was sie tun, ist lauter Verschwörung und Ränkeschmieden, Zusammenrotten und Aufruhr anzetteln, wie Jesaia 8,9–10 sagt. Siehe nur alle ihre Rechtsordnungen an: sie sind nur zu ihrem Vorteil und zum Nachteil des göttlichen Wortes.

II.2. Die anderen sind der Rest der kläffenden Priester, Mönche, Nonnen und – allen voraus – der Äbte. Wie man an ihren Worten und Taten klar erkennt, tun auch sie nichts anderes als Aufruhr veranstalten. Drohen sie nicht stets mit Kriegen und allen Übeln? Kläffen sie nicht jeden Tag, »es komme bald anders«? wiewohl sie recht haben: es wird von Tag zu Tag anders – woran sie sich nur nicht freuen können. Wo haben sie nicht ihre stillen Zuträger und Einflüsterer, die an sie weitertragen, sobald sie etwas dem Evangelium Abträgliches hören? Sind sie nicht im dauernden Briefwechsel mit jenen, die das Evangelium am allermeisten verfolgen? Was besagt der Satz »Es wird bald anders«, als daß sie hoffen, es werde das Evangelium bald gewaltsam unterdrückt? Wer aber auf Gewalt aus ist, der ist aufrührerisch. Ja, sicher ist es so, daß – wenn die Verwirrung stiftenden Mönche und Priester nicht wären – dem Evangelium Christi viel mehr Ruhe vergönnt wäre.

Von den Äbten müssen wir zuerst reden. Sind nicht auch sie Mönche? Was bedeutet ›monachus‹? Ein Einsiedler. Sieh an,

was für schöne Einsiedler sie sind! Nicht nur leben sie inmitten
der Welt, sondern fast die ganze Welt ist ihr Eigentum gewor-
den. Zweifellos gebührt es einem Einsiedler nicht, mit so vie-
len Pferden, Knechten, Prunk oder Schmuck einherzureiten,
wie sie es zu tun belieben. Diese Äbte haben bei dem Papst und
den Fürsten Zehnten und Reichtümer entweder erbettelt oder
erheuchelt | – das will ich mit ihren eigenen Urkunden be- 421
weisen –, bis sie so viel zusammenrafften, daß sie damit andere
Zehnten und Güter, ja Land und Leute gekauft haben. Es sind
etliche noch höher emporgestiegen, wurden Fürsten und wol-
len doch geistliche Väter sein. Auch muß man ihnen mit »Euer
Gnaden« und »Euer fürstliche Gnaden« schmeicheln, sonst las-
sen sie sich nicht zufriedenstellen. Schau, so weit ist es mit den
bettelnden Einsiedlern gekommen! Es ist ja nicht so, daß ihr
Stand – auch wenn sie Einsiedler geblieben wären – im Evan-
gelium Christi eine Begründung hätte, aber man sieht nun,
wie sehr sie auch gegen ihre anfängliche und grundlegende
eigene Tradition leben. Das muß nach Gottes Fügung so sein.
Denn ihre Lebensform ist seit jeher eine Heuchelei gewesen.
Wenn denn auch etliche einfache und fromme Gemüter sich
haben blenden lassen, so daß sie ihren Orden beigetreten sind,
sind sie nie zu wirklichen Kindern Gottes geworden, außer sie
haben all die Heuchelei verachtet und sind auf den rechten
Weg des Heils gekommen. Es spricht auch das Ziel, das die
Mönchsorden verfolgten, dafür, daß ihr Treiben nie etwas an-
deres als eine Vortäuschung war; denn sie beklagten ihre Ar-
mut und stellten den Reichtümern nach – mit geistlicher Tar-
nung und Kleidung, als ob sie die Reichtümer verachten wür-
den. Seit sie nun reich geworden sind, tragen sie zwar noch die
Kutte, aber sie füllen diese inwendig mit so viel Ausschwei-
fung, Ehrsucht und Maßlosigkeit an, daß sie aus allen Nähten
platzt, und alle Menschen ihren Hochmut hervorquellen se-
hen. Daran erkennt man ihren Geist. Sie stiften nicht weniger
Aufruhr als die Bischöfe; sie vermögen's ja auch; sie geben
»Pensionen«, Schenkungen, üppige Gelage, so viel, daß sie

auch straflos Gewalt anwenden können. Sie anerbieten sich öffentlich, wenn man diesen oder jenen verbrenne, wollten sie Holz und Kosten übernehmen, ja selbst den Henker spielen – sie sind ja wahrhaftig eines bessern Amtes nicht wert. Sie reden von Gott und seinem Evangelium schnöder als jeder Flegel. Aber man läßt sie gewähren. Wenn ein Geringerer so handelte,
422 würde man es ihm nicht nachsehen |, aber sie können es so toll treiben – man gestattet es ihnen ja –, bis daß wir alle der Gotteslästerung teilhaftig und mitschuldig werden. Ihre Keller sind voller Wein, ihre Kornspeicher müssen sie ob ihrem Gewicht mit Stützen versehen. Da reiten die Mächtigen und Edelleute gern herzu, es ist ja ein piekfeiner Gastgeber da.

Was wird jetzt aber aus der Ordensregel der Mönche, die ja auch irgendwo in den päpstlichen Rechtsbestimmungen sich findet: »Monasteri monachorum sunt xenodochia pauperum«, das heißt: Die Klöster der Mönche sind die Herbergen der Armen? Was da existiert, sind vielmehr ›xenodochia militum‹, sprich: Kriegslazarette. Wo aber beherbergen sie die Armen? Oh, sprechen sie, wir geben große Almosen. Ja, wirklich »große« gemessen an ihrem Geiz, denn es ist ein Wunder, wenn dieser sie noch so viel hergeben läßt. Aber beachte nun, wie groß diese Almosen sind! Ist es eine gekochte Speise, so wollten es zuvor die Jagdhunde nicht fressen und nicht die Schoßhündchen, denn sonst hätte man es den Armen nicht gereicht. Es muß ein Überrest der Mahlzeit sein, in welchem schon der Speichel mit Löffeln verrührt worden ist. Und für diesen Abfall muß der Arme vor dem Tor frieren oder so viel Weg- und Arbeitszeit vergeuden, daß er auf den Genuß der ungenießbaren Brühe besser verzichtete, wenn nicht quälender Hunger ihn triebe. Wie wollen sie es am Jüngsten Tag verantworten, daß sie Christus mit solchem Auswurf abgespiesen haben? Denn er wird ihnen das, was den Seinen angetan wird, anrechnen, als ob es ihm selber angetan wurde [vgl. Mt 25,40.45]. Lassen sie aber einmal frische Kost auftischen, ist diese so kraft- und geschmacklos, daß man sieht, daß sie keinerlei Liebe zu

den Armen haben. Reichen sie Brot, ist es nicht mehr, als was auch viele redliche Christen geben, doch dasjenige aus dem Kloster muß das minderwertige und schlechter zubereitete sein. Wenn nun das göttliche Wort so offenbar wird, daß man ihre Heuchelei erkennt, verbieten sie es. Ja, ich könnte etliche beim Namen nennen, die | auch verboten, das Evangelium 423
einem anderen als sich selbst vorzulesen. Und wenn das die einfachen Leute sehen, müssen sie ja unduldsam werden. Dann behaupten jene, man sei aufrührerisch, weil man ihnen – wie zuvor gesagt – nicht jede Anmaßung wider Gott und die Menschen ohne Widerrede durchgehen lassen will. Wann wollen sie bedenken, daß ihnen mit dem Aufhäufen von Geld nichts anderes erwächst als die Gefahr des Raubes und der Enteignung? So ruft auch Habakuk 2,6–8: »Wehe dem, der vielfältig anhäuft, was nicht sein ist« – denn dieser Mönche Geld gehört den Armen! »Wie lange will er durch Schuldverstrickung und -gefangenschaft sich selber schädigen? Werden nicht alsbald jene aufstehen, die dich peinigen werden? Und werden nicht die erwachen, die dich zerreißen? Du aber fällst ihnen zum Raub; denn du hast viele Völker beraubt. So werden die Übriggebliebenen und Geringgeachteten des Volkes auch dich berauben.«

II.3. Die dritten eigentlichen Aufrührer sind die Fürsten, Mächtigen und Reichen dieser Welt. Diese haben viele Gründe zum Aufstand, wie sie meinen. Dieser Vorwurf gilt nicht dir, redlicher Mann! – wie in der Vorrede genügend verdeutlicht wurde. Die Fürsten, Adligen und Regenten sehen aber, daß ihnen die sicheren Einkommen, die sie aus Bistümern, Domstiften, Abteien bezogen haben, nun genommen werden sollen. Weshalb sie so laut und öffentlich aufschreien: »Ach!« Es geht ihnen ja auch nicht von ungefähr an den Kragen! Als die Dome, Stifte und Klöster anfänglich errichtet wurden, wurden sie dazu verpflichtet, alles zu lehren, was dem Verstehen des göttlichen Wortes diene, und darüberhinaus, den Armen Aufenthalt zu gewähren. Daraufhin sind die Einkünfte

so stark angewachsen, daß Adel und Fürsten deutlich zu spüren bekamen und gesehen haben, daß bald alle Reichtümer und Besitztümer den Geistlichen gehörten – denn so nennen sie die, die nicht wissen, was »Geist« ist – und sie selber in Armut und Elend hinabgestoßen würden. Sie haben auch eingesehen,
424 wie mühelos sich die Geistlichen bereichern können: | man muß dafür nicht im Felde und im Harnisch liegen, nicht Leib und Leben wagen, so daß jene, kurz gesagt ›aponäti kai anidroti‹, das heißt: ohne Schweiß und Mühe, sich alle Dinge aneignen und nach ihrer Anmaßung gebrauchen konnten. Adel und Fürsten griffen deshalb ein und eigneten sich die reichen Domstifte und Klöster an, mit des Papstes Erlaubnis, der das gerne bewilligte, damit sich seine Herrschaft um so mehr verwurzele und befestige: nun mit Hilfe der weltlichen Fürsten. Denn Rom hat stets gewußt, daß sein Bestehen und seine Institutionen keine Grundlage haben im göttlichen Wort. Es hat ja auch zu allen Zeiten genug Leute gegeben, die das öffentlich aussprachen, obwohl die Prophetentöter [vgl. Mt 23,34] die Wahrheit durchwegs mit Gewalt erstickten – oder zu ersticken wähnten – besonders, als sie die Fürsten und Adligen für sich einspannten.

Das vollbrachten sie mit den Kniffen, die wir hier darlegen wollen. Als die Domstifte und Klöster reich wurden, sind jene weltlichen Fürsten mit dem Papst wie folgt übereingekommen: Im einen Domstift sollte niemand zum Domherrn bestimmt werden, der nicht ›illustris‹, durchlaucht, das heißt: ein Fürst sei von seinen vier Großmüttern her. Im andern mußten sie Grafen und Freiherren sein, im dritten Edelleute von ihren vier Vorvätern her. Auf diese Weise wurde die Sache zuwege gebracht.[26] Da konnte es mancher Fürst, Herr oder Edelmann gut hinnehmen, daß die Klöster, Domstifte etc. sich sehr vermehrten; denn er wußte genau, daß auch sein Sohn einmal Bischof, Abt oder Probst würde – und somit Herr über die großen sicheren Geldquellen. Stimmen sie jetzt ihr Gejammer an, mitsamt ihren Priestern, dann darum, weil keine Milch

mehr aus dem Axtstiel zu melken ist.[27] Auf diese Weise ist es so weit gekommen, daß in den Stiften, Domstiften und Klöstern deren erste Aufgabe – daß man lerne, mit dem göttlichen Wort umzugehen, um die Welt recht lehren zu können – verschwand und mißachtet wurde. Darnach legten sie das Gotteswort erst recht in Ketten, denn sie sahen sich größtenteils nach Pfarrlehen um, die sie mit allerlei Kupplern, Köchen und
Stallknechten | besetzten, die kaum noch die kirchlichen Fest- 425
zeiten richtig ansagen konnten – und so geriet das Gotteswort vollends in Vergessenheit. Diese Strohmänner konnten sie leichter halten als einen Habicht, der sich von Mäusen ernährt, aber man durfte nichts gegen sie sagen, schon gar nicht die
Wahrheit | frei heraus sagen, auch wenn Gott sie kundtat. Denn 426
wenn der Papst »Ketzer!« schrie, schrien Fürsten, Herren oder Regenten: »Henker her!«. Daneben trieb man es über alle Maßen. Im einen Kloster fraßen sie, im anderen hurten sie ohne Scham

Nun, liebe Herren, wenn Gott die Türangel bewegt, so wird auch der Türbalken erschüttert (vgl. Am 9,1). Ihr wißt, daß es so zuging. Seht ihr die Privilegien und Freibriefe in diesen Dingen, die von den Päpsten und Fürsten ausgingen, so werdet ihr euch erinnern: ich habe solches auch gesehen. Selbst wenn diese Urkunden nicht wären, so haben wir es doch alle mit unseren eigenen Augen gesehen.

Wenn nun durch diesen Mißbrauch die Lehre des göttlichen Wortes und die Unterstützung, Ernährung und Beherbergung der Armen weggefallen sind, und stattdessen die Reichen sich das Gut der Armen aneigneten – und dies alles mit eurem Wissen, mit eurer Einwilligung und Mithilfe –, so unterstützt ihr jetzt auch das Wüten, Kriegen und Aufruhrstiften der Geistlichen. Denn es geht euch dabei nur um eure eigene Sache, so viel ihr auch schreit, es gehe um die Ehre Gottes oder um die Würde der Mutter Gottes und es könnten die heiligen auserwählten Väter doch nicht so geirrt haben etc. Wäret ihr aber im Besitz des Erbes, würdet ihr euch nicht um die Väter

scheren. Und hieltet ihr etwas von Gott, würdet ihr euer maßloses Treiben aufgeben. Ihr ehrt die Jungfrau Maria eifrig mit euren jungfräulichen Töchtern, die ihr in den Klöstern habt. Aber selbst wenn diese jungfräulich wären, würdet ihr sie doch so nicht sein lassen. Dünkt euch nicht, daß ihr das Spiel treibt, das Micha 7,2–4 beschreibt: »Es ist kein gottesfürchtiger und kein redlicher Mann mehr auf Erden. Unter den Menschen findet sich kein Gerechter mehr. Sie alle lauern auf das Blut. Jeder trachtet oder jagt nach dem Tod des Bruders. Vom Bösen, das sie getan haben, sagen sie, es sei gut. Der Fürst heischt,
427 und der Richter sorgt dafür, daß es ihm gegeben | werde. Der Große oder Vornehme hat geredet nach der Begierde seiner Seele, ja er hat sie mit Ausschweifung so überfüllt, daß sie daran krank geworden ist. Wer unter ihnen als gut gilt, ist wie die Distel oder die Klette in der Wüste; und wer unter ihnen gerecht ist, gleicht der Dornhecke am Zaun.« Seht, wie treffend eure heimliche Verschwörung vom Propheten beschrieben worden ist, weil ihr Recht und Gerechtigkeit verlassen habt und nur auf den Eigennutz saht. Was ihr miteinander und mit dem Papst zum Nachteil Gottes und der armen Menschen ins Werk gesetzt habt, das nennt ihr gut. Das, wonach euch gelüstet, das dünkt euch recht. Ihr treibt es so toll, daß ihr dessen überdrüssig werdet. Ihr reißt den Menschen die Kleider vom Leib wie die Disteln und Dornen. Es stehen das Gericht und das Recht, ja die Person des Richters selbst in eurer Gewalt. Vollzieht er, was euch gefällt, so ist er ein guter Richter. Beachtet aber, wie der Prophet fortfährt: »Der Tag, der auf dich lauert, und deine Heimsuchung sind gekommen; jetzt hebt ihre Verstörung an« [Mi 7,4]. Ihr wißt genau, daß niemand der Hand Gottes entfliehen kann [vgl. Ps 139,7–12], ebenso, daß Gott nicht schläft [vgl. Ps 121,4]; er kommt, wenn für ihn die Zeit gekommen ist [vgl. Jes 35,4]. Er verfolgt zielstrebig, was er will, wie man an seinem Wort erkennt. Wenn er dieses entsendet, muß eine Besserung folgen, oder aber die Strafe steht vor der Tür. Das aber unterdrückt ihr

offensichtlich, wie ich an euren eigenen Schriften beweisen will.

In Nürnberg habt ihr öffentlich einen Reichstag abgehalten, wo ihr eine große Anzahl Artikel verabschiedet habt, die sich an den Papst richten und in welchen ihr Beschwerde erhebt.[28] So sagt jetzt: Trifft es zu, daß ihr so vielfältig beschwert seid – oder etwa nicht? Seid ihr gar nicht beschwert, warum wolltet ihr denn dagegen Anzeige erstatten? Damit würde offenkundig, daß ihr diese Beschwerden nur im Interesse des Papsttums vorgebracht habt, so bemäntelt, um das Christenvolk in falscher Hoffnung zu wiegen, als ob ihr ihm seine Lasten abnehmen wolltet. Dies diente wohl nur dazu, daß sie um so stiller wären und des Papstes Zwang um so duldsamer ertrügen, bis alles irgendwie wieder in den alten Zustand gebracht würde. Und es muß vielen | der Verständigen gerade so 428
erscheinen, als ob das die Absicht sei, nach der ihr euch verhaltet. Andererseits: Habt ihr zu Recht Beschwerde erhoben, wie kommt es dann, daß ihr das Gegenteil davon jetzt noch und noch verteidigt, obgleich ihr doch das, was euch beschwert, leicht abwerfen könntet? Denn ihr habt klare Aussagen des Wortes Gottes gegen diese Belastungen, und wenn man sie furchtlos vorträgt, hören es alle Rechtschaffenen gern. Es steht auch der weitaus größere Teil des Volkes auf seiten des Gotteswortes, so daß ihr überhaupt nichts zu befürchten habt. Wenn ihr nun den Sieg in Händen haltet und ihn gar nicht haben wollt, und die Unterdrückungen, die ihr selbst als solche dargestellt habt, nicht aufheben wollt, obgleich ihr es ruhig und mit Gottes Hilfe tun könntet, so kann ja ein Blinder bemerken, daß es euch entweder gar nicht ernst gewesen ist, oder aber, daß ihr so vermessen seid, mit ganzer Kraft gegen das Gotteswort auftreten zu wollen. Denn eines von beidem muß der Fall sein, entweder, daß ihr schamlos gegen Gottes Wort aufstehen wollt, oder aber, daß die Artikel, die aufgrund des göttlichen Wortes zu Recht als Beschwerden formuliert wurden, aus Lug und Trug so aufgesetzt wurden. Das beides be-

weist, daß ihr gegen das Gotteswort aufzutreten euch untersteht.

Darnach bezeichnet ihr das Gotteswort als »lutherisch«, um es mit diesem Namen eines Menschen abzuwerten. Ihr wißt genau: Wer Luthers Wort anführt, redet Luthers Wort, wer aber Gottes Wort anführt, redet Gottes Wort. Wenn nun Gottes Wort geredet wird, warum legt ihr ihm den Namen eines Menschen zu? Ihr tut es, weil ihr Gottes Wort entweder nicht kennt oder es gar nicht kennen wollt. Ihr gehört nicht zu den Schafen Gottes; denn diese erkennen seine Stimme, und gehen ihr nach [vgl. Joh 10,4]. Ihr aber habt die Stimme Gottes zuweilen erkannt, wie vorher hinsichtlich der Beschwerdeartikel dargelegt wurde. Daraus folgt aber, daß ihr die Stimme Gottes nicht anerkennen wollt. Daraus ersieht man auch, daß ihr Gottes Wort nur dazu einen menschlichen Namen beilegt, um es um so besser verfolgen zu können: »Non te, Galle, peto, piscem peto.« [Nicht dich, Gallier, sondern den Fisch begehre ich; wie die Gladiatoren zu sagen pflegten.] Ihr handelt wie einer, der seine Frau nicht schlagen durfte – da es ihm verboten
429 war –, | so daß er sie an ihrem Überkleid faßte und die Treppe hinunterwarf, sich darauf hinausredend, er hätte ja nur das Überkleid hinuntergeworfen. Das ist die rechte Art, Gott zu verspotten. Ebenso legten die Juden dem Christus im Hause des Kajaphas ein Tuch über das Gesicht und spielten so unter der Verhüllung mit ihm »Verstecken unter dem Hütlein« [vgl. Mk 14,65]. So legt auch ihr dem Gotteswort ein anderes Kleid an und nennt es »lutherisch«, um ihm den Todesstoß versetzen zu können. Ich rede hier nicht von Luthers Schriften oder Predigten, sondern nur davon, daß ihr allesamt Gottes Wort »lutherisch« nennt, um es um so besser verhaßt zu machen und verspotten zu können: »Ave, rex Judaeorum!« [Sei gegrüßt, König der Juden!; Mt 27,29], und: »Rate einmal, wer hat dich geschlagen?« [Mt 26,68]. Ihr meint, er sei blind, bei ihm sei gefahrlos zu lügen. Aber damit täuscht ihr euch. Ihr meint, ihr hättet mit dem Tod ein Bündnis gemacht, die Lüge würde

euch decken und die Geißel werde euch nicht treffen, wenn sie niederfährt (vgl. Jes 28,15.17). Aber der Hagel wird in die betrügerische Hoffnung schlagen, und Wasserfluten werden die Bündnisse wegschwemmen etc. Wenn die euch befragen, die ihr wegen Gottes Wort verfolgt: »Ach gnädiger Herr, was heißt denn da lutherisch?; so spricht doch Gott«, da sagt ihr: »Nehmt ihn! Verhaftet ihn! Der Schelm ist lutherisch« und wollt von Gott nichts wissen. Er aber wird's euch mit Gewißheit vergelten und ebenso sagen: »Ich kenne euch nicht« (Mt 25,12). Was liegt überhaupt daran, wie ihr Gottes Wort benennt, wenn ihr es dennoch verfolgt? Ihr handelt wie jene Juden Apostelgeschichte 5,28, die zu den Jüngern sprachen: »Ihr wollt uns der Schuld am vergossenen Menschenblut bezichtigen« – sie meinten das Blut Christi. Aber sieh, ihnen waren die Hände vom Blut Christi noch nicht trocken, und doch wollten sie nicht, daß man ihnen den Tod Jesu anlaste. So treibt auch ihr es mit ihm: frecher beschwörend als alle Teufel in der Hölle, Gott werde den Pfarrern dies und das antun. Sie behaupten, ich machte das Evangelium verächtlich – und sie täten es nicht. Sie reden anmaßend: »Ich weiß doch, was ich glauben soll«, und noch mehr der anmaßenden Worte, als ob Cerberus bellte. Kurz, wenn man erwidert: Nun steht doch dies oder jenes im Evangelium, | so muß man dasselbe erleiden, 430
was Christus vor Hannas erlitt [vgl. Joh 18,19–24], wenn nicht gar den Tod. Ich muß annehmen, daß ihr im Wahn befangen seid, es hätten die Menschen weder Ohren noch Augen, daß sie nicht bemerken würden, ob ihr es mit Gott haltet oder mit dem Teufel.

Ich will von den unzähligen Abgaben und Sondersteuern schweigen, die ihr täglich eurem Volk auferlegt. Muß der Herrscher 4000 Gulden für einen Reichstag aufbringen, treibt er es sogleich von seinen Untertanen ein. Ja einige überwälzen geradezu die doppelte Summe auf sie. Dergleichen trickreiche Machenschaften aber wollen wir mit Schweigen übergehen und vom Unwesen der nicht mehr zu ertragenden landeswei-

ten Zins- und Steuerlasten reden.[29] Eure eigenen Rechtsbestimmungen verbieten die ›monopolia‹, das heißt: die Alleinverkaufsrechte, wo einer allein über eine Ware verfügt. Dennoch sind nahezu alle Waren in die Verfügungsmacht einiger Alleinhändler gekommen. Selbst wenn eine arme Schwangere zur Niederkunft Kindbettpulver kaufen will, kann sie schwerlich umhin, den Spekulanten ebensoviel als Gewinnaufschlag zu zahlen, wie das Pulver wert ist. Damit häufen diese solche Reichtümer an, daß sie all das Bargeld, das in den Händen der Welt im Umlauf ist, an sich zu bringen vermögen. Könnt ihr nicht an den nächtlichen Glücksspielen erkennen, wie es zuletzt damit enden muß? Wenn zwei des Nachts spielen, erhöhen sie nach und nach ihre Einsätze. Am Morgen, wenn das Spiel aus ist, hat der Bankhalter den Gewinn, und trieben sie es endlos so weiter, fiele all ihr Geld dem Bankhalter zu. Genauso ziehen auch die Monopolisten nach und nach alles an sich, und
431 | wird ihnen das Wasser nicht abgegraben, so werdet auch ihr mit euren Untertanen ihr Eigentum. Daß ihr aber von ihnen Steuern abschöpft wie von den Bienenstöcken, hat zur Folge, daß ihr Gejammer bei euch Gehör findet.[30] Da ihnen das Evangelium nichts einbringen wird, können sie sich ganz manierlich bei euch beklagen und behaupten, es sei eine schädliche Sache, und darin werde angedroht, man werde ihnen ihr ganzes Vermögen entreißen. Darauf kommt es ihnen vor allem an! Man lernt im Evangelium ja nur, maßvoller zu leben als vorher, und das trägt in der Tat nicht so viel Gewinn ein wie ein gottloses Leben. Das Evangelium stellt sie denn auch nur den Zöllnern gleich. Und das können die säuberlich gezopften Gesellen nicht ertragen. ›Regina pecunia‹ [Königin Geld]! Das Geld hat seit einiger Zeit alles vermocht und bewirkt, daß auch ihr gottloses Gewinnstreben und Geldgewerbe nicht für unanständig gehalten wird. Nun aber wird's anders werden, und daher laßt ihr euch von jenen aufhetzen. Ihr nehmt die unverschämtesten Spekulationen des Geldmarktes hin. Heute können Bankiers das Gold billig an sich bringen, bald wieder

bringen sie es um so teurer auf den Markt, und ihre Preise sinken und steigen nicht anders als die Gezeiten des Meeres. Besitzen sie das kursierende Kleingeld, halten sie damit zurück, bis sie das Goldgeld zum Spottpreis an sich bringen. Ist dieses erst eingebracht, wenden sie dasselbe Verfahren an, bis man ihnen das Gold zum Höchstpreis abkaufen muß. Kurz gesagt: Das Geld muß zu allen Zeiten Gewinn zulegen, es komme her oder gehe hin. Damit haben sie auch eure eigenen Staatskassen durchlöchert, so daß ihr ihnen jetzt auch auf zwei oder drei Monate hin 4 Kreuzer Zins geben müßt auf den Goldgulden, das macht auf 15000 Gulden 1000 Gulden. Wiederholt sich das aber viermal im Jahr, bringt eine Staatsanleihe von 15000 Gulden den Gläubigern 4000 Gulden Zins ein. Was glaubt ihr nun, wenn ihr die restlichen 11000 Gulden wiederum zu anderen Zwecken verwenden müßt, was davon in zwei Jahren übrig sein wird? Dämmert es euch nicht, daß sich alles in Bankgewinn und Nichts auflösen wird?

Fragt ihr nun | : »Was geht denn das das Evangelium an?« 432
Viel, auf jeden Fall! Denn wenn ihr den Wucherern ganz und gar verpfändet werdet, müßt ihr von Tag zu Tag neue Zölle, Kniffe, Abgaben und Steuern aushecken, und es können dennoch weder ihr noch euer Volk sich der letzten Ausplünderung erwehren. Was geschieht aber, wenn man diejenigen nun mit Gottes Wort überführt, die das Gottesvolk unterdrücken und gegen Gottes Willen und alle Gerechtigkeit peinigen? Wie Jesaia 10,1–3 aufschreit: »Wehe denen, die ungerechte Gesetze machen. Sie haben das Unrechte aufgesetzt, um damit die Armen vor Gericht zu belasten und den Geringen meines Volkes Gewalt anzutun, so daß die Witwen ihre Beute werden und sie die Waisen plündern. Was wollt ihr tun am Tag der Heimsuchung und gegen das Übel, das von ferne naht?« Sobald man diese oder andere Worte vorträgt, sprecht ihr, man sei »lutherisch«, man wolle Aufruhr machen etc. Dabei will doch Gott, daß die Propheten solches Unrecht nicht verschweigen. Denn verschweigen sie es, so geschieht es entwe-

der, weil sie von der Räuberei profitieren, oder aber auf dieselbe Weise an einem anderen Ort Unrecht tun. Denn eine solche Mißachtung des christlichen Gemeinwesens kann allein aus der Gottlosigkeit stammen, wie Psalm 52,2.5 deutlich zu lernen ist, wo es heißt, daß jene, die in ihren Herzen sprechen, es sei kein Gott, sein – nämlich Gottes – Volk fressen und verschlucken wie das Brot. Nun sollen aber die Propheten gegen alle Gottlosigkeit aufstehen und das Gottesvolk befreien – oder es werden die umgekommenen Schafe von ihnen zurück gefordert. Seht nach Micha 3 und 7 und Amos 8, ja durchs Band bei allen Propheten, ob sie nicht wegen solcher Ausbeutungen und Bestechungen laut aufgeschrieen haben. Doch es handelt alles Fleisch so. Sobald man seine Geschwüre berührt, schreit es auf: »Was geht denn den Priester mein Tauschen oder Kaufen, Ehebrechen oder Saufen an?« Wie denn auch die Dämonen oft aus den besessenen Menschen sprachen: »Jesus, was haben wir mit dir zu schaffen?« [Mk 5,7]. Glaubt ihr nicht, er habe Macht über sie besessen?

Wovor muß man sich nun bei der Münzprägung in acht nehmen? Diese habt ihr so allgemein zugänglich gemacht, daß
433 es ein Wunder ist, daß ihr nicht auch | Kesselflickern die Befugnis erteilt, Münzen zu schlagen, zumal diese das Material, das ihr zum größeren Teil beimengt, ja reichlich zur Verfügung haben, nämlich: Kupfer. Hier werft ihr ein: »Wer so redet, schürt wirklich zum Aufruhr, denn was geht es das gemeine Volk an, woraus das Münzgeld gemacht ist? Selbst wenn es aus Leder wäre, was läge daran, wenn man das Notwendige dafür bekommt? Daran erkennt man, daß euer Predigen nur zu Volksverhetzung und Unruhen dient.« Antwort: Es liegt sehr viel daran, daß ihr den Feingehalt an Edelmetall, den ihr zur Münzprägung verwendet, exakt und rein einhaltet, wenn ihr das Geld in Umlauf setzt. Ihr kennt wohl die Stadt, die
434 einige eurer | Silberbatzen eingeschmolzen hat und dabei entdeckte, daß Batzen im Nominalwert von 100 Gulden real
435 kaum 27 Gulden wert sind. Das ist allein das Resultat | eurer

Falschmünzerei. Ihr werft alle guten Münzen in den Schmelztigel und macht beinahe viermal so viel daraus. Damit zwingt ihr die übrigen Fürsten und Städte, von ihrer alten redlichen Münzprägung abzurücken, da ihr Münzgeld neben dem euren nicht fortbestehen kann. Und wenn ihr dereinst die ganze Welt mit Kesslernägeln gefüllt habt – und sie von solider Währung abgebracht habt – wer könnte dann anderes von euch erwarten, als daß ihr euer Kupfergeld –, unter gutem Vorwand – nochmals abwerten und außer Kurs setzen werdet?[31] Das Münzgeld ist bedeutend schlechter geworden. Sein Feingehalt war zur Zeit unser Vorfahren nie so gering. Wir wollen es darum nach deren Gewohnheit wiederherstellen und verbessern. Jetzt aber droht notwendigerweise, daß ihr euer Kupfergeld nochmals außer Kurs setzen werdet, denn ihr könnt nicht dulden, daß der rechte Feingehalt neben dem gefälschten kursiere. Und damit entwertet ihr ein derartiges Volksvermögen, das in eurem eigenen Geld angelegt ist, daß es eine Schande ist – und wollt dennoch weiter gerühmt sein, als ob ihr das Geldwesen wieder ins rechte Geleise brächtet. Es bleibt eine Schande, selbst wenn ihr künftig jedem eure Pfennige wieder abnähmt, oder sonst den kleinen Falschmünzer in Öl siedetet, der es je hat riskieren dürfen, das Geld zu fälschen.

»Höret dies«, spricht Amos 8,4–8, »die ihr die Armen zugrunde richtet oder verquetscht und mit eurer Gewalt unterdrückt, die ihr sprecht: Wenn die Erntezeit endlich vorüber ist,
| werden wir anfangen, unsere Ware zu verkaufen, und wenn 436
der Sabbat vorbei ist, können wir den Weizen anbieten. Das Maß wollen wir kleiner und den Schekel- oder Pfennigpreis größer machen, und falsche Gewichte unterschieben, damit wir mit dem Silber oder Geld die Armen in Besitz bekommen, bis sie sich wegen eines Paares Schuhe verkaufen müssen. Wir wollen ihnen gerade noch die Weizenkleie zu kaufen geben. Ob all dem hat Gott sich geschworen beim Hochmut oder Betrug Jakobs: Ich werde alle diese ihre Werke nicht vergessen. Müssen darüber nicht das ganze Erdreich erbeben und

alle, die darin wohnen, trauern? ...« Seht nun, solche Durchtriebenheit im Wuchern erlaubt ihr nicht nur, sondern ihr betreibt sie selbst. Ihr vergrößert und verkleinert Maßstäbe, Gewichte und Hohlmaße für Geld und Ware – stets zu eurem größten Nutzen. Es wäre aber euer Amt, anderen dieses Vorgehen rechtlich zu verwehren.

Von den Kriegen braucht man nichts zu sagen. Denn jedermann sieht, wie unverschämt eure Hände alles an sich reißen und darum keine rechtliche Lösung abwarten, sondern mit Gewalt und Kriegen im eigenen Land alles an euch reißen wollen. Da gebt ihr eure armen Untertanen vollends preis mit Leib und Gut. Gott allein weiß, wie es um die Seelen steht.

Was nun die Zinsen betrifft, die 5 Prozent des Kapitals eintragen, hättet ihr nie zulassen dürfen, daß man den Erdboden damit belastet, wenn ihr jemals solide Treuhänder gewesen wäret. Hättet ihr nicht zum Rechten sehen müssen, damit der Erdboden, als dessen Grundherren ihr euch bezeichnet, nicht so jämmerlich verpfändet würde? Nun gehört er dem einen Zinstreiber hier, dem anderen dort. Euch entgeht deshalb ja nichts an euren Besteuerungen und Abgaben, wie niemand bezweifelt. Dennoch müßtet ihr achthaben, wie es dabei um die armen kleinen Leute des Volkes steht. Von denen vertreibt man den einen heute, den anderen morgen von seinem Ak-
437 kerland – und es ist diesbezüglich kein Erbarmen | in euch. Mittlerweile haben die Zinsdarlehen alle Böden so mit Schulden belastet, daß – wenn man nicht Wege findet, diese wieder abzulösen – eure Landsleute nicht mehr euch, sondern den Zinstreibern zu eigen sein werden. Und das geht so: Wenn der Jahreszins durch Zinseszinsen jährlich proportional zunimmt, muß jeder Grundstückbesitzer zuletzt vertrieben werden; denn die Grundzinsen fressen ebenso wie jeder andere Zinswucher.[32] Selbst wenn nur eine Anzahl Verschuldeter vertrieben wird und sogleich eine andere an ihre Stelle tritt, wird auch diese zur gegebenen Zeit vertrieben werden. Gehören denn jetzt die Leute, die ihr euer eigen nennt, nicht vielmehr

dem Geldgeber, der den Zins erkauft hat, wenn er sie als Pächter einsetzen und absetzen oder vertreiben kann nach seinem Willen – und nicht euch? Wäret ihr aber standhafte Landesväter und in Gottes Haushalt gerecht und zuverlässig wie Mose und der Sohn Gottes, Jesus Christus, unser Herr, so könntet ihr solche Not nicht dulden. Wie man im Zinshandel aber den Rechtsfrieden wiederherstellen kann, wird später im dritten Teil dieser Schrift abgehandelt.

Die bisher angeführten rein weltlichen Geschäfte habe ich notwendigerweise behandeln müssen, damit ihr seht, wie man an eurem Gewinnstreben eure Habsucht erkennt. Ob dieses weltliche Tun euch aber auch erlaubt ist und zusteht, die ihr gegenüber euren Untertanen euch als Landesväter verhalten solltet, das lasse ich euch vor Gott verantworten. Und da – um die Wahrheit zu sagen – seid ihr nur aus dem Grund so aufgebracht ob dem Evangelium, weil es seine Eigenart ist, jede Gottlosigkeit ans Licht zu bringen. Und da es euch nun in erster Linie betrifft, könnt ihr nicht ertragen, daß man euch durchschaut. Ihr wollt jederzeit gerne für Götter gehalten werden. Das soll hierbei nicht verschwiegen bleiben, denn daran erkennt man, daß ihr die eigentlichen wahren Aufrührer seid. Ihr wißt genau, daß eure Amtspflicht, auf die hin euch eure Untertanen Gehorsam schwören oder huldigen, auf den Glauben sich nicht bezieht, ja nicht beziehen kann (vgl. Röm 14,12). Denn wenn einer gleich hundert Eide zu schwören gezwungen würde, daß er dies oder jenes glaube, so vermag der Eid dennoch nicht zu bewirken, daß der Schwörende weniger oder mehr glaube, als er ohne Eid im Herzen glaubt. Somit ist offenbar, daß kein Zwang den Glauben, | wo er exi- 438
stiert, verfälschen kann. Petrus verleugnete Christus mit dem Munde, dazu zwang ihn die Furcht, doch im Herzen blieb er gläubig, wie es Christus ihm zuvor zugesagt hatte [vgl. Mt 26,69–75; Joh 18,16–18.25–27; 21,15–19]. Nun maßt ihr euch aber an, den Glauben zu befehlen oder ihn zu verbieten; von einer derartigen Torheit hat man noch nie gehört. Dem

türkischen Herrscher sagt man nach, daß er jedem seinen Glauben lasse, weil er genau einsieht, daß er die Herzen nicht zwingen kann. Aber ihr wollt nicht so verständig sein, sondern verbietet zu glauben, was euch nicht paßt, und gebietet wiederum zu glauben, was euch paßt. Ihr wendet nun ein: »Wir gebieten ja nicht zu glauben, sondern nur zu lehren.« Das lasse ich euch aber so nicht durchgehen; denn ihr gebietet es nicht nur, sondern wollt's mit Gewalt und unter Androhung der Todesstrafe aus den Menschen herauspressen, daß sie glauben, was ihr wollt, oder aber ihr stoßt sie so ins jämmerliche Elend, daß es nichts Schlimmeres gibt. Aber Gott sei gelobt, daß er allein weiß, was im Inneren der Menschen verborgen ist. Er beruft zu seinem Dienst, wer ihm gefällt [vgl. Röm 9,18]; und ihr werdet alle an ihm zu Fall kommen. Seht, was hilft euer Gebieten oder Verbieten? Ihr laßt ein Dekret nach dem anderen ausgehen, und je mehr ihr gebietet, desto mehr wachsen die Ehre Gottes und der Trost der Gewissen. Ich könnte euch wohl ein großes Volk zeigen, das vor anderen mit großem Zwang unter Druck gesetzt und überwacht wurde, damit das Evangelium weder schriftlich noch mündlich sich unter ihnen ausbreite. Aber Gott hat bewirkt, daß sie durch alle Teile jenes Landes über das Wort Gottes bestens unterrichtet sind und sich ganz auf Gott verlassen, obgleich sie dieses nach außen hin nicht bekennen dürfen. Wie wollt ihr das verhindern? Wer überhaupt hat das Evangelium wieder zum Leben erweckt? Ihr nicht und der Papst nicht. Wenn es aber allein durch Gottes Fügung wieder ins Leben gerufen wird, wie dürftet ihr euch dem entgegenstellen [vgl. Apg 5,38–39], als ob ihr euch die Kraft zutrautet, zu unterdrücken, statt einzusehen: Ei, Gott wird das Evangelium wohl am Leben erhalten können, auch wenn wir mancherorts die Christen gar ausrotten. Er sendet doch seinen Sohn herab in diese sündige Welt. Wieviel leich-
439 ter wird er jeden Tag solche finden können, die | er entsenden wird, sein Wort zu offenbaren! Aber unter Mißachtung jeder Vernunft, auch der menschlichen, trumpft ihr auf und trotzt –

weil ihr einseht, wie nichtig das ist. Der Erdkreis hängt dem
Evangelium an, auch wenn ihr darüber wahnsinnig würdet.
Und selbst da, wo ihr meint, es werde seiner nicht gedacht,
sind Kinder des lebendigen Gottes. Man versteckt oft nur um
eures Wütens willen – aus Furcht – vor euren Augen, was im
Herzen frisch und grün ist.

Warum müßt ihr eigentlich das Papsttum verteidigen, das
von jeher allen Deutschen zu schwer gewesen ist? Hätten sie
das Licht des göttlichen Wortes gehabt, wie es jetzt öffentlich
und fest aufleuchet, wären sie über nichts froher gewesen als
darüber, sich gegen Rom wehren zu können. Seht ihr nicht,
daß alle Geistlichen, sie gingen in Kutten oder nicht, von zu-
oberst bis zuunterst auf das Papsttum eingeschworen sind?
Wer aber hätte ein solches in seinem Staatswesen je zugelassen,
daß die Untertanen einem so fernen Fremden den Amtseid
schwörten zum Nachteil des je eigenen Gemeinwesens? Denn
durch solche Treueschwüre sind die weltlichen Güter massen-
haft nach Rom abgeführt worden. Und was der Papst an Ge-
boten oder Verboten erließ, tat er nur, um Geld zu gewinnen.
Ich will schweigen von den Kardinälen und Bischöfen, wie
viele Gelder durch sie nach Rom gelangen mit ihrer Einset-
zung, der Erteilung der Mitra, des Palliums und mit den An-
naten [Jahresabgaben]. Warum hat der Papst den | Deutschen 440
die Milchspeisen verboten? Dazu, daß sie ihm die Dispense
dafür wieder mit viel Geld abkauften. Ist das Essen von Milch-
speisen aber sündhaft, wie kann man sich denn stets von
neuem davon loskaufen, daß es keine Sünde mehr sei? Kann
man sich ebenso davon loskaufen, daß Totschlag, Lüge und
Ehebruch nicht mehr Sünde seien? Nein! So folgt daraus, daß
der Genuß von Milchspeisen – zu welcher Zeit auch immer –
entweder keine Sünde ist, oder aber er ist Sünde, so daß mit
keinem Geld käuflich erwirkt werden kann, daß er nicht mehr
Sünde sei. So erkennt man, welchen Gauklerhut uns da der
Papst aufgesetzt hat. Und so war es durch die Bank. Wo ist die
Ehe über so viele Verwandtschaftsgrade hinaus verboten, wie

441 der Papst es verbietet? Er nimmt aber Geld dafür und läßt es |
durchgehen. Wo ist die Ehe einem Menschen von Gott je
untersagt worden? Wieviel mußten nicht die Priester jährlich
für die Duldung ihrer Konkubinate an Abgaben und Steuern
entrichten, nur weil der Papst ihnen die Ehe verboten hatte?
Wo hat Gott die Tuschelbeichte geboten? Der Papst hat damit
nicht nur die Gewissen abgestumpft, sondern erhielt Zugriff
zu allen Schätzen – wie man vom Antichristen jeweils gesagt
hat, er werde die versteckten Schätze heben –, ist aller Amts-
und Geschäftsgeheimnisse teilhaftig geworden und hat alle
seine betrügerischen Praktiken damit zuwege gebracht. Wo
lehrt uns Gott, daß es etwas anderes gebe als Himmel und
Hölle? Der Papst aber hat das Zwischenreich des Fegefeuers
erfunden, und wer nicht zu Lebzeiten in seinen Geldsäckel
greifen wollte, dessen Erben mußten erst nach seinem Tod
noch zusammentragen, was dem Papsttum entgangen war.
442 Wo hat | Gott je einen anderen Ablaß der Sünden gelehrt als
den durch Jesus Christus, seinen einzigen Sohn, der um un-
serer Sünden willen getötet worden ist [vgl. 1. Kor 15,3] – als
dem sicheren Unterpfand, durch das wir zu Gott kommen?
Der Papst aber hat einen so unerschöpflichen »Gnadenschatz«
zur Erlassung von Fegefeuerstrafen erfunden – der Lebenden
wie Toten nützen sollte –, daß ihn niemand aufbrauchen
könnte. Je mehr Geld man dafür gab, desto größer wurde der
Ablaß! Wo hat Gott je gelehrt, man solle gegen Bezahlung
beten? Doch die ganze Welt ist voll von entlöhnten Bettlern –
ich sollte sagen: Betern. Die alle hat der Papst eingesetzt und
im Amt bestätigt. Und je reicher die Geistlichen waren, desto
mehr mußten sie nach Rom geben. Wo hat Gott je gelehrt,
daß einer ein Sakrament gebrauchen sollte an Stelle der an-
deren? Doch der Papst mit seinem Gefolge gebraucht das
Sakrament des Leibes und des Blutes Christi stellvertetend für
andere. Wo hat Gott je gelehrt, für den Sakramentsempfang
Geld und Entlöhnung zu nehmen? Das Papsttum tut es, denn
daraus ist der unbegrenzte Besitz aus Pfründen und bezahlten

Messen erwachsen. Wo hat Gott seinen Aposteln erlaubt, weltliche Herrschaft auszuüben? Ja er hat es ausdrücklich verboten [vgl. Mt 20,26–27; Lk 22,26–27]. Aber der Papst läßt niemanden regieren, er habe ihn denn eingesetzt und ihm Macht verliehen, auch Könige und Kaiser. Dies alles und noch unzählige andere Dinge, wie Opfergaben, bezahlte Gebete, Bauten, Schmücken der Heiligenbilder, teuren Zierat, Verleihen von Pfründen etc., hat der Papst alle mit seinen vereidigten Amtsdienern, den Priestern, in der Christenheit sich angeeignet, besonders in Deutschland; und | dies alles mit dem 443
Kirchenbann, den sie gegen die göttliche Ordnung mißbraucht haben. Denn welche Fürsten, Städte oder Länder konnten dem Bann entgehen? Wer denn hätte ihn nicht gefürchtet?

All diese Unordnung, diesen völlig verdorbenen geistlichen Stand, dieses anti-christliche Papsttum verteidigt ihr, obwohl ihr daneben das Licht so hell aufscheinen seht, ja auch spürt, wie alle Völker es erkennen und sich freuen, daß die Untaten der Hure Babylon, die so viele Menschen geblendet hat, offenbar geworden sind [vgl. Apk 14,8; 17,1–6; 18,9–10]. Und wenn sie wagen, sich an den göttlichen Weg zu halten und den teuflischen bzw. römischen Irrweg zu verlassen, so geht ihr so willkürlich und gewaltsam gegen sie vor, daß man sich verwundert fragen muß, ob ihr überhaupt eine Seele und ein Gewissen habt. Etliche unter euch haben redliche Menschen, die entgegen dem päpstlichen Gebot Fleisch gegessen haben, enthauptet – und dies, obwohl der Bischof vorher 9 Kreuzer von ihnen nahm und sie vom Fasten dispensierte. Dabei geht es nur um ein bischöfliches oder päpstliches Gebot. Aber jetzt bestraft ihr mit dem Tod, was ihr euren Untertanen zuvor gar nicht als Sünde hättet anrechnen dürfen. Einige von euch haben Pfarrer, Mönche und Nonnen ertränkt, weil sie geheiratet haben, wo sie nach päpstlichem [kanonischem] Recht | nicht 444
weiter als mit der Entlassung aus Ämtern und Pfründen hätten bestraft werden sollen. Ihr scheut euch vor der Ehe und laßt

die zuhälterischen Priester täglich vor euren Augen die Messe abhalten. Ja, sie müssen euch den Tischsegen zur Mahlzeit sprechen. Es haben wiederum einige unter euch Städte und Völker mit Kriegen überzogen, allein deswegen, weil sie das Gotteswort bei sich haben predigen lassen – und dies ungeachtet der Tatsache, daß man ein öffentliches Rechtsverfahren forderte.

Nun seht, wer die eigentlichen Aufrührer sind. Jene, die das Evangelium predigen, anerbieten sich, Rechenschaft über ihre Lehre abzulegen. Die es hören und annehmen, anerbieten sich, sich rechtlich zu verantworten für das, wessen sie angeklagt werden. Die fertigt ihr mit dem offiziellen Bescheid ab: »Ihr Ketzer! Wir wollen euch bekriegen, vernichten, töten, oder aber ihr müßt uns jene Rädelsführer herausgeben, die wir für schuldig halten« etc. Ihr gebietet darnach, man solle bei den alten herkömmlichen Gebräuchen bleiben bis zum Entscheid der Konzilien. Es ist aber sonnenklar, daß ihr die Betroffenen nur aus dem Grund auf die Konzilien vertröstet, weil ihr solche gar nicht abzuhalten gedenkt. Und selbst wenn ihr sie abhalten würdet, was haben sie mit dem Gotteswort zu tun? Wo hätte Gott gefordert, diese abzuhalten? So beschützt ihr nur die Finsternis am hellichten Tag. Ihr verhängt die Fenster und macht den Tag zur Nacht, indem ihr die verteidigt, die euer Volk an Leib und Seele zugrunde richten. Der tiefere Grund dafür – wie es oben ausgeführt wurde – ist darin zu suchen, daß ihr die Reichtümer so geordnet haben wollt, daß sie euch zufließen. Nur darum macht ihr die Sache der Geistlichkeit zu eurer eigenen Sache, obwohl ihr ja weder Kutten
445 noch | Tonsuren trägt. Die Habgier steckt bei ihnen allen eben »in den Köpfen« drin, wie Amos 9,1 sagt.

Wir haben in den beiden vorangehenden Teilen die Aufrührer – wie ich hoffe – der Wahrheit entsprechend kenntlich gemacht. Bei Gott, ich wünschte, daß es anders wäre – wie ja auch Micha 2,11 spricht: »Bei Gott, ich möchte einer sein, der den Geist nicht besitzt und nur gelogen hätte!« Es geht aber nicht an, daß dem Gotteswort angelastet wird, woran weder es selber noch seine rechten Verkündiger schuld sind. In diesem dritten Teil nun haben wir versprochen, Wege aufzuzeigen, wie man zusammenfinden und in Eintracht übereinkommen könne.

III.1. Damit wollen wir bei den zuletzt Genannten anfangen: den Repräsentanten der Staatsgewalt. Durch deren Zutun – wenn Gott Gnade geben wird – werden christliches Leben und der Friede viel ruhiger einkehren, als wenn sie durch Volksaufstand erkämpft werden müssen.

Dazu aber muß der Beginn des Unternehmens von Gott ausgehen, damit er ihnen ihre Herzen erleuchte, so daß sie ihn erkennen und fürchten. Denn wo die Liebe zu Gott und Gottesfurcht nicht sind, da gibt man nicht acht, wie es den Kindern Gottes ergehe. Deshalb müssen alle Menschen mit ängstlicher Sorge und ohne Unterlaß zu Gott schreien, daß er den Repräsentanten der Obrigkeit das Licht seiner Erkenntnis gebe und ihre Herzen zu ihm hinziehe [vgl. Joh 6,44; 8,12], so daß sie aus hartherzigen Herren zu Vätern bekehrt werden [vgl. Mal 4,6; Lk 1,17]. Wenn solches geschieht, wird es keiner Ermahnung und Belehrung mehr bedürfen [vgl. Jer 31,34], sondern der Gott, den sie erkennen und auf den sie vertrauen, der wird ihnen alle Dinge so vor Augen halten, daß sie in allen Dingen das rechte Maß finden werden und wissen, wie sie eine jede Änderung an die Hand nehmen sollten – denn er wird bei ihnen sein. Er ändert sein Wesen nicht [vgl. Jak 1,17]. Ist er früher mit Mose und Josua gewesen, so wird er heute

auch bei jenen sein, die ihre Glaubenstreue wie diese bewähren. Denn in der gleichen Weise, wie er Josua versprach: »Wie ich mit Mose gewesen bin, so werde ich auch mit dir sein und werde dich nicht verlassen« (Jos 1,5), so wird er auch zu jedem
446 reden, der Mose nachfolgt, wie es einst Josua tat. |

Wenn sie aber nicht im Sinn haben, auf Gott zu hören, will ich an ihre Selbstliebe appellieren, dem den Vorzug zu geben, was sich in allergrößter Ruhe erreichen läßt, und nichts mit Gewalt zu versuchen, was nur Unruhe erzeugt. Denn kurz gesagt: »Die Axt ist an den Baum gelegt« [Mt 3,10]. Wollen sie sich innerlich nicht ändern, damit sie an Gottes Gerechtigkeit gefallen finden, so werden sich die äußeren Verhältnisse, an denen sie festhalten, dennoch ändern – ohne ihr Zutun. Sie sollen durchwegs auch bedenken, daß des Königs – beziehungsweise: eines jeden Herrn oder Regenten – Macht in seinem Volk begründet liegt. Fällt das Volk von ihm ab, worin besteht noch seine Macht? Womit will er darnach verteidigen, was er sich vornahm, wenn doch die, mit deren Kräften er sich zu verteidigen beabsichtigte, von ihm abgefallen sind? Eben das ist in der Frage des Glaubens offensichtlich geschehen. Das ganze Volk hängt dem Evangelium an, obgleich seine Repräsentanten es ihm nicht gleichtun wollen. Und wenn man es unter Zwang davon abbringen will, sagt es erst recht wie die Apostel: »Man muß Gott mehr gehorchen als den Menschen« [Apg 5,29]. Denn der Glaube ist ein solcher Schatz, daß der Mensch etwas Frohermachendes oder Wertvolleres nie erhalten hat, und ihm nichts als gleichwertig erscheint. Deshalb werden die Gläubigen auch eher Leib und Leben verlieren, als daß sie den Glauben preisgäben, der ihnen doch die Erfahrung und die unbesorgte und tröstliche Gewißheit gibt, Kinder und Erben Gottes zu sein. Eben dies hat unser lieber Herr Jesus Christus doch wohl gemeint mit dem Gleichnis vom verborgenen Schatz, der allein in den Herzen recht empfunden und geoffenbart wird, um dessentwillen der Mensch aber all sein Hab und Gut verkauft, damit er ihn ja behalten könne

[Mt 13,44]. So auch Paulus Philipper 3,8: »Ich habe alle Dinge für Mist erachtet, damit ich allein Christus gewinne«, und Römer 8,35: »Wer wird uns scheiden können von der Liebe Gottes ...?« Diese Aussagen über die Standhaftigkeit des Glaubens werden von den Nichtgläubigen unterschätzt; diese suchen stets unter Verachtung der Gläubigen wieder nach oben zu kommen. So wie Pharao es tat, den die Wundertaten eigentlich von seinem Wüten hätten abhalten sollen – doch es half nichts. Ebenso taten Jerobeam [vgl. 1. Kön 13], Ahab [vgl. 1. Kön 18; 21] und alle ungläubigen Herrscher. Dagegen hilft kein Warnen und kein Schreien. Dennoch wird ihnen das Übel der göttlichen Strafe stets nur aufgespart, bis es Zeit ist – und dann kommt es mit Sicherheit über sie. Ihm kann niemand entrinnen. Entwischt ihm einer | gleichwohl in dieser 447
Weltzeit, so hat er ihn in jener anderen um so eher beim Wikkel. Wie jedoch Gott nach langem geduldigem Zuwarten von jeher die Gebäude, die gegen ihn errichtet wurden, vor der Welt zerstört hat, so gewiß wird es jetzt auch dem Papsttum widerfahren und allen, die es verteidigen. So läßt Gott durch Micha 2,1–3 verkünden: »Wehe euch, die auf Unfrieden oder Bosheit sinnen und in euren Kammern Übles tun. Das tun sie früh, wenn der Tag anbricht« (was heißt: es geschieht nicht wie bei etlichen Sünden aus Schwachheit oder Unbedachtsamkeit, sondern sie verwenden ihren höchsten Scharfsinn darauf, der am reinsten ist, wenn man noch nüchtern ist). »Denn ihre Hand, das heißt ihr Handeln ist gegen Gott gerichtet. Sie haben Äcker oder Wiesen begehrt und haben sie mit Gewalt an sich gebracht und die Häuser geraubt. Und sie haben Unrecht und Hinterlist verübt am Besitzer und seinen Hausgenossen. Darum spricht der Herr: Siehe, auch ich sinne auf Unheil oder Strafe für dieses Geschlecht, so daß ihr eure Hälse nicht aus der Schlinge ziehen und nicht mehr stolz auftreten werdet; denn das wird die allerböseste oder rauheste Zeit sein.« Von einer solchen Zeit redet auch Jesaia 10,3–4: »Was wollt ihr tun am Tage eurer Heimsuchung und eures Elendes, das von ferne

naht? Zum wem werdet ihr fliehen um Hilfe, oder wo wollt ihr euern Reichtum in Sicherheit bringen, damit ihr unter den Gefängnisketten nicht zerbrochen werdet?« Nahum 3,19 redet ganz ähnlich: »Deine Demütigung ist nicht klein. Deine Wunde ist unheilbar. Alle, die von dir hörten, haben über dich in die Hände geklatscht, denn über wen ist nicht allzumal deine Bosheit ergangen?« Die Schriften aller Propheten sind in jeder Hinsicht voll davon, daß Gott mit der Zuchtrute kommen wird. Denn ihr verübt die lasterhaften Taten, derentwe-
448 gen er die Könige und | Amsträger immer bestraft hat. Er hat aber immer nur eine Wesensart. Wie er je und je gestraft hat, so tut er es künftig. Darum ermahne ich euch zu eurem eigenen Nutzen, den ihr so ernsthaft sucht; damit ihr nicht etwa wähnt, ihr könntet euch einen Vorteil verschaffen oder zurückerlangen, wenn ihr die großen Mißbräuche in Schutz nehmt. Denn wahrlich, wahrlich, ihr werdet sonst um den ganzen Ertrag eures Schweißes gebracht; was für den Christenglauben wenig zur Sache tut, abgesehen davon, daß ihr inzwischen den unschuldigen Menschen viel Unfrieden aufbürdet.

Wohlan, so wollen wir euch gar Wege zeigen, wo ihr entdecken werdet, daß euer eigener Nutzen nicht abnehmen, sondern zunehmen wird. Denn so viel euch wegen des Papsttums entzogen wurde, so viel wird nun eurem Volk zukommen. Je mehr aber eurem Volk zukommt, desto wohlhabender werdet ihr, es sei denn, ihr wäret Tyrannen, nicht Landesväter. Denn wir wollen euch Wege zeigen, wie euer Volk wieder aufblühen kann und dieses wieder zum Wohlstand gebrachte Volk euch zu Diensten sein wird – und dies in einer Weise, die bewußt dem göttlichen Wort entnommen ist.

III.2. Das Papsttum muß abgeschafft werden – oder aber es duckt sich nur bis zur nächsten Gelegenheit, wo es das Evangelium wieder unterdrückt. Es kann aber durch nichts gründlicher zunichte gemacht und zerstört werden als mit dem Gotteswort (vgl. 2. Thess 2,13–17). Denn sobald die Welt darüber recht unterrichtet wird, fällt sie von selbst vom Papst ab. Der

Kirchenbann vermag ihn nicht zu schützen, da man im Wort Gottes auch lernt, daß sein Bann ein kraftloses Schwert ist. Darum ist für euch als erstes die Notwendigkeit einzusehen, daß das göttliche Wort durch aufrechte und gottesfürchtige Diener gepredigt wird. Dafür braucht ihr nicht selber zu sorgen. Laßt nur jene, die in Wahrheit dem Wort dienen, frei und ungestört fortfahren. So wird von Tag zu Tag die Erkenntnis des Wortes so zum Gemeingut werden, daß alles, was ihm entgegen steht, verschwindet. Dafür, daß eure Söhne nun nicht mehr zu Bischöfen und Äbten werden können, werdet ihr auf folgendem Wege entschädigt: Die Bischöfe besitzen
überall Gebiete|und Herrschaften. Diese unterstellen sie euren 449
Söhnen und machen aus diesen weltliche Herren. So kommt die Herrschaft dahin, wo sie hingehört: in die Hand von weltlichen Fürsten und Regenten. Darum aber, daß euren Bischöfen bisher viele Geschenke und Gewinne zugefallen sind, braucht ihr euch nicht mehr zu kümmern; denn die Bauern werden keine Opfergaben mehr geben, auch wenn alle Geistlichen darüber vor Wut zerplatzen. Man wird nichts mehr für eine Absolution oder einen Ablaßbrief geben und was es sonst noch für Mist gibt: es wird durch die Bank aus damit sein. Darum bescheidet euch mit dem Vorgefundenen, das euch rechtens zusteht – aber alles im Frieden –: nämlich das irdische Regiment. Denn Gott hat den Geistlichen dasselbe verboten, Matthäus 20,26: »Es soll unter euch nicht so zugehen ...«; Lukas 22,26: »Ihr dagegen nicht so ...!« Achtet auch darauf, daß die Verkündiger des Gotteswortes in ausreichendem Maße aus den Kirchenzehnten oder Kirchengütern versorgt werden. So werdet ihr erleben, wie ihnen das Fegefeuer langsam, aber sicher ausgeht. Sobald man dieses nicht mehr mit Opfergaben und Präsenzgeldern ernährt, wird es erlöschen. Und sobald das Gotteswort die Habsucht sich vom Halse geschaffen hat, wird es in der lautersten und reinsten Weise gepredigt. Laßt es nicht mehr zu, daß den Geistlichen irgendeine Staatsgewalt oder Obrigkeitsbefugnis zugestanden wird, aber regelt das, wenn

die Zeit dafür reif ist. Sorgt auch für den angemessenen Lebensunterhalt jener gläubigen Geistlichen, die zu den Machthabern gehörten: sie werden einwilligen, wenn sie gläubig sind. Die ungläubigen aber erduldet, bis sie sterben oder euch Gott von ihnen befreit; denn diese werden von ihrem Prunk und Machtstreben nicht im Frieden und freiwillig Abschied nehmen. Wenn sie es aber wagen wollten, wie Ahab und Isebel die wahren Propheten umzubringen [vgl. 1. Kön 19,2], würde dennoch bald ein Elia von Gott entsandt,
450 der die Baals- und Höhenpriester umbrächte | . So läßt sich nichts mit Gewalt erzwingen. Gott, der Herr, ist Meister. In seiner Bündnistreue hält er zuverlässig, was er verspricht.

Was die Nonnenklöster betrifft, so laßt keine Frau gehen, bevor sie eine anständige Unterkunft hat. Sorgt dafür, daß die Klöster zu Herbergen der Armen gemacht werden. Man verwalte sie in der Weise, daß die Güter den Armen und den öffentlichen Bedürfnissen dienen.[33] Wollen aber junge Frauen sich weiterhin von der Welt absondern, so soll ihr Gut nicht in ihren Händen verbleiben, sondern man versehe sie nur ausreichend mit dem Nötigen, lasse sie nicht ohne Arbeit und
451 erteile ihnen die Erlaubnis, zu heiraten – denn sonst | wird das Klosterwesen nie wirklich reformiert und es würde mit der Zeit in der alten Üppigkeit verkommen.

Reiche und bettelnde Mönche, ja den gesamten Klerus soll man ganz und gar aussterben lassen, mit Ausnahme jener, die zur Verkündigung des Gotteswortes benötigt werden. An Stelle der Verstorbenen sollen keine anderen Mönche aufgenommen werden. Dies wird dem Papsttum ein weiteres Standbein abbrechen. Die Habgierigen sorgen sich dann umsonst, sie könnten ihre Kinder künftig nicht hinreichend versorgen. Denn ihre Vermögen müssen sie hier zurücklassen – man wird sie recht zu gebrauchen wissen. Und wenn auch nicht mehr den Kindern der Reichen und Machthaber, werden sie nun den Armen zufallen. Das aber kommt letztlich auch den Wohlhabenden zugute, denn je weniger Arme es gibt, desto mehr kann den Wohlhabenden zufließen. Kurz, das Aussterben der unnötigen Geistlichen schadet der Welt nichts. Es erzieht vielmehr zum Arbeiten, entzieht dem Müßiggang und damit vielen Lastern den Boden und ersetzt sie durch gottwohlgefällige Gepflogenheiten.

III.3. Den Kapitalzins aber könnt ihr mit zwei kleinen Eingriffen abschaffen, damit der Boden davon entlastet werde. Und diese beiden Maßnahmen könnt ihr nach Gottes Willen verordnen. Nur wenn ihr dies nicht tut, handelt ihr gegen Gottes Willen; ihr hättet es ja ohnehin nicht zulassen sollen, daß die Zinsschuldenlast eurem Volk und dem Erdboden aufgebürdet wird.

Die erste Maßnahme ist: Sorgt dafür, daß es nicht mehr als angemessen und lohnend gilt, neue Zinsverträge einzugehen.[34] Darüber kann sich niemand beschweren, denn das ist eure landesväterliche Sorgfaltspflicht! Der ungläubige Reiche braucht sich nicht zu beklagen, da er – sofern man sich nach dem Gotteswort verhält – genug Zinsforderungen von christlichen Gläubigern erwerben kann, die die ihrigen abtreten möchten, um sie in solidere Guthaben umzuwandeln. Der Arme soll sich auch nicht beklagen, sondern allezeit bedenken, daß ihn der Gott, der ihn geschaffen hat, hinreichend ernähren wird vom Ackerboden, den er bewohnt. Eher soll er sich nach der Decke strecken, | seinen Verhältnissen entsprechend und 452
sparsam leben. Und wo es je Gottes Wille ist, daß er seine Verhältnisse ändere, soll er lieber Haus und Hof freiwillig verkaufen als seinen Leib und sein Blut.[35] Denn was tut der, der auf seine Güter zinspflichtige Kredite aufnimmt, anderes, als daß er seine Arbeit einem anderen verkauft? Er will arbeiten, und das, was seine Arbeit gewinnt, einem anderen abtreten![36] Wären wir aber Christen, lebten wir in der Weise [des Teilens und zinslosen Leihens, vgl. Lk 6,30–35; Apg 4,32], daß es selten dazu käme, daß wir Mangel leiden müßten [vgl. 5. Mose 15,4–5; Mt 6,25–34]. Würde uns dennoch die Not je treffen, vertrauten wir dem lieben und treuen himmlischen Vater

so sehr, daß wir furchtlos von Haus und Hof wegzögen und unser Leben und Wohnen an einem anderen Ort neu anfangen würden, wie es der im Glauben bewährte Abraham öfters getan hat – damit wir diese Welt nicht allzu lieb gewinnen. Wegen der Zinsen müssen viele zuletzt doch wegziehen, nur tun sie es dann unfreiwillig, in Bitterkeit und Klage. Es würde auch durchwegs leichter, erwerbbare Grundstücke zu finden, wenn man Käufe und Verkäufe bereitwilliger ermöglichte und attraktiver gestaltete [vgl. 3. Mose 25,14.23–24]. Sonst aber – wenn man den Reichen immer weiter den Zinserwerb gestattet – werden die Böden mit der Zeit alle dermaßen überschuldet, daß niemand darauf bleiben kann [vgl. Jes 5,8]. Was wird das aber für ein Volk sein, das in dieser Weise herangezogen wird? Nichts als arme geschädigte Menschen, die von den Zinswucherern jämmerlicher gehalten und verspottet werden als das Vieh! Wem wird dieses Volk zu eigen sein? Dem allerdings, der es am meisten ausbeutet! So wird das Volk, von dem ihr glaubt, daß es euch gehöre, anderen gehören.

Die zweite Maßnahme, mit der die Zinsen reduziert und beseitigt werden können,[37] besteht darin, daß ihr unkündbare Zinsverträge – dies bezieht sich nur auf marktübliche Darlehen zu 5 Prozent des Kapitals –, die man als »ewig« gültige bezeichnet, in ablösbare umwandelt. Der Freikauf ist rechtlich so zu regeln, daß niemand einen unverhältnismäßigen Wertverlust einklagen kann.[38] Aber die Anzahl dieser Verträge ist gar nicht so groß.

Laßt ihr nun diese beiden Maßnahmen nebeneinander hergehen und zusammenwirken, so werdet ihr erleben, daß die Zinsen in zehn Jahren so weit reduziert und beseitigt sein werden, daß ihr euch darüber verwundert. Wird nämlich so der
453 Boden | von Zinslasten befreit, können sich viel mehr Menschen von ihm ernähren [vgl. 3. Mose 25,18–19]. Ebenso wird damit die Arbeitsmühe geringer und der Ackerbau wird attraktiver, als edler und wertvoller angesehen.[39] Hingegen wird man jene Handwerke und Gewerbe, die man aus Eitelkeit und

kirchlicher Verschwendungssucht erfunden hat, als unnütz unterlassen. So werden der Friede und mehr Tugenden gefördert. Denn seit jeher war der Friede jenen am wertvollsten und sind die Tugenden bei denen am meisten gewachsen, die das Ackerland bebauten und auch sonst die Liebe zur redlichen Arbeit gewannen [vgl. Eph 4,28]. Lest nach und vergleicht Sprüche 6,6–11 und Ezechiel 16,15–34.

Müssen aber Erträge mit anderer Menschen Arbeit eingebracht werden und legst du vor allem Wert darauf, nicht selber Hand anlegen zu müssen, so kauf dir eigenes Land und verleih dasselbe für einen angemessenen Ertragsanteil. Die Sache nimmt dann folgenden Gang: Wachsen viele Früchte, wird auch dir entsprechend mehr zuteil; sind es deren wenige, wird auch dir weniger zuteil – bis Gott dir Selbsterkenntnis verleiht. Denn sonst müßte dir der Arme Früchte von einem Acker abtreten, auf dem gar nichts gewachsen ist. Das führe ich deshalb an, weil jene Gelehrten, die den Zins legitimieren, ihn als ›usufructum‹ bezeichnen, das heißt: als Fruchtteil [Gewinnanteil] oder Fruchtnutzen [Kapitalrendite]. Aber das ist eine grundfalsche Erklärung. Man muß den Zins ja gleichwohl geben, auch wenn der Hagel zehn Jahre hintereinander alles zusammenschlägt.[40] Darum wäre ein Ertragsanteil weniger gegen Gott als der Zins.

Die ertragsgebundenen Zehnten aber haben, wie schon [im 2. Teil] dargelegt wurde, einen solchen Mißbrauch erfahren, daß derjenige, der genauer hinsieht, schier verzweifeln muß, weil es nicht aussieht, als ob sie je wieder in das rechte Geleise gebracht werden könnten. Aber seid ohne Furcht! Gott wird auch dafür sorgen. Einer Reformierung der Zehnten stehen freilich nichts stärker als die Rechtsverhältnisse entgegen, da die Klöster, Stifte und Zehntenbesitzer besiegelte Urkunden vorweisen können, wonach man ihr angestammtes Eigentum, Zinsen und Zehnten ihnen nicht nur lassen, sondern es auch schützen und verteidigen solle. | Wenn man nun damit anfinge, 454
diese besiegelten Urkunden als rechtsungültig zu betrachten,

wäre allerdings zu befürchten, daß all jene, die mehr ihren Eigennutz suchen als die Ehre Jesu Christi, dies auch bei anderen Rechtstiteln und -garantien täten, auch wenn sie nicht gegen Gott sind. Um solchem zuvorzukommen, scheint mir kein Verfahren besser als jenes, das der ehrenwerte Rat bei uns in Zürich beraten und in die Tat umgesetzt hat. Dies geht denn auch, gottlob, friedlich vonstatten. Man lasse die Mönche, Priester und Nonnen in Frieden ihren Lebensabend verbringen – und nehme nur keine neuen an ihrer Stelle auf. So wird es dazu kommen, daß kein Geistlicher mehr da sein wird, der andere benötigt, die ihm – gemäß den Rechtstiteln – Steuerfreiheit und Schutz gewähren müssen. Dann gebraucht man die Zehnten nach ihrer ursprünglichen Bestimmung zum Unterhalt der Lehrenden und der Armen einer jeden Ortsgemeinde. Hier bestehen freilich noch etliche Hindernisse, denn fast durch die Bank werden die Zehnten aus den Pfarreien abgeführt, denen sie zustehen, und nicht etwa nur an benachbarte Ortschaften, sondern in andere Gerichtsbarkeiten. Sollte diese Umverteilung angetastet werden, könnten leicht große Zwietracht oder ganze Kriege daraus erwachsen.

Dennoch darf man nicht resignieren, sondern muß unablässig an der Sache arbeiten – denn es kann nicht anders als durch Arbeit vorangehen, bei der die Anfänge stets am schwierigsten sind. Wir haben früher nicht darauf geachtet, das Haus Gottes in Ehren zu halten und in Sorgfalt zu pflegen. Deshalb müssen wir heute in so viel Arbeitsmühe nochmals Steine, Holz, Kalk, Sand und Mörtel zusammentragen – und
455 viel Widerstand | ertragen, bis das Haus wieder aufgerichtet ist. Mit anderen Worten: Wir haben früher nicht genug Fleiß aufgewendet, um allein auf das Wort Gottes zu achten und nichts an Gebräuchen einzuführen, die ihm widersprechen. Deshalb müssen wir heute in der Arbeit des Erneuerns so schwere Zeiten durchstehen, daß diese durchaus vorgebildet sind im Wiederaufbau des Tempels von Jerusalem nach der babylonischen Gefangenschaft [vgl. Esra 4,1–6,15].

So reicht es nun nicht aus, nur einen Weg zu gehen, sondern man muß einen zweiten und dritten Weg suchen, bis man dem Papsttum alle vier Beine abbricht. Denn tut man das nicht, so wird der Papst sich in der Weise zur Wehr setzen, daß er uns mit Skorpionen schlagen wird, der uns bisher nur gegeißelt hat [vgl. 1. Kön 12,14].

Wo nun die Zehnten, wie eben bemerkt, aus den Kirchgemeinden abgeführt werden, ist zuerst dafür zu sorgen, daß jene, die sie abführen, die Pfarrer mit einem angemessenen ortsüblichen Lebensunterhalt versehen. Letztere sollen sich nicht mit Bitten, Betteln und Lügen am Leben erhalten müssen, so daß man die entsprechenden Opfergaben ganz und gar abschaffen und für die Armen verwenden kann. Denn wenn man diese Opfergaben nicht abschafft, wird der Habsucht nichts zu viel sein, sie wird immer neue Lügen ausdenken, damit man Opfergaben herbeischaffe. Darum muß man der Habsucht entgegenwirken mit einem angemessenen Unterhalt aus den Zehnten, wogegen auch diejenigen, die den Zehnten abführen, selbst nach den päpstlichen Rechtsbestimmungen nichts einwenden können.

Darnach muß man die Zehnten loskaufen, damit sie | wieder 456
der örtliche Kirchgemeinde zukommen. Da wird sich herausstellen, daß der größere Teil der Zehnten verkauft sind. Deshalb sollte man jedem Käufer sein Anlagekapital zurückerstatten oder sonstwie mit ihm übereinkommen, ja vielleicht einige Äcker oder anderes Kirchengut zur Abfindung der Zehntenrechte geben, damit sich niemand zu Recht einer Unverhältnismäßigkeit beklagen kann. Es ist auch der Einwand nicht angebracht: Jene hätten lange genug profitiert, so brauche man ihnen nichts mehr zurückzuerstatten. Denn das sagst nur du, aber der Richter urteilt anders. Und es steht keinem Christen zu, jemandem Gewalt anzutun. Man wird es aber auch leichter haben, die Zehntenrechte zu tauschen, wenn die Mönche und Stifte einmal verschwunden sind, und darüber können die Kirchgemeinden sich einig werden.

Nun aber bedauern einige, den Klerus noch so lange erdulden zu müssen, bis er ausstirbt – was aber nicht anders möglich ist, denn jene haben ihre rechtsgültigen Garantien, nicht allein vom Papst, sondern auch von den Fürsten und Obrigkeiten. Und diese Rechte sollt ihr ihnen als gültig zugestehen, um des Friedens willen, damit nicht – wie zuvor gesagt – jeglicher Rechtsschutz aufgehoben wird. Denn Menschen sind nun einmal bösartig [vgl. 1. Mose 6,5], und läßt man es zu, daß einer auch nur ein Auge auf ein Ding wirft, will er es sogleich ganz haben nach dem Motto: »Ist es andern erlaubt, mein Recht zu brechen, so will ich auch ihr Recht brechen.«

Deshalb soll niemand bedauern, daß es seine Zeit braucht, denn ohne rechtes Zeitmaß kann nichts in Frieden und in Ruhe zuwege gebracht werden. Es tragen ja auch die derzeit lebenden verführten Mönche, Nonnen und Priester nicht selber die Schuld an all den Irrtümern und Mißbräuchen, die auf sie überkommen sind. Wenn sie nun den Irrtum erkennen und nicht gegen Gott kämpfen, warum sollte man sie dann nicht in Frieden in ihrer Tradition sterben lassen, um in keiner Weise jemanden – nur um der vergänglichen Güter willen – zu verletzen? Wenn sie hingegen Widerstand leisten sollten – mit öffentlichen Einsprachen und geheimen Intrigen – und ihr, die Regenten, sie nicht im Zaume haltet, weiß eine jede
457 Kirchgemeinde gut, wie sie sich | zur Wehr setzen kann, nämlich mit dem Kirchenbann. Aber die nichtsnutzige Eitelkeit der Priester darf nicht so belastend auf uns wirken, daß wir jemandem antäten, was er als Gewalttat anklagen könnte, außer sein Unrecht sei – wie gesagt – so groß, daß man nicht umhin kann, den Kirchenbann zu gebrauchen.

Wir sollten uns Mose und Christus, diese beiden Befreier, zum Vorbild nehmen. Mose hat die Kinder Israels aus Ägypten herausgeführt; und obgleich sie in zwei Monaten ins versprochene Land hätten kommen können, mußten sie doch vierzig Jahre umherirren, ehe sie dahin gelangten. Von jenen, die selber aus Ägypten auszogen, sind nur zwei Männer ins

Land gekommen. Mose selbst hat das Land nur von ferne geschaut, aber er starb, so daß er nicht hineinkam. Christus Jesus mußte 33 Jahre seines Lebens die gotteslästernden Priester ertragen und brachte sie erst vierzig Jahre nach seiner Himmelfahrt jämmerlich um [vgl. Mt 22,7].[41] Diese Voraussage verzögerte sich somit um die 70 Jahre. In gleicher Weise sollen auch wir, sofern es sich nur um zeitliche Güter handelt – wiewohl auch wir den Priestern darin in nichts verpflichtet sind –, dem Gotteswort kein Ärgernis bereiten. Wir sollen vielmehr froh sein, daß das göttliche Wort endlich Eingang gefunden hat, auch wenn wir die notwendige Hilfe, die den Armen zuteil werden wird, wohl nicht mehr mit eigenen Augen sehen werden. So weit aber die übermäßige Verschwendung der Äbte und Prälaten mit friedlichen Mitteln eingeschränkt werden kann, soll es daran niemand fehlen lassen. Denn sie erregen dadurch schweres Ärgernis, verschleudert doch manch ein Bischof oder Abt für sein leibliches Wohl ein Vermögen, mit dem man jährlich tausend Menschen helfen könnte. Man sollte auch dafür sorgen, daß nichts nach Rom abfließe, weder für Annaten noch für Gerichtshändel, sondern alle Streitsachen sollen vor den zuständigen | Obrigkeiten ausgetragen werden. 458
Damit wird dem heißhungrigen Papsttum die Küche geplündert und sein Butterfaß wird leer, so daß es nicht mehr zu bestechen und zu kriegen vermag.

Kurz: Wo christliche Herzen und Gottesfurcht am Werk sind, da wird man alle Dinge in unanstößiger, redlicher und sachgemäßer Weise ausführen; denn die Liebe vermag das alles und kann nie fehlgehen [vgl. 1. Kor 13,7–8]. Denn Gott ist die Liebe, und wo die Liebe am Werk ist, ist Gott [vgl. Joh 4,8.16]. Wo aber Gott ist, da kann man nicht fehlgehen. Was mit Gott unternommen wird, wird niemand aufhalten können [vgl. Apg 5,38–39]. Was gegen ihn aufgerichtet wird, muß zusammenbrechen. Deshalb soll man zusehen, daß der Mißbrauch der Zehnten abgeschafft werde. Tut man das jedoch nicht in der rechten Absicht und Ordnung, so geschieht es mit der Zeit in tumultuöser Unordnung. Denn da, wo man die Wahrheit so klar erkennt, läßt sich das Feuer nicht eindämmen.

Diese Dinge in die Hand zu nehmen, habe ich euch, die befugten Regenten, gebeten, so weit sie in eure Zuständigkeit
459 fallen; betreffen sie doch die weltlichen | Güter. Diese unterstehen ebensowenig dem päpstlichen Urteil, wie es euch nicht aufgetragen ist, zu predigen, sondern sie unterliegen allein eurem Urteil. Packt die Sache folgendermaßen an: Reißt das Papsttum nur von Tag zu Tag ein Stück weit nieder und lasset daneben das Gotteswort frei und zuverlässig predigen – nach dem Maß der göttlichen Liebe –, so werdet ihr sehen, daß euch niemand zu schaden vermag. Seht auch darauf, daß euer Augenlicht ungetrübt sei [Mt 6,22–23], will sagen: daß der innere Bösewicht, der in jedem Menschen verborgen lauert, nicht das gemeine Volk benachteilige und nur am Eigennutz orientiert sei.

Ihr sollt Landesväter sein, Väter aber suchen nicht den eigenen Vorteil zum Nachteil ihrer Kinder. Das kostet nun wahrhaftig viel Arbeit und Mühe; aber es trägt zuletzt so große Früchte der brüderlichen Liebe und des Friedens, daß ihr für alle Mühe entschädigt werdet. Ich danke Gott, dem Herrn – indem ich auch bezeuge, daß ich nicht aus Schmeichelei oder zum Selbstlob rede –, daß die rechtschaffenen Ratsherren von Zürich unsägliche Arbeit leisten und Sorge tragen mußten für das Evangelium, bis es so weit kam, daß sich das Papsttum bei ihnen abschaffen ließ. Wiewohl dabei manches ins Kraut schießt, besteht doch kein Zweifel, daß Gott alle Beschlüsse, die nach seinem Willen gefaßt werden, auch reifen läßt und zu einem guten Ende bringen wird. Dazu muß man sich gegenseitig ermutigen und die schwere Arbeit mannhaft und entschlossen in Angriff nehmen. Es war ja ein unübersehbares und mühsames Unternehmen, so viele hunderttausend Menschen aus Ägypten zu führen, aber da Gott es verlangte, nahm Mose es mannhaft an die Hand, und es ging gut und recht voran. David wurde zum König gesalbt [vgl. 1. Sam 16,13] und war

doch im elften Jahr noch nicht an der Regierungsmacht – er mußte dazwischen so viele Gefahren und Widerwärtigkeiten durchstehen, daß jeder andere viel lieber auf ein solches Reich verzichten würde, als sich auf derart gefährliche Machtspiele einzulassen. Dennoch kam er zuletzt an die Regierung [vgl. 2. Sam 2,4; 5,3] und wurde ein König|, den Gott und das Volk 460
Israel liebten. So darf man Arbeit, Mühe und Geduld nicht scheuen und soll fröhlich ans Werk gehen. Denn mit dem Papsttum zu kämpfen erfordert mehr Beherztheit als jede andere Schlacht. Der Feind ist stark und schwer zu fassen und er krümmt sich in tausend Windungen. Wenn ihr aber offenkundig seht, daß Gott auf seiten seines Wortes steht, so seid zuversichtlich: die Schlange des Mose [vgl. 2. Mose 7,9–12] wird die Schlangen der Zauberer verschlucken. Gott wird für euch streiten, den Feind überwinden und euch den Sieg in die Hände geben.

III.4 Es sollen auch Bischöfe, Äbte und Prälaten sich der Reformation – das heißt Verbesserung – nicht widersetzen. Sind sie gläubig, so werden sie niemandes Ermahnung bedürfen; sind sie aber ungläubig, werden sie die Ermahnung nicht annehmen. Dennoch sollen sie sich der Reformation nicht widersetzen, denn sollten sie das tun, wird Gott die Raubtiere gegen sie loslassen, die sie verzehren werden [vgl. Jes 56,9]. Wenngleich sie nicht aus Liebe zu Gott von ihrem Prunk und Zwang ablassen wollen, liegt ihnen darum dennoch viel an ihrem zeitlichen Leben. Also sollten sie ihre Mißbräuche friedlich und freiwillig ändern, sonst werden sie unfreiwillig dazu gezwungen. Wie ist es denn Korah (4. Mose 16), Datan und Abiram ergangen? Und wie dem alten Eli [vgl. 1. Sam 4,18], ja der ganzen jüdischen Priesterschaft? Wurde sie nicht in der Weise entwurzelt und ausgerottet, daß man nirgendwo mehr auf der Welt weiß, wer noch dem Priestergeschlecht entstamme? Nun waren sie aber von Gott zum Priesterdienst geweiht worden [vgl. 2. Mose 19,6; Jos 18,7], während die, von denen wir reden, ja nie zum Priestertum einge-

setzt wurden. Alle ihre Begründungen, Verordnungen, Gebräuche und Privilegien verstoßen vielmehr offensichtlich gegen das Amt, das Christus den Aposteln anbefohlen hat. Sollten sie nicht um so mehr anfangen, Gott zu fürchten, wenn sie doch sehen, daß er nicht schläft [vgl. Psalm 121,3]? Da sagst du: Ja, wenn sie dem Wort Gottes nur Glauben schenkten, dann ließen sie sich überzeugen. Antwort: Eben deswegen sage ich ihnen nur voraus, was im Gotteswort begründet liegt, damit sie erschrecken – nicht daß sie durch das Wort, das sie ja nicht glauben, erschrecken würden, aber durch jene, die dem Gotteswort glauben. Denn wenn diese von Tag zu Tag besser
461 unterrichtet werden, kommen auch sie zuletzt | in die Feuersglut, daß sie den Bischöfen das antun, was auch Elia und Jehu taten (vgl. 2. Kön 10,18–25) [vgl. 1. Kön 18,40; 19,15–18].

Nun hoffe ich, es gebe noch etliche Bischöfe, die keine Tyrannen sind, sondern doch etwas Gottesfurcht in sich haben. Haben sie auch nur einen einzigen Funken in sich, der dem Gotteswort glaubt, so erinnern sich vielleicht einige, daß sie von Gottes Gnaden zu ihrem Amt gelangt zu sein behaupten. Sind sie nun von Gott eingesetzt, muß ihnen das Wort und Geheiß ihres Herrn mehr gelten als jedes anderen Herren Wort und Geheiß. Wenn nun Gottes Wort sie allein dazu sendet, zu verkünden und zu heilen [vgl. Mt 10,5–8; Mk 16,15–18] – und sie das nicht tun –, müssen sie doch erkennen, daß sie nicht im Namen Gottes wirken und darum auch nicht aus Gottes Gnade als Bischöfe amtieren, sondern aus Gottes Unwillen, Ungnade und Zorn. Glauben sie daran, daß der eine Gott existiert, in dessen Namen sie vorgeben, Bischöfe zu sein, so werden sie sehr zu fürchten haben, Gott werde ihre Übertretungen nicht straflos lassen, sondern er werde »kommen zur Zeit, wo sie es nicht erwarten ...« (Mt 24,50–51), um sie schändlich und öffentlich zu bestrafen. Sollten sie diesen Gott wirklich fürchten, werden sie noch so froh sein, wenn ihr geistlicher Stand mit Recht reformiert und umgewandelt wird. Sollten sie aber sprechen: »Wir haben dem Papst Treue geschworen, dem Bistum und dem Gotteshaus, deshalb müssen wir unserem Eid Genüge tun und auf ihren Nutzen achten, aber das Armsein und Predigen anderen überlassen«, stellen sie das menschliche Gebot über Gottes Gebot – denn sie wollen ja dem gehorchen, der ihnen gebietet, was gegen Gott ist. Und wenn sie dies rechtfertigen unter dem Vorwand, es sei ja »ihre Eidespflicht«, so zu handeln, begehen sie offenkundig einen Meineid, denn er richtet sich deutlich gegen den Willen ihres Herrn, als dessen Diener und Abgesandte sie sich in ihren Titeln ausgeben.

Dazu ein Beispiel: Wenn ein König einen Botschafter irgendwohin entsandte mit einem klar erteilten Auftrag und dieser im Augenblick, wo er den Auftrag ausführen sollte, jenen anderen Gehorsam schwört, die gegen seinen Auftrag handeln – wäre der nicht zu Recht als ein Verräter zu verurteilen? Wenn nun Gott uns zu predigen gesandt hat, ohne Geldbeutel und Tragtasche [vgl. Lk 10,4], und es uns verbot, nach weltlicher Art zu herrschen [vgl. Mt 20,26–27; Lk 22,26], während der Papst das Predigen vernachlässigt und unterdrückt, aber bei seinem Eid verlangt, Reichtümer und Ländereien zu erwerben, dann folgt daraus, daß | jene, die ihm 462
eidpflichtig sind, gegenüber ihrem eigentlichen Auftraggeber meineidig sind.

Deswegen habe ich vorher gesagt: Ist noch irgendein Funke der Gotteserkenntnis in den Herzen einiger Bischöfe, so mögen sie abschätzen, wie es um ihre Sache steht und wie groß der Gotteszorn sei, den sie als Treulose zu gewärtigen haben. Wenn sie aber in gar keiner Weise mehr Glauben an Gott haben – wie sich leider Gottes am größten Teil ihrer Früchte erkennen läßt –, so mute ich ihnen dennoch zu, noch so viel menschlichen Anstand und Scham zu haben, daß sie sich wenigstens ihres Titels schämen, der auf den Herrn lautet, gegen den sie meineidig handeln – so daß sie auf ihre geistliche Würde verzichten und sich fortan als Fürsten und Herren von Kroatien und Kalkutta bezeichnen, nicht mehr als Botschafter,

Wächter und Diener Gottes. Was wollen sie denn noch mit dem geistlichen und himmlischen Namen anfangen, wenn es sie doch weit mehr freut, die weltliche Herrschaft auszuüben? Sollten sie nicht anfangen, sich zu schämen, wenn alle Welt den Mißstand erkennt, daß sie so übermütig gegen Gott auftreten und handeln? Bedenkt auch, daß noch keine unrechtmäßige Ordnung je so fest gewesen ist, daß sie auf Dauer bestehen konnte. Nun ist aber das ganze Papsttum eine Fehlkonstruktion. So soll auch niemand hoffen, es sei unvergänglich oder es könne vor dem Untergang gerettet werden. Jesaia 8,10 sagt: »Beratschlagt zusammen nur einen Plan – er geht in die Brüche! Nehmt euch ruhig etwas vor – es wird nicht so geschehen! Denn Gott ist mit uns.« Die närrischen Hoffnungen gebärden sich oft klug, aber die Hoffnung der Gottlosen wird vereitelt und zunichte werden (vgl. Ps 1,6). Es gibt keinen erfolgversprechenden Plan gegen den Herrn [vgl. 2. Sam 17,14].

Nun ist es offenkundig, daß viele Bischöfe zeitweilig nicht nur große Verluste hinnehmen mußten, sondern heimlich auch große Bestechungsgelder verteilten, um das Papsttum zu erhalten, in der Erwartung, daß auch bei mehrjähriger großer Bedrängnis – und die zu erleiden machten sie sich gefaßt – doch alles wieder seinen alten Gang gehen werde. Dieses ihr Vorhaben ist ohne Vernunft, ganz zu schweigen davon, daß es in der Vermessenheit seines Aufbäumens gegen Gottes Wort nicht bestehen kann. Denn schaut, wie wollen sie sich des Gotteswortes in zwanzig Jahren erwehren, wenn sie sich jetzt seines Aufblühens nicht erwehren können? Ja, sie nehmen sich
463 vor: »Wir wollen die Priester entlassen, die | lutherisch sind« – wie sie sagen – »und sie durch keine anderen ersetzen; wir wollen die Schulen der Gegner fördern und jene der Befürworter schließen.« Schaut nur, mit welch durchschlagendem Erfolg! Die Christen kümmern sich nicht mehr um ihre wohlgesalbten Priester, denn selbst Kuh- und Gänsehirten sind heute gelehrter als ihre Theologen. Jedes Bauernhaus ist heute

ein Schulhaus, wo man Neues und Altes Testament – was die höchste Wissenschaft ist – lesen kann. Die Kirchgemeinden ziehen überall so viele Lehrer heran, wie es die alten Sprachen erfordern, und sie wissen damit besser umzugehen als jene päpstlichen Schulmeister, die zum größten Teil ihre eigene Sprache, die sie von der Mutter gelernt haben sollten, nicht beherrschen, geschweige denn, daß sie die biblischen Hauptsprachen verständen. Dazu ist Gott den Seinen selber der bestgeeignete Lehrer, ohne den alle Sprachen und Wissenschaften nichts sind als Umgarnung durch List und Perfidie. Dennoch geben die großen ägyptischen Fleischtöpfe den Päpstlichen solche trügerischen Hoffnungen ein [vgl. 2. Mose 16,3], die sich nach vielen Jahren erst erfüllen sollten. Ach Gott! Betrachtet doch einmal, für welche Sache ihr kämpft, dann entdeckt ihr, daß ihr allein um vergängliche Güter kämpft. Was sollte euch nun daran liegen, ob diese auch in hundert Jahren noch nach Rom abgeführt werden oder nicht? Wie könnt ihr nur auf das fixiert sein, daß Rom profitiert, und eure Nachbarn und anempfohlenen Schafe vergessen, wenn ihr doch offensichtlich bemerkt, daß man die Bodenlosigkeit eures Machtgehabes und -gebarens durchschaut?

So tut doch um Gottes willen etwas Anständiges und laßt – in Gelassenheit und in guter reiflicher Überlegung – die Obrigkeiten überall die Dinge abreißen, die gegen Gott aufgerichtet wurden. Ihr braucht euch nicht zu sorgen, weder was euer leibliches Wohl noch was euer Seelenheil anbelangt. Denn was euer Gewissen angeht, da habt ihr das Wort Gottes; das lehrt euch deutlich das Gegenteil dessen, was euren Stand charakterisiert. Sofern ihr das gute Gewissen des Glaubens habt, müßt ihr euch schlimmer fürchten im Stand, in dem ihr seid, als wenn ihr diesen verlaßt. Was den Schutz von Leib und Leben betrifft, wird alle Welt euch zur Seite stehen; denn ihr seht doch wohl, daß die Feindschaft, die sich gegen euch wendet, nur daher rührt, daß ihr den jämmerlichen Stand des Papsttums verteidigt. Und da ihr doch eure Lebtage gut und

464 fröhlich verbringen | wollt, laßt ruhig andere für den euch nötigen Unterhalt sorgen. Stehen euch nicht mehr vierzig Pferde zur Verfügung, so reitet eben mit vieren. Denn wenn ihr euch dazu nicht bequemen wollt, steht zu befürchten, daß euch Gott für weit größere Entbehrung und Bestrafung aufbewahren will. Denn er spricht nicht umsonst Jesaia 33,1: »Weh dir, der du beraubst. Wirst du nicht auch beraubt werden? Und wehe dir, der du verachtest, wirst du nicht auch verachtet werden? Wenn du deinen Raub zusammengebracht hast, dann wirst auch du beraubt. Wirst du des Verachtens überdrüssig und müde sein, so wirst auch du verachtet werden ...« Denkt doch gelegentlich auch daran, daß man euch gewarnt hat. Bedenkt, daß man euch durchschaut.

Gleichermaßen sollten auch die Äbte bedenken, daß, wenn auch in der ganzen Welt keine Mönche und Nonnen mehr existierten, dennoch weder für Leib noch Seele etwas fehlte, was für das Gemeinwesen der Menschen und seine Institutionen notwendig ist. Hingegen steht es um jene anders, die das Gotteswort verkünden. Entfernt man nur einen von ihnen, so muß die Gemeinde, von der er entfernt wurde, die Speise des Wortes entbehren. Wogegen ihr ein so unnötiges Geschlecht seid, daß weder der menschlichen Gerechtigkeit des Allgemeinwohls, noch dem Trost der Gewissen, noch der Ehre Gottes etwas abgeht, wenn ihr verschwindet. Wie könnt ihr euch da vornehmen, nicht freiwillig – durch Aussterbenlassen – abtreten zu wollen, wenn doch euer Stand nirgends einen Grund in Wort Gottes hat?

Zum Abschluß

Ich kann mir gut vorstellen, daß jetzt einer leichthin sprechen könnte: Wann endlich hat der freibeuterische Vagabund genug

gelästert?[42] Ist er etwa frei von allen Lastern? Oder wer gibt ihm die Autorität, so verwegen über und gegen alle Menschen zu reden? Denen, die so sprechen, gestehe ich gerne zu, daß ich ein armseliger und durchaus fehlhafter Sünder bin. Aber wie immer ich bin, Gott hat mich dennoch zum Dienst an seinem Wort berufen. | Ich weiß auch hinreichend, daß durch das 465
Wort, das Gott durch mich ausgebreitet hat, viele zum wirklichen Glauben gekommen sind. Es wird sich auch erweisen – von heute bis zum Jüngsten Tag –, daß ich das Wort nie aus betrügerischer Absicht, Streitsucht oder aus Eigensinn im Munde führte. Seitdem ich mich dem Gotteswort gänzlich überantwortet habe, war all mein Lehren vielmehr nur darauf gerichtet, daß die rechte und wahre Ehre Gottes und seine Wahrheit zum Vorschein kommen und das christliche Leben und Friede eingepflanzt würden.

Nun ist es leider so, daß zwar das Gewissen mancher Leute gleich ausgerichtet ist,[43] diese in der äußeren Lebenspraxis sich aber sehr ungleich verhalten, während bei anderen auch die Gewissensmotive ungleich sind, woraus offensichtlich große Verwirrung entspringt. Deshalb hielt ich es stets für das Notwendigste, gegen die Verlogenheit anzugehen, damit jene, die im Herzen verwegene Absichten hegen, nicht ewig meinen, man erkenne diese nicht, sondern – sobald sie sehen, daß ihre Absicht nicht verborgen bleiben kann – sich umorientieren.

So liegen auch die Gesinnungen von vielen auf der gleichen Linie, die äußerlich sehr ungleich leben. Sie alle tragen den Eigennutz im Herzen und jagen ihm nur in verschiedener Weise nach. Denn einige suchen ihren Eigennutz und ihr Ansehen im Namen und unter dem Vorwand des Evangeliums, während andere eben darum gegen das Evangelium antreten, weil es weder ihre Ehre noch ihr Geld vermehrt. Nun sind deren beider Motive stets im Innern gleich, nämlich eigennützig, und nur äußerlich ist ihr Reden und Verhalten ungleich. Hingegen gibt es auch solche, deren Gewissen mit Gott im Einklang steht, die nicht auf den eigenen Nutzen an Geld und Ehre sehen, sondern allein auf die Wahrheit und die Ehre Gottes. Daraus muß Zwietracht entstehen. Denn die einfältigen Kinder Gottes bemerken oft nicht, wie zweideutig sich die Kinder dieser Welt verhalten. Selbst als Simon, der Magier, getauft wurde, wußten die Apostel noch nicht, daß er allein um des Eigennutzes und Gewinnes willen sich taufen ließ, bis er seine Verschlagenheit offenkundig machte, als er sich mit Geld den Empfang des Heiligen Geistes kaufen wollte [vgl. Apg 8,9–24]. Hingegen sind der Unglaube, das Wüten und die Unterdrückung bei etlichen anderen so offensichtlich, daß es aller Welt bekannt ist.

Nun sage ich aber zu diesen beiden Parteien, besser gesagt, nicht ich, sondern Paulus, und nicht Paulus, sondern Gott sagt es (vgl. 1. Tim 5,24), daß etlicher Menschen Sünde so offenkundig ist, daß sie sich im voraus selber das Urteil sprechen, während die Sünden der anderen so versteckt sind, daß sie erst im nachhinein bekannt werden. Sofern aber der Eigennutz bei
466 falschen Christen | nach beiden Seiten offen zutage liegt, sollen sich wahre Christen[44] doch um Gottes und ihrer Seelen willen davor hüten, Aufruhr zu machen, damit sie nicht der Habgier beider Parteien unter dem Vorwand der Ehre Gottes einen Deckmantel verschaffen. Denn wie jetzt klar geworden sein sollte: deren Vorhaben läßt sich nicht verheimlichen, es kommt früher oder später an den Tag, wie auch Jesaja 29,15–16 klagt: »Wehe euch, die ihr so abgründige Herzen habt, daß ihr meint, euer Ränkeschmieden vor Gott verbergen zu können. Wehe euch, die ihr eure Werke im Finstern betreibt; die ihr sprecht: Wer sieht uns denn, wer durchschaut uns? Dieser euer Gedankengang ist so verdreht wie wenn der Lehm gegen den Töpfer Ränke schmiedete und das Produkt dem Hersteller vorhielte: Du hast mich nicht erschaffen«. Genauso ist es die größte Dummheit, wenn etliche hoffen, ihre geldgierigen und eigennützigen Absichten könnten verborgen bleiben. Noch viel größer aber ist die Torheit jener anderen, die so öffentlich gegen das Wort Gottes kämpfen, wie sie es

mit Verboten, Verhaftungen, Tötungen tun. Denn diese sind nicht nur Gott, sondern ebenso allen Menschen bekannt, so daß sie nicht nur den Zorn Gottes, sondern auch der Menschen Unwillen auf sich laden. Womit wollen sie denn erreichen, was sie sich vornehmen, wenn ihnen doch Gott und die ganze Welt entgegenstehen? Sicher nicht auf diese Weise, ihr getreuen lieben Brüder – so nenne ich euch, sofern ihr Gott erkennen wollt! Seht ihr denn nicht, daß euer Leben und Glück nicht in eurer Verfügungsmacht steht? Jeremia 10,23 sagt: »Herr, ich weiß, daß der Weg des Menschen nicht in seiner Hand steht.« Seht ihr nicht auch heutzutage, wie die Vorhaben aller Weisesten, Reichsten und Mächtigsten umgestürzt werden? Auch das vollzieht sich, wenn es mit dem Offenlegen des Wortes Gottes einhergeht, eben nicht außerhalb von Gottes Anordnung, sondern so, daß – auch wenn die einen Gottes Wirken darin nicht erkennen wollen – doch andere Gläubige sehen, wie stark die Hand Gottes über die Macht der Fürsten dieser Welt regiert.

Wie wagt ihr nun, euch auf eure so anmaßenden Hoffnungen zu verlassen? Erkennt doch Gott! Erkennt auch die Kürze eures Lebens! Bedenkt, wie unmöglich es ist, gegen ihn zu kämpfen. Erkennt, daß kein Menschenleben je ausreicht und es erreichen kann, die Gläubigen von Gott abspenstig zu machen. Alle, die ihn wirklich erfahren haben, werden von ihm nicht lassen können. Weshalb ihr eher die ganze Welt ausrotten könnt, als den Glauben in einem einzigen Menschen. Gerade
das aber sollte euch von der | Verfolgung abbringen, daß ihr – 467
so Gott will – am Krampf verzweifeln müßt, das Wort zu unterdrücken. Und dies aus folgenden Gründen: Weil ihr seht, daß das Wort schon am Anfang nicht unterdrückt werden kann und noch viel weniger, wenn es aufgewachsen ist. Weil ihr Gott trotzdem gebührend fürchten müßt, auch wenn ihr nichts von ihm haltet, wenn ihr seht, daß er so stark ist, die gewaltigsten Machthaber zu überwinden. Und weil ihr genau wißt, daß dem Gotteswort zu widerstehen gefährlich ist. Der

Papst hat euch zwar gegen das Wort aufgehetzt, aber aus der Gefahr rettet er euch nicht. Wie auch die blinden und tauben Geistlichen und Gelehrten: die haben euch nur dazu geraten, Mannhaftigkeit im Unterdrücken zu beweisen, und sie schmeichelten sich damit ein, um viele Domherrenpfründen zusammenzuraffen. Aber wenn ihr damit verhaßt werdet bei eurem Volk, so daß es euch künftig lieber bekämpft als beschützt, davor werden und können auch jene euch nicht retten.

Seht, all das sind nur menschliche Vernunftgründe, die euch ohne weiteres davon abhalten sollten, in solcher Maßlosigkeit zu meinen, ihr könntet das Wort Gottes besiegen. Ihr wißt doch: wo das göttliche Wort ertönt, da wird auch Streit unter zweien, dreien oder fünfen sein [vgl. Mt 10,34–35]. Daran habe ich keinen Zweifel, es sind auch unter euch viele vom Abfall in den eigenen Reihen zutiefst betroffen, wie Micha 7,5 sagt: »Verschließe deinen Mund vor dem, der in deinem Schoße schläft!« Fallen sie aber aus euren eigenen Reihen ab, wem wollt ihr künftig noch trauen? Sie fallen aber sicher von euch ab, denn wer zum Glauben kommt, verläßt alle Dinge und folgt Gott nach [vgl. Mt 19,27].

Es hilft auch eurer Gegenwehr nicht, wenn ihr einwendet, ihr wäret gläubig, und nur jene, die ihr bekämpft, seien ungläubig. Denn euer Unglaube läßt sich damit nicht vertuschen. Alle Dinge, die ihr öffentlich betreibt, beweisen, daß ihr ungläubig seid.

Dazu einige Beispiele:

Ihr bestraft das Fleischessen zur Fastenzeit mit dem Tod. Dabei ist es ein sicheres Zeichen des Glaubens, wenn einer in göttlicher Freiheit weiß – wir reden hier nicht vom schurkischen Freiheitswahn –, daß ihm jederzeit alle Speisen zu essen erlaubt sind (vgl. Röm 14,20). Wenn ihr nun dagegen kämpft, erkennen selbst im Glauben noch ungefestigte Kinder, daß ihr nicht gläubig seid.

Ihr bestraft Priester, Mönche und Nonnen, sobald sie die
468 Ehe wählen. Ihr duldet daneben die Hurer und Huren vor|den

Augen der einfachen und rechtschaffenen Christen, und reklamiert dennoch, ihr wäret Christen. Doch daran kann ein Blinder sehen, daß ihr nicht nur keine Christen seid, sondern auch so unverschämt und unehrlich verfahrt, daß ihr das Unkraut vor den eigenen Augen zulaßt und pflanzt.

Und so geht es durch die Bank. Was immer Gott erlaubt und der Papst verbietet – ihr folgt dem Papst. Wenn sich nun euer Glaube und Unglaube nicht verstecken kann, wie könnt ihr es wagen, euch dennoch als Christenleute auszugeben? Seid ihr wirklich Christen, so handelt als Christen! Kämpft nicht gegen das, was Gott uns freigestellt oder verboten hat, denn sonst wird euch die Feuersglut unter den Fußsohlen brennen. Gott spricht zu Mose, 2. Mose 3,7: »Ich habe die Bedrängnis meines Volkes gesehen in Ägypten und ihr Geschrei gehört.« Meint ihr nicht, er sehe und höre auch heutzutage die Not aller Christen? Oder meint ihr, es gebe unter dem Christenvolk keine Not oder Bedrängnis? Hat Gott damals einen Befreier gesandt, der sein Volk, das wehrlos war, aus der starken wehrhaften Hand des ägyptischen Königs befreit und erlöst, so wird er solches auch weiterhin tun. Zweifelt nicht daran! Laßt ihr das Volk Gottes nicht ziehen, damit es seinem Herrn nachfolge, so wird er bald einen senden, der es gegen euren Willen hinausführen wird[45] und alle, die sich ihm widersetzen, nicht weniger ertränkt als den Pharao. Richtet euren Sinn auf die Dinge, die zum Frieden dienen und zur Auferbauung; das heißt: laßt das Christenvolk im Frieden mit dem süßen Wort Gottes leben[46] und baut die Dinge auf, die zur Ehre Gottes dienen; denn alle anderen Bauten müssen niedergerissen werden.

Es ist somit um zwei Dinge zu tun:

1. Um den inneren Menschen: den laßt mit Gottes Wort gespeist werden. Denn wenn ihr gläubig seid, werdet ihr das gerne tun; seid ihr aber ungläubig, was geht es euch an, was ein jeder glaubt? Den äußeren Menschen wird das Gotteswort ja nicht eurer Amtsbefugnis entziehen, sofern ihr im Rahmen des Rechtmäßigen bleibt. Wo aber irgend jemand das Evan-

gelium zu einem Freipaß für den Eigennutz machen wollte, trägt ihr das Schwert nicht umsonst (vgl. Röm 13,3).

469 2. Zum andern | geht es um das Papsttum. Das muß einfach fallen. Dagegen vermag niemand etwas zu unternehmen, ob uns die Sache gefalle oder nicht. Denn der »Sohn des Verderbens« ist demaskiert (2. Thess 2,3). Als nächstes wird ihn Gott mit dem Hauch seines Mundes umbringen (vgl. 2. Thess 2,8). Auch das wird gewiß geschehen; Gott hat es gesagt, so muß es auch geschehen [vgl. Jes 55,10–11]. Wollt ihr dem stürzenden Papsttum indessen beistehen, so werdet auch ihr zur Gefolgschaft des Drachens gezählt. Dann wird euch der Engel Michael – er bedeutet Christus in der Apokalypse (vgl. Apk 12,7–11) – tapfer besiegen, so daß er euch nicht allein aus der weltlichen Herrschaft, sondern weit von der hohen Ehre der Auserwählten Gottes herab in die Tiefe der ewigen Finsternis verstoßen wird.

Gott aber, der uns alle geschaffen hat, möge uns helfen, daß unsere Oberen eine freundschaftliche Gesinnung gegen ihn und gegen uns erhalten. Er wolle ihnen das steinerne Herz entfernen und ein sanftes, fleischernes Herz einsetzen [vgl. Ez 11,19; 36,26], das mit dem Nächsten Erbarmen hat – abgesehen davon sind wir leider alle »fleischlich« genug. Denn wo Gott nicht wirkt wird in all unserem Tun, ist all unser Mühen umsonst [vgl. Psalm 127,1].

Gott sei Lob und Ehre in Ewigkeit. Amen!

Aufgesetzt in Zürich am Tag der unschuldigen Kindlein
im Jahr 1524.[47]

Anmerkungen

1 Zwingli war zur Zeit der Pesterkrankung fast 36 Jahre alt, zur Zeit der Abfassung des Liedes etwa 40. Das ist nach Psalm 90,10 genau die Mitte des Lebens.

2 Wörtlich: »Nichts ist mir zuviel«.

3 Im Original: *schon* (schön), was auch »rein« (von der Pest) bedeuten kann.

4 Im Original: *einfaltigklich*, was auch »einfach« bedeuten kann.

5 Je nachdem, wie man das *her* übersetzt, ist der Sinn ein anderer. Geht man davon aus, daß die Silbe lang ist, heißt das Wort »siegreich« oder »besser«. Mit kurzer Silbe heißt das Wort »Herr«, wie M. Jenny übersetzt: »Herr, / da ich beinahe ohne solche / hingegangen wäre.«

1 Im Original: *verböseret*. Das Wort will sagen: Anstoß geben, Anstoß erregen, Anstoß nehmen, Ärgernis geben, ärger machen, böser machen, zum Bösen verführen, zu Fall bringen, Schaden zufügen. *Nicht verbösern* heißt: Rücksicht nehmen. Zwingli spricht von ›Verböserung‹ zur Umschreibung des griechischen ›skandalon‹.

2 Im Original: *gschrifft*. Schrift meint bei Zwingli immer die Heilige Schrift Alten und Neuen Testamentes, die Bibel.

3 Im Original: *conscientz*. Gewissen, inneres Wissen, Bewußtsein.

4 Die Terminologie von stark und schwach im Glauben stammt aus den paulinischen Briefen. Nach Zwingli ist schwach im Glauben, wem die nötige evangelische Unterweisung noch fehlt, er ist noch *blöd* (schwach) im Glauben; stark im Glauben ist, wer das Evangelium angenommen und begriffen hat.

5 Im Original: *von erkiesen oder underscheid der spysen*. Während der Fastenzeit durften nur bestimmte Speisen gegessen werden, andere waren verboten. Die Auswahl, das *Erkiesen*, wie auch die Unterscheidung von erlaubten und verbotenen Speisen wurde von der Kirche getroffen.

6 Zwingli denkt hier zweifellos an die Fabel Aesops vom Esel und dem Raben: »Ein Esel, der ein Geschwür auf dem Rücken hatte, weidete auf einer Wiese. Da setzte sich ein Rabe auf ihn und hackte an der Wunde, so daß jener unter Jahgeschrei aufsprang. Der Eseltreiber stand in einiger Entfernung und lachte. Da sah ihn ein vorübergehender Wolf und sagte: ›Ach, wir Unglücklichen, die wir, wenn man uns kaum erblickt hat, sogleich verfolgt werden, während jenem dort [dem Raben] noch zugelacht wird.‹ Die Fabel lehrt, daß lasterhafte Menschen, wenn sie sich nur zeigen, [sogleich] erkannt werden« (Aesop, Fabeln, übers. v. W. Binder, Fabel 115). Nun kannte Zwingli entweder eine Erzählvariante der Fabel mit einem Schwein, oder – was eher anzunehmen ist – er erinnert sich ungenau. Für den damaligen Leser, der Aesop kannte, stellte sich das Verständnis wohl sogleich ein. Der Wolf entspricht dem Klerus, der selbst räuberisch und trügerisch ist und der niederen Geistlichkeit und den Laien Vorschriften macht. Der Klerus, der sich weit größere Freiheiten herausnimmt, ist empört, wenn die Zürcher an einer [Schweins-] Wurst »picken«. Das Zitat soll also schlaglichtartig die Heuchelei des päpstlichen Klerus bloßstellen.

7 »Gesetz und die Propheten« will sagen: das ganze Alte Testament.

8 Johannes Chrysostomus (344/354–407). Patriarch von Konstantinopel, Kirchenvater und bekannter Prediger. Als Bibelausleger viel gelesen. Hebr 13,9 ist in der 33. Homilie des Chrysostomus kommentiert.

9 Aristoteles (384/383–322/321 v. Chr.), Griechischer Philosoph. Galt als verbindliche Autorität vor allem in Fragen der Naturwissenschaft, der Logik und der Ethik.

10 Zwingli verwechselt hier Krösus mit Midas. Wohl war Krösus im Altertum für seinen Reichtum sprichwörtlich bekannt. Es war aber der phrygische König Midas, der Dionysos gegenüber den Wunsch aussprach, daß alles, was er berührte, zu Gold würde. Der Wunsch ging in Erfüllung. Ein Bad im Fluß Paktolos, der seither Gold führt, befreite ihn von der Gabe und damit von dem drohenden Hungertod.

11 Zwinglis eigentliche Meinung ist, daß die Speisen als Gaben Gottes etwas Gutes sind.

12 Zwingli schreibt: Gebot der Menschen. Er meint damit immer die von der Kirche aufgestellten kultischen und religiösen Vorschriften, die der biblischen Begründung ermangeln.

13 Die hauptsächliche Fastenzeit des Jahres ist das sog. Quadragesima, die 40 Tage vor Ostern, mit Ausnahme der Sonntage.

14 Montag bis Mittwoch vor Fronleichnam.

15 Montag bis Mittwoch vor Himmelfahrt.

16 Apostelvigilien, die zum Fasten verpflichteten, waren die Vigilien vor Matthias (24. Februar), Peter und Paul (29. Juni), Jakob dem Älteren (25. Juli), Bartholomäus (24. August), Matthäus (21. September), Simon und Judas (28. Oktober), Andreas (30. November) und Thomas (21. Dezember). Die Vortage vor Johannes dem Täufer (24. September), Laurentius (10. August), Allerheiligen, Mariä Himmelfahrt, Pfingsten und Weihnachten legten ebenfalls die Fastenpflicht auf. Kein Vigilfasten hatten die Feste Philipp und Jakobus und auch Johannes der Evangelist. Sie fielen in die österliche Freudenzeit, in der nicht gefastet wurde, oder hatten einen Festtag zum Vortag (Stephanus). Diese Liste der auch sonst in der Kirche geltenden Vigilfasttage erfuhr neben lokalen Fasttagen in der Diözese Konstanz oder an gewissen Orten innerhalb des Bistums eine Ergänzung. Aufgrund eines Gelöbnisses, einer individuellen Gewohnheit oder eines Ortsgebrauchs mußte da und dort auch am Vortag von Mariä Lichtmeß gefastet werden.

17 Das war auch ein Argument gegen die Wallfahrten und die Wallfahrtsorte: Gott ist nicht am einen Ort näher und gnädiger als an einem andern.

18 Gemeint sind die Scholastiker.

19 Im Original: *prästen*. Das Wort steht hier für die Todesstunde.

20 Gemeint sind wieder die Scholastiker.

21 Elemente (›Weltelemente‹): Die Naturmächte der Welt, d.h. die geistigen Wesen, die nach dem Glauben aller Völker des Altertums die einzelnen Dinge der Natur regieren. Wir übersetzen später gelegentlich

mit Weltmächten, oder: Mächte dieser Welt. Zwingli braucht den Begriff Element allerdings zur Bezeichnung des einzelnen Teiles eines Ganzen. Zum Begriff ›Weltelemente‹ vgl. auch Bd. II, Anm. 55, S. 506.

22 Zur Gotteserkenntnis ist der Mensch von sich aus nicht fähig. Er bedarf dazu der Erleuchtung durch Gott selber. Die Erleuchtung wirkt der Heilige Geist im Herzen des Menschen.

23 Im Original: *prästen*. Hier in der Bedeutung von Unfähigkeit und Schwäche.

24 Im Original: *můß*. Gemeint ist Hirsebrei oder Haferbrei.

25 Versteckter Vorwurf an die Geistlichen, die im Unterschied zur Bevölkerung nicht arbeiten.

26 Codex des kanonischen Rechts, d. h. die verbindliche Rechtssammlung der vom Papst für die katholische Kirche erlassenen Vorschriften und Gesetze. Zwingli denkt hier an die Stelle im Corpus Iuris Canonici, wo von der strengen Einhaltung des Quadragesima, vgl. oben Anm. 13, die Rede ist.

27 Der Satz Zwinglis ist unverständlich. Entweder will er sagen: Wer Fleisch ißt, kann durchaus fasten, nämlich im Sinne des Propheten Jesaja, der soziale Gerechtigkeit als wahres Fasten bezeichnet. Vielleicht denkt Zwingli aber auch schon an die Fortsetzung des Gedankengangs, wonach es für körperlich Arbeitende die Ausnahmemöglichkeit gab, auch zur Fastenzeit Fleisch zu essen.

28 Eine weitere Stelle im Corpus Iuris Canonici, vgl. oben Anm. 26. Die lateinischen Worte im Text heißen: Über die Einhaltung der Fastenvorschriften.

29 Papst Gregor der Große (geb. circa 540, gest. 604). Papst von 590 bis 604.

30 Thomas von Aquin (geb. 1225 oder 1227, gest. 1274). Großer mittelalterlicher Theologe. Seine Theologie gilt in der römisch-katholischen Kirche als verbindlich. Hauptwerk: Summa totius theologiae, Zusammenfassung der ganzen Theologie.

31 Thomas von Aquin war Dominikanermönch.

32 Vom Papst erlassene sog. Butterbriefe. Sie erlaubten in Gegenden, in welchen Speiseöl nur schwer erhältlich war, den Gebrauch von tierischem Fett während der Fastenzeit.

33 Die Päpste.

34 Vgl. oben S. 24f.

35 Viele Spiele waren als Müßiggang verpönt, zum Teil sogar verboten.

36 Gemeint ist: Während doch du, Zwingli, Anstoß erregst.

37 ›Fleischlich‹ meint bei Zwingli wie bei Paulus die Todesherrschaft im Gegensatz zum Geist, den Eigensinn, ja Selbstsucht, im Gegensatz zur Gottesliebe. Die Geistlichen sind also, will Zwingli sagen, gar nicht wahre Geistliche.

38 Der erste Abschnitt dieser Schrift trägt keinen Untertitel. Mit dem zweiten ist gemeint: »Das Ärgernisgeben bzw. das Erregen von Anstoß«. Zwinglis Zählung ist infolge rascher Schreibweise nicht immer konsequent durchgehalten.

39 Pfründe, das sog. ›beneficium‹. Ein von der zuständigen kirchlichen Autorität auf Dauer errichtetes Kirchenamt, das mit einer nutzungsfähigen Vermögensmasse ausgestattet ist und den Amtsinhaber dazu berechtigt, von diesem Vermögen den Nutzen zu ziehen.

40 Bild aus dem Sport: der Wettläufer, der an der Spitze läuft und sich nicht von einem anderen Läufer überholen lassen möchte und so um den Sieg und damit den Siegeskranz gebracht würde.

41 Zwingli kommt hier auf die Mönchsorden zu sprechen, weil er auch die Mönchsgelübde zu den von Menschen auferlegten Geboten und Lasten zählt.

42 Spottend. Im Gegensatz zur Taube, Symbol des Heiligen Geistes, der in die Ohren redet und nicht wie die Krähen in die Ohren beißt. Die Krähe galt als Tier des Teufels und der Irrlehre.

43 Fleisch und Geist, vgl. oben Anm. 37.

44 Elemente, vgl. oben Anm. 21.

45 Wenn man nicht aufpaßt, brennt der Bratspieß ab, wodurch das Fleisch ins Feuer fällt, d. h. man zieht den kürzeren, trägt den Schaden davon.

1 Eigentlich »gottgefällige« oder »dem göttlichen Rechte gemäße«.

2 Am 27. April 1522 hatte die auch für die Schweizer Söldner verlustreiche Niederlage der Franzosen bei Bicocca stattgefunden (vgl. auch die Einleitung).

3 Schwyz war 1417 mit dem Grafen von Toggenburg, nach dessen Tod 1436 mit den Toggenburgern ein Landrecht eingegangen. Nach dem Alten Zürichkrieg (1436–1450) übte es zusammen mit Zürich, Luzern und Glarus die Schirmherrschaft über die Abtei St. Gallen und damit über das Toggenburg aus.

4 Vgl. oben Anm. 1.

5 Ovid (43–18/17 v. Chr.), Metamorphoses 1,261–415, Vergil (70–19 v. Chr.), Georgica 1,61–63, und Apollodoros (1. Jh. n. Chr.), Bibliothece 1,7,2,4, beschrieben die Entstehung des Menschengeschlechts durch den Steinwurf der zwei griechischen Götterkinder.

6 Euripides (485/4–407/6 v. Chr.), Hekabe, 608.

7 Erntearbeiter, die das Getreide durch Aufwerfen mit der Wurfschaufel oder Wanne von der Spreu reinigten.

8 Cicero (106–43 v. Chr.), Pro Milone 4,10.

9 Caesar (100–44 v. Chr.), De bello Gallico 1,23–29.

10 Dieses Geschehen schildert Sallust (86–35 v. Chr.) in seiner Schrift De bello Iugurthino.

11 Ein Sprichwort, das seit dem Mittelalter in vielen Sprachen nachgewiesen ist; vgl. dazu K. F. W. Wander, Deutsches Sprichwörter-Lexikon, Bd. IV, Leipzig 1876, Sp. 1485, Nr. 12 und 22–23.

12 Hannibal (247/6–183 v. Chr.) war Oberbefehlshaber des karthagischen Heeres.

13 Mit Alexander ist Paris gemeint, der einen Doppelnamen hatte. Homer (8. Jh. v. Chr.), Ilias 3,39–57.

1 Der Begriff ›Gewißheit‹ hatte im 16. Jahrhundert eine sehr umfassende Bedeutung. Neben dem uns bekannten Gebrauch wurde er auch in der Rechtssprache verwendet mit der Bedeutung: den Tatsachen entsprechend und real. Aber auch ein ethischer Gebrauch läßt sich nachweisen. Gewißheit hieß dann so viel wie Zuverlässigkeit, Wahrhaftigkeit und Beständigkeit. Alle diese Bedeutungen schwingen mit, wenn Zwingli von der Gewißheit des Wortes Gottes spricht.

2 Der Begriff bedeutet so viel wie Unfehlbarkeit und daß nichts versprochen wird, was nicht auch in Erfüllung gehen wird.

3 Das alte Dominikanerinnenkloster auf dem Sihlbühl beherbergte über 60 Klosterfrauen, die zumeist aus den angesehensten Stadtgeschlechtern stammten. Es unterstand der Seelsorge des Predigerklosters, das alle reformatorischen Bestrebungen zu unterbinden suchte.

4 Vgl. oben Anm. 1.

5 Melito, Bischof von Sardes, gest. vor 190. Von seinen zahlreichen Schriften sind nur Bruchstücke bekannt. 1940 wurde eine sehr eindrückliche Passah-Homilie gefunden. Des Anthropomorphismus, das heißt einer Theologie, die sich Gott nach dem Bilde des Menschen vorstellt, wurde er wahrscheinlich zu Unrecht bezichtigt.

6 Zwingli verwendet hier den Begriff *präst.* Vgl. Auslegung und Begründung der Thesen oder Artikel, Bd. II, Anm. 17, S. 504.

7 Hier wird der wichtige philosophische Begriff ›Substanz‹ volkstümlich im Sinne von Stoff oder Material gebraucht.

8 Im Glaubensbekenntnis »Quicumque«, das um 500 entstanden sein dürfte und seit dem siebten Jahrhundert Athanasius zugeschrieben wurde, heißt es: »Denn gleich wie Leib und Seele ein Mensch ist, so ist Gott und Mensch ein Christus.«

9 Sardanapal ist die griechische Form für Assurbanipal, Assyrerkönig von 669 bis etwa 662 v. Chr., der in der klassischen Überlieferung als Prototyp des orientalischen Wüstlings galt.

10 Nero war römischer Kaiser von 54–68 n. Chr. Der Christenverfolger wurde schon in der Antike als ruchloser Tyrann gebrandmarkt.

11 Heliogabal, der glücklose römische Kaiser von 218–222 n. Chr., versuchte, ohne Rücksicht auf römische Traditionen, den Kult des Sonnengottes Elagabal einzuführen und wurde bei einem Aufstand der Garde ermordet.

12 Lebbäus war der Beiname des Judas Thaddäus, den Zwingli hier für den Herrenbruder und Verfasser des Judasbriefes hält.

13 Zwingli benützt das Wort ›Seele‹, das bei ihm noch die ganze Bedeutungsbreite des lateinischen Begriffes ›anima‹ hat, also Seele, Lebewesen, Lebenskraft usw.

14 Die Septuaginta ist die griechische Übersetzung des hebräischen Alten Testamentes. Sie wurde im dritten Jahrhundert v. Chr. von der hellenistisch-jüdischen Gemeinde in Alexandrien begonnen, im 1. Jahrhundert v. Chr. beendet und seither immer wieder nach dem Urtext verbessert. Zwingli zitiert hier ungenau 1. Mose 2,7: »Er nahm Staub [Lehm] der Erde ...«

15 Vgl. oben Anm. 13.

16 Im Original: *gmů̊t*. Das Wort halte im Frühneuhochdeutschen, gegenüber heute, eine viel umfassendere Bedeutung, die Verstand und Willen mit einschließt.

17 Zwingli spielt hier auf die scholastische Lehre vom Naturrecht an, wonach das dem Menschen eigene ›natürliche Gesetz‹ teilhat am göttlichen ›ewigen Gesetz‹ (vgl. Thomas von Aquin, S. Th. 1/II, q. 90–108; 2/II, q.57).

18 Eiferer.

19 In griechischen Sagen wird erzählt, Zeus habe eine Sintflut gesandt, um die Menschen zu vernichten, aus der allein Deukalion, der fromme Sohn des Prometheus, und seine Frau Pyrrha in einem Kasten gerettet wurden.

20 Hilarius von Poitiers, Kirchenvater aus dem 4. Jahrhundert. Zwingli bezieht sich hier möglicherweise auf dessen Commentarius in Matthaeum, Canon XIII.

21 Jüdischer Historiker aus dem ersten Jahrhundert n. Chr. Vgl. seine Jüdischen Altertümer, II, 15,4.

22 Zwingli spielt hier auf das Argument der Altgläubigen gegenüber den reformatorisch Gesinnten an, nur ein Konzil könne so weitgehende Neuerungen beschließen. Er will den immer wieder erhobenen Vorwurf, sie als Einzelne wollten verständiger sein als ungezählte Konzilsväter vor ihnen, deren einstimmig gefaßte Beschlüsse sie umstießen, entkräften.

23 Kajaphas sprach Gottes verborgene Absicht aus, als er den Juden riet, Jesus zu töten, mit der Begründung, es sei gut, daß einer für das Volk sterbe (vgl. Joh 18,14).

24 Titel der Bischöfe.

25 Der auf das 1084 begonnene Einsiedlerleben Brunos von Köln zurückgehende Kartäuserorden versucht, die Vorzüge des Eremitentums und einer Mönchsgemeinschaft zu verbinden und zeichnet sich durch strenge Askese und Gottesversenkung aus.

26 Der 529 gestiftete älteste abendländische Mönchsorden mit seiner lebensnahen Frömmigkeit, weisen Menschlichkeit und Offenheit hat unsere Kultur bedeutend beeinflußt.

27 Angehöriger des von Dominikus gestifteten und 1216 bestätigten Seelsorge- und Predigerordens, der als erster Mönchsorden systematische Studien vorschrieb und neben vielen bedeutenden Gelehrten den berühmtesten Hochscholastiker, Thomas von Aquin, hervorbrachte.

28 In einigen deutschsprachigen Gebieten wurden die Franziskaner, weil sie auf Schuhwerk verzichteten, Barfüßer genannt. Der weitverbreitete Bettelorden geht auf Franz von Assisi (1181/82–1226) zurück und nahm sich der ärmeren Schichten in den Städten an.

29 Viel besuchter Wallfahrtsort in Spanien, dessen Kathedrale die Reliquien des Apostels Jakobus des Älteren birgt.

30 Papst Anastasius II. (496–498) galt im Mittelalter auf Grund einer Notiz Gratians als Häretiker. Papst Liberius (352–366) trat im arianischen Glaubensstreit für Athanasius ein. Er wurde vom arianischen Kaiser Konstantius II. verbannt und unterschrieb schließlich eine Kompromißformel. Die Legende machte ihn zum üblen Verräter.

31 Hilarius war Bischof von Poitiers, um 315–367. Er versuchte, östliche und westliche Theologie zu verbinden und betonte, daß Gottes Wort allein Grundlage und Richtschnur für den Glauben sein kann.

32 Zwingli stimmt hier in die zeitgenössische Kritik an der Scholastik ein, wie sie besonders von den Humanisten vorgetragen wurde, während er sich selber eifrig die von den Humanisten bereitgestellten biblischen Hilfswissenschaften, vor allem historische und Sprachkenntnisse, aneignete.

33 Gemeint ist: Sie belegen ihre Lehrmeinungen statt mit der Heiligen Schrift mit Zitaten der Kirchenväter, kanonischen Vorschriften oder Konzilsbeschlüssen, kurz, sie berufen sich auf die kirchliche Tradition.

1 Mittwoch, 24. Juni 1523.

2 Üchtland: ursprünglich ein Teil des Waadtlandes, dann im 13. Jh. auch auf das Gebiet Freiburgs und Berns übertragen.

3 Zwingli denkt hier an sich und die seine Linie der Reformation vertretenden Mitarbeiter im Gegensatz zu den Anfängen der sog. »radikalen« Strömungen.

4 Gemeint ist Valerius Anshelm.

5 Hier und im folgenden wird »Schöne« mit Vollkommenheit übersetzt, entsprechend Gwalthers ›perfectio‹.

6 »Suum cuique tribuens« ist die antike Definition von Gerechtigkeit, so bei Aristoteles, Rhetorik I,9; dann vor allem bei Cicero und Ulpian.

7 Zwingli verweist hier auf seine Schrift »Auslegung und Begründung der Thesen oder Artikel« vom 14. Juli 1523, vgl. Bd. II, S. 20ff.

8 Zwingli denkt hier an die zeitgenössische katholische Auffassung der Bergpredigt als evangelischem Ratschlag, der über die Gebote hinaus für diejenigen gilt, die einen höheren Stand der Vollkommenheit erreichen wollen, wie z. B. im Mönchtum.

9 Zwingli spielt hier darauf an, daß auch die Kleriker nicht einer geistlichen, sondern der allgemeinen weltlichen Gerichtsbarkeit unterstellt werden sollen. Darüber handelt er bei der Auslegung von Röm 13,7.

10 Geschichte der Susanna im Bade in den apokryphen Zusätzen zum Buch Daniel.

11 Zwingli greift hier ein Argument der sogenannten »Radikalen« auf, vgl. die Einleitung.

12 Zwingli denkt hier an eine Gruppe, die der Predigt keine Kritik an öffentlichen Zuständen zugestehen wollte; vgl. die Einleitung.

13 Diese Redensarten bedeuten: Die geistlichen Oberen verhängen derart leichte Strafen, daß diese geradezu zu weiteren Vergehen aufmuntern.

14 Der deutsche Kaiser Karl V. war damals 24jährig, der französische König Franz I. 29jährig, Heinrich VIII. von England 32jährig. Zum Vergleich: Zwingli war bei Abfassung dieser Schrift 39 Jahre alt!

15 Wohl eine Anspielung auf Mt 7,16–19 oder ähnliche Jesusworte.

16 Ovid, Tristia III, 7,48.

17 Im Original: *seckzoll*. Von der Lizenz, gegen eine jährliche Steuer von vier rheinischen Gulden an den Bischof eine Konkubine halten zu dürfen, wurde ausgiebig Gebrauch gemacht, so sehr, daß da und dort der

bischöfliche Fiskal kurzweg diese Steuer von allen Geistlichen einziehen wollte. Für jedes aus solch einer Verbindung stammende Kind mußten dem Bischof vier, später fünf rheinische Gulden bezahlt werden.

18 Gemeint sind Gesetzessammlungen.

19 D.h. das Haus sei ausgeplündert bis auf die Mäuse.

20 In Gwalthers Übersetzung steht hier die Randglosse: »Verwundere sich niemand ab den Turgken« (Türken).

21 Zwingli unterscheidet zwischen ›Zinsen‹ und ›Wucher‹. ›Wucher‹ meint das Geldleihgeschäft im allgemeinen oder dann das Ausleihen von Geld auf Zinsen sowie den entsprechenden Zins selbst. Mit ›Zins‹ sind die Abgaben gemeint, die für Grundpfanddarlehen, den sog. *zinskouff*, erhoben wurden. Diese Darlehen konnten Gülten (ablösbar) oder Renten (nicht ablösbar) sein. Wenn der Schuldner Gülten nach einigen Jahren nicht fristgemäß kündigte oder kündigen konnte, wurde daraus eine unablösbare Verpflichtung. Zusammen mit den anderen »ewigen« Abgaben an den Grundherrn resultierte zu Zwinglis Zeit daraus eine Zinsbelastung des bäuerlichen Privateigentums von 19,5% vom Wert des Landes. Wir übersetzen sowohl ›Zins‹ wie auch ›Wucher‹ in der Folge mit ›Zins‹, entsprechend dem heutigen Sprachgebrauch, außer dort, wo mit ›Wucher‹ das Geldverleihen bzw. der Geldverleiher gemeint ist.

22 Zwingli verweist im Text auf folgende Abschnitte des Corpus Iuris Canonici: Kanon 68, Causa XVI, quaestio 1; Kanon 1, Causa XVI, quaestio 7.

23 D.h. ein zehntenfreies Gut.

24 Grundpfanddarlehen.

25 Zwingli numeriert im folgenden noch zweimal 1.–3. und dann von 1.–10. Wir geben die bestehenden Untergliederungen durch Zusätze an.

1 Jakob Ceporinus (Wiesendanger), 1449–1525, wurde von Zwingli 1525 als Lehrer an die Stiftsschule in Zürich berufen.

2 Heinrich Loriti aus Glarus (deshalb Glareanus), 1488–1563, Humanist und Freund Zwinglis.

3 Anspielung auf Horaz, Ars poetica 386–388.

4 Römisches Sprichwort: »Ohne Korkgürtel schwimmen« = auf den eigenen Beinen stehen.

5 Die Redekunst des athenischen Feldherrn Perikles galt schon in der Antike als sprichwörtlich.

6 Kaiser Nero befahl seinem Lehrer Seneca, sich umzubringen, vgl. Tacitus, Annalen 14,53ff. und 15,60ff.

7 Nach Hieronymus (Interpretatio chronicae Eusebii) soll der Dichter Ennius (239–169 v. Chr.) zusammen mit dem römischen Feldherrn Scipio Africanus maior im gleichen Grab beigesetzt worden sein.

8 Unübersetzbare Redensart: »prora et puppis« = »Unser Bug und Heck«; vgl. Bd. II, Anm. 15, S. 504.

9 Homer, Odyssee 12,37–54 und 154–200, wo Odysseus sich am Mast seines Schiffes festbinden läßt, um dem Gesang der Sirenen zu lauschen.

10 Nach alter Tradition galt für die Schüler der Pythagoreer eine zwei- bis fünfjährige Schweigezeit.

11 Plinius, Historia naturalis 8,1,3 (§ 6).

12 Galenus (131–circa 205 n. Chr.) war einer der berühmtesten Ärzte des Altertums.

13 Milon von Kroton, sechsfacher Olympiasieger; Zwingli kennt ihn von Cicero, Cato 9,27.

14 In der klassischen Literatur sind die Stellen, an denen die Habgier kritisiert wird, sehr zahlreich; bekannt ist das Wort Vergils: »auri sacra fames«, die verfluchten Begierden nach Gold. (Aeneis 3,57).

15 Massilia (Marseille) war im Altertum als friedfertige und blühende Gemeinschaft arbeitsamer Menschen bekannt.

16 Seneca, Briefe an Lucilius 95,52f.

17 Cicero, de officiis 3,29.

18 Als die Gallier das Kapitol besetzten, durchschwamm Pontius Cominius den Tiber; Cloelia, als Geisel genommen, entfloh und schwamm durch den Tiber zurück nach Rom. Beide Beispiele hat Zwingli aus Livius 5,46,8f. und 2,13,6.

19 Ovid, Ars amatoria 3,65.

1 Nach Humanistenart übersetzt Zwingli ›Schurtanner‹ mit gr. ›keraunos‹ (= Blitz) + ›elate‹ (= Tanne) zu einem beziehungsvollen ›Schirmtanner‹.

2 Die auf 1. Tim 3,1–7 und Tit 1,5 beruhende Gleichsetzung von gr. ›episkopos‹ (= Bischof, Aufseher, Wächter, Prediger), fand Zwingli 1516/18 beim Kirchenvater Hieronymus. In Verbindung mit dem Hirtenmotiv Jer 23,1–4 bezeichnet der Reformator ab 1522 mit »Bischof« den auf seine Gemeinde beschränkten evangelischen Pfarrer im Gegensatz zu Roms »hohen Bischöfen«.

3 Dorf im Appenzeller Gebirgsland Außerrhoden. Vorreformatorische Filialgemeinde von St. Laurenzen, St. Gallen, seit 1479 eigene Pfarrkirche mit Kaplanei.

4 Ins Winterhalbjahr 1523/24 fielen vermutlich Zwinglis Vorbereitungen für die am 29. September 1523 gegründete Zürcher Theologenschule (Prophezei), mit Sicherheit die Anfänge der Revision an Luthers Übersetzung des Alten Testaments, vielleicht auch die Vorstudien für den Psalter Deutsch 1525.

5 Die 3. Zürcher Disputation (13./14. Januar 1524) hatte zwar die kirchlich-theologische Opposition endgültig gebrochen, gleichzeitig begann sich aber die innere Emigration des radikalen Flügels abzuzeichnen. Auf eidgenössischer Ebene verstärkte sich zudem der politische Druck der katholischen Tagsatzungsmehrheit.

6 Der vom Kirchenvater Hieronymus in »De viris illustris« X erwähnte, um 130 vom römischen Christen Hermas verfaßte »Pastor« war die beliebteste außerkanonische Schrift der frühen Kirche. Im Mittelalter noch gelegentlich zitiert, fand sie erst wieder die Aufmerksamkeit der Humanisten. Am »Hirten des Hermas« – formal eine Apokalypse, inhaltlich eine Bußpredigt – könnten die folgenden theologischen Elemente Zwinglis Interesse geweckt haben: Die pneumatologische Grundstimmung, die Abwehr des sakramentalen Heilsmaterialismus, das ausdrücklich nicht episkopal bestimmte Hirtenbild, Kirche als Sammlung der Bußfertigen, Götzendienst als Hauptsünde des Menschen.

7 Die von Johannes Faber Stapulensis 1513 in Paris besorgte lateinische Ausgabe scheint Zwingli nicht bekannt zu sein.

8 Generalvikar Dr. Johannes Fabri.

9 Davon wissen die zeitgenössischen Berichte über die 1. Zürcher Disputation (29. Januar 1523) nichts. Möglicherweise lenkte der Generalvikar Zwinglis 4. These, »Wer einen anderen Zugang (zur Seligkeit) sucht oder zeigt, irrt, ja, er ist ein *Seelenmörder* [Joh 10,1, bei Luther und Zwingli] und ein Dieb«, auf seinen Gegner zurück.

10 Gemäß Laterankonzil IV (1215), Kapitel 21.

11 Opfergaben (Oblationen) in Verbindung mit liturgischen Funktionen, namentlich Totenämtern. Seit der straffen karolingischen Zehntenpraxis verloren diese Natural- und Geldgaben zunehmend an Bedeutung, blieben jedoch als freiwillige Sammlung erhalten.

12 Spenden in die zum Bau oder zur Erhaltung kirchlicher Gebäude bestimmte Kasse (»fabrica ecclesiae«) wurden oft als Bußwerk auferlegt. In Konstanz bestand eine durch »petitiones matricis« (Bitten der Mutter Gottes) gespeiste Domfabrik für Marienkirchen.

13 Gegen eine Gebühr erhielten die Bevölkerungen alpiner Gegenden gelegentlich (im Bistum Konstanz 1457 und 1533) einen päpstlichen Dispens (Butterbrief), der zum Genuß von Milchprodukten während der Fasten berechtigte.

14 Zwingli erinnert möglicherweise an die päpstliche Bulle »Exsurge Domine« 1520 und an das kaiserliche Wormser Edikt 1521 gegen Luther und seine Leute. Aktuell war das im Februar 1523 in Ensisheim gefällte Todesurteil gegen den Basler Fastenbrecher Sigmund Steinschneider und das 1523/24 kursierende Gerücht, in Bayern würden viele um des Glaubens willen umgebracht. Am 26. März 1524, dem Erscheinungstag des »Hirten«, wurde zudem der Zürcher Bilderstürmer Niklaus Hottinger durch Urteil der Tagsatzung enthauptet.

15 Die Einführung des Schriftprinzips hatte der Landrat im Oktober 1523 beschlossen. Unverzüglich meldete Schurtanner diesen ersten Sieg an Joachim Vadian: Dank Zwingli, dem Kriegsherrn, und Leo Jud, dem Herzog der Streiter Christi, sei dies gelungen.

16 Das Land Appenzell kam erst am 17. Dezember 1513 als Dreizehnter Ort zur Eidgenossenschaft.

17 Gemeinnutz gegen Eigennutz ist Zwinglis sozialethisches Grundpostulat.

18 Der schweizerische Humanismus, dem auch Zwingli angehört hatte, bediente sich zur Beschreibung seiner Vision der »Neuen Schweiz« gerne alteidgenössischer Begrifflichkeit. Dahinter stand der redliche Versuch, dem Land einen politischen Sinn und verpflichtende Ziele zu geben.

19 Der französischen Soldallianz vom 5. Mai 1521 war Zürich als einziger eidgenössischer Ort nicht beigetreten. Am 11. Januar 1522 wurde hier jedes Reislaufen verboten. In diesem ökonomischen und politischen Wagnis sahen die Zeitgenossen die Frucht von Zwinglis evangelischer Predigt.

20 Die geistlich-sittliche Erneuerung Zürichs durch das Evangelium ist seit 1524 vielfach bezeugt. So etwa bei Oswald Myconius (»Ad sacerdotes Helvetiae«): »Nicht etwa hören sie bloß das Evangelium – sie leben auch danach!«

21 In seiner Appenzeller Reformationschronik (1565) lüftet der Hundwiler Prädikant Walter Klarer das Inkognito: »Der große hochberühmte Päpstler Theobaldus Huter, Pfarrer zu Appenzell, war der erste, der uns auf der Kanzel mit allerhand ausgesuchten Kniffen und Konzepten widersprach, wie er überhaupt ein gewandter, listiger Mann gewesen ist, weshalb ihn Magister Huldrych Zwingli selig im erwähnten Buch ›Der Hirt‹ ›das bäpstisch fúchßli‹ nennt.« Huter, der sich an den Disputationen von Baden und Bern hervortat, gelang es, die Inneren Rhoden beim Katholizismus zu erhalten.

22 Bernhard Bentz.

23 *Appenzell:* Kaplan Johannes Heß, Gegner des vorgesetzten Pfarrers Theobald Huter, 1526 zum Rücktritt gezwungen; Kaplan Ulrich Urnäscher. *Gais:* Seit 17. Juni 1522 bis 1530 Pfarrer Matthias Keßler, bis 1528 lutherisch; Bernhard Bentz. *Herisau:* Pfarrer Johannes Döring, 1522 wegen Priesterehe in bischöflicher Gefangenschaft, mußte Ende 1523 weichen. *Hundwil:* seit 1522 Pfarrer Walter Klarer, 1521 durch Bibelstudium evangelisch, neben Jakob Schurtanner Hauptförderer der Reformation im Lande Appenzell. *Teufen:* Pfarrer Jakob Schurtanner; Diakon Magister Christoph Schürpf, ein Vertrauter Vadians; Kaplan Lukas Maler.

24 Die Filialgemeinden Rehetobel und Wald.

25 Nach Heinrich Bullingers Reformationsgeschichte (1567) waren an der 2. Zürcher Disputation »mehr als 350 Priester, darunter 10 Doktoren und viele Magister und sonst viele hochgelehrte und bedeutende Leute«, insgesamt 900 Mann zugegen.

26 Vgl. etwa 1. Mose 48,15; 4. Mose 27,17; Ps 23,1; 80,2; Jes 40,11; Jer 31,10; Ez 34; Sir 18,13.

27 Für Zwingli greift das Evangelium von der Versöhnung durch den Gottessohn jede (heidnische) Verabsolutierung des Menschlichen, Kreatürlichen, Irdischen an. Dieser antipaganistische Grundzug der zwinglischen Theologie (Alexander Schweizer) erklärt die Heftigkeit seines Kampfes gegen den Bilder- und Heiligenkult, gegen die Autorität des Papsttums und seiner Vorschriften (Menschenlehren), gegen den sakramentalen Heilsmaterialismus Roms, Luthers und der Täufer, gegen den Mammonismus.

28 Im Dienste begrifflicher Schärfentiefe übersetzt Zwingli die Vokabeln des biblischen Urtextes häufig durch Doppel- und Mehrfachbegriffe, die mit ›und‹ bzw. ›oder‹ verbunden sind.

29 Dieses seelsorgerliche Hauptproblem der reformatorischen Frühphase behandelte Zwingli 1523 in den Thesen 47–49.

30 Luther übersetzt meistens: »Tut Buße«. Im Gefälle entsprechender Prophetentexte akzentuiert Zwingli mehr den ethischen Aspekt der Reue.

31 Im Original: *prästen*. So übersetzt Zwingli Augustins ›vitium/malum originis‹. Gemeint ist die von Adams Fall herrührende tödliche Fixierung auf die Sünde, die »Krankheit zum Tode«.

32 Im Original: *Es nempt ouch Christus an den Orten das wort des heils nach dem teil der gnaden*. Im Anschluß an Gwalthers lateinische Übertragung läßt sich die schwierige Stelle auch übersetzen: »leitet Christus zwar das Wort des Heils vom Aspekt der Gnade ab.«

33 Im Original: *kappe* (capitium): Kapuze der Mönchskutte, Priestermütze, Barett.

34 Im Original: *kappenzipfel* (cuculla): Kapuzengewand. Die römischen Theologen kann Zwingli gelegentlich als *kappenzipfler* bzw. *kappenfritzen* titulieren.

35 Taufhemd oder seidenes ›superpellicium‹ der Chorherren (vgl. These 46).

36 Kniehohe *Schuhe* sind antike und mittelalterliche Zeichen der Würde und des hohen Standes. Barfußgehen ist das Los der Gefangenen (Jes 20,2–4) und das Zeichen der Bußfertigen (Apg 7,33; Canossa). Ebenfalls zur Rechtssymbolik gehört der (hohe) *Hut* als Persönlichkeitszeichen des Gut und Lehen besitzenden freien Mannes. »Cappa magna« ist der Kardinalshut.

37 Im Original: *Denn locus ab autoritate gilt negative by gott*. Die scholastische Denkfigur ›locus *ab* autoritate‹ (unnötig die Korrektur in der Kritischen Ausgabe Z III,21, Anm. 1) bedeutet seit Thomas von Aquin (Summa theologica I,1,8) das unumstößliche Argument einer Autorität. Der Sinn: Was Gott (nicht) tut, soll auch der Mensch (nicht) tun.

38 Für Zwinglis Theologie grundlegend: Christus, das vollkommene Vorbild des Lebens und das Pfand der Gnade, verkörpert die Einheit von Leben und Glauben, von Ethik und Dogmatik.

39 Johannes 6,44 durchzieht Zwinglis Schrifttum bis zuletzt wie ein roter Faden: Gotteserkenntnis, rechtes Schriftverständnis, Glauben, sind freie Gabe des Geistes Gottes.

40 Im April/Mai 1522 mußte der Zürcher Rat mehrmals dem Gerücht über eine geplante nächtliche Entführung Zwinglis nach Konstanz nachgehen. Unvergessen war beim Volk auch die einstige Verschleppung Felix Hemmerlis (gest. 1454) durch den Bischof.

41 Möglicherweise eine Anspielung auf den Fall des Pfarrers Urban Wyß von Fislisbach (Grafschaft Baden), den die Tagsatzung am 23. November 1522 wegen evangelischer Predigt und Priesterehe dem Bischof ausgeliefert hatte. Wie einst Johannes Hus im Schloß Gottlieben verwahrt, bewegten ihn im Frühsommer 1523 erst die massiven Drohungen des Generalvikars Faber – gerüchtweise war von Folterung die Rede – zum Widerruf.

42 Phalaris, Tyrann von Akragas (565–549 v. Chr.). Er galt als Muster eines grausamen Gewaltherrschers. Seine Feinde ließ er in einem ehernen Stier zu Tode rösten.

43 In dieser Form bei Seneca nicht nachweisbar. Möglicherweise dachte Zwingli an Cicero, der in De legibus V die Rolle der Ephoren und Tribunen beschreibt und in De officiis II 26 geradezu formuliert: »*imperium* populi Romani *beneficiis* tenebatur, non iniuriis« (Die Macht des Römischen Volkes beruhte auf Wohltaten, nicht auf Gewalt).

44 Durch Kupferzusatz wurde das Gewicht der Münze erhöht und somit ihr prozentualer Feingehalt gesenkt – eine von Zwingli öfter kritisierte Frühform der Inflationssteuerung.

45 Mit »Wort Gottes« oder »Evangelium« bezeichnet Zwingli oft einfach die Reformationsbewegung, die in seinem Geschichtsbild den Rang einer besonderen Gnadenzeit einnimmt.

46 Gemeint ist Hugo von Hohenlandenberg, Bischof von Konstanz.

47 Zwingli tadelte öfters die homosexuellen und inzestuösen Praktiken des Klerus.

48 Anspielung auf den Heiligenkult als verfeinerte Form der Kreaturvergötterung.

49 1509/10 brachten die gediegenen Bemühungen des nachmaligen Kardinals Matthäus Schiner die Schweizer auf die Seite des Papstes. In die durch die Päpste Julius II. und Leo X. provozierten sog. »Mailänderkriege« (1499–1516/21) waren Schweizer, Deutsche, Franzosen, Spanier und Italiener verwickelt.

50 Für die Schweiz des 16. Jahrhunderts rechnet der Demograph Wilhelm Bickel 1947 mit einem solddienstbedingten Populationsverlust von 250–300.000 (= 30% der damaligen mittleren Bevölkerung).

51 Zwingli denkt hier wohl an die bestialische Plünderung von Novara durch die Eidgenossen und die anschließende blutige Niederlage bei Bicocca im April 1522.

52 Gr. ›Ate‹: Personifikation der unheilbringenden Verblendung, ebenso des durch diese herbeigeführten Frevels.

53 In Sparta wurden die fünf ›ephoroi‹ jährlich vom gesamten Volk aus dem Volk gewählt. Ursprünglich mit zivilrechtlichen Kompetenzen ausgestattet, dehnte sich ihr Aufgabenkreis auch auf die Prüfung der Behörden aus. Selbst die Könige mußten sich vor ihnen verantworten.

54 Das (Volks-)»Tribunat« war ein in der frühen römischen Republik begründetes Amt zur Wahrung der Interessen der Plebeier. Die Kompetenzen der durch Immunität geschützten 10 Tribunen bestanden namentlich im Einspruchsrecht gegen Akte des Magistrats, gegen Gerichtsentscheidungen und Senatsbeschlüsse, ferner im Herbeiführen von Plebisziten.

55 In Zürich waren dies nach dem »Vierten Geschworenen Brief« von 1498 die vom Großen Rat aus den 24 Zunftmeistern gewählten 3 »Obristen Zunftmeister«. Zusammen mit dem amtierenden Bürgermeister, den sie bei Abwesenheit vertraten, bildeten sie den »Heimlichen Rat«, den außenpolitischen Führungsstab, zu welchem Zwingli öfters beigezogen wurde.

56 Es folgt ein Abschnitt im katechetischen Frage-Antwort-Stil.

57 Die folgenden Ausführungen erinnern streckenweise an Luthers »Predigt von der Liebe, der Frucht des Sakraments« (Wittenberger Fastensermone 1522).

58 Es folgt jedoch Mt 19,27.

59 Zwingli zitiert allerdings Mk 10,29–30.

60 Gott als »summum bonum« (Plato, Augustin, Thomas von Aquin) ist für Zwingli mehr als die höchste Steigerung dessen, was »gut« ist: Gott ist die einzige Quelle alles Guten.

61 Im Original: *ob inen umb Christum oder umb die kysten sye*. Dieses Wortspiel bereits in These 66.

62 Im Original: *pfrundlehen*. Die Verleihungsurkunde mußte vom Bischof oder Generalvikar beglaubigt sein.

63 Im Original: *pensionen*. Regelmäßige Geldzahlungen ausländischer Mächte an einflußreiche Persönlichkeiten zur Erlangung günstiger Verträge und Bündnisse.

64 Im Original: *ersten frücht*. Abgabe eines neuen Pfründeninhabers an den Bischof, meistens in der Höhe eines Jahreseinkommens (primi fructus, annalia).

65 Im Original: *kilchengelt* (collectae). Im Bistum Konstanz sind an regelmäßigen Abgaben zu nennen: die »Quarten« (Entschädigung für die Überlassung der Pfrund), »Consolationen« (Lebensunterhalt des Bischofs), »Bannalia« (Bußgeld für begangene Sünden der Priester und der Pfarreiangehörigen), »Cathedraticum« (Zeichen der Unterordnung).

66 Im Original: *banschätz* (bannalia). Geldbuße für Bannfrevel. Gwalthers »de excommunicatione pecuniaria« hat im Blick, was Zwingli in »Wer Ursache zum Aufruhr gibt« (Dezember 1524) beanstandet: »Wo hat Gott je gelehrt, für den Genuß der Sakramente Geld und Sold zu nehmen?«

67 Im Original: *bann umb zytlich gut:* Gwalthers »de iuridica potestate et iurisdictionibus« trifft die bischöfliche Iurisdiktionsgewalt überhaupt. Zwingli meint hier vielleicht den in Italien üblichen Schuldbann (bannum pro debitis).

68 In der Predigt »Von der ewig reinen Magd Maria« (September 1522) faßt Zwingli seine Mariologie in einem Satz zusammen: »Ihre ganze Ehre ist ihr Sohn.«

69 In einzelnen Stiften, namentlich auch in dem Zwingli wohlbekannten Einsiedeln, war die Aufnahme auf den Adel beschränkt.

70 In der Flugschrift »Ernstliche Ermahnung Hugo von Landenbergs« (1522), die Zwingli sicher vorlag, kritisieren die Berner Prädikanten Berchtold Haller und Sebastian Meyer die Konkubinensteuer (Zwingli: *seckzoll* bzw. *hurenzoll*): Jetzt habe der Bischof »jährlich noch einen Gulden dazugeschlagen, wenn einem Pfaffen ein Kind wurde, so daß einer jetzt fünf Gulden für ein Kind geben muß [...]. Es sollen etwa 1500 Pfaffenkinder auf das Konstanzer Bistum fallen. Von jedem 4 Gulden, machte [früher] 6000 Gulden; jetzt sind es 5 geworden, macht 7500 Gulden.«

71 Im Frühjahr 1522 hatte Konrad Hofmann, Chorherr am Großmünster, bei Propst und Kapitel eine diesbezügliche Klageschrift gegen Zwingli eingereicht. Den Vorwurf des »Aufruhrs« gab dieser in »Wer Ursache zum Aufruhr gibt« an seine Kritiker zurück. Vgl. S. 331–426.

72 Zwinglis eigener Bruder Klaus, etwa, hatte sich erst 1544 von der Leibeigenschaft des Abtes Diethelm loskaufen und das Landrecht von Glarus erwerben können.

73 Unsere Übertragung berücksichtigt hier Gwalthers exegetisch korrektes »quod de se dicit«, was er von sich sagt.

74 Mit *kilchhöri* bezeichnet Zwingli die Einzelgemeinde. Diese wacht über die Lehre ihres Hirten und das Leben ihrer Glieder, stimmt als ganze über kirchliche Sachen ab und besitzt somit das »ius reformandi«.

75 In Zwinglis Auslegung der These 8 (Juli 1523), vgl. Bd. II, S. 63ff.

76 Subjekt unklar. Es kommen in Betracht: a) Zürich 1520 (Schriftprinzip mit römischer Auslegung). b) Väterliche Ermahnung des Bischofs von Konstanz, 24. Mai 1522 (Schriftprinzip und »unser heiliger christlicher Glaube«). c) Dito, 10. August 1522. d) Die dem Zürcher Reformationsmandat 1523, 29. Januar (reformatorisches Schriftprinzip) nachgebildeten Mandate von Basel April/Mai 1523 und Bern 15. Juni 1523, die noch immer katholisch interpretierbar waren. e) Mandat der Reichsregierung 6. März 1523 (römisches Schriftprinzip und Verbot aller Neuerungen).

77 Corpus Iuris Canonici (seit 1918 Codex Iuris Canonici): Zusammenstellung hoch- und spätmittelalterlicher Kirchenrechtssammlungen. Die erste amtliche Ausgabe erschien in Rom 1582 in 5 Bänden.

78 Vgl. S. 101ff.

79 Die sog. »Vier Opfer« waren eine kleine Summe, die viermal jährlich (Quatember) nach dem Empfang des Sakraments von jeder mehrjährigen Person erwartet wurde. In Zürich ist diese Haupteinnahmequelle auf inkorporierten Pfarreien 1524 abgeschafft worden.

80 Zwingli meint hier wohl nur Gaben (Oblationen) für gesprochene Gebete. Immerhin mußte er im August 1522 dem Vorwurf abfälliger Äußerungen über das Ave Maria begegnen.

81 Es folgen sieben mit thesenhaftem »daß« eingeleitete Sätze.

82 Bekannt waren damals Bischof Pauls von Chur Konkubinat mit der Nonne Agatha Mengold von Feldbach, sowie Bischof Sebastians von Lausanne zweimaliger Versuch, sich durch Verrat der Stadt zu bemächtigen.

83 Im Oktober 1522 benachrichtigte der Landschreiber von Schwyz Zwingli über allerhand üble Vorwürfe, »die Euch hinterrücks [...] gemacht werden«. In seiner »Entschuldigung etlicher Zwingli unwahrlich zugelegter Artikel, an die Tagsatzung zu Bern« (Juli 1523) sah sich Zwingli genötigt, diese und weitere böswillige Unterschiebungen zu seiner Person zu entkräften.

84 Seit dem Frühjahr 1522 lebte Zwingli mit Anna Reinhart in damals üblicher und anerkannter »heimlicher« Ehe. Am 2. April 1524 sanktionierte er diese durch öffentlichen Kirchgang.

85 Der Zehnten (oft: Zins) war seit dem 6. Jh. die wichtigste Abgabe der Laien an die Kirche, von dieser aufgrund der mosaischen Gesetze verlangt und in erster Linie zum Unterhalt der örtlichen Priesterschaft bestimmt.

86 Die Erträge aus Jahrzeiten, Totenämtern, Seelenmessen, Vieropfer.

87 Der oftmals schillernde Begriff »Zins« meint: a) Abgabe vom Zinsgut an den Grundherrn. b) öffentlich-rechtliche Abgaben (z.B. Zehnten). c) Steuer überhaupt. d) Zins bei Geldleihgeschäften.

88 Diese Rückführung des Pfrundguts auf den angestammten Zweck des Pfarrerunterhalts und der Armenfürsorge war eines der wichtigen Postulate der »Gemeindereformation« (Peter Blickle) und somit auch der meisten Bauernkriegsartikel 1525. In »Wer Ursache zum Aufruhr gibt«, kommt Zwingli ausführlich darauf zu sprechen. Vgl. S. 405f; 410f.

89 Gemäß Bulle Unigenitus 1343 verwaltet der Papst einen aus dem unendlichen Verdienst Christi und den überschüssigen Verdiensten der Heiligen gespiesenen Fonds (»thesaurus ecclesiae«), aus welchem der Mangel der Gläubigen an guten Werken ausgeglichen wird. Erstreckte sich die Verwendung dieses Kirchenschatzes ursprünglich nur auf den Erlaß (Ablaß) zeitlicher Sündenstrafen, so dehnte sie die Enzyklika Romani Pontificis Provida 1477 auch auf die Seelen im Fegefeuer aus.

90 Im Original: *urteilbrieffe*. Das bischöfliche Gericht (Offizialat) tagte zu Konstanz im Kreuzgang des Münsters. Seine innerhalb der eidgenössischen Quart schon vorreformatorisch beschränkte Zuständigkeit galt für Kleriker in Sachen Irregularität bis Häresie, für Laien in Ehesachen und Schuldbetreibungen. Die durch Urteilsbrief beschiedenen Strafen waren in der Regel Geldbußen.

91 Zwingli erinnert hier an das verhängnisvolle Wirken der päpstlichen Diplomaten. Matthäus Schiner: Bischof von Sitten, seit 1511 Kardinal,

brachte die Schweizer auf die Seite des Papstes und verwickelte sie so in die sog. »Mailänderkriege«. Antonio Pucci: Bischof von Pistoja, Legat 1517–1521, verschaffte Zwingli eine Pension (die dieser 1521 kündigte), warb 1519/21 Söldnertruppen, starb 1544 als Kardinal. Ennio Filonardi: Bischof von Veroli, Nuntius 1513–1533, suchte 1523 die Schweizer zur Neutralität oder zu einem neuen Papstbündnis zu bewegen, hetzte 1532 erneut zum Bruderkrieg.

92 Im Original: *Nim dich nütz an, frommer man!* Gwalther: »bezieh das nicht auf dich.« – Der von Zwingli öfters angesprochene »Fromme« (Rechtschaffene) ist der korporative Adressat seiner Schriften, vielleicht identisch mit dem »gemeinen Mann«, den alle reformatorischen Frühschriften zu erreichen suchten.

93 Es folgen 9 numerierte Sätze. Durch Teilung der beiden inhaltlich selbständigen Sätze von Nummer 8 käme man auf 10 Thesen.

94 Im Brief vom 24. Juli 1520 an Oswald Myconius verwendete Zwingli »Jupiter« als Decknamen für Papst Leo X.

95 In der »Christlichen Einleitung« (November 1523) kritisiert Zwingli gewisse radikale Kreise, die sich mit Parolen wie »Pfaffen totschlagen, Mönche verbrennen, Nonnen ertränken« hervortaten.

96 Ein Konzil stellten die bischöflichen Mandate vom 24. Mai und vom 10. August 1522, ebenso der Nürnberger Reichstagsabschied vom 9. Februar 1523 in Aussicht. Demgegenüber erklärte Zwingli die 1. Zürcher Disputation vom 29. Januar 1523 zum ordentlich einberufenen und infolge der Berufung auf die Schrift bevollmächtigten Provinzialkonzil.

1 Vgl. S. 253. – Niklaus von Flüe (1417–1487) Obwaldner Politiker, von 1467 an als Eremit in der Ranft lebend; er wurde 1947 heiliggesprochen.

2 Philipp II. (geb. um 382, ermordet 336 v. Chr.) König von Makedonien 359–336 v. Chr.

3 Alexander der Große (356–323 v. Chr.) Sohn Philipps II., König von Makedonien 336–323 v. Chr.

4 Der Ausspruch ist überliefert in Plutarch: Moralia, Regum et imperatorum apophthegmata, Philippos, Nr. 14.

5 Der Malvasier, ein aus dem Mittelmeerraum eingeführter edler Weißwein.

6 Die Meisterwurz galt in der Volksmedizin als wirksames Vorbeugungsmittel gegen Erkältungen.

7 Eine Redewendung, die nirgends nachgewiesen ist; sie bedeutet etwa: »Und wenn es ihm mißrät.«

8 Im Sinne von: das Ihre getan, ihre Pflicht erfüllt hatten; die Wendung leitet sich vom Brauch des Palmzweig-Werfens am Palmsonntag ab.

9 Das Bild vom Krach unter Brüdern bzw. zwischen Eheleuten verwendete Zwingli schon in seiner »Göttlichen Ermahnung der Schwyzer« von 1522 (vgl. S. 98). Er meint damit, daß sich Brüder – unter denen ja keine tiefe, andauernde Feindschaft bestehen kann – rasch wieder einigen, um dann gemeinsam gegen Außenstehende vorzugehen.

10 2. Mai 1524.

1 Das »Fleisch«, die Korruption der gut geschaffenen Leiblichkeit von Mann und Frau, bezeichnet die Todesherrschaft des Nichtigen (bzw. der Sünde und des Geldes) über Geist, Seele und Leib des Menschen, die sich ökonomisch im Eigennutz, politisch in der Gewaltherrschaft und in »falscher Religion« ausdrückt.

2 Anspielung auf die Fastnachtszeit.

3 Anspielung auf die erotisch attraktiven Thermalbäder in Baden.

4 Gemeint ist der marktübliche »Zinskauf«, die damals legale Form der Kapitalanlage unter Umgehung des Zinsverbotes (Grundpfanddarlehen, Gülten, agrarische Produktionskredite). Der Zinskäufer (Gläubiger) verkauft dem Schuldner das Leihkapital in vereinbarter Absicht, es mit Zins »zurückzukaufen« oder das Anrecht auf einen dauernden »Fruchtnutzen« (Kapitalrendite) zu erwerben. Den Bauern drohten in der Krise Überschuldung, Verlust des Grundpfandes, Landvertreibung und Söldnerdienste.

5 Zwingli verneint das »göttliche Recht« und damit die Legitimität der Zinsen. Doch christliches Verhalten zu dem nach »menschlichem Recht« legal bestehenden Unrecht muß asymmetrisch von der je eigenen Schuldigkeit (!) gegenüber dem anderen ausgehen, was Zwingli meisterhaft entfaltet.

6 Wucher (›usura‹) sind nicht nur unmoralische Kleinkredite, Pfandleihen und Subsistenzdarlehren der Armen, sondern auch unverhältnismäßige Bodenpreise bzw. Zinsen und Profite aus handelsüblichen und produktiven Kapitalanlagen (vgl. 3. Mose 25,14–16. 36–37).

7 Vgl. oben Anm 4. Die feudale Grundrente behandelt Zwingli im Anschluß, sofern sie in die Kategorie des verweltlichten Kirchen-Zehnten fällt. In der Zürcher Landschaft überwogen die marktüblichen Boden-Zinsen die Zehntenlast aber schon fast um das Doppelte.

8 Im freien Markt wurde auch der gemeinnützige Kirchenzehnte zur »Ware« und privaten Kapitalanlage. Der Zehnten-Käufer erwirbt aber einen ertragsgebunden »Fruchtteil« (10 % des Erlöses) und teilt das Risiko des Ernteausfalls. Darum ist der Zehnte »weniger gegen Gott« als der Zins, welcher – zu 5 % des Kapitals berechnet – etwa 20 % der Erlöse auffraß!

9 Zwingli muß sich rechtfertigen, weil er selber die Zürcher »Unruhen« auslöste, als er 1519 das »göttliche Recht« der Zehnten bestritt. Nachdem Jesus das Gesetz aufhob, sind Zehnten (soziale Mehrwertsteuern) nur aus einem änderbaren humanen Recht zu begründen, das – gemäß der »Richtschnur« von Mose und den Propheten – den Liebesgeboten Christi folgt.

10 Zwinglis Analyse zeigt: es handelt sich nicht nur um Auswüche, sondern um eine grundverkehrte (weil völlig legale) kirchliche und weltliche Unordnung zulasten der Armen, die nur schwer wieder in eine gerechte Ordnung zu bringen ist.

11 Wörtlich: Zehntenbann. Gedacht ist auch an strafrechtliche Verfolgung oder Pfändung der Armen.

12 Die Güterzusammenlegung der Urgemeinde ist für Zwingli nur in Form freiwilliger Genossenschaften, nicht eines zwangsstaatlichen Sozialismus möglich.

13 Im Original: *der menschlichen Gerechtigkeit*, im Unterschied zum göttlichen Recht, S. 360.

14 Vgl. oben Anm. 12.

15 Zwingli folgt weitgehend der Soziallehre von Thomas von Aquin. Als faktisch bestehend anerkannt ist Privateigentum, wie auch kollektives und öffentliches Eigentum, dessen Verfügungsberechtigte aber nur »Verwalter« (Haushalter) des göttlichen Eigentums sein sollen. Andernfalls wäre Privateigentum Diebstahl.

16 Vgl. S. 155ff.

17 Momus ist der sprichwörtliche Tadler der griechischen Sage.

18 Anspielung auf Waldshut, wo die Täufer mit Balthasar Hubmair die Mehrheit im Stadtrat erlangten und sich der Bauernerhebung anschlossen.

19 Saturn galt als Urheber einer melancholischen (vielleicht auch manisch-depressiven) Gemütsart.

20 Vgl. »Die freie Wahl der Speisen«, S. 13ff.

21 Hier sind die jüdischen Christen der Urgemeinde und des Neuen Testamentes gemeint, die mit der Völkermission des Paulus in Konflikt gerieten.

22 Die Marranen – zwangsgetaufte Juden in Spanien – hielten heimlich an jüdischen Bräuchen fest.

23 Vgl. Anm. 12, S. 442.

24 So der Generalvikar Faber auf der Ersten Zürcher Disputation 1523, als Zwingli seine Thesen zur Diskussion stellte.

25 Die hyperboräischen Greifen (geflügelte Löwen mit Krallenfüßen und Raubtierschnabel) sind Fabeltiere des Altertums, die das Gold im hohen Norden bewachen.

26 Wörtlich: »So wurde die Glocke gegossen« (nicht mehr übliche Redensart für Ränkeschmiede).

27 Anspielung auf Hexenkünste.

28 Auf die »Gravamina« der deutschen Reichsstände berief Martin Luther sich bereits in Worms 1521. In Nürnberg appellierte der Reichstag 1522/23 an das reformfreundliche Papsttum von Hadrian VI., während er 1524 seine Hoffnung auf ein »nationales Konzil« setzte, das am Eigennutz der Fürsten und Reichsstädte scheiterte (vgl. Einleitung).

29 Zwingli analysiert den polit-ökonomischen Zusammenhang zwischen Reichsmonopolen, wachsender Staatsverschuldung und erdrückender Steuerlast.

30 Jakob Fugger richtete einen Bittbrief an Karl V., die Nürnberger Klagen niederzuschlagen. Dieser – seit der Kaiserwahl in Fuggers Schuld – bestätigte im März 1525 Fuggers Reichsmonopol bezüglich der Edelmetalle.

31 Die Fugger steigerten (bis 1556) den Zentnerpreis des Tiroler Kupfers von 5 auf 10 Goldgulden, was die Inflation nur beförderte.

32 Durch das geometrische Wachstum der Zinsschuld kann sich diese – bei Zinsen und Zinseszinsen von 5 % des Schuldkapitals – in 14 Jahren sogar verdoppeln.

33 Eine solche Klosterreform (Säkularisierung) wurde in Zürich schon 1524/1525 vom Magistrat durchgeführt.

34 Es soll sich nicht mehr »geziemen« (auch im Sinn von: nicht lohnen), neuen Zins »zu kaufen«. Zwingli fordert nicht nur moralische Ächtung, sondern auch volksbildende und kluge gesetzgeberische Maßnahmen. Sein Vorschlag, Wucherer vom Abendmahl auszuschließen (April 1525), scheiterte am Magistrat.

35 Zwingli bejaht den »freien Tausch« einer zinslosen (nicht-kapitalistischen) Marktwirtschaft, nicht aber den freien Zugriff des Kapitals auf den Erdboden und die Ware Arbeitskraft, der einen ungleichen Tausch verbirgt. Das »Kapital« wird als unmoralisches und unökonomisches Produktionsverhältnis entschleiert.

36 Im ungleichen Tausch des freien Marktes erhält der Arbeiter (bzw. Pächter) Subsistenzmittel, dafür muß er seine Arbeitskraft und den erarbeiteten Mehrwert »verkaufen«. Der Zins erscheint nun als »Frucht« (bzw. »Marktpreis«) des Kapitals, das gratis Erde und Arbeit ausbeutet – ohne Rücksicht auf soziale und ökologische Folgekosten.

37 Daß die Zinsen »abnehmen« sollen, schließt Reduktion und allmähliche Beseitigung – somit Abschaffung – mit ein. Da seine radikalen Reformvorschläge das ganze Gefüge der damaligen Gesellschaft erschüttern, ja ihren Geldquellen den Boden entziehen konnten, insistiert Zwingli auf einem rechtlichen Vorgehen.

38 »Ewige Gülten« waren unkündbare Hypotheken, die sich auf die nächste Generation vererbten. Sie verwandelten die (ertragsabhängige) feudale

Grundrente in eine »ewig« gesicherte Kapitalverzinsung. Zwinglis Ablöse-Modell wurde vom Magistrat 1529 weitgehend verwirklicht. Nach einer Wertberichtigung – zum Maximalzins(!) von 5 % oder weniger – mußten Gläubiger auf untilgbare Schuldforderungen verzichten.

39 Der Mangel, die Güterknappheit und die Arbeitsqual Adams auf der Erde (adama) sind mit auch Folgen des Privateigentums und der »verbotenen Früchte« des Zinskapitals (1. Mose 3,17) und werden nicht als unabänderlich angesehen. Gott gibt alles reichlich – bei rechter Haushaltung ist genug für alle da.

40 Das Kapital heimst nun fiktive – aus dem Nichts entstandene – »Früchte« (Zinsen) ein und wird zu einer Macht des Nichtigen, die Erde und Arbeit untergräbt und zerstört (wie auch Karl Marx erkannte).

41 Zwingli interpretiert – nicht unproblematisch – die Katastrophe Jerusalems im Jahre 70 als Folge der Hinrichtung Jesu, des kommenden Richters.

42 Das Schimpfwort des »Freiheitsbuben« (Vagabunden) hing dem rothaarigen Uli seit seiner Freiheitsschrift zum Fastenbruch an.

43 Die »Gewissen« *(conscientzen)* umfassen hier innere Orientierungen, Motivationen und Interessen.

44 Zwingli spricht konkret die Taufgesinnten an, die sich nicht von weltlichen und geistlichen Interessen (bzw. Parteien) mißbrauchen lassen sollen.

45 Thomas Müntzers »Fürstenpredigt« drohte 1524 den Fürsten an, wenn sie das Schwert nicht rechtmäßig gebrauchten, würde es »dem Volk gegeben« werden (Daniel 7,27).

46 Entgegen den »sauren Trauben« (Ez 18,2), die sich von den zinsräuberischen Vätern auf die Kinder vererben – während Müntzer sich gegen einen »zuckersüßen Christus« zurecht verwahrte.

47 Am Gedenktag des Kindermordes des Herodes (28. Dez. 1524).

Register

Hinweise zu den Registern

Personen, Orte und Sachen in expliziten Bibelzitaten sind im Personen-, Orts- und Sachregister nicht aufgenommen worden; sie können mit Hilfe des *Bibelstellenregisters* gefunden werden.

Namen biblischer Personen werden im *Personenregister* nur nachgewiesen, wenn sie als handelnde Personen auftreten, nicht aber, wenn sie als Autoren biblischer Bücher erscheinen.

Das *Sachregister* ist ein Hilfsmittel, im Text vorkommende Begriffe und Themen zu finden; es ist hingegen *keine* vollständige Konkordanz der verzeichneten Stichwörter. Theologische Begriffe, die sehr oft vorkommen, werden nur aufgeschlüsselt, wenn sie im Zusammenhang wichtig sind oder von Zwingli näher definiert werden. Genauer hingewiesen wird auf Sachen und Themen, die eher am Rande des theologischen Diskurses stehen, z. B. kulturgeschichtliche Einzelheiten.

Ein *Registerbegriff* im Sachregister muß im Text nicht unbedingt wörtlich erscheinen, sondern kann auch Zusammenfassung des bezeichneten Abschnittes sein. Die zahlreichen Verweisungen im Gesamtregister helfen den Leserinnen und Lesern, einen gesuchten Begriff oder ein Thema aufzufinden und die Beziehungen zwischen den Registerbegriffen zu erkennen.

Der Registerbegriff *›Sprichwörtliches‹* verweist auf Redensarten oder Sprichwörter im Text, wobei diese nicht unbedingt wörtlich übersetzt sind, sondern oft in eine verständlichere sinngemäße Wendung übertragen wurden (vgl. in diesem Fall die kritische Ausgabe Z).

Kursiv gesetzte *Begriffe* des Sachregisters bezeichnen Stellen, an denen Zwingli selbst einen Begriff definiert oder näher umschreibt. *Kursiv* gesetzte *Referenzen* bezeichnen zusammenhängende Passagen, in denen sich Zwingli hauptsächlich oder eingehend mit dem Registerbegriff befasst.

In allen Registern verweist das *Sternchen** hinter einer Referenz auf eine *Sacherklärung* der Herausgeber zum entsprechenden Registerbegriff.

Bibelstellen

Markus

1. Korintherbrief

2. Korintherbrief

Personen

Orte, Landschaften, Länder

Sachen